金融创新、绿色发展与共同富裕

蒋远胜　吴　平／主编

西南财经大学出版社
中国·成都

图书在版编目(CIP)数据

金融创新、绿色发展与共同富裕/蒋远胜,吴平主编.—成都:西南财经大学出版社,2023.10
ISBN 978-7-5504-5956-4

Ⅰ.①金…　Ⅱ.①蒋…②吴…　Ⅲ.①金融改革—研究—中国②绿色经济—经济发展—研究—中国③共同富裕—研究—中国
Ⅳ.①F832.1②F124

中国国家版本馆 CIP 数据核字(2023)第 195685 号

金融创新、绿色发展与共同富裕
JINRONG CHUANGXIN、LÜSE FAZHAN YU GONGTONG FUYU
蒋远胜　吴平　主编

策划编辑:李邓超
责任编辑:李特军
责任校对:冯雪
封面设计:墨创文化
责任印制:朱曼丽

出版发行	西南财经大学出版社(四川省成都市光华村街 55 号)
网　　址	http://cbs.swufe.edu.cn
电子邮件	bookcj@swufe.edu.cn
邮政编码	610074
电　　话	028-87353785
照　　排	四川胜翔数码印务设计有限公司
印　　刷	郫县犀浦印刷厂
成品尺寸	170mm×240mm
印　　张	21.75
字　　数	528 千字
版　　次	2023 年 10 月第 1 版
印　　次	2023 年 10 月第 1 次印刷
书　　号	ISBN 978-7-5504-5956-4
定　　价	88.00 元

序

在“双碳”目标导向下，全面高质量推进乡村振兴，必然要求农业生产和农村生活方式实现绿色高质量发展。低碳、绿色、智慧化是农业农村奔向现代化的发展方向。农业绿色发展，离不开金融的支持。农业生产方式变革和农村产业结构、能源结构、经济结构的变革，都需要发挥绿色金融的力量。当前世界农业正从高碳农业时代转入新型绿色、低碳、生态、高质高效的现代农业发展阶段即低碳农业高质量发展时代。为保护生态环境，应对气候变暖，加快绿色金融服务创新，促进减排固碳，庆祝党的二十大胜利召开，提升金融改革创新能力，更好地服务农业农村高质量发展，第六届“中国西南农村金融论坛暨金融学一流学科专业建设研讨会”于2022年11月18—20日在“万里长江第一城”美丽的宜宾市举办。本届论坛由四川农业大学、四川省农村信用社联合社和四川省金融学会乡村振兴金融专业委员会和绿色金融专业委员会联合主办，四川农信/宜宾农商银行、四川农业大学经济学院和西部乡村振兴研究中心共同承办，《农村经济》杂志社、《农村金融研究》杂志社、《四川师范大学学报（社会科学版）》杂志社、《国土资源科技管理》杂志社、《成都理工大学学报（社会科学版）》杂志社、四川省金融学类专业教学指导委员会、西南财经大学出版社、四川新闻网财经频道、宜宾市电视台协办。本次论坛得到了全国各高校、科研院所农村金融相关领域专家、学者，以及金融业内从事相关研究的专家、学者、在校研究生、实务工作人员的积极响应，他们纷纷投稿。本次论坛共收到近70篇论文。会后，会务组通过与论文作者协商，将作者愿意公开发表的17篇与本次研讨会主题相关的论文集结出版，旨在为推进中国农村金融数字化转型与乡村振兴发展提供理论指导和智力支持。

四川省农村信用社联合社副主任姜林（在论坛上讲话）指出，金融作为当代经济发展的核心，在经济绿色发展与绿色转型过程中扮演着不可或缺的角色。绿色金融注重人与自然和谐共生，致力于推动经济产业结构向绿色和持续发展转型，是赋能绿色发展、助力共同富裕的重要手段，也是实现金融业高质量发展的重要选择。绿色金融兼顾了环境效益、社会效益与经济效益，是一项有责任、有情怀、有温度、接地气的事业。中国农业大学何广文教授对乡村金融高质量发展的路径进行了深刻的探讨。何广文教授提出了三点思考：第一，什么是高质量的乡村金融服务？第二，高质量乡村金融服务机制建设面临哪些挑战？第三，怎么构建高质量乡村金融服务机制？何广文教授总结出高质量乡村金融服务的特征有以下几点：一是具有创新的理念，特别是要具有金融包容性增长与发展的理念；二是具有将社会投资理念转化为行动的创新能力；三是以市场手段为主配置乡村金融资源。四川省金融学会秘书长历鹏教授解读了普惠金融服务成都乡村振兴改革方案。历鹏教授认为目前成都普惠金融服务基础趋于完善，成都市城镇化率达到79.5%，并且搭建了覆盖市、县、乡、村四级，辐射全省的农村产权交易体系。他认为，成都城乡融合发展试验区肩负着三大使命：建设普惠金融服务成都乡村振兴改革试验区，主动服务国家区域发展的重大实践，擦亮四川省农业大省的金字招牌、打造更高标准的“天府粮仓”。四川大学经济学院院长蒋永穆教授分享了推动农民农村共同富裕的时代内涵、难点挑战与实践路径。关于共同富裕的时代内涵，蒋永穆教授从“共同”与“富裕”两个方面进行了解读。“共同”是指全体人民的富裕，“富裕”则包含了物质富裕与精神富裕两个方面。他指出了城乡融合发展是扎实推进农民农村共同富裕的前提和基础，推动农民农村共同富裕要走高质量发展的道路。他认为，推进农民农村共同富裕存在的现实挑战有三点：一是城乡发展的不平衡不充分；二是农村区域发展的不平衡不充分；三是物质文明与精神文明发展的不平衡不充分。为此，蒋永穆教授提出推动农民农村共同富裕的现实路径：一是要深入实施乡村振兴战略，走城乡融合发展的道路；二是着力提升农村发展质量，缩小不同区域农村发展差距；三是加快优质文化的传播，丰富农民群众精神文化生活。四川联合环境交易所董事长何锦峰以绿色金融携手农村金融服务乡村振兴助力“双碳”工作为主题，指出乡村振兴最基本的是产业兴旺繁荣，而农业产业化并不是单一的产业化。乡村振兴产业发展，最终要向农业绿色发展模式方向转变，主要聚焦农业布局、农业产能、土地、耕地资源、农业基础设施等多个方面，并且要将绿色发展贯穿农业活动产前、产中、产后、产地等整个产业环节，包括减排固碳、污染防治、资源可持续利用、应对气候变化、生态保护、农产品安全等。而其中每项内容的开展都离不开金融的支持，绿色金融作为其重要抓手，两者密不可分。何锦峰表示，乡村振兴需要通过农业绿色发展来实现。如果整个农业产业链是环境友好型、资源节约型的，那么这就是我们应该积极推进的农业产业化的一种新形态。

一、金融创新与共同富裕

金融产业是经济发展的命脉，金融创新对于实现农民农村的共同富裕起着关键性的推动作用。关于如何实现金融创新，申云和卢跃认为农业绿色转型和农村生态宜居离不开金融的支持，绿色金融的快速发展为赋能“双碳”目标下的农业现代化和农民农村共同富裕提供了有力支撑。绿色金融通过赋能农村产业融合发展促农增收、均衡配置生态项目资源、提升数字化治理效能和乡村生态宜居质量，能有效助力实现农民农村共同富裕。宋坤和赵虹慧以攀枝花芒果果农融资为例，探讨了在三种不同的供应链金融模式下芒果果农的网络嵌入性，以及这种嵌入性差异如何影响芒果果农的融资绩效。田红宇和王晶基于全国农村固定观察点农户数据和北京大学数字普惠金融指数的合并面板数据，考察数字普惠金融对农户共同富裕水平的影响及其作用机制。他们研究发现：作为以数字技术为依托的新型金融服务方式，数字普惠金融能有效破解传统农村金融服务“最后一公里”的难题，对农户实现共同富裕具有显著的促进作用。在经过一系列稳健性检验后，该结论依然可靠。唐露以遂宁市农村金融适应农业生产方式转变为研究主题，分析了农业生产方式转变的现状。她指出，目前农村实现土地流转后，农业生产方式转变为规模性生产，所需资金金额大，持续时间长且集中，金融服务的需求发生了较大变化。在成渝地区双城经济圈建设背景下，成渝地区如何协同发挥智慧农业保险巩固脱贫攻坚成果的作用，形成两地共赢局面？为此，谢小蓉、赵玲分析了成渝地区双城经济圈脱贫户返贫的七个潜在诱因，提出了智慧农业保险防返贫体系构建机理与主客体方面五个影响因素，并围绕潜在诱因提出相应政策建议。谢欣丽和谢小蓉以“农村数字金融”为主题，选取在中国知网检索得到的494篇样本文献为研究对象，利用CiteSpace软件对其进行可视化分析，从而得出当前我国农村数字金融研究进展、热点，并做出展望。李裕坤等以四川省首个以流域为单元布局建设的经济带——沱江绿色发展经济带沿线城市为研究对象，通过构建城市绿色金融发展水平核算体系，对成都、内江、泸州等五市进行了横向比较，最后提出推进沱江绿色发展经济带绿色金融高质量发展的对策。

二、绿色发展与产业融合

党的十九大以来，全国深入贯彻落实习近平生态文明思想，不断完善绿色金融体系，大力推动绿色金融发展，支持经济与社会绿色低碳高质量发展。吴平和张洪瑞采用2008—2019年全国30个省级面板数据，分析绿色信贷对碳排放的影响及其内在机制。其研究表明，绿色信贷可以通过企业绿色技术创新降低碳排放水平，且绿色信贷在非轻度碳排放水平地区对降低碳排放的影响更为显著。彭艳玲、周红利、蒋远胜依据川、渝、宁三省（自治区、直辖市）农地抵押试点地区调查数据，分别采用随机森林模型和CreditRisk+模型识别信用风险和度量信用风险损失，并进一步开展压力测试分析。他们研究发现，相较于传统数理统计方法，随机森林模型预测农户信用风险表现更优。黎毅与何虹瑾基于2010—2020年我国西部省域农村居民收入分组数据，运用GQ模型拟合洛伦兹曲线并测算FGT指标，测算出后扶贫时代农村总体和各省域子样本异质性的相对贫困状况并进行相对贫困变动分解，采用Shapley完全分解方法进行稳健性检验。他们提出，在后扶贫时代，西部省域农村应当继续完善相对贫困的识别体系与扶贫机制，协调发展各省域农村经济以缩小地区性差异，同时寻找城乡贫困治理的差异化路径。熊德斌、陈君怡以贵州省黄牛产业集团黄平SPV公司的黄平县生态牛养殖项目为例，阐释了金融协同支持乡村产业高质量发展的路径。他们考察了黄牛养殖产业从项目启动、农户养殖到商品牛销售的完整产业链条，挖掘该项目运行背后的产业逻辑、保险逻辑、普惠金融逻辑。赵绍阳等利用乡村振兴战略统计监测数据与县域数字乡村指数实证检验了数字乡村建设对农业规模效益的促进作用。他们研究发现，数字乡村建设显著增加了农业规模经营的土地面积与新型农业经营主体数量，并在此基础上提高了农业生产环节的土地效率与劳动效率；与此同时，数字乡村建设还通过延伸农业产业链、推动三农产业融合新业态及建设当地特色产业等构建新型农业产业化经营体系，显著促进农业发挥规模效益。黎毅等分析了2013—2020年省级宏观数据和CFPS2016、CFPS2018两期微观家庭匹配数据，深入讨论数字经济的发展对居民消费的影响及其内在作用机制。

三、乡村投融资创新实践

在新时代背景下，如何推动区域城镇化、经济增长与城乡均衡同步发展成为区域高质量发展的关键，乡村投融资创新实践为乡村振兴促进城乡均衡同步发展提供了发展动力。潘世磊等利用中国农村家庭追踪调查的2011年、2013年、2015年和2017年四期面板数据，实证分析了农业补贴对耕地“非粮化”的影响关系和作用机制。他们研究发现，农业补贴对耕地“非粮化”有显著的抑制作用。涂超洋等通过构建城镇化—经济增长—城乡均衡发展评价指标体系，选取川渝地区2005—2019年19个城市面板数据，采用熵值法和耦合协调模型对城镇化—经济增长—城乡均衡发展指数及三系统之间的空间耦合协调状况进行测算。他们从差异化推动地区城镇化—经济增长—城乡均衡发展建设出发，针对如何充分发挥川渝地区发达城市对于其他城市的辐射效应等方面提出相关政策建议。扶桑和张标利用安徽省 1 227 个农户调查数据，通过理论分析与实证研究，从政策认知、政策监管和政策激励三个角度探讨农业政策对农户生产性废弃物资源化利用决策的影响机制。宋爽和白文沛基于融资供给和需求的视角，采用了问卷调查的方式，使用西藏自治区 2019 年第二季度至 2021 年第一季度小微企业融资调查问卷数据，通过 CRITIC 构建融资环境指标体系的方法来综合评价西藏民营小微企业的融资问题，并分析了疫情冲击的影响。

四、总结

当前，世界百年未有之大变局加速演进，我国发展进入战略机遇和风险挑战并存，不确定、难预料因素增多的时期，守好“三农”基本盘至关重要，不容有失。农村金融发展道路道阻且长，加快推进农村普惠金融发展，做好农村普惠金融数字化转型与绿色金融发展是金融发展的必然要求。全面高质量推进乡村振兴，探索绿色发展和金融创新助力农民农村共同富裕的有效路径，需要在实现农业农村现代化和农业强国的征程中不断踔厉风发、勇毅前行。

编　者

2023 年 9 月

目　录

金融创新与共同富裕

绿色发展与产业融合

乡村投融资创新实践

金融创新与共同富裕

绿色金融赋能农民农村共同富裕

——现实挑战、逻辑进路与体系构建

申云　卢跃

（四川农业大学）

摘要：农业绿色转型和农村生态宜居离不开金融的支持，绿色金融的快速发展为赋能“双碳”目标下的农业现代化和农民农村共同富裕提供了有力支撑。绿色金融通过赋能农村产业融合发展促进产业链价值链增值、均衡配置生态项目资源、提升数字化治理效能和乡村生态宜居质量，实现农民农村共同富裕。然而，绿色金融赋能农民农村共同富裕仍面临着区域间标准不统一、融资主体信用体系不完善、绿色金融产品和服务工具单一、城乡绿色治理协同效益偏低、绿色产业联农带农作用有限等现实挑战。为此，我们应积极构建绿色金融赋能农业产业体系、绿色普惠金融服务质量监控体系、绿色金融区域协同管理体系以及生态价值经济补偿体系以有效推动农民农村共同富裕。

关键词：绿色金融；乡村振兴；农民农村共同富裕；体系构建

一、引言

发展绿色金融，是实现绿色发展的重要措施。自2020年习近平主席于联合国大会首次提出“碳达峰、碳中和”目标之后，中国逐渐将“双碳”目标远景纳入政府工作报告，并付诸绿色经济高质量发展转型实践。党的二十大报告提出，要持续推进绿色发展，统筹产业结构调整、污染治理、生态保护、应对气候变化，协同推进降碳、减污、扩绿、增长，推进生态优先、节约集约、绿色低碳发展，实现全体人民共同富裕的现代化。但长期以来，我国现有金融资源配给相对分散、绿色金融发展不平衡不充分问题突出，特别是在广大的农村地区，绿色金融服务主体、市场建构、交易规模、制度体系等存在典型的区域和城乡差异性，严重制约了绿色农业产业发展以及农民农村共同富裕的实现（杜志雄，2022）。如何构建多层次、多主体的碳排放权交易体系，有效聚合区域性金融资源要素，成为绿色金融助力农民农村共同富裕面临的巨大挑战。目前，由于农村绿色金融工具品种单一、市场分割严重、配套的绿色金融法律制度欠缺（王遥 等，2022），在绿色金融改革创新合作中面临常态化的金融协调与共享机制尚未建立的困境，导致金融资源集聚、资源配置和对外辐射能力总体偏弱。以建设功能完善、权责清晰、对接全国的农村绿色金融交易所和与之配套的绿色金融服务产业体系为目标，针对农村绿色资源和产业结构，整合与引导金融资源向农村绿色低碳产业领域集聚，促进农村绿色资源等权益要素在区域内有序流动和权益共享，成为我国发展壮大绿色金融来赋能农民农村共同富裕的核心动力。

二、绿色金融赋能共同富裕的文献回顾

中国式农业现代化发展离不开农业的绿色可持续发展，更离不开绿色金融的支持，金融资源的投向将引导农业产业发展变革。绿色金融是指为应对气候变化，加强环境保护，提升绿色增长和绿色治理水平，通过金融工具创新为绿色产业发展提供资金投入的金融活动总称（俞岚，2016）。绿色金融的发展首先需要科学理解和把握绿色可持续发展规律，以坚持绿色发展理念为基础，科学反映人与自然和谐发展规律。农业的绿色发展是建立在中国式农业现代化进程中实现人与自然和谐相处的基础上，以农村环境承载力和生态环境容量有效协同来助推农业绿色低碳可持续的高质量发展。其中，金融对资金和农村社会资源起到了“绿色配置”的功能，这将大大促进气候变化问题的解决。绿色金融不仅要求将环境保护观念引入金融机构内部，而且更加强调金融业为解决农业面源污染和绿色农业产业发展提供金融服务和金融产品支持，成为农村生态环境保护与普惠金融之间的绿色桥梁（王定祥 等，2013）。此外，绿色金融的发展也具有较强的正外部性。科斯基于市场机制下的外部性理论为合理的绿色农业产业发展提供了方法论指导，对经济活动主体的碳排放行为和生态环境保护进行产权界定和科学合理地设置了权限额度（翁智雄，2021），在生态环境产权界定清晰的条件下，以市场化手段实现碳排放权交易和绿色产业资源的有效配置，从而达到农业碳减排和农业生态环境保护成本内部化的目的。

绿色金融的内涵大致可以分为广义和狭义两个维度。广义的绿色金融，泛指通过减少温室气体排放的各种金融制度安排和金融交易活动，特别是通过金融制度创新和产品服务来引导资金流向环保产业（Salazar，1998），比如通过碳排放权的定价交易及其衍生品的交易和投资、低碳项目开发的投融资以及其他相关的金融活动（尹应凯 等，2010），从而实现经济增长与环境保护的协同

（Cowan，1999）。狭义的绿色金融，是指温室气体排放权的交易以及与之相关的各种金融活动和交易的总称（曾刚 等，2009），通过碳排放权的定价交易来弥补传统金融风险管理不足、有效转移分散环境资源风险的金融工具（Labatt et al.，2002），解决资源与环境约束问题（Scholtens，2006）。碳排放权作为一种特殊而稀缺的有价经济资源在资本市场上流通，并进一步衍生为具有投资价值和流动性的金融资产，其属性逐渐由商品属性向金融属性过渡（乔海曙 等，2011）。

如何将农村碳汇从资源属性转向商品属性，并进一步转向更高层级的金融属性，往往面临农业农村碳排放的测度和定价问题（陈智颖 等，2020）。第一，在碳排放的测度层面，由于碳排放数据的精准性和灵敏性是碳价格和碳资产定价准确、防止价格扭曲、保证碳市场公平的有效前提，但我国碳排放计量、核查相关的监测技术能力、设备先进性、标准体系等仍相对滞后（朱兰，2021）。第二，绿色金融的市场结构差异性，也使得绿色金融市场尚不具备完善的、分工明确的、多层次的市场主体（朱兰，2021），机构参与者主要以商业银行为主。绿色金融中介市场发育不完全，参与国际碳交易的能力较弱，致使在以买方为主的国际市场上的碳交易定价权和议价能力不足（李志学 等，2014）；同时，绿色金融产品规模有限且产品单一，金融机构出于防范风险的考虑参与绿色金融积极性不高，从而造成绿色金融产品缺乏创新。第三，由于我国绿色金融监管与制度的多层次性，以碳排放权交易为主的二级市场以及绿色金融衍生品市场同时受到国家发展改革委和证监会等政府机构的监管（田云 等，2021），这种监管体制交叉重叠，较为混乱，也缺少具有针对性的监管原则、工具（杨博文，2021）。在制度层面，我国绿色金融市场缺乏效率、活力与创新力，法律监管面临制度规范性不强、信息披露受阻的现实困境（张叶东，2021）。

绿色金融在赋能农民农村共同富裕过程中，不仅发挥着农业经济发展润滑剂的作用，还能够赋能绿色产业资源配置实现正向再分配效应，创新金融工具产品和金融体系优化设计来有效促进共同富裕（张明 等，2021）。受制于农村区域经济发展差距和农民收入不平等的约束，如何解决金融资源配置局部扭曲、要素收入分配不对等、金融机构非功能性扩张等新问题，需要从夯实农民农村共同富裕的体制机制出发，着力缩小区域、城乡和居民个体之间的收入与财富差距，提升经济金融发展的包容性与可持续性，把更多资源配置到民生领域、重点科技攻关项目和社会发展薄弱环节（陈四清，2021）。通过构建为共同富裕服务的金融体制机制（陆岷峰，2022），营造金融服务效率高、金融嵌套交易少、融资成本低的良好金融环境，既便利了物质生产与实体经济运行，又满足了市场多元金融服务需求，奠定了共同富裕所要求的物质生活富裕与精神生活富足的基础。此外，绿色金融通过提升农村创业活跃度与减轻“马太效应”路径推进共同富裕（张金林 等，2022；韩亮亮 等，2022），业界开始逐渐重视绿色金融在碳汇资源配置和收入分配中的均等化（邹克 等，2021；刘心怡 等，2022），特别是绿色金融在共同富裕中所承担的责任、使命与重要保障作用（崔勇，2021；唐建伟，2021）。在绿色金融体系赋能农民农村共同富裕层面，王忠民（2021）和张明（2021）重点围绕绿色金融服务主体之间的协同机制构建进行分析，认为商业银行、中介服务机构、农村集体经济组织和政府等主体组成的绿色金融服务共生网络体系构建（梅晓红，2015），需要以商业银行为主导推动各类中介服务机构更好地为农业产业的绿色化转型提供风险管理、项目审核、信用评级等全流程服务（翁宏杰，2013），同时创新业务运作模式、金融产品服务和风险管理方式（陈游，2009），提升应对环境与气候风险的能力，提前做好资产配置与布局，从而推进区域金融合作和绿色金融方面的专业投资者群体和能力建设（安国俊，2021）。此外，在绿色金融监管上通过强化中央机构统一管理和多部门协同监督，将农村碳减排及其衍生品交易统一纳入绿色金融交易所、气候变化主管部门和证券主管部门等来联合监管（刘明明，2021）。

综上所述，我国绿色金融发展受金融服务主体、服务创新能力、主体协同机制、市场参与程度以及金融监管制度建设等方面的滞后性制约，绿色金融支持农业农村经济发展方面相对滞缓，造成绿色金融在赋能农民农村共同富裕层面表现出产品和服务创新、政策扶持能力、农村绿色金融市场建设、金融协同监管水平等方面的滞后性和差异性，特别是我国绿色金融发展水平区域间不平衡问题依然较为严峻。如何积极整合区域间的绿色金融资源来提高农村绿色产业发展效能，还存在哪些现实挑战，其实现的路径和演进逻辑是什么，如何构建优化的制度体系，其相关研究仍相对薄弱。

三、绿色金融赋能农民农村共同富裕面临的现实挑战

（一）农村绿色金融产品和服务工具比较单一

长期以来，由于农业的高风险、高成本特征与金融机构的风险规避倾向，加之农业生产受气候、季节等自然因素的影响较大，其投资周期长，收益相对偏低，农村绿色金融产品和服务供给严重不足。随着我国城镇化水平的提高和退耕还林工程的推行，广大农村地区的森林覆盖率日益提高，森林吸碳能力大

大提升。一方面，碳金融工具的开发往往与清晰的碳排放权密切相关，而森林产权弱化（执行时与法律规定尚存差距）与模糊（林权归属明晰而碳排放权的不明晰）现象造成农村地区森林吸收的碳抵扣碳排放所带来的收益无法直接体现在农民个体身上，造成农民绿色低碳生产的积极性受挫；另一方面，我国农村绿色金融产品创新力度不够，主要表现为：一是对农业绿色低碳技术投资不足，既有的低碳技术大多集中于光伏太阳能等工业领域，特别是相关技术在农业领域的投资、推广和应用还存在较大的差距。二是开发碳金融工具的投资力度不足。中央银行对环保企业进行利率优惠和金融政策倾斜，相关政策如何应用到我国地域广阔的林木资源，面临较大的森林资源碳汇产权界定、资产评估和信贷优惠政策认定等多方面的森林碳汇融资工具不足的困境。三是农村地区绿色金融工具尚缺少更精细与更专业化的新产业新业态新场景有效结合应用。我国目前的绿色金融工具主要为绿色信贷、绿色基金、绿色债券信托，以及绿色金融相关理财产品，而相比国外的绿色低碳项目融资在农业公益众筹领域和农业低碳项目私募基金、私人账户碳金融产品等农业绿色衍生品服务领域的广泛覆盖还存在一定的差距，特别是在巩固拓展脱贫攻坚成果同乡村振兴有效衔接过程中，创新森林碳汇资源资产的经济价值与绿色金融个体账户及市场交易成为提升农民绿色资源价值转化和增加绿色财富的关键。

（二）农村绿色资源产权交易市场发展不平衡导致区域协同效益偏低

根据农村碳排放的产生所形成的交易市场大致可以划分为基于配额的市场和基于项目的市场，在国际绿色金融市场上主要以配额交易为主（冯楠，2016），而农村碳交易标的物的分割导致不同区域之间在绿色资源产权市场交易量上存在较大差异，农业和林业碳排放权交易主体、社会资本和多元主体参与度的差异均带来区域之间协同作用难以有效发挥，使得农村碳汇市场交易活跃度较低。碳排放权交易的活跃度与需求度存在较大差异，所以需要政策、制度的有效统一，将两地农业碳市场进行有效衔接，从而提高区域内绿色金融发展水平和提升区域内绿色农业产业资源的价值转化能力。此外，金融监管政策限制或禁止地方性、区域性金融机构和市场跨区域经营，使得农业经营主体及其信用信息、金融信贷数据不能共享，给两地协同发展绿色金融带来阻碍。此外，农业绿色金融标准制定更新时序、标准体系结构、标准限值等方面还存在较大差异，可能造成省域之间绿色农业产业发展上的“邻避效应”（汪婧 等，2021），从而出现不符合高标准农业绿色认定项目或企业，在低标准的省份可以获得农业绿色金融支持信贷，降低了绿色金融支持低碳农业发展的整体协同效应。

（三）农村绿色金融制度建设滞后制约农户共富利益联结

农村绿色金融产品的丰富程度可以反映出绿色金融的发展状况。一方面，农村碳金融市场发展还不成熟，市场交易标的物比较单一，碳配额制度使得市场成交价格波动性较大。以 2021 年为例，我国碳汇配额市场成交最高价为每吨 39.96 元，最低价为每吨 15.74 元，难以形成稳定的价格预期，碳市场价格发现功能作用有限。另一方面，农村绿色金融资产质押担保机制不健全，对商业银行开展绿色金融业务构成较大风险。比如，市场中碳排放权价格、市场规模和市场供求变动等方面，相较于其他试点碳市场，碳配额交易量和价格呈现出不稳定性、周期性等特征，反映出碳市场仍主要集中于服务控排主体，缺乏金融机构和社会的参与，特别是绿色金融产品与服务的市场培育仍聚焦于新能源企业，而广大的农村地区森林碳汇的交易却非常有限，难以有效地带动广大的农民实现绿色资源价值转化并形成农民致富的法宝。出于风险控制的考虑，加上缺乏缓冲和应对风险的机制和金融产品，金融机构往往不愿意大胆开拓绿色金融业务，特别是农村地区如何构建有效的联农带农体系，省域间的标准不统一又使得绿色金融产品难以被规模化推广应用，绿色农业金融产品交易成本较高，制约了绿色金融助力实现共同富裕的效果。

（四）绿色金融服务农村集体经济组织体系仍不健全

“双碳”目标的快速推进要求绿色金融加强对我国农村集体经济组织的支持，特别是集体经济组织在推进农民农村收入增长和收入分配方面扮演着越来越重要的角色。由于单个农户参与林权碳汇交易成本较高，需要通过农村集体经济组织来发挥联农带农作用，将集体资源与绿色金融交易有机衔接起来。由于商业银行、保险公司、担保公司在内的金融机构对绿色金融的支持力度存在明显差异，不能全方位满足“双碳”目标的多元化需求。商业银行对于金融风险的测评方法和标准不完善，不能及时且精准地感知金融体系中存在的风险因子，因此应对风险的能力还处于薄弱的水平。由于对碳市场金融属性的界定还比较模糊，政策性银行在发挥经济调控职能时还未能最大限度地提高金融支持效率和力度。保险公司提供的绿色金融产品品种还不够多样和全面，创新能力也稍显不足，对于绿色金融产品的研发和提供已明显滞后于大众对于绿色金融产品的需求。并且在绿色金融支持体系中，金融机构的支持力度占据主导地位，非金融机构的参与感明显不强，绿色金融机构服务农村集体经济组织的动力和协同程度异质性使得多元主体间难以形成一个良好高效的组织体系，投融资渠道狭窄以及无法接收到合理的资金扶持也严重制约了我国绿色金融赋能农村集体经济组织的服务效能的发挥。

四、绿色金融赋能农民农村共同富裕的逻辑进路

发展绿色金融涉及政策导向、经济发展现状、产业结构等多方面的综合考量。因此，构建完善、合理的绿色金融赋能农民农村共同富裕理论分析框架，可以为我国区域发展绿色金融赋能乡村振兴和共同富裕提供理论支撑。“碳达峰、碳中和”目标与实现经济高质量发展具有内在统一性，通过绿色能源结构转换、技术变革创新和产业转型升级推动新发展格局的构建和供给侧结构性改革的进行（史代敏 等，2022），进而实现中国经济高质量发展（袁怀宇 等，2017）。在这个过程中，绿色金融赋能农民农村共同富裕需要坚持新发展理念和“党管金融”主基调，强化绿色金融对乡村产业振兴的基础性地位，提升绿色农业及其产业链的经济价值转化效能，突破农村绿色资源转化过程中的利益联结和利益共享分配堵点，积极推进农业绿色经济的高质量发展和供给侧结构性改革，实现普惠金融与绿色金融的有效协同和数字化推广应用，减少区域、城乡和收入不平等情况，真正实现农民农村的共同富裕。

（一）绿色金融赋能农村产业融合发展助农增收

对绿色金融促进经济低碳发展的目标而言，实现经济全面转型是关键，不能为低碳而低碳，而要对照高质量发展的目标，统筹平衡好高质量发展与“双碳”目标关系（陆岷峰，2021）。绿色金融的直接目标是实现农业碳排放的有效控制，而控制农业碳总量作为农业碳减排的重要手段，是实现“双碳”目标的重要抓手，碳总量控制对高质量发展的影响具有重要的促进作用（牛苗苗 等，2022）。在这个过程中，通过提供交易工具、融资工具和支持工具促进碳市场交易、引导企业进行技术创新等活动，加快生产向低能耗高效率发展的步伐，从而提升经济发展质量。另外，绿色金融通过引导人力、物力等要素资源向农村合理流动，激发各类绿色低碳减排技术向农村的推广应用，加速低碳经济催生农村经济结构和变革，提高乡村总体发展治理，促进城乡人均发展效益的均等化，最终实现农民农村共同富裕的目标。城乡融合发展是促进乡村振兴的有效途径，它能为乡村振兴提供内生动力与良好的外部环境。在绿色低碳金融服务乡村振兴的过程中，应提高绿色低碳资金的可获得性，增强其公共物品属性。增强绿色低碳资金的公共物品属性，也体现了生态文明建设在乡村振兴中的首要地位与关键性作用。将生态环境治理贯穿乡村振兴的始终，城乡共建绿色低碳、产业更新和集约高效的生产空间，实现空间布局上的共融。同时，更加重视发挥乡村的内在活力与主动性，实现与城市在关系上的互利平等、要素上的双向互动、发展上的共生互惠，最终实现乡村与城市经济的协同发展。

（二）绿色金融的数字化引导农村产业结构转型升级

优化农村产业结构，是实现高质量发展的必由之路。推动产业结构的调整和升级是实现我国经济增长方式转变的重要路径（杜莉，2012）。经济高质量发展需要构建现代产业体系，提升产业链现代化水平形成竞争优势。产业结构需要与要素结构、需求结构相匹配，进而实现资源的有效配置和利用，形成良性的供需平衡并推动经济的可持续发展。从影响产业结构的因素来看，社会需求、科技进步、制度安排和资源禀赋都会对产业结构升级产生影响。绿色金融引导产业结构优化升级。一方面，绿色金融促进生产结构优化升级。绿色金融发展本身就是一种金融资源向低碳领域的集聚现象，而金融集聚对经济增长的影响是通过促进产业结构升级实现的（于斌斌，2017）。生产结构升级需要资金在技术、设备等方面的升级，并且产业结构升级不仅需要重点关注行业自身进行转型升级，提高能效和降低排放，还要引导更多资源供应方参与培育新兴绿色业态。绿色金融可以提供创新性融资工具支持低碳领域和新兴业态的发展，同时利用政策在金融、产业等方面的作用，通过碳排放权交易产生传导机制，从而实现价值调整。另一方面，实体经济是金融的基础，农业产业结构升级可以助力绿色金融市场的发展壮大。企业拥有的农业碳资源可以作为绿色金融市场发展的基础标的物，从而活跃绿色金融市场并增加碳排放权交易额度。

（三）绿色金融赋能乡村宜居生态质量提升

发展绿色低碳金融，对优化资源配置、促进绿色可持续发展和改善乡村基础设施具有重要的作用。由于农村碳排放权具有明显的外部性，其产生的污染在市场交换中往往得不到体现。若通过引入碳交易机制，则能使碳价格能度量污染治理成本与资源的稀缺程度，从而把碳排放权作为一种可交易的商品。这样，则绿色低碳金融可把资源从高污染、高能耗、低产出的部门配置到低污染、低能耗、高产出的部门，有助于生产方式从粗放型向集约型转变，从而实现经济的绿色可持续发展。此外，绿色低碳金融可优化乡村基础设施建设中的资金融通机制，通过创建农村碳金融市场，可使得以往乡村基础设施建设主要由政府财政出资的方式向以金融市场为主导的资金融通方式转变；绿色低碳金融的资源配置功能还能引导农村金融资源向建设质量优、发展速度快的农村基础设施项目流动，这在某种程度上可纠正政府调配资源的偏差，提高农村基础设施优化的效率。可见，绿色金融在农村资源配置中对优化乡村宜居生态环境具有重要的作用。

（四）绿色金融赋能农村数字化治理和乡风文明新形态的重塑

随着农村森林、草地、湿地等资源逐步得到重视和开发，相关资源作为村社集体资源如何实现有效的配置和治理，依托数字化技术串联村社集体绿色资源形成共富产业，并积极吸纳外部产业资本、金融投资机构以及社会资本的参与，充分发挥数字技术和社会资本与村社绿色资源的联动作用，进而增强绿色资源的数字化治理效能，形成稳定的利益联结机制，充分发挥绿色金融赋能农村绿色产业的数字化治理的基础（汪小亚 等，2022）。同时，绿色金融与数字化治理的协同促进低碳文明的重塑以及增强农民的低碳意识，从而又反过来促进农村数字治理现代化和绿色文明新形态建设。此外，乡村绿色文明新形态也有利于促进绿色产业的发展，促进乡村文明风貌的良性循环。例如，浙江安吉县农商银行创新地推出“两山农林贷”“两山白茶贷”等多个特色绿色信贷产品，有效减轻了安吉县茶农的融资负担，绿色普惠金融在建设美丽乡村、支持碳减排、支持农业主体绿色发展等方面具有积极正向作用（王小华 等，2021；张瑞怀，2021），从而构建了绿色发展新文明新形态的“安吉模式”。图 1 为绿色金融赋能农民农村共同富裕逻辑框架。

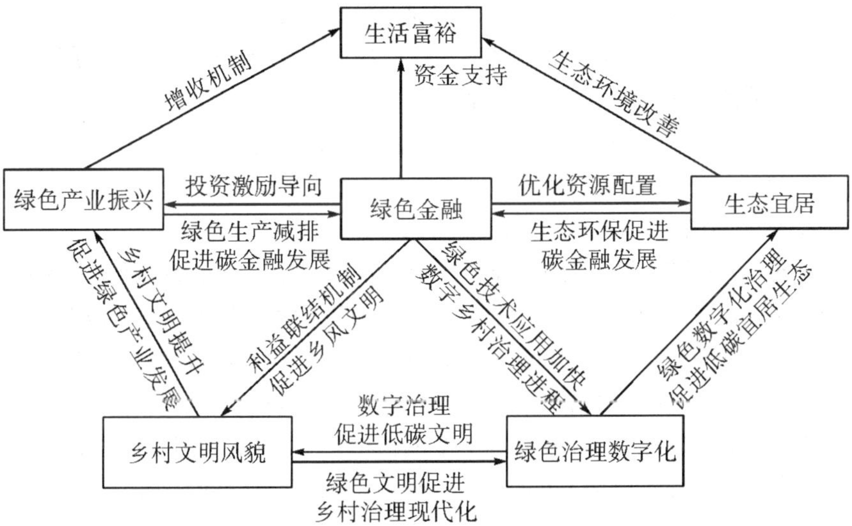

图 1　绿色金融赋能农民农村共同富裕逻辑框架

五、绿色金融赋能农民农村共同富裕的体系构建

（一）构建绿色金融赋能农业产业高质量发展体系

1. 促进绿色金融服务乡村产业振兴的协同

首先，有序提高绿色金融与“双碳”目标实现过程中绿色农业的协同性。立足绿色金融服务“三农”实体经济的根本要求，制定绿色金融支持农业绿

色现代化的具体路径、服务重点和分阶段目标，将绿色农业产业政策与现有标准体系的更新、新兴制度的建立等联系起来，构建绿色农业发展的金融服务政策导向机制。其次，有序提高绿色金融与其他金融供给的协同性。推动绿色金融与普惠金融、科技金融、农村金融、供应链金融等“绿色+”金融服务协同体系建设，将绿色金融的环境社会风险管理理念、定价机制、价值发现功能等向其他金融体系传导，同时在融合过程中要注重不同金融生态的异质性，加强绿色普惠金融中的负面清单机制建设，防范绿色金融在脱贫地区迈入“先污染、后治理”的老路。绿色科技金融则更注重直接投资市场的绿色化建设与绿色保险功能的发挥，为科技创新匹配相适应的金融结构等。再次，不断提高各类绿色金融标准之间的协同性。持续完善绿色金融标准，降低绿色识别成本，开发绿色农业基金、绿色农业信托、绿色农业保险等标准，在体现特点的同时重视各类绿色金融标准与现有绿色信贷、绿色债券标准的衔接，完善绿色金融标准体系建设。最后，优化绿色金融发展与外部激励政策的协同性。通过绿色农业贷款、绿色农业债券、绿色农业保险的贴息、资金奖补等措施，重点扶持生态农业、生态林业、农村水系整治、农业废弃物资源化利用等绿色发展领域，全面推进绿色农业与旅游、教育、文化、健康等产业的深度融合，提升市场主体应用绿色金融产品积极性，也要逐步优化激励的方式与领域（孙秋枫 等，2022），更好地促进绿色农业产业的全面振兴。

2. 加快形成具有竞争力的绿色产业服务组织体系

首先，发展壮大绿色农业产业新型经营主体。针对乡村绿色资源进行清产核资，推动成熟的碳核算方法和成果在农村绿色金融系统中的推广应用，并建立森林碳汇交易管理部门之间合作制定监测、报告和核查的标准和办法，并对承担监测、报告和核查工作的机构加以监督。建设具有信息挖掘与分析能力的中介平台。充分发挥金融机构作为资金中介和交易中介的作用，加强金融中介平台绿色金融业务员信息素养的提升建设，减少绿色金融交易中的信息不对称等风险问题。

其次，鼓励金融机构进行绿色金融专业能力建设。引导金融机构围绕“碳中和、碳达峰”目标构建乡村绿色产业服务组织治理架构和工作机制，鼓励金融创新，丰富乡村绿色农产品和服务的交易组织。促进以政府为主导、金融企业参与的绿色产业基金与绿色金融业务的有效衔接，规范农村生态产业发展的绿色融资程序和制度安排。

最后，加强金融机构风险控制能力建设。促进区域内商业银行等金融机构健全风险管控机制，提高对绿色金融风险的管控能力，在传统信贷业务流程管理的经验基础上，针对农村碳市场交易的周期性、保值性等特征，设计一套独立的农业碳排放权质押贷款的全流程管理体系。鼓励金融机构将农村环保信用等级与环境信用信息以及信用村信用镇的建设纳入投融资决策。

（二）创新绿色金融赋能农民农村共同富裕的信用监测体系

1. 创新农村绿色金融信用服务体系

根据碳市场需求，鼓励金融机构与农业企业、地方政府、第三方评估公司等合作开发碳期权、碳期货、碳远期等交易工具，帮助控排企业降低碳市场参与风险、套期保值；加大碳融资工具的开发，通过合建专项碳减排项目投资基金，激励带动节能减排项目开发。探索建立农业供应链绿色金融模式，鼓励大型农业“链主”将较为优惠的“碳资金”专款专项专用到上下游的农业经营主体的绿色减排过程中，以此改变农村新型农业经营主体在森林碳汇项目上难以获得“绿色金融”优惠信贷的局面。共同开发碳支持工具及相关服务，为各方了解碳市场趋势提供风向标，同时为管理碳资产提供风险管理工具和市场增信手段。

2. 创新农业绿色低碳项目融资监测体系

第一，创新绿色信贷产品，引导金融机构创新林权碳汇质押融资、生态补偿质押融资、碳减排挂钩融资等绿色信贷产品（王馨 等，2021），建立以政府为主导、金融企业参与的碳基金，鼓励农业企业联合小农户开展绿色农业产业链融资，并规范其绿色产业链融资程序和制度安排。第二，加大金融机构在农业绿色低碳项目上的投入。支持农村商业银行和新型农业经营主体探索发行绿色债券等方式为农业绿色发展降碳提供融资渠道，比如设立碳融资、碳托管等业务的绿色金融事业部、绿色支行等，为碳市场交易和绿色农业企业降碳减排提供特色化、专业化的金融服务。第三，鼓励社会资本发起设立绿色产业基金，并通过政府主导优化农业绿色产业基金结构，吸引外资参与农村绿色农业领域的投资开发，为促进低碳产业发展拓宽资金来源渠道。

3. 创新农村绿色金融协同监管体系

加快推动区域一体化碳信用体系和绿色金融监管体系建设，协同企业开展碳排放核算的监督与管理，鼓励企业对碳排放资产的核查和提升信息披露质量，实施区域碳排放核算规范标准（王遥 等，2014），开展碳排放总量调查，研究制定生态碳汇、碳捕集利用与封存标准，营造出健康的绿色金融营商环境，通过竹林碳汇数智运用，进一步赋能资源管理、竹林增汇、碳汇交易、收益分配等工作。

（三）加快绿色金融区域协同合作体系建设

1. 建立部门间的开放合作机制

充分调动区域内金融资源，积极合作，优势互补。在管理部门合作方面，在一级市场和二级市场确定相应的主管部门和协管部门，探索建立联合管理运行机制，促进金融机构体系的创新合作。支持金融机构合作开发乡村碳市场衍生品和碳中和金融产品，共同引导农业产业低碳绿色转型发展，提升金融机构服务农业生产减排降碳的能力。此外，加强金融机构围绕农村绿色资产开展抵质押登记、托管、交易、征信评级、数据管理等合作，围绕绿色金融业务进行资源整合、共享和利用。

2. 深化跨省市环境权益交易配额合作

积极推进跨省市环境权益资产的交易合作，对于盘活广大的农村绿色资源资产尤为重要。一方面，建立共建共享的环境权益交易合作新模式。改变现有各省市间农业碳排放权交易的割裂状态，统筹不同地区间环境权益交易产品门类、市场发展现状，关注跨边界交易问题，探索建立统一的市场交易管理标准和环境权益定价标准。协同探索跨区域生态产品价值实现路径和转化模式（朱民 等，2022），跨区域整合现有生态资源，充分发挥农林业生态固碳价值和生态经济价值。另一方面，统一区域绿色金融市场进入和管理标准。通过统一生态环境标准、企业环境信用评价体系、区域绿色金融标准体系，将碳排放等信息纳入企业社会征信系统，推动企业环境信用评价结果互认、统一绿色产业/企业/项目评价认定、绿色金融产品评估认定、企业环境信息披露、绿色信用评定认证、绿色金融统计等绿色金融标准，成为推动绿色金融规范化、持续性发展的重要技术保障（陈雨露，2018）。

3. 积极推动农村绿色金融的国际化制度合作体系建设

积极学习国外森林碳汇市场管理制度、交易架构、减排技术等先进经验，提高低碳技术科技成果在乡村绿色产业中的转化应用水平。构建与美国、欧盟、新加坡等发达国家和地区的碳排放权交易平台与绿色金融服务平台，积极开辟低碳领域跨境合作路径。简化中欧绿色金融标准认定流程，扩大应用试点城市建设，在碳排放计量和认证、零碳技术孵化与应用等方面加强与欧盟的合作，加强绿色金融服务碳汇市场建设的国际制度合作。

（四）构建农村绿色金融赋能生态经济价值转化的补偿体系

为了引导更多的社会资本投入到乡村绿色宜居生态环境打造中，积极推动和发展绿色金融不仅可以促进环境治理与人居环境改善，还可以促进碳达峰与碳中和的“双碳”目标实现（马骏，2015）。绿色金融、绿色可持续发展与共同富裕协同推进是解决发展中不平衡不充分问题的现实需要，构筑共同富裕的美丽和谐生态环境，未来既依托于低碳经济发展，也依托于绿色金融体系的扶持引导。绿色福利是绿色发展的目标，而绿色增长是绿色财富与绿色福利增进的有效手段，这就要求绿色金融发展要重点围绕绿色增长增进国民绿色福利（胡鞍钢 等，2014），实现农民农村共同富裕的社会生态环境价值。

首先，实施绿色金融产品与绿色金融工具创新，发展绿色资本市场，政府绿色引导基金与绿色产业投资基金先行，通过股权投资、战略合作与财务投资合作等多种形式吸引更多社会资本进行绿色投资。在此基础上，支持金融机构发行绿色信贷、绿色项目收益债、绿色债券等金融产品，同时配套绿色保险创新险种，确保绿色金融形成稳定机制。

其次，通过创新性金融制度安排，建立从绿色金融统计、绿色信贷风险补偿、绿色金融标准化等到绿色金融激励的绿色金融制度体系。绿色金融发展的顶层设计还需要在绿色银行评级体系、绿色评估框架的基础上实行定向降准、再贴现与再贷款的扶持制度补充。

再次，扩大绿色金融参与主体，形成全社会共同参与的氛围和环境。组建专业化的绿色发展银行扶持绿色消费，鼓励农业类保险公司开展绿色保险金融综合服务，培育绿色信用评级机构、认证机构、评估机构以及环境风险监测机构等多元机构主体，同时加强绿色金融人才队伍建设，引导消费者积极进行绿色消费，让共同富裕的发展目标根植于绿色金融发展的具体实践当中。

最后，通过金融创新为“绿色美丽家园”赋能共同富裕底色。以优化农村金融生态环境为主线，创新农村金融信用体系。以“三权”（农村土地流转经营权、农村宅基地使用权、农村住房所有权）抵押贷款为重点，推进农村产权融资服务体系；以改善投融资环境为目标（唐跃军 等，2010），健全农村“四级”（财政出资担保、行业协会担保、商业担保、个人信用）融资担保体系；以完善农业风险分担机制为切入点，积极推进农村保险服务民生体系；扶持农村信用社与村级资金互助会，满足农村多样化融资需求；推进农村金融保险服务民生，建立、完善农业风险共担机制。通过一系列金融创新实践，金融赋能农业发展、农村创富与农民增收取得了明显成效，金融在缩小“三农”发展与城市发展差距的过程中发挥了重要作用。

参考文献

安国俊，2021. 碳中和目标下的绿色金融创新路径探讨［J］. 南方金融（2）：3-12.

陈四清，2021. 以金融高质量发展促进共同富裕［J］. 中国金融（20）：9-11.
陈游，2009. 碳金融与我国商业银行的业务创新［J］. 金融论坛，14（10）：69-73.
陈雨露，2018. 推动绿色金融标准体系建设［J］. 中国金融（20）：9-10.
陈智颖，许林，钱崇秀，2020. 中国绿色金融发展水平测度及其动态演化［J］. 数量经济技术经济研究，37（8）：62-82.
崔勇，2021. 共同富裕的公益金融农行实践［J］. 中国金融（17）：21-23.
杜莉，李博，2012. 利用碳金融体系推动产业结构的调整和升级［J］. 经济学家（6）：45-52.
杜莉，张云，王凤奎，2013. 开发性金融在绿色金融体系建构中的引致机制［J］. 中国社会科学（4）：103-119，206-207.
杜志雄，2022. 共同富裕思想索源及农民农村实现共同富裕的路径研究［J］. 经济纵横（9）：21-29.
冯楠，2016. 国际碳金融市场运行机制研究［D］. 长春：吉林大学.
韩亮亮，彭伊，孟庆娜，2022. 数字普惠金融、创业活跃度与共同富裕：基于我国省际面板数据的经验研究［J］. 软科学：1-18［2022-12-18］.
胡鞍钢，周绍杰，2014. 绿色发展：功能界定、机制分析与发展战略［J］. 中国人口·资源与环境，24（1）：14-20.
李志学，张肖杰，董英宇，2014. 中国碳排放权交易市场运行状况、问题和对策研究［J］. 生态环境学报，23（11）：1876-1882.
刘明明，2021. 论中国碳金融监管体制的构建［J］. 中国政法大学学报（5）：42-51.
刘心怡，黄颖，黄思睿，等，2022. 数字普惠金融与共同富裕：理论机制与经验事实［J］. 金融经济学研究，37（1）：135-149.
陆岷峰，2022. 共同富裕政策背景下金融的历史使命与着力点选择：基于商业银行的视角［J］. 金融理论与实践（1）：1-8.
陆岷峰，2021. 绿色理念与低碳转型：新阶段商业银行打造低碳银行研究：基于百年绿色发展思想视角［J］. 金融理论与实践（5）：1-11.
马骏，2015. 论构建中国绿色金融体系［J］. 金融论坛，20（5）：18-27.
梅晓红，许崇正，2015. 中国碳金融体系构建问题的研究［J］. 经济问题探索（10）：89-96.
牛苗苗，谭显春，郭建新，等，2022. 碳总量控制政策对中国经济高质量发展的影响：基于中国省际面板数据的实证研究［J］. 中国管理科学（9）：1-17.

潘家华，2016. 碳排放交易体系的构建、挑战与市场拓展［J］. 中国人口·资源与环境，26（8）：1-5.

乔海曙，刘小丽，2011. 碳排放权的金融属性［J］. 理论探索（3）：61-64.

史代敏，施晓燕，2022. 绿色金融与经济高质量发展：机理、特征与实证研究［J］. 统计研究，39（1）：31-48.

孙秋枫，年综潜，2022. “双碳”愿景下的绿色金融实践与体系建设［J］. 福建师范大学学报（哲学社会科学版）（1）：71-79.

唐建伟，邓宇，2021. 共同富裕与居民财富金融发展［J］. 中国金融（20）：57-59.

唐跃军，黎德福，2010. 环境资本、负外部性与绿色金融创新［J］. 中国工业经济（6）：5-14.

田云，林子娟，2021. 巴黎协定下中国碳排放权省域分配及减排潜力评估研究［J］. 自然资源学报，36（4）：921-933.

汪婧，王吉刚，2022. 成渝地区双城经济圈绿色金融发展现状、问题与对策［J］. 西部金融（8）：93-97.

汪小亚，陈帅，2022. 乡村振兴和共同富裕的金融作为［J］. 中国金融（5）：31-33.

王遥，任玉洁，2022. “双碳”目标下的中国绿色金融体系构建［J］. 当代经济科学（10）：1-14.

王遥，王文涛. 绿色金融市场的风险识别和监管体系设计［J］. 中国人口·资源与环境，2014，24（3）：25-31.

王定祥，琚丽娟. 碳金融理论研究评述与展望［J］. 西部论坛，2013，23（1）：70-79.

王小华，杨玉琪，程露. 新发展阶段农村金融服务乡村振兴战略：问题与解决方案［J］. 西南大学学报（社会科学版），2021，47（6）：41-50，257-258.

王馨，王营，2021. 绿色信贷政策增进绿色创新研究［J］. 管理世界，37（6）：173-188，11.

王忠民，2021. 实现共同富裕的金融使命［J］. 中国金融（17）：18-20.

翁宏杰，2013. 碳金融服务体系共生网络构建研究［J］. 湖北社会科学（1）：99-102.

曾刚，万志宏，2009. 国际碳金融市场：现状、问题与前景［J］. 国际金融研究（10）：19-25.

翁智雄，2021. 中国实现碳中和远景目标的市场化减排机制研究［J］. 环境保护，49（Z1）：66-69.

杨博文，2018. 多层次碳金融监管框架：原则、工具与体制重构［J］. 当代经济管理，40（10）：8-14.

尹应凯，崔茂中，2010. 国际碳金融体系构建中的“中国方案”研究［J］. 国际金融研究（12）：59-66.

于斌斌，2017. 金融集聚促进了产业结构升级吗：空间溢出的视角：基于中国城市动态空间面板模型的分析［J］. 国际金融研究（2）：12-23.

俞岚，2016. 绿色金融发展与创新研究［J］. 经济问题（1）：78-81.

袁怀宇，李风琦，2022. “双碳”目标影响供给侧结构性改革的机制与应对策略［J］. 理论探讨（1）：140-145.

张明，刘瑶，2021. 金融三方面助力实现共同富裕［J］. 中国金融（17）：32-34.

张金林，董小凡，李健，2022. 数字普惠金融能否推进共同富裕?：基于微观家庭数据的经验研究［J］. 财经研究，48（7）：4-17，123.

张瑞怀，2021. 绿色普惠金融促进共同富裕［J］. 中国金融，72（21）：33-35.

张叶东，2021. “双碳”目标背景下碳金融制度建设：现状、问题与建议［J］. 南方金融（11）：65-74.

朱兰，2021. “双碳”目标下加快推进我国碳金融市场发展的路径探究［J］. 农村金融研究（10）：9-14.

朱民，郑重阳，潘泓宇，2022. 构建世界领先的零绿色金融地区模式：中国的实践创新［J］. 金融论坛，27（4）：3-11，30.

邹克，倪青山，2021. 普惠金融促进共同富裕：理论、测度与实证［J］. 金融经济学研究，36（5）：48-62.

COWAN E，1999. Topical Issues in Environmental Finance［J］. EEPSEA Special and Technical Paper，43（3）：1-20.

LABATT S，WHITE R，2002. Environmental Finance：A Guide to Environmental Risk Assessment and Financial Products［M］. Hoboken：John Wiley & Sons.

SALAZAR J，1998. Environmental Finance：Linking Two World［J］. Presented at a Workshop on Financial Innovations for Biodiversity Bratislava（1）：2-18.

SCHOLTENS，BERT DAM，LAMMERTJAN，2006. Banking on the Equator. Are Banks that Adopted the Equator Principles Different from Non-Adopters?［J］. World Development，35（8）：1307-1328.

供应链金融对攀枝花芒果果农融资的影响

——网络嵌入性视角

宋坤　赵虹慧

（四川农业大学）

摘要：攀枝花芒果产业是攀枝花果农脱贫致富的支柱产业。2021 年，由攀枝花市委牵头打造的“攀果”品牌应运而生，攀枝花市芒果供应链更趋完善。以龙头企业为核心的供应链金融模式，为芒果种植者提供了更多新的可能。本文通过对访谈资料、调查数据进行编码分析，探讨了在三种不同的供应链金融模式下芒果果农的网络嵌入性，以及这种嵌入性差异如何影响芒果果农的融资绩效。

关键词：攀枝花芒果；网络嵌入性；融资绩效

一、引言

近年来，攀枝花市各级党委、政府深入学习贯彻习近平总书记关于扶贫工作的重要论述，认真落实部署、系统谋划推进，以“小芒果”引发“大效益”。2021 年 9 月 17 日，中共攀枝花市委、攀枝花市人民政府、京东集团携手主办了“攀果”战略合作暨品牌发布会，攀枝花市农产品区域公用品牌“攀果”在会上重磅发布，这标志着攀枝花市芒果供应链的进一步完善和发展。攀枝花地处北纬 26 度，具有满足芒果生长的“南方热量、北方光照”的优越气候及复杂山地地貌等地势条件，与海南三亚、广西百色并称三大芒果之乡。随着农业现代化步伐的加快，先进的芒果生产技术不断被引进，农户想要提高芒果产量以及品质的需求日益强烈，果农的融资需求日益增长。但在传统的金融模式中，从银行等金融机构获得大额贷款需要果农提供相应的抵押担保物，导致果农难以获得融资贷款；并且，果农进行生产经营活动的投资时间长，面临的自然风险较大，投资收益率低等特点，可能导致果农不能按时偿还贷款，银行等金融机构不愿承担此类风险，这些都使得果农的融资需求无法得到有效满足。

供应链金融作为一种创新的融资模式，基于供应链内部的契约关系及核心企业的资信度为产业链上下游主体提供融资，有利于拓宽果农的融资渠道，减少果农与银行间的信息不对称，提升农户的信贷能力，缓解农户融资难的问题。基于此，本文通过对三种不同的供应链模式进行分析，探索不同模式下农户网络嵌入性的特点，以及这些网络嵌入性对农户融资绩效的影响。

二、文献综述

（一）供应链金融

Decui Liang 等（2021）认为供应链金融可以为供应链上下游提供便利的贷款交易的金融服务。Barbara B 等（2010）则认为供应链金融是一个单一的结构，它有许多概念是不完整的，遗漏了内部整合的重要中心环节。这些不完整和不断发展的概念导致了关于供应链金融的定义和性能之间关系的不一致。然而 Xue meng 和 Hu Haiqing（2022）认为供应链金融对中小企业创新绩效的促进作用显著，与国有企业相比，供应链金融对非国有企业创新绩效的促进作用更大。中小企业能通过供应链金融规避在传统信贷中遇到的问题，更好地促进其自身的发展。Guoqing Zhao 和 Jianmei Dong（2022）则通过构建基于区块链网络技术的传统供应链金融融资与数字供应链金融相关联的银行与企业的演化博弈模型，分析了不同情况下主体行为的演化路径，发现在区块链网络技术的保障下，惩罚机制和信用激励在供应链融资中的作用可以更好地发挥，供应链金融生态会得到更好的优化。

刘可和缪宏伟（2013）发现很多中小企业内部资金不足以满足自身需求，但由于其自身能获得的平均利润低，且面临的市场风险较大，在寻求外部融资时存在较大的约束。但随着供应链金融的发展，处于供应链网络中的中小企业，可以通过综合利用供应链网络的各种资源，进一步缓解中小企业的融资约束。卢强和宋华等（2018）通过研究发现企业有效地嵌入供应链网络是其成功运用供应链金融获取融资的前提，但因为不同企业从供应链网络中获取的资源是不同的，所以企业的融资成本、融资周期等也存在差异。而宋爽（2022）则另辟蹊径，将视角转向农业，通过研究认为农业供应链金融能有效地缓解农户的资金投入压力。同时，陈琪和王洪生等（2022）认为农业供应链金融能够很好地缓解涉农中小企业的融资约束。张文和杨立功等（2022）发现农业供应链金融虽然是缓解涉农主体融资压力的重要手段，但在这种模式中存在的信息不对称问题给金融机构带来了很高的信用风险。郝瑞军（2022）认为我国传统的农业供应链发展水平不高，供应链中的企业在进行融资时限制较多。他认为，要想更好地发展新时代农业供应链金融就必须明确农业供应链金融服务平台发展需求，控制农业供应链金融风险，提高供应链金融中各项资源的利用效率。

（二）网络嵌入性与农户融资

巫蓉和徐剑（2022）发现在复杂的社会环境中，各类主体在网络环境中的地位存在差异，其嵌入的程度与水平也显著不同，社会关系网络嵌入性对农户的融资行为有着非常重要的影响。Munshi 和 Rosenzweig（2006）认为社会网络可以有效地增加居民收入、促进就业。马光荣和杨恩艳（2011）认为社会网络关系更广泛的农户，会有更多民间借贷的渠道，从而更有可能进行自主创业。杨汝岱和陈斌开（2011）则表明社会网络关系越广泛的农户，民间借贷行为越频繁，社会网络是农户平衡现金流、弱化流动性约束的重要手段。同时，热依拉和刘明等（2015）发现社会网络关系可以弱化农户融资过程中的信息不对称，同时社会网络中的成员彼此相互熟悉，可以相互监督，从而降低逆向选择和道德风险，提高农户偿还贷款的能力。由此可见，社会网络在一定程度上可以弥补农村金融市场和金融体系不健全的不足。阳文峰（2019）则认为农户在社会网络关系中所处的地位对农户融资也有重要的影响，有特殊地位的农户更容易从正规金融机构或者民间借贷机构获得贷款。

（三）文献评述

在已有文献研究中，学者们认为供应链金融可以很好地缓解企业融资存在的风险、打破融资过程中的信息壁垒，有效控制信用风险的发生，但却忽视了供应链网络对农户融资所产生的作用。本文运用案例分析来研究农户在供应链网络中的嵌入性，以及不同农户的网络嵌入性差异将如何影响农户的融资绩效。

三、研究设计

本文重点关注在三种不同的供应链金融模式下农户的网络嵌入性特点，以及这种嵌入性差异会如何影响果农融资绩效，采用案例分析，对访谈和调研数据进行归纳分析，并得出相关结论。

（一）案例供应链金融模式选择

本文主要选择了攀枝花市芒果产业三种不同的供应链金融模式下的三家核心企业和这三种模式对应下的农户为研究样本。首先，这三家核心企业所采用的供应链金融模式各不相同，具有一定的研究意义，非常适合此次研究主题；

其次，这三家企业的管理者能为此次研究提供充足的内部信息和资料，帮助我们顺利完成此次研究；最后，本文分别以中文拼音首字母 G、D、Y 来代表三种不同的供应链金融模式，对应的三家核心企业同样也以中文拼音首字母 G、D、Y 代表，样本企业基本信息如表 1 所示。

表 1 样本企业基本信息

企业代号	成立年份	企业规模	企业定位
G	2021	上市公司子公司	综合性供应链运营商
D	2020	上市公司子公司	综合性供应链运营商
Y	2014	民营企业	综合性供应链运营商

（二）数据收集

笔者分别对三家核心企业负责人进行访谈，并把访谈内容整理成文档，以便读者能更清楚地了解企业内部的相关信息，以及企业所采用的供应链金融模式。另外，笔者还对企业内部可以公开的信息进行了整理分析，以此获得研究所需信息。同时，对处于三种不同供应链金融模式下的农户进行随机调研，以获取更加完整的数据。本文所采用的数据都是通过实地调研的方式获取的，共收回农户相关数据 339 份，有效问卷为 310 份，问卷有效率达 91.4%。另外，收到惠农服务中心中心和三农服务站相关数据 19 份。

（三）数据处理

本文采用编码的方式对收集到的数据信息进行提取和归纳。首先，对所有的访谈资料以及公司内部资料、可公开资料进行整理，并根据以上资料整理出三家核心企业各自的供应链金融模式。其次，本文的研究变量主要包括网络嵌入性中的结构嵌入性和关系嵌入性，以及农户融资绩效三个变量；其中，结构嵌入性又从网络密度、网络中心度两个子维度来考虑，关系嵌入性从关系质量、关系强度、关系持久度三个子维度来考虑。在进行分析时，本文将三个模式中的惠农服务中心，专业合作社或村集体经济组织和三农服务中心统一称作服务站。同时，为了使网络嵌入性图谱更加直观清晰，本文通过对调研果农数据进行分类，定义拥有 20 亩及以上土地的农户为规模农户，再对已有数据进行筛选，选取拥有 20 亩及以上土地的农户进行分析。

四、案例背景

（一）G 模式

G 企业 2021 年由攀枝花市政府和攀枝花国有投资集团有限公司共同出资

成立。G企业紧紧围绕“攀果”品牌制定战略目标，大力发展农业数字经济，通过向广大芒果果农提供“互联网平台+智慧农业”物联网设备，指导芒果果农进行科学种植，借助线上平台和线下服务体系打通攀枝花市芒果产业产供销全链条，用数字化技术推动农业现代化发展，为“攀果”品牌打造提供内涵丰富的产业体系支撑。G企业的供应链金融活动主要针对行业中的中小企业、下设的惠农服务中心以及处于G企业供应链中的农户。G企业在各个乡镇开设惠农服务中心，为农户提供农资农技支持，农户也可以在惠农服务中心进行农资农技赊销。同时通过惠农服务中心推广G企业的线上交易平台，农户注册平台后可以从平台上获得农资农技咨询和农资赊销等服务，农户还可以通过平台与收购商进行交易。

G企业提供的供应链金融模型如图1所示：①销售公司与G企业签订芒果销售合同，同时G企业与包装材料公司和物流公司签订合约；②G企业签订销售合同后向银行发出融资申请，银行在完成征信调查后向G企业提供融资；③G企业向惠农服务中心发出收购需求，由惠农服务中心进行芒果收购；④惠农服务中心直接向芒果果农或者当地的专业合作社收购芒果；⑤G企业将收购的芒果按照销售合同提供给销售公司，G公司收到销售芒果的资金；⑥G企业收到资金后偿还银行贷款。

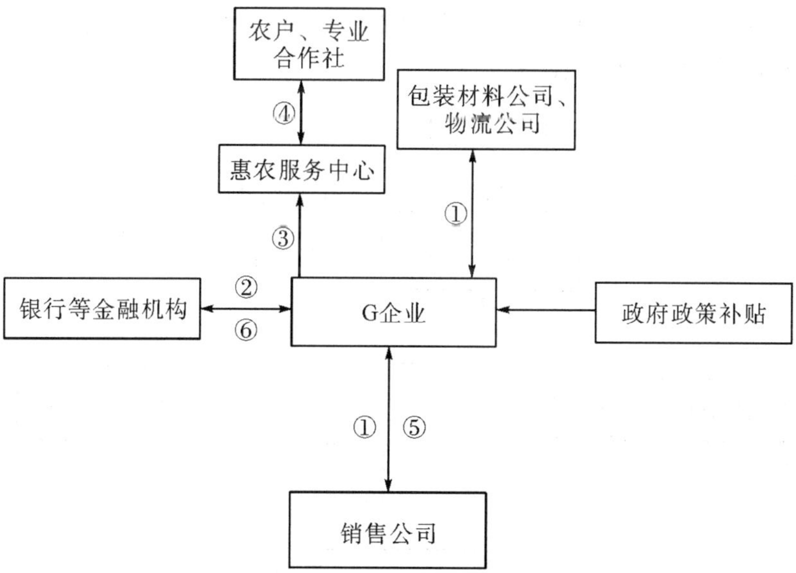

图1　G企业供应链金融模式

（二）D 模式

D 企业是 2020 年成立的一家主营销售农副产品、预包装食品、散装食品等业务的公司，同时 D 企业也为果农提供农资农技的支持，是四川省供销社的子公司。由于 D 企业不光有国有背景，还存在一些民营资本，股份组成较为复杂，所以很难向银行进行贷款；当 D 企业有融资需求时，一般都向四川省供销社借贷，贷款利息也较少，或者由省供销社为 D 企业做担保进行贷款。D 企业与村集体或专合社进行合作，为当地果农提供农资农技服务，在农户种植地上进行研发，促进农户增产增收。当农户资金不充足时，公司通过村集体或专合社对农户信用进行考察，为农户提供赊销服务或者为村集体或专合社嫁接金融服务，使农户能获得充足的资金用于生产。D 企业的供应链金融活动主要针对与 D 企业签订合作协议的村集体经济组织以及该村庄的农户。

D 企业提供的供应链金融模型如图 2 所示：①D 企业与销售公司签订销售合同，同时与包装材料公司和物流公司也签订合作协议；②D 企业签订销售合同后向四川省供销社提出融资需求，获得资金；③D 企业与专业合作社或村集体经济组织签订收购协议，由专业合作社或村集体经济组织替 D 企业收购芒果；④专业合作社或村集体经济组织从果农处收购芒果；⑤专业合作社或村集体经济组织按协议将收购的芒果提供给 D 企业，并收到销售资金；⑥D 企业按销售合同将芒果买给销售公司，并收到销售资金；⑦D 企业收到销售资金后，偿还向四川省供销社借贷的资金。

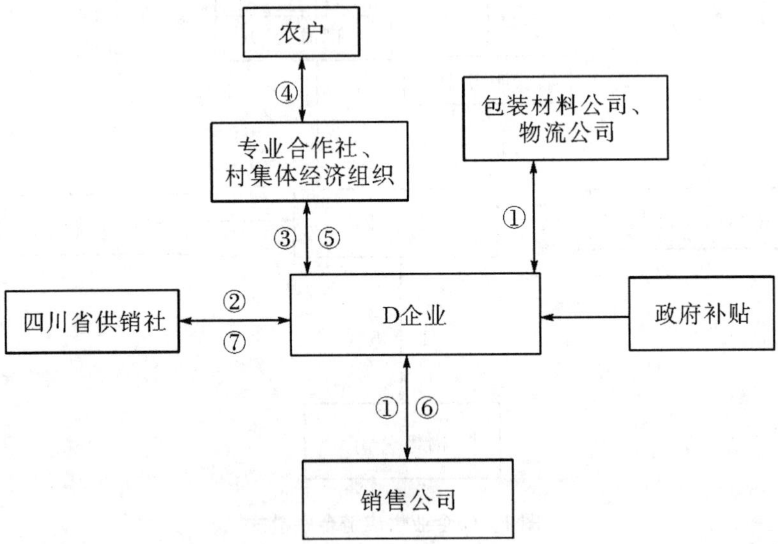

图 2　D 企业供应链金融模式

（三）Y 模式

Y 企业是 2014 年创立的鲜果品牌公司，Y 企业依托攀枝花市丰富的水果资源，不断追求“绿色、生态、健康”的水果品质。Y 企业立志于成为集科研、种植、销售、深加工为一体的农业发展公司，是攀枝花市农业龙头企业和优秀民营企业。Y 企业通过建设果园农庄的方式，吸引游客并提高 Y 企业的收入，同时用于 Y 企业各项业务的开展，以及持续推进一三产业融合发展。Y 企业还联合热科院等机构专业的技术人员为果农提供技术指导，或对三农服务站的工作人员进行技术培训，再由工作人员对果农进行指导。当资金不足时，三农服务站可为农户提供赊销服务，果农将芒果卖出后将赊销的钱返还服务站。Y 企业的供应链金融活动主要针对公司下设的各个三农服务站以及在 Y 企业供应链中的农户。

Y 企业提供的供应链金融模型如图 3 所示：①Y 企业与销售公司签订销售合同，与包装材料公司和物流公司分别签订销售协议和合作协议；②Y 企业签订销售合同后向银行等金融机构提出融资需求，获得资金；③Y 企业向下设的各个“三农”服务站提出收购要求；④由“三农”服务站从果农处收购芒果，并提供给 Y 企业；⑤Y 企业按销售合同将芒果卖给销售公司，并收到销售资金；⑥Y 企业收到销售资金后，偿还银行等金融机构借贷的资金。

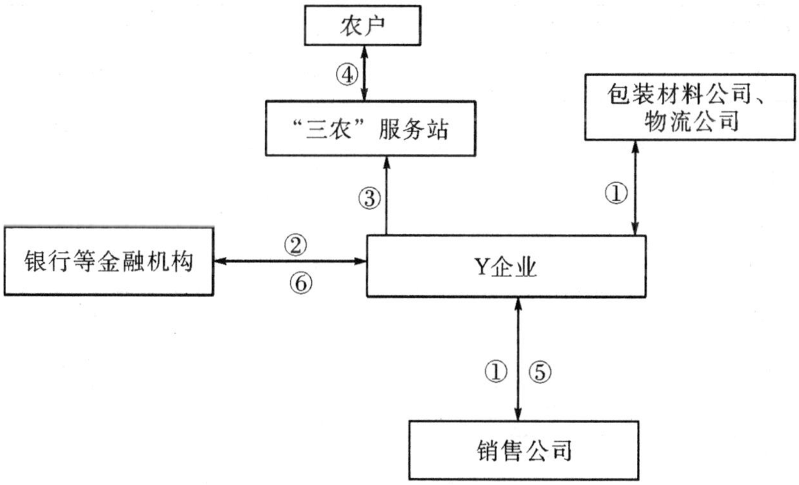

图 3　D 企业供应链金融模式

五、案例分析

（一）供应链金融中的网络结构嵌入性

在供应链中，农户所处的位置不同往往会影响其获得资源的难度。网络中不同农户所处的位置和获得资源的丰富程度可以通过网络结构嵌入性的不同维度来体现。本文通过对问卷数据进行编码，将供应链金融中的参与者转化为矩阵，并运用 UCINET（一种社会网络分析软件）对相关指标进行分析（见表 2 至表 5、图 4 至图 6）。

表 2　案例模式企业和服务站结构嵌入性

案例模式	网络结构	网络位置		
	网络密度	度数中心度 服务站/核心企业	接近中心度 服务站/核心企业	中间中心度 服务站/核心企业
G 模式	0. 214	6/7/3/3	82/74/80/68	154. 45/217. 00/168. 33/276. 00
D 模式	0. 289	6/7/15/3	176/170/144/143	563. 40/659. 00/867. 17/1 049. 0
Y 模式	0. 362	7/10/2	46/38/41	91. 20/109. 50/96. 00

表 3　案例模式农户中心度模式——G 模式

G 模式	度数中心度	接近中心度	中间中心度
D1	9	89	26. 25
D10	9	89	26. 25
H16	7	117	2. 333
H20	7	6	110
H28	6	118	0
B11	6	125	0. 7
B28	5	104	4. 6
B26	7	102	11. 05
D4	9	89	26. 25
D26	9	89	26. 25
H7	3	100	22
H18	7	117	2. 333
B14	7	102	11. 05

表3(续)

G 模式	度数中心度	接近中心度	中间中心度
B12	5	126	0.2
B5	6	103	10.6
D16	8	110	0
D33	8	110	0
H29	6	118	0
H22	6	118	0
H32	6	118	0
B18	5	104	10.35
D8	8	110	0
D28	8	110	0
D31	8	110	0
D32	1	102	0
D22	1	102	0

表 4 案例模式农户中心度模式——D 模式

D 模式	度数中心度	接近中心度	中间中心度
G28	19	169	22.892
G17	26	193	1.037
G6	27	161	37.263
G22	27	161	37.263
G31	26	193	1.037
G14	25	163	33.117
G32	27	161	37.263
G2	25	163	33.117
G4	27	161	37.263
G9	25	163	33.117
G10	27	161	37.263
G15	27	161	37.263

表4(续)

D 模式	度数中心度	接近中心度	中间中心度
G25	27	161	37. 263
G27	27	161	37. 263
G3	27	161	37. 263
E4	11	216	119. 31
E7	8	219	68. 167
E13	10	264	3. 317
E17	8	219	68. 167
F5	14	205	81
F6	14	205	81
F10	14	205	81
F11	14	205	81
F41	14	205	81
E10	10	264	3. 317
E27	9	265	2. 15
E6	7	220	84

表 5　案例模式农户中心度模式——Y 模式

Y 模式	度数中心度	接近中心度	中间中心度
C1	9	47	1. 875
C4	9	47	3. 351
C11	10	46	4. 101
C25	6	50	1. 375
C36	10	46	4. 101
A25	7	58	3. 25
A11	7	58	3. 25
C8	10	46	4. 101
C3	9	57	0. 892
A8	5	73	0

表5(续)

Y 模式	度数中心度	接近中心度	中间中心度
A14	7	58	3.25
A16	6	59	2.799
A22	7	58	3.25
C17	7	59	0
C31	9	47	3.351
C32	9	47	3.351
A17	5	60	0
C23	1	57	0
C1	9	47	1.875
C4	9	47	3.351
C11	10	46	4.101
C25	6	50	1.375
C36	10	46	4.101

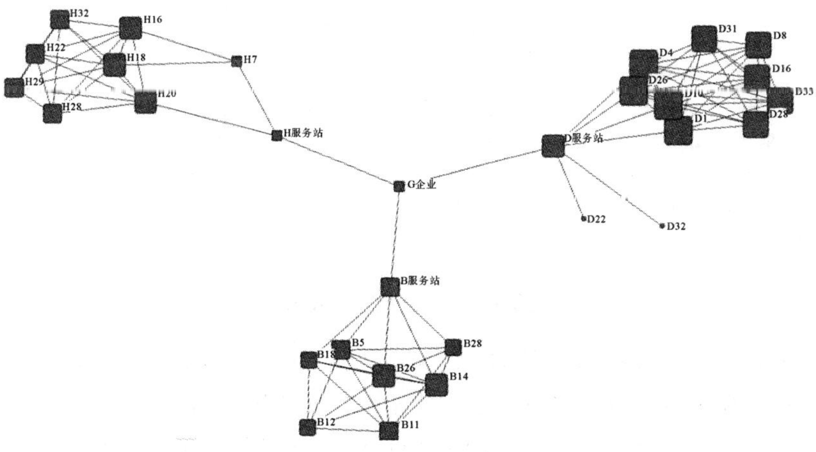

图4　G企业网络嵌入图

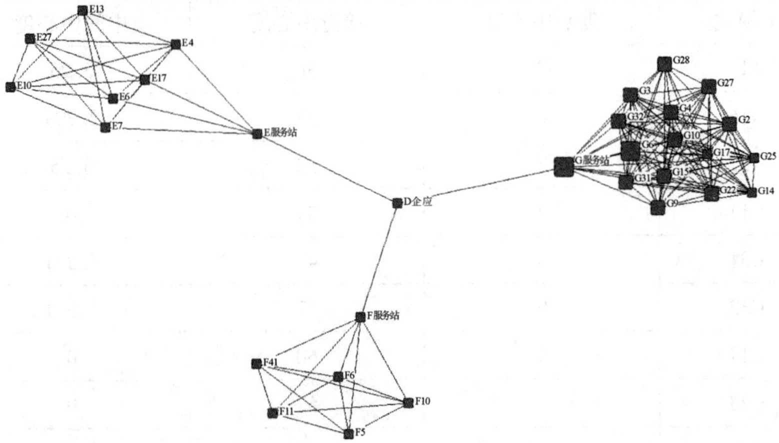

图 5　D 企业网络嵌入图

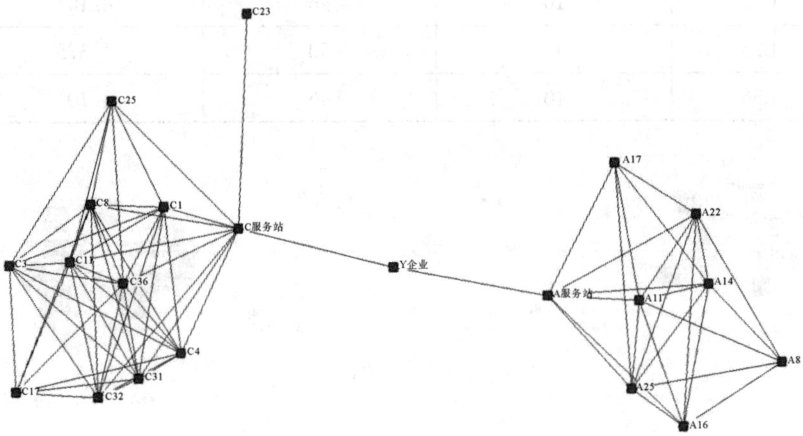

图 6　Y 企业网络嵌入图

网络密度是指网络中主体的实际关系数目与可能存在的最多关系数之比，网络密度越高，则表示网络中各个主体相互之间的联系越紧密。在案例中，各核心企业并不直接与果农接触，而是通过下设服务站与果农之间产生联系。所以，各个服务站与果农之间的关系更为紧密，服务站可以更好地从果农处了解到他们的各种需求，与果农建立更为紧密的信任连接。同时，果农的网络密度越大，表明果农从周围其他果农以及服务站处获得不同资源以及资讯的机会也就更多。

网络中心度也是结构嵌入性的重要反映。节点的度数中心度表示与一个节点直接相连接的其他节点的个数；接近中心度代表一个节点与其他节点的最短路径之和，接近中心度越大，该节点越不是网络的核心节点；中间中心度表示一个节点在多大程度上控制其他点对关系的能力，中间中心度越大，该节点越处于网络中的核心位置。从案例我们可以看出，G 模式的 D 服务站、D 模式的 G 服务站和 Y 模式的 C 服务站的度数中心度是每个模式中最大的，表明与这三个服务站建立联系的规模果农更多。而从接近中心度和中间中心度来看，核心企业位于整个网络的核心位置，核心企业可以通过引导整个供应链中资金和资源的流动配置，对整个供应链的活动进行组织管理。从果农的角度看，果农的中间中心度越大，证明果农在所处网络中占据更为核心的地位，在整个村子里拥有的声望更高，获得的资源也就更多，同时还可以在一定程度上左右其他果农的部分决定。同时，服务站也更愿意为网络中心度更高的果农提供更多的资源。通过对网络结构嵌入性进行分析，本文提出以下命题：

命题 1：在供应链金融中，农户具有适度的结构嵌入性，在网络中处于普通节点的位置。

命题 2：在供应链金融中，服务站具有较高的结构嵌入性，在网络中处于核心节点的位置。

（二）供应链金融中的网络关系嵌入性

在进行农户在供应链网络中的关系嵌入性分析时，先通过 UCINET 建立凝聚子群，凝聚子群是指网络中具有相对直接、紧密、经常性联系的节点的集合。凝聚子群分析反映了整个网络中，凝聚子群的个数以及所涉及的节点，能更好地反映网络结构内部的基本状态，从而便于进一步开展对整个网络的核心—边缘结构的分析。在社会网络分析中，核心—边缘结构是由若丅元素相互联系构成的一种中心紧密相连、外围稀疏分散的特殊结构。通过核心度指标，反映出网络节点间联系的紧密程度，衡量节点在网络中的地位。在此基础上，本文又对三个模式中企业和各个服务站，以及处于农户社会网络关系中心地位的农户的关系频率、关系强度、关系持久度这三个子维度进行分析，见表 6、表 7。

表6 案例企业和服务站关系嵌入性

案例模式	核心网			支持网		
	关系频率	关系强度	关系持久度	关系频率	关系强度	关系持久度
G企业	高	高	高	低	低	低
B服务站	高	中	高	高	中	中
D服务站	低	中	中	高	高	中
H服务站	高	高	高	低	中	中
D企业	中	高	中	低	低	低
E服务站	低	中	中	高	中	高
F服务站	低	中	中	高	中	中
G服务站	高	高	高	高	高	中
Y企业	高	高	高	低	低	低
A服务站	高	高	高	高	高	中
C服务站	高	中	高	高	高	高

表7 案例模式中农户的关系嵌入性

果农编号	核心网			支持网		
	关系频率	关系强度	关系持久度	关系频率	关系强度	关系持久度
G模式						
B14	低	中	中	高	中	高
D1	高	中	中	高	高	高
H18	中	中	低	高	低	高
D模式						
E4	高	高	高	高	高	高
F34	中	中	低	高	高	高
G6	高	高	高	高	高	高
Y模式						
A22	低	中	中	高	低	中
C36	高	高	高	高	高	高

关系频率是指关系网中的一个行动者与其他行动者之间资源交换或交流活动的频繁性。服务站经常与核心企业或者果农之间产生联系，无论是在核心网还是支持网中都保持较高的关系频率。例如，G 模式中的 D 服务站与果农的联系频率越高，就越容易了解果农在种植芒果时所存在的问题，以及果农在融资过程中的需求，也能更快地向核心企业反映。核心企业向 D 服务站提供更多的资源，D 服务站就能更好地满足果农的需要。果农的关系频率越高，则说明果农比其他果农同服务站的联系更加频繁，更有助于果农了解供应链中的相关信息。

关系强度主要衡量网络之中行动者间合作的紧密程度，强关系网络对网络中节点获取资源的促进作用大，反之弱关系网络的作用小。服务站与核心网与支持网的关系强度越紧密，供应链网络整体的关系就会更为稳定。例如，G 模式中果农想要在线上交易平台获得农资农技赊销服务，G 企业不能直接了解该果农的相关情况，可以通过服务站了解果农的资信情况，从而判断果农是否存在违约风险等。而果农之间的关系强度越高，则说明果农彼此更为了解，服务站能从果农处了解其他果农的信息，便于服务站开展组织与管理工作。服务站在核心网和支持网中的关系强度都较高，可以为供应链网络中的各个主体传递信息，更好地协调供应链的运营。

关系持久度反映各行动者间相互合作的时间长度。服务站与核心网的关系持久度较高，而和支持网的关系持久度较低，说明服务站与核心企业长期建立合作关系，而和果农之间还没有建立长期持续的合作关系。果农之间的关系持久度则能体现出果农彼此之间建立联系的时间长短，关系持久度越高说明果农彼此之间的信任程度也就越高，彼此之间共享的信息就越真实。通过对网络关系嵌入性进行分析研究，本文提出以下命题：

命题 3：在供应链金融中，服务站在不同的网络层次中的表现不同。

命题 4：在供应链金融中，农户在不同的网络层次中的表现不同。

（三）网络嵌入性差异与农户融资绩效

果农在进行芒果种植过程中，通常需要购买农资农技以及其他服务等，需要一定的短期贷款来完成芒果种植过程。而在传统的金融模式中，果农在向银行等金融机构进行借款时常常受到限制。一方面，果农自身缺少抵押物；另一方面，由于农业生产过程受自然因素影响较大，果农有可能不能按时还款而具有违约风险。而供应链金融可以通过供应链内部资金的流转，为果农提供融资服务，从而缓解农户融资的难题。

融资数额反映了果农需要用于芒果生产的金额大小。果农在进行生产活动的过程中经常会发生缺少资金购买农资农技的情况，需要向服务站赊销农资农技，以满足果农生产生活。G 模式中，果农平均融资金融为 3 758.70 元；D 模式中，果农平均融资金融为 11 070.54 元；Y 模式中，果农平均融资金融为 2 428.85元。

融资周期方面，三种模式对果农融资还款的限制都较少，一般都是一个生产周期。果农把芒果销售出去后，再进行还款。例如，Y 企业将农资农技，以低于市场价格的价格销售给服务站，服务站按市场价格将农资农技赊销给农户，到芒果成熟时，果农将芒果销售给经销商，获得的资金中部分用来偿还在服务站赊销的金额。

融资成本又被称作融资利率，是指果农在融资过程中所要付出的成本。通过对案例数据进行分析，果农认为在服务站赊销农资农技没有利息或利息很低。三家核心企业提供的供应链金融服务，很好地缓解了果农在生产过程中的融资压力。

在不同网络层次中，对农户融资绩效的影响是不同的，本文对网络结构嵌入性、网络关系嵌入性以及农户融资绩效之间的关系进行分析对比，如表 8 所示。

表 8　网络嵌入性和农户融资绩效对比

<table>
<tr><td rowspan="3">维度</td><td colspan="3">G 企业</td><td colspan="3">D 企业</td><td colspan="2">Y 企业</td></tr>
<tr><td>B
服务站</td><td>D
服务站</td><td>H
服务站</td><td>E
服务站</td><td>F
服务站</td><td>G
服务站</td><td>A
服务站</td><td>C
服务站</td></tr>
<tr><td>B14</td><td>D1</td><td>H18</td><td>E4</td><td>F34</td><td>G6</td><td>A22</td><td>C36</td></tr>
<tr><td>结构嵌入性</td><td>高</td><td>高</td><td>高</td><td>高</td><td>高</td><td>高</td><td>高</td><td>高</td></tr>
<tr><td colspan="9">关系嵌入性</td></tr>
<tr><td>核心网</td><td>中</td><td>中</td><td>中</td><td>中</td><td>中</td><td>中</td><td>中</td><td>中</td></tr>
<tr><td>支持网</td><td>高</td><td>高</td><td>高</td><td>高</td><td>高</td><td>高</td><td>高</td><td>高</td></tr>
<tr><td>融资数额</td><td>按需</td><td>按需</td><td>按需</td><td>按需</td><td>按需</td><td>按需</td><td>按需</td><td>按需</td></tr>
<tr><td>融资周期</td><td>没限制</td><td>没限制</td><td>没限制</td><td>没限制</td><td>没限制</td><td>没限制</td><td>没限制</td><td>没限制</td></tr>
<tr><td>融资成本</td><td>无利息</td><td>无利息</td><td>无利息</td><td>无利息</td><td>无利息</td><td>无利息</td><td>无利息</td><td>无利息</td></tr>
</table>

案例分析结果显示，果农在网络中具有较高的结构嵌入性。同时，果农在不同网络层次也具有一定的关系嵌入性，这些因素构成了果农加入由核心企业主导的产业链并能够获得融资的前提。果农与核心网联系得越紧密，获得融资

的可能性也就越大。由此本文提出以下命题：

命题5：在供应链金融中，网络嵌入性影响了果农的供应链金融融资绩效。其中，在网络结构嵌入性和关系嵌入性两方面均表现较好的农户才能够实现较好的融资绩效。

六、结论与启示

（一）研究结论

长期以来，攀枝花市芒果果农在融资方面都存在一定困难，但是随着供应链金融的发展，果农可以通过供应链金融在供应链内部进行融资，缓解其在种植芒果过程中的资金短缺问题。基于对三种供应链金融模式的案例分析，本文发现农户在供应链网络中的网络结构嵌入性和关系嵌入性都在一定程度上提高了果农的融资绩效水平。

首先，结构嵌入性对供应链中各结点的连接具有重要的作用。果农在供应链中所处的位置不同，能够获得的资源就不同，越接近网络核心位置的果农获得的资金或信息等资源也就越多，更有利于果农自身的发展。

其次，关系嵌入性代表了网络中各节点连接的紧密程度。果农和服务站与核心网需要通过紧密的联系，来维持供应链中各项活动的正常进行，而与支持网中的果农只需要保持必要的联系，以此满足果农和服务站日常活动的需要。与此同时，关系嵌入性越高，网络中各行动者的沟通效率和协调效率就越高，有助于企业对供应链网络进行创新发展。

最后，网络嵌入性的差异决定了网络中各节点所获得资源。果农在服务站进行农资农技赊销，是一种信用型贷款。果农的网络嵌入性差异导致果农在不同网络中所获得的信任程度不同，获得信任程度越高的果农越能从供应链网络中获得更多的融资机会和更高的融资绩效。

（二）启示

首先，核心企业应该更加注重供应链网络的建立和完善。核心企业位于供应链网络的核心位置，应该要注重对供应链网络中的信息、资金等的流动进行管理，还应该为服务站提供更多的资源以此来满足果农的生产需求，以促进供应链中各项活动的顺利开展。

其次，核心企业还应加强与服务站的联系，通过服务站了解果农的信用信息等，降低融资过程中违约风险的发生概率；同时核心企业还应该利用自身的优势，对服务站在网络结构和关系方面的不足进行完善，并为果农提供更加优惠的融资条件。

最后，服务站还应该充分发挥自身在供应链网络中的中介作用，发现果农在融资过程中存在的问题，与核心企业及时沟通并及时解决这些问题；同时积极拓宽服务站自身的网络范围，为更多的果农提供融资服务，平衡网络中的各种利益关系，最终促进供应链的进一步发展。供应链金融的发展，可以更好地促进农村金融体系的完善，对农村金融市场的发展具有重要作用。

参考文献

李碧茹，2022. 探析“互联网+”下攀枝花芒果区域公用品牌共建途径［J］. 商业经济（1）：75-77.

樊英，张明，2021. 供应链金融视角下农户融资困境缓解的策略研究［J］. 经济论坛（1）：87-92.

李若雪，谭化容，高希，等，2019. 基于现代农业背景下“电商+智能物流”新模式探究［J］. 内江科技，40（9）：120，92.

LIANG D C，CAO W，MING W，et al.，2021. Credit rating of sustainable agricultural supply chain finance by integrating heterogeneous evaluation information and misclassification risk［J］. Annals of Operations Research（11）：1-31.

BARBARA B. FLYNN A，BAOFENG HUO，et al.，2010. The impact of supply chain integration on performance：A contingency and configuration approach［J］. Journal of Operations Management（28）：58-71.

XUE M，HU H Q，2022. Research on the impact of supply chain finance on technological innovation of gem enterprises from the perspective of property right heterogeneity［J］. Proceedings of the 34th Chinese Control and Decision Conference（8）：57-61.

ZHAO G Q，DONG J M，2022. Evolutionary game of banks and enterprises in digital supply chain finance driven by blockchain［J］. Proceedings of the 34th Chinese Control and Decision Conference（8）：137-142.

刘可，缪宏伟，2013. 供应链金融发展与中小企业融资：基于制造业中小上市公司的实证分析［J］. 金融论坛（1）：36-44.

卢强，宋华，于亢亢，2018. 供应链金融中网络连接对中小企业融资质量的影响研究［J］. 商业经济与管理（9）：15-26.

宋爽，2022. 农业供应链金融创新路径分析［J］. 农村经济与科技（6）：186-188.

陈琪，王洪生，从原郡，2022. 农业供应链金融对涉农中小企业融资约束的影响［J］. 河北金融（9）：8-13.
张文，杨立功，罗向平，2022. 区块链技术在农业供应链金融中的应用研究：以嘉兴市为例［J］. 财经论坛（4）：125-129.
郝瑞军，2022. 新时代农业供应链金融服务的路径研究［J］. 信合金融（7）：181-183.
MUNSHI K，ROSENZWEIG M，2006. Traditional institutions meet the modern world：caste，gender and schooling choice in a globalizing economy［J］. American Economic Review，96（4）：1225-1252.
马光荣，杨恩艳，2011. 社会网络、非正规金融与创业［J］. 经济研究（3）：83-94.
杨汝岱，陈斌开，朱诗娥，2011. 基于社会网络视角的农户民间借贷需求行为研究［J］. 经济研究，46（11）：116-129.
热依拉，刘明，阿依努尔，2015. 民族地区农户关系网络与融资：基于新疆维吾尔族农户调查数据［J］. 金融理论与实践（10）：22-29.
阳文峰，2019. 家庭财富、社会网络与农户融资渠道选择［D］. 长沙：湘潭大学.
宋华，杨璇，2018. 中小企业竞争力与网络嵌入性对供应链金融绩效的影响研究［J］. 管理学报（4）：616-624.
张妍，2019. 基于复杂网络方法的京津冀产业协同发展研究［D］. 天津：天津财经大学.
许欣欣，胡玥，王宇晗，2022. 成渝地区双城经济圈营商环境建设的协同网络分析［J］. 成都大学学报（社会科学版）（1）：48-59.
孙妮妮，孟庆良，杭益，等，2020. 众包创新平台用户间互动对其创新贡献的影响：以 IdeaStorm 为例［J］. 技术经济，39（7）：80-88.
李芝倩，樊士德，2021. 长三角城市群网络结构研究：基于社会网络分析方法［J］. 华东经济管理，35（6）：31-41.
况人瑞. 成渝城市群发展演化特征及其影响因素研究［D］. 重庆：西南大学，2020.
邹晨，欧向军，孙丹，2018. 长江三角洲城市群经济联系的空间结构演化分析［J］. 资源开发与市场，34（1）：47-53.
宋华，杨璇，2018. 供应链金融如何助力中小企业融资：供应链网络嵌入性视角［J］. 研究与发展管理，30（3）：22-33.
宋志红，张晨，李冬梅，等，2022. 多维网络嵌入性对技术标准制定话语权的链式多重影响机制研究［J］. 软科学（8）：1-10.
杨洁辉，王柯鑫，陈肖飞，2022. 流通供应链网络嵌入性对供应商响应性的影响［J］. 商业经济研究（2）：35-38.
巫蓉，徐剑，2022. 网络嵌入性对科技型中小企业商业模式创新影响研究［J］. 上海商业（1）：54-55.
周中胜，罗正英，段姝，2015. 网络嵌入、信息共享与中小企业信贷融资［J］. 中国软科学（5）：119-128.
张彩江，周宇亮，2017. 社会子网络关系强度与中小企业信贷可得性［J］. 中国经济问题（1）：85-98.

数字普惠金融对农户共同富裕的促进效应及机制研究

——来自全国农村固定观察点的证据

田红宇　王晶

（三峡大学）

摘要：在“两个一百年”奋斗目标的历史交汇关键节点，找准共同富裕的促进动能并识别其赋能机理至关重要。本文基于全国农村固定观察点农户数据和北京大学数字普惠金融指数的合并面板数据，考察数字普惠金融对农户共同富裕水平的影响及其作用机制。研究发现：作为以数字技术为依托的新型金融服务方式，数字普惠金融能有效解决传统农村金融服务“最后一公里”问题，对农户共同富裕具有显著的促进作用，通过一系列稳健性检验后本结论依然可靠。推动农户生计多样化转型是数字普惠金融促进农户共同富裕的重要机制，可解释20.5%左右的促进效应，通过提供多元化的生计资源配置和生计收入来源渠道，促进农户生计策略的多样化转型升级，进而促进农户共同富裕。此外，数字普惠金融对农户共同富裕的促进作用，会因户主个体差异、农户家庭差异和所处区域的不同而表现出明显的异质性，数字基础、金融和数字素养等也会显著影响农户公平共享数字普惠金融发展的“红利”。

关键词：数字普惠金融；农户共同富裕；生计多样化转型

一、引言

社会主义的根本目标是实现共同富裕。改革开放以来，在中国共产党的带领下，人民的收入水平、生活条件、生存环境得到大幅改善。习近平总书记在全国脱贫攻坚总结表彰大会上强调“必须把促进全体人民共同富裕摆在更加重要的位置，脚踏实地、久久为功，向着这个目标更加积极有为地进行努力”。当前，推进共同富裕最艰巨最繁重的任务就在农村。虽然改革开放以来农村社会经济取得了快速发展，但是农村内部之间的发展差距呈现出逐渐加大的态势。数据表明，2020 年农村收入最高的前 20%的群体人均可支配收入是收入最低的后 20%的群体的 8. 23 倍，相比于 2010 年的 7. 12 倍扩大了近 16%，这无疑是实现共同富裕进程中不可忽视的问题。因而，缩小农村收入差距这一问题亟待解决。进一步地，准确识别农民共同富裕的影响因素及其作用机理，对稳步推进共同富裕进程至关重要。

诚然，个体差异往往是导致农户间发展差距的现实原因，但个体之外的外部因素才是引致农村内部群体分化的关键，尤其是在农村发展中极其稀缺的金融资源。传统金融供给方式下，金融资源具有“嫌贫爱富”的本性，农村地区普遍面临金融排斥的问题，农户的有效金融需求得不到充分满足（王修华等，2022），特别是收入水平低、经营能力不足、以务农为主的“长尾”群体难以获得金融资源的“青睐”，农贷资金存在严重的“精英俘获”问题（王小华 等，2021）。为解决这一难题，我国于 2005 年提出大力发展普惠金融，然而普惠金融并未有效解决农村“长尾”群体金融可及性问题。究其原因，以传统金融机构为主的金融供给结构下，依靠政府引导和贴息的普惠金融难以变革金融供给方式，而且“输血式”金融资本的使用效率较低，致使金融风险长期存在并处在高位。随着以数据、技术为标志的数字经济时代的到来，数字和金融深度融合，数字金融成为传统金融供给的有效补充。与此同时，在“宽带中国”和“数字乡村”的加速推进下，具有成本低、覆盖广、触达快、可持续特点的数字普惠金融革新了传统普惠金融供给方式，为打通农村金融服务“最后一公里”提供了新选择，也为农村“长尾”群体获得有效金融服务提供了新方式。

那么，数字普惠金融能否有效弥补传统农村金融服务的不足，成为补位农村农民尤其是农村“长尾”群体金融供给的新方式？换言之，数字普惠金融能否有效缓解农村不同群体间的金融服务不平等的矛盾，进而成为推动农户共同富裕的有效工具？厘清这一问题，对于找准推进农户共同富裕的动能，着力补齐我国共同富裕进程中的短板无疑具有重大的理论和现实意义。

二、文献综述

共同富裕是社会主义的本质要求，是人民群众的共同期盼。我们推动经济社会发展，归根到底是要实现全体人民共同富裕。党的十九大报告第一次把全体人民共同富裕的社会主义本质外化为具体奋斗目标，引领学界对共同富裕的研究。总的来看，已有研究主要以共同富裕的内涵、实现路径等的理论研究为主。关于共同富裕的内涵，学者们从不同角度、不同侧重点进行了深入探讨，普遍认为共同富裕的本质内涵是共有、共建、共享（杨文圣 等，2022），是全面富裕、全民富裕、逐步富裕的有机统一，实质是在共产主义的带领下，拥有世界领先的生产力，与生产关系的高度统一，获得物质、精神、政治、社会、生态的全面提升（张建刚，2022）。关于共同富裕的实现路径，刘培林等（2021）从制度保障、重大战略、政策体系、文化氛围四个宏观角度做了深入探讨。郭晗等（2022）认为未来必须解决好效率与公平、共建与共享、物质与精神、区域与城乡、“提低”与“扩中”等问题，要以共同富裕为目标，努力实现中国式现代化。随着共同富裕理论内涵的确定，逐渐有学者以理论内涵为依据选择指标测度共同富裕水平。万海远等（2021）基于公平与效率、发展与共享的理论框架及指标量化的可比较性，选取人均国民收入衡量的发展水平和人均可支配收入基尼系数来反映社会共享程度，以发展和共享两个维度来表征共同富裕水平。陈丽君等（2021）以共同富裕的内涵和特征为逻辑起点，精准识别影响共同富裕进程的重要因素，采用层次分析法构建了以发展性、共享性、可持续性为三个评价维度的共同富裕指数模型。遗憾的是，现有研究中对共同富裕的定量研究还较为薄弱，特别是以农户这一特定微观主体为研究对象，识别其共同富裕水平的研究目前还未出现。

随着数字与金融的深度融合，特别是数字普惠金融渗透到广大农村，数字普惠金融在农业农村的重要作用基本上得到了学界的认同（钱海章，2018；郭峰 等，2020）。其中，与本文主题相关的文献大致有三类：一是数字普惠金融的增收作用，已有研究普遍认为数字普惠金融能够促进居民家庭的收入水平（张海洋 等，2021；李倩 等，2020；刘心怡，2022），并从教育水平提升（张正平，2022）、经济增长（赵越强，2021）和非农就业（张兵 等，2022）等方面探讨了增收机制。二是数字普惠金融的缩差效应，已有研究认为数字普惠金融能够有效破除城乡二元金融体制，缓解农村地区的相对贫困（孙继国 等，2020；刘魏 等，2021），学者们就其能够收敛城乡收入差距这一结论基本达成一致（李建军 等，2019；李牧辰 等，2020）。除了城乡差距、贫富差距外，贺健等（2020）的研究也表明数字普惠金融能够收敛东西部地区差距。三是数字普惠金融的溢出效应，易行健等（2018）认为通过解决居民流动性与便利支付的问题能显著促进居民消费，也有学者研究认为数字普惠金融在促进乡村振兴（谢地 等，2021）、激发创新创业（谢绚丽，2018）、促进产业升级（杨虹 等，2021）等方面起到积极的作用。除上述效应之外，数字普惠金融还能够优化居民金融资源配置（史晓 等，2021）、劳动就业配置（徐光顺 等，

2022）。然而，现有文献对数字普惠金融与农户共同富裕的关系还缺乏针对性研究，并且对其背后的作用机理缺乏系统分析。

本文通过文献梳理发现，相关研究就数字普惠金融在农村经济增长、缩小收入差距、减贫增收等方面的作用做了大量有益探索，这与共同富裕的远景目标高度契合，具有内在一致性。然而农民农村共同富裕作为现阶段我国实现共同富裕路上的重要一环，却少有学者以农户共同富裕为对象来研究数字普惠金融对其的影响效应，对其背后的作用机理的考察更是缺乏，难以为研究数字经济时代如何激发数字普惠金融赋能农户共同富裕动能作用提供有效支撑。鉴于此，本文通过合并农村固定观察点数据和数字普惠金融数据，从农户生计多样化转型行为视角考察数字普惠金融对农户共同富裕的作用，试图弥补相关领域的研究。相比已有文献，本文可能的边际贡献有：第一，本文使用的数据为2011—2017年连续七期的大样本微观追踪数据，相比单纯的宏观数据更具有说服力，而且首次从微观层面以农户共同富裕水平为研究对象编制科学、全面的农户共同富裕指标体系，能够丰富共同富裕相关板块的研究，为现阶段如何赋能农户进而实现全体人民共同富裕提供参考；第二，本文将数字普惠金融与农户共同富裕纳入可持续生计框架下进行分析，从农户赖以生存的生计视角出发剖析农户在面临金融环境改变时做出的生计策略选择，由此揭示数字普惠金融在实现共同富裕过程中的作用机理，找准数字普惠金融作用的着力点，并为补齐短板提供依据，能够一定程度上弥补现有研究的不足。

三、理论分析和研究假设

（一）数字普惠金融对农户共同富裕的直接作用

共同富裕是社会主义的本质要求，是中国式现代化的重要特征。就其实质内涵而言，共同富裕是“共同”和“富裕”两个方面的有机统一，分别与数字普惠金融的“普”和“惠”相呼应；就其作用效应而言，数字普惠金融对农户共同富裕的影响也表现在“共同”和“富裕”两个方面。

一方面，数字普惠金融能够提高农民农村的整体富裕水平。我国长期以来一直以城乡二元金融体制为主，这就造成了农村金融资本不足，进而导致整体富裕水平不高，而“数字+普惠金融”能够有效改善这一现状。数字普惠金融这一新型金融供给形式突破传统金融的限制，大量金融资本得以流入农村基层，为农村农民经济发展注入新的活力。首先，数字普惠金融有利于发挥金融的第一推动力作用，助力农村基础设施建设，促进乡村产业和经济发展（冯锐 等，2021），提升地区整体的经济发展质量（蒋长流 等，2020），通过“涓滴效应”惠及广大农户，提高农民农村整体富裕水平。其次，数字普惠金融依托数字技术促进农业技术进步与农业全要素生产率的提升，实现农业经营提质增效，使农户整体生产力水平和生产收益得到大幅提升。最后，数字普惠金融能有效促进农户消费提质升级，促进家庭人力资本进行投资，提升自我满足感和家庭幸福感，促进物质和精神整体富裕。

另一方面，数字普惠金融能够缩小农户间发展差距，实现发展成果的公平共享。从内涵上看，数字普惠金融是对传统以“逐利”为本的金融供给模式的创新，以数字技术为依托的新型农村金融供给方式，能为农村“长尾”群体提供价格合理、安全便利的金融服务和金融产品，强化了“普惠”效应。从实践方面来看，数字普惠金融具有广覆盖、跨时空、触达敏捷的特点（郭妍 等，2020），能有效破解农村“长尾”人群的金融排斥问题，能为其提供适配的金融服务，在中低收入群体的收入改善方面表现得尤为显著，能够缩小他们与高收入群体之间的差距（易行健 等，2018；黄倩 等，2019）。此外，数字普惠金融产品具有低成本、低门槛、高效率等特点，可以促进低物质资本、低社会资本家庭的创业行为实现包容性增长（张勋 等，2019），优化共同富裕的收入分配结构（张全兴，2021）。由此，农村“长尾”群体能充分发挥其后发优势，丰富增收路径的多元性，实现生计资源的可持续性发展。

因此，本文提出假说1：数字普惠金融能有效提升农户共同富裕水平。

（二）生计多样化转型在数字普惠金融影响农户共同富裕过程中的作用机理

生计多样化转型作为农户改变所处环境的生计策略之一，越来越成为农户应对生存环境变化、市场风险等的优先策略安排，也是提升家庭富裕水平的重要选择。农户生计多样化转型旨在改善自身生计水平、优化家庭资源配置、应对市场风险冲击，本身也是共同富裕的一部分（王晶，2021）。更为重要的是，数字普惠金融不断向农村渗透，在满足广大农户金融可获得性需求的同时，也为其提供了优化生计选择的渠道和资源，能够通过优化农户家庭资源配置和拓宽农户收入来源渠道实现生计多样化转型，进而提升农户共同富裕水平（见图1）。

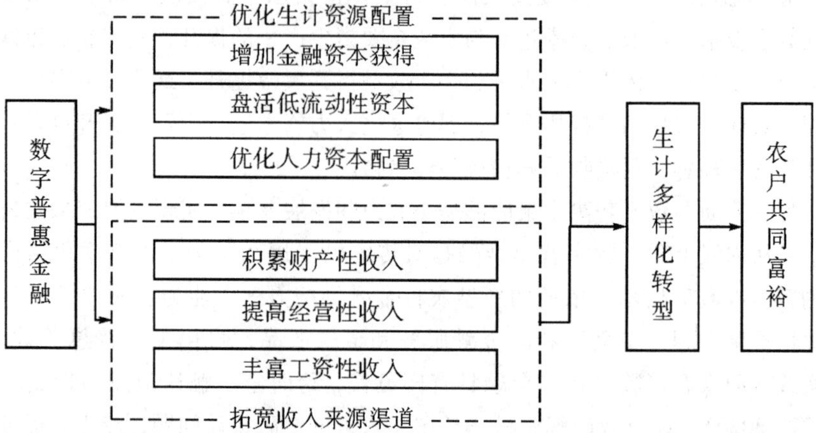

图1　生计多样化转型的中介机制

一方面，数字普惠金融能够优化农户生计资源配置（史晓 等，2021）。首先，数字普惠金融能有效缓解农户的流动性约束问题，为“长尾”群体带来低门槛可负担的生计资本。而且，农户获得适配的金融资源后可以购入先进农机器具等提高劳作效率（闫桂权 等，2022），极大地提高了生产力。同时，根据家庭资源禀赋情况，金融资本的支持可以进一步地改进家庭土地经营模式，改善土地资源的利用，优化自然资本、物质资本的配置。其次，数字普惠金融能为农户提供便捷的金融资产配置渠道，优化家庭金融资源配置方式。传统金融服务方式中，农村居民尤其是“长尾”群体难以触及金融服务，而依托数字技术的在线理财、“云上”农业保险等新型金融服务形式，为农户提供了多元便捷的家庭资产配置渠道，也能为农户应对市场和自然风险提供多样化的对冲选择。最后，数字普惠金融有助于家庭人力资本优化。数字普惠金融带来的可负担的信贷资本，能为家庭成员参与非农就业培训、农业技术采纳等活动提供支撑，与此同时，还可以加大对自身家庭成员尤其是下一代的教育投资力度，从而为缓解贫困代际传递提供可行路径（徐光顺 等，2022）。

另一方面，数字普惠金融能够拓宽农户收入来源的渠道。首先，数字普惠金融特别是数字理财的发展，能够帮助农户进行金融资产分配、财富管理等，而且数字普惠金融也为盘活农户的“沉睡”资源提供了渠道，增加家庭的财产性收入（王晶，2021）。其次，数字普惠金融有利于促进农业生产方式转型，带动农业经营提质增效。农户农业经营的边际收益较低，规模经营化程度不高，绿色涉农贷款等方式的出现使农户有条件使用先进的数字化技术、购买专业化的农业社会化服务，有助于增加农业经营性收入。最后，数字普惠金融有助于增加非农就业选择，提高农户工资性收入。数字技术能有效解决劳动力市场上信息不对等问题，数字普惠金融依赖线上金融服务平台，能够优化劳动力市场上的资源配置，为致力于“走出去”的农民提供外出务工的机会；数字普惠金融的发展也带动了新兴就业岗位的兴起，提供了多元的非农就业选择了数据显示，2021 年外出农民工从事餐饮外卖、快递仓储运输的有近 5 400 万人，约占总人数的 18.9%；此外，数字普惠金融能极大地激发农户的创业热情，促进农村家庭创新创业的发展，拓宽家庭的经营性收入渠道（何婧，2019）。总而言之，数字普惠金融不仅赋予农户获得金融服务的机会，还能通过优化家庭生计资源配置和拓宽收入来源渠道来促进农户的生计多样化转型，从根本上激发农户发展的内生动力，进而间接提升农民农村的共同富裕水平。

因此，本文提出假说 2：促进农户生计多样化转型是数字普惠金融作用于农户共同富裕的重要机制。

四、数据来源、模型设定与变量说明

（一）数据来源

本文数据为微观数据与宏观数据合并的面板数据，微观数据是农业农村部农村全国固定观察点的连续追踪调查数据。该数据调查项目自 1986 年起对全国 31 个省份（不含港、澳、台）的近 2 万户农户从个人、家庭、村庄三个层面做了农业及非农方面的追踪调查，该数据具有调查范围广、内容全、样本量大且连续追踪的特点，样本数据的代表性和权威性很强。宏观数据来源于北京大学数字金融研究中心课题组与蚂蚁金服研究院合作编制的数字普惠金融指数，该数据最早的是 2011 年的数据，包涵省级、市级、县（区）级三个层次的数据。本文以县域编码（名称）进行宏微观数据合并，由于县（区）级层面的数字普惠金融指数的统计最早在 2014 年，故 2011—2013 年的数字普惠金融指数用地级市层面的数据替代；目前农村固定观察点数据最新的为 2017 年的，所以本文的研究期为 2011—2017 年，在剔除异常值及严重缺失值样本后，得到一份包括 5 616 个农户连续 8 年共 39 312 个观测值的面板数据。

（二）模型设定

本文的被解释变量为农户共同富裕水平（common prosperity），是基于熵值法计算得到的取值介于 0~1 的受限变量，传统的 OLS 估计此时是有偏的，而 Tobit 模型估计更为有效。所以为验证数字普惠金融对农户共同富裕的影响，本文构建如下面板 Tobit 模型：

$$\mathrm{CP}_{it} = \alpha_0 + \alpha_1 \, \mathrm{index}_{it} + \alpha_2 X_{it} + \sigma_i + \tau_t + \varepsilon_{it} \tag{1}$$

在式（1）中 CP_{it} 为衡量农户 i 在 t 时期的共同富裕水平，$index_{it}$ 为家庭 i 所在县区第 t 时期的数字普惠金融指数，X_{it} 是从个人、家庭、村庄三个层面考虑的一组控制变量，σ_i、τ_t 分别是农户个体效应变量和年份时间效应变量，ε_{it} 为随机扰动项。

为检验生计多样化转型在数字普惠金融影响农户共同富裕中的作用机制，参考温忠麟等（2014）的三步检验法的中介效应模型，式（1）为第一步，第二、第三步检验模型如下：

$$Simposon_{it} = \beta_0 + \beta_1 index_{it} + \beta_2 X_{it} + \sigma_i + \tau_t + \varepsilon_{it} \quad (2)$$

$$CP_{it} = \gamma_0 + \gamma_1 index_{it} + \gamma_2 Simposon_{it} + \gamma_3 X_{it} + \sigma_i + \tau_t + \varepsilon_{it} \quad (3)$$

$Simposon_{it}$ 为表征农户生计多样化转型程度的变量，模型中的系数 α_1 代表数字普惠金融对农户共同富裕影响的总效应，系数 β_1 则代表其对中介变量的作用效应，系数 γ_1 为数字普惠金融对农户共同富裕水平的直接效应，系数 γ_2 为控制数字普惠金融的影响后，生计多样化转型对农户共同富裕水平的影响效应。若系数 α_1 显著，并且 β_1 和 γ_2 都显著，则中介效应存在且显著。具体地，$\beta_1\gamma_2$ 为中介效应，而中介效应的贡献度即占比为 $\beta_1\gamma_2/\alpha_1$。

（三）变量说明

1\. 被解释变量：农户共同富裕水平

扎实推进共同富裕，最艰巨最繁重的任务仍然在农村。农户是“三农”工作的主体，如何在整体上改善农户生活质量的同时，公平地缩小农村地区间的差距进而有效实现农户共同富裕是现阶段亟待解决的问题。因此本文将农户共同富裕水平作为研究的被解释变量，探究数字普惠金融是否能为其注入新动能。基于此，本文尝试在厘清共同富裕的含义、特征的基础上，首次从微观层面构建以农户为主体的农户共同富裕指标。农户共同富裕可拆分为“共同”与“富裕”两个层面：“共同”强调公平性，“富裕”强调效率性。在“富裕”层面，习近平总书记指出，共同富裕是全体人民共同富裕，是人民群众物质生活和精神生活都富裕。这说明共同富裕主要分为物质与精神两个维度。本文也将物质富裕和精神富裕作为富裕层面的两个一级指标。在“共同”层面，全体人民在可持续发展的基础上共享发展成果是共同富裕的应有之义（刘培林 等，2021）。吴国宝等（2022）也强调，需要从人的全面、共享和可持续发展三个方面来理解共同富裕。因而本文将“共享性”和“可持续性”作为共同层面的两个一级指标，更好地体现共同富裕所要求的公平性和共享性。虽然学界对共同富裕水平测度目前并未达成共识，还未形成被普遍接受的权威测算指标和指标体系，但是本文在已有文献基础上，对农户共同富裕水平进行测度衡量，从物质富裕、精神富裕、共享性和可持续性四个维度创建了包含4个一级指标、12个二级指标、26个三级指标的农户共同富裕指数，涵盖农户精神、物质、医疗、健康及所处环境等各方面，具体指标的构建如表1所示。

表1 农户共同富裕指标的构建

一级指标	二级指标	三级指标	指标意义
物质富裕	收入	人年均收入	家庭总收入与家庭总人数的比值
		家庭相对收入	家庭总收入在全村收入的相对位置
	财富	年末拥有生产性固定资产原值	年末拥有生产性固定资产原值
		家庭总资产	包括经营资产、消费性资产、金融资产等
	消费	人均消费	家庭全年总支出/家庭人口
		生存性消费	家庭生活消费支出
精神富裕	教育	家庭受教育程度	户主的文化程度（在校几年）
	文化	文化服务支出	家庭一年内在教育等方面的支出
		旅游支出	家庭一年内的外出旅游支出
	健康	医疗保险支出	家庭一年内的医疗保险支出
		自我认定的健康状况	自我健康状况的评价 1. 优 2. 良 3. 中 4. 差 5. 丧失劳动能力
共享性	文娱	出游比重	年内全村外出旅游的人数
		艺术培养	年内全村演出戏剧、放电影场次
	基础设施	公路比重	硬化道路占全村道路总长度的比重
		集体资产	村集体年末存有固定资产原值
	医疗健康	参加新型农村合作医疗的户数	参加新型农村合作医疗的户数
		支持农村合作医疗投入	支持农村合作医疗投入
		医疗资源	村里有几个医务室和诊所
	信息化水平	全村已有手机部数	全村已有手机部数
		接入互联网的户数	接入互联网的户数
		全村已有电脑的户数	全村已有电脑的户数

表1(续)

一级指标	二级指标	三级指标	指标意义
可持续性	生态环境	投资改善 生态环境建设	投资改善生态环境建设
		植树造林费用	植树造林费用
	发展环境	经济发展环境	全村人均纯收入
		农业发展环境	支持农业技术推广的支出
		企业发展环境	村中的企业个数

至于对共同富裕指数的测算，本文借鉴韩亮亮等（2022）和张金林等（2022）的做法，采用指标权重设置相对客观的熵值法进行赋权测算。相对主观赋值法，熵权法的精度较高、客观性更强，能够更好地解释所得到的结果。具体计算步骤如下：

第一步，确定第 i 个农户在第 j 个评价指标上的指标比值：

$$p_{ij} = \frac{x_{ij}}{\sum_{i=1}^{n} x_{ij}} \tag{4}$$

第二步，计算第 j 个评价指标的熵值：

$$e_j = -\frac{1}{\ln n}\sum_{i=1}^{n} p_{ij}\ln(p_{ij}) \tag{5}$$

第三步，计算评价指标 x_j 的差异系数：

$$g_j = 1 - e_j \tag{6}$$

第四步，确定第 j 个评价指标的权重：

$$w_j = \frac{g_j}{\sum_{j=1}^{m} g_j} \tag{7}$$

第五步，计算农户共同富裕水平指数：

$$\mathrm{CP}_{it} = \frac{\sum_{j=1}^{m} w_{jt}(x_{ij} - x_{j\min})}{x_{j\max} - x_{j\min}} \tag{8}$$

2. 解释变量：数字普惠金融指数（郭峰 等，2020）

该指数为北京大学数字金融研究中心课题组基于层次分析的变异系数赋权法对数字普惠金融覆盖广度、使用深度、数字化程度进行赋权计算而得，具有一定的权威性和有效性。本文选取 2011—2017 年七个年度的区县级数字普惠金融总指数作为解释变量。后文还将对数字普惠金融的覆盖广度、使用深度、数字化程度三个层次进行分析，探究数字普惠金融作用的着力点。

3. 作用机制变量：生计多样化转型

农户生计多样化是指将生计资源进行多元配置，实现生计收入来源多样化，进而实现生计转型的一种可持续生计策略。本文参考阿斯法（Asfaw，2018）等和约翰（Johny，2017）等的研究，借鉴生物学中衡量物种多样性的 Simpson 指数，侧重于从农户收入来源多元渠道视角出发构建生计多样化转型的 Simpson 指数，从多样性和均衡性两个角度刻画了农户生计转型策略。指数计算方法如下：

$$\text{Simpson}_{it} = 1 - \sum_{k=1}^{N} P_{i,k}^{2} \tag{9}$$

在式（9）中，N 为家庭从事的生计类型总数，$P_{i,k}^{2}$ 为该农户从事第 i 种生计活动所获收入占总收入的比重，从事的生计活动种类越丰富，该指数的数值越大。本文生计收入种类包括农业种植收入、农林牧副经营性收入、财产性收入、创业收入、工资性收入等。

4. 控制变量

影响农户共同富裕水平的因素很多，为减少因遗漏变量带来的估计偏差问题，有必要选择重要的影响因素作为控制变量。本文参考相关文献后从村庄、家庭和个人（户主）这三个层面选择可能影响物质富裕、精神富裕、共享性、可持续性，进而影响农户共同富裕水平的变量作为控制变量。具体地，个人层面：户主的年龄、性别、婚姻状况、学历水平、健康水平、工作状态。家庭层面：是否为党员户、收到的政府补助、家庭劳动力占比。村庄层面：所处地势、村庄的经济发展水平、是否小康村、是否贫困县、是否乡镇所在地。

表 2 为本文变量的描述性统计结果。统计显示，表征农户共同富裕的指数均值为 0.468 7，说明在研究期内所调查的农村居民的共同富裕程度处于中等偏下水平，进一步说明共同富裕最大的短板、最繁重的任务仍然在农村。进一步地，观察研究期共同富裕指数的动态特征，我们发现农户共同富裕水平呈逐步改善趋势，对应的数字普惠金融指数在 2011—2017 年增长了 23.69 倍，亦呈快速发展态势，可以初步判定两者存在正向关系。此外，表征生计多样化转型的 Simpson 指数均值为 0.452 8，表明越来越多的农村家庭意识到生计多样化转型在应对风险和增加收入中的重要性，家庭生计来源相对而言越来越多元化。

表 2 描述性统计结果

变量	变量定义	均值	方差
农户共同富裕	从四个维度衡量	0.468 7	0.175 2
生计多样化转型	收入多样化程度	0.452 8	0.247 7
数字普惠金融	数字普惠金融指数	4.986 5	0.657 1
数字普惠金融覆盖广度	数字普惠金融覆盖广度	4.791 2	0.814 3
数字普惠金融使用深度	数字普惠金融使用深度	4.990 7	0.610 9
普惠金融数字化程度	普惠金融数字化程度	5.345 1	0.705 3
年龄	受访者年龄（岁）	4.020 6	0.237 7
年龄的平方	受访者年龄平方	8.003 4	0.495 9
性别	男=1；女=0	0.975 7	0.439 7
婚姻状况	已婚=1；未婚=0	0.916 0	0.320 3
学历水平	在校文化程度（年）	6.733 4	3.332 7
家庭劳动力占比	劳动力占常住人口的比例	0.094 0	0.484 7
政府补助	从政府获得收入或补贴	7.206 4	2.707 8
政府干部	是否为乡村及以上干部	0.189 7	0.392 0
是否乡镇政府所在地	是=1；否=0	0.444 5	0.401 6
经济发展水平	上等、中上等、中等、中下等、下等，1~5	2.770 7	0.883 0
是否小康村	是=1；否=0	0.695 1	0.470 9
是否贫困县	是=1；否=0	0.886 3	0.349 6

注：数字普惠金融指数、数字普惠金融覆盖广度、数字普惠金融使用深度、数字普惠金融数字化程度、年龄、年龄平方、政府补助等指标取自然对数（有观测值为 0 的变量，采取加 1 后取对数）。

五、实证分析

（一）基准模型：数字普惠金融对农户共同富裕的影响

表 3 汇报了数字普惠金融对农户共同富裕水平的作用效果。列（1）为数字普惠金融对农户共同富裕总指数的作用结果，显示数字普惠金融的估计系数为 0.125 3 且在 1%显著水平下显著，表明数字普惠金融的发展能够提高农户

的共同富裕水平，验证了假设 1。正如理论分析所述，随着数字技术和金融的深度融合，并且在数字乡村发展战略下，数字普惠金融服务不断向农村渗透，已成为促进农村经济高质量发展、带领农户增收的重要方式，有效弥补了传统农村金融“最后一公里”服务缺位问题。一方面，数字普惠金融能破解农村普遍存在的金融排斥难题，低成本、高效率的金融资本源源不断流向农村，在补齐农业基础设施短板、转变农业经营方式等方面发挥了重要作用，能有效带动农户整体增收，提高农民农村的“富裕”水平。另一方面，数字普惠金融的低门槛、突破地理空间限制等优势，能有效缓解农村“长尾”群体长期存在的流动性约束问题，能有效满足其个性化的金融服务需求，如此可以有效破除农村居民间发展的金融制度约束，即数字普惠金融能有效激发低收入、低人力资本等“长尾”群体的后发优势，促进其可持续增收，实现农村居民共享发展成果。

列（2）~列（5）汇报的是数字普惠金融对农户共同富裕四个子维度上的作用效果。结果显示，数字普惠金融对农户物质富裕、精神富裕、共享性和可持续性四个子维度的共同富裕均存在显著的正向促进效应，至少在 10%显著性水平上显著。我们进一步对比系数大小发现，数字普惠金融在物质富裕维度作用效果最强，其后依次是可持续性、共享性和精神富裕。这说明，当前数字普惠金融在促进农户共同富裕上，最大的着力点还是在收入、消费等物质层面，在其他维度的作用还未得到充分发挥。可能的解释是，一方面，当前数字普惠金融向农村渗透的质量还不高、深度还不强，农户对数字普惠金融这一新型的金融供给方式的使用也较为单一，当前数字普惠金融通过破除时空限制、降低金融门槛，能拓宽农户的收入来源，提高生活水平，但在其他方面的作用还有限。另一方面，共同富裕的精神富裕、共享性发展等维度是以物质富裕为基础的，这是普遍的社会发展规律，这是一个长期发展、逐步实现的系统过程，在相对较短的观察期内精神层面的转变提升则不如物质层面那么明显，因此对精神层面及共享性的作用还处于薄弱环节。这印证了共同富裕这一长远目标的科学性，共同富裕不是一朝一夕就能够实现的，我们仍需艰苦奋斗，久久为功。

对于控制变量，即在户主个人层面中，年龄对农户共同富裕的影响是非线性的，拐点约为 49 岁，而本文考察的样本中户主年龄均值为 55 岁，也在一定程度上揭示了培育新型农业经营主体的重要性和现实性。婚姻状况和教育水平也与共同富裕水平呈显著正相关关系，说明良好的家庭氛围和一定的文化素养都有利于推进农户共同富裕进程，而性别与共同富裕水平的关系并不显著。在家庭层面中，家庭劳动力比例和政府补助在一定程度上对农户共同富裕起积极作用，家中的劳动力水平在很大程度上决定一个家庭的收入水平，而政府

"输血"式的各项补助在共同富裕初级阶段也是至关重要的，也证明了当前"摘帽不摘政策"的过渡期和过渡政策的必要性。在村庄层面中，村庄的经济发展水平及村庄是否小康村与农户的共同富裕水平正相关，说明村庄基础设施越完善，经济发展程度越高，农户家庭生活越富足。

表3　基准回归结果

变量	(1) 农户 共同富裕	(2) 物质富裕	(3) 精神富裕	(4) 共享性	(5) 可持续性
数字普惠金融指数	0.125 3*** (0.001 1)	0.166 3*** (0.000 7)	0.010 3* (0.000 6)	0.050 3*** (0.001 7)	0.141 5*** (0.000 8)
年龄	-1.016 3*** (0.073 9)	-0.538 7*** (0.043 7)	-0.728 9*** (0.042 0)	0.201 9* (0.107 6)	0.179 6*** (0.056 7)
年龄的平方	0.436 8*** (0.034 6)	0.230 4*** (0.020 4)	0.315 0*** (0.019 5)	-0.088 2* (0.050 5)	-0.072 8*** (0.026 3)
性别	0.001 5 (0.002 0)	-0.000 4 (0.001 2)	0.001 9* (0.001 1)	-0.003 5 (0.003 0)	0.000 6 (0.001 5)
婚姻状况	0.028 6*** (0.003 7)	0.019 8*** (0.002 3)	0.017 5*** (0.002 2)	0.002 8 (0.005 2)	0.002 2 (0.003 1)
学历水平	0.000 8*** (0.000 3)	0.000 5*** (0.000 2)	0.002 6*** (0.000 2)	0.002 0*** (0.000 4)	0.000 7*** (0.000 2)
政府补贴	0.002 5*** (0.000 3)	0.001 8*** (0.000 2)	-0.000 8*** (0.000 2)	0.002 8*** (0.000 5)	-0.002 1*** (0.000 3)
工作状况	0.003 4 (0.002 6)	0.002 9* (0.001 6)	0.003 0** (0.001 5)	-0.004 9 (0.003 8)	-0.002 3 (0.002 0)
家庭劳动力	0.000 0 (0.000 0)	0.000 0 (0.000 0)	0.000 0 (0.000 0)	-0.000 0 (0.000 0)	0.000 0 (0.000 0)
地势	-0.000 9 (0.001 7)	0.001 7 (0.001 1)	-0.008 5*** (0.001 1)	-0.014 2*** (0.002 3)	-0.011 8*** (0.001 5)
是否乡镇所在地	0.005 4* (0.003 1)	-0.006 7*** (0.001 9)	0.001 6 (0.001 9)	-0.015 6*** (0.004 3)	0.031 2*** (0.002 7)
村经济发展水平	-0.003 4** (0.001 4)	0.000 5 (0.000 9)	-0.010 1*** (0.000 8)	-0.015 3*** (0.002 0)	-0.002 9** (0.001 2)
是否小康村	0.015 1*** (0.002 7)	0.000 9 (0.001 7)	0.000 2 (0.001 7)	0.007 2* (0.003 8)	-0.024 9*** (0.002 3)
是否贫困村	0.004 0 (0.003 2)	0.001 6 (0.001 9)	0.005 3*** (0.001 9)	0.019 1*** (0.004 5)	0.013 8*** (0.002 6)

表3(续)

变量	(1) 农户 共同富裕	(2) 物质富裕	(3) 精神富裕	(4) 共享性	(5) 可持续性
常数项	1.262 3*** (0.028 8)	0.605 8*** (0.017 5)	0.720 9*** (0.017 2)	0.211 8*** (0.040 8)	-0.127 6*** (0.023 6)
地区控制变量	是	是	是	是	是
年份控制变量	是	是	是	是	是
N	39 312	39 312	39 312	39 312	39 312

注：表中括号内汇报的是估计系数的标准误，***、**、* 分别表示的是1%、5%、10%的显著性水平，下同。

（二）机制分析：生计多样化转型在数字普惠金融促进农户共同富裕中的作用机制

表4汇报了中介效应模型检验三步法的结果。列（1）为不加入中介变量的基础模型结果，列（2）为中介变量为因变量的第二步模型的估计结果，回归系数显示，数字普惠金融指数对农户生计多样化转型表现出显著的正向作用，说明数字普惠金融能为农户多元化配置生计资源提供渠道，亦能进一步丰富生计收入来源，进而促进农户生计多元化转型。列（3）为加入中介变量后的第三步估计结果，数字普惠金融指数系数在1%的显著性水平下依旧显著为正，并且中介变量生计多样化转型的系数在5%显著性水平下显著为正，说明农户生计多样化转型是数字普惠金融促进农户实现共同富裕的重要作用机制，假设2得到证实。而且这一中介变量的作用为部分中介效应，也就是说，数字普惠金融促进农户实现共同富裕的一部分作用是由促进农户生计多样化转型实现的。经计算，生计多样化转型能解释数字普惠金融促进农户共同富裕效应的20.5%①。

事实上，生计结构和模式单一是传统农业生产模式和城乡发展分割现状下的客观结果，也是制约农户增收共富的现实桎梏。当前，随着城乡二元体制逐渐被打破，尤其是进入数字时代以来，数字技术快速向农村渗透，为农户转变生计方式提供了新的平台，生计多样化转型已经成为越来越多农户应对各类风险、实现可持续发展的生计策略。其中，数字普惠金融极大缓解了农村金融服务“最后一公里”问题，不仅在满足农村各类群体个性化金融需求的同时弥补了传统金融的缺位，数字普惠金融还为农户优化配置生计资源、拓宽生计收入来源提供了

① 中介效应模型中，$\beta_1\gamma_2$ 为中介效应，而中介效应的贡献度即占比为 $\beta_1\gamma_2/\alpha_1$。

重要的资本支持和渠道，能有效推动农户生计模式由单一化向多样化转型，成为数字普惠金融促进农民农村实现共同富裕的重要作用渠道。

表 4　生计多样化转型的中介效应结果

变量	(1) 农户共同富裕	(2) 生计多样化转型	(3) 农户共同富裕
数字普惠金融	0.125 3*** (0.001 1)	0.168 0*** (0.003 3)	0.121 7*** (0.001 2)
生计多样化转型			0.153 5** (0.004 3)
控制变量	是	是	是
地区控制变量	是	是	是
年份控制变量	是	是	是
N	39 312	39 312	39 312

（三）稳健性检验

前文的实证结果可能会因为变量选取和测度、估计方法选择等方面原因，导致估计结果不稳健，有必要对其进行稳健性检验。具体地，本文从替换解释变量、变换共同富裕测算方法及结构性检验三个层面出发进行稳健性检验。一是替换解释变量。本文将数字普惠金融指数用互联网覆盖率代替，数字普惠金融服务是以互联网及其设备为依托的，所以互联网覆盖率能较好反映数字普惠金融的使用程度，具体用全国农村固定观察点中的村庄互联网接入户数和村庄农户总数比值测度来替代。二是变换共同富裕指标测算方法。本文参考韩亮亮等（2021）的做法，用主成分分析方法合成农户共同富裕指数，代替基础模型中基于熵值法测算的农户共同富裕指数。三是分指标结构性检验。用数字普惠金融指数的三个分指标，即数字普惠金融覆盖广度、数字普惠金融使用深度、数字普惠金融数字化程度分别与农户共同富裕进行回归检验，进行稳健性检验的同时也能探究数字普惠金融作用的着力点或短板。

表 5 汇报了三种稳健性检验的结果。列（1）为全村互联网覆盖率对农户共同富裕水平的回归结果，列（2）为利用主成分测算的农户共同富裕水平指标的回归结果。可见，不论是替换解释变量还是使用不同方法测算的共同富裕指数，估计结果与基础模型不存在系统性偏差，表明前文结论是稳健的。列（3）~列（5）汇报了数字普惠金融三个子维度指数的估计结果，数字普惠金融的覆盖广度、使用深度、数字化程度对农户共同富裕均具有显著的正向促进作用，说明数字普惠金融总指数对农户共同富裕的促进效应结果是稳健的。对

比来看，数字普惠金融使用深度对促进农户共同富裕的边际效应更强，分别高出覆盖广度和数字化程度8.1%和7.1%。由此可见，农户只有依托数字普惠金融体系切实融入金融市场，才能真正激发内生动力。

表5　稳健性检验结果

指标	(1)	(2)	(3)	(4)	(5)
	替换解释变量	变换指标合成方法	结构性分析		
互联网覆盖率	0.022 1*** (0.002 1)				
数字普惠金融指数		0.011 6*** (0.000 9)			
数字普惠金融覆盖广度			0.019 7*** (0.000 9)		
数字普惠金融使用深度				0.027 8*** (0.001 3)	
普惠金融数字化程度					0.020 7*** (0.001 1)
控制变量	是	是	是	是	是
N	39 312	36 618	39 312	39 312	39 312

（四）异质性分析

上文结论证明了数字普惠金融能够显著且稳健地促进农户共同富裕，那么这一促进效应是否会因个体、家庭和区域的差异而不同呢？实质上，共同富裕既不是“平均富裕”也不是“同步富裕”，在不同群体、不同区域中由丁资源禀赋和个体特征不同，追寻共同富裕也必然存在阶段和路径上的差异。更为重要的是，本文研究所发现的促进农户共同富裕的数字普惠金融，在不同区域的发展水平、使用程度也存在差异，而且以数字技术为基础的数字普惠金融，对其服务对象在数字使用素养和能力、使用的智能设备等方面有一定要求，而农户在这些方面具有较大的差异，即农户能否充分利用并发挥数字普惠金融的促进效应与其自身资源禀赋情况的好坏紧密相关。可见，深入分析数字普惠金融促进农户共同富裕在区域、个体和家庭层面的异质性，对于在不同区域、不同资源禀赋的农户中如何差异化发挥数字普惠金融的积极作用具有重要意义。

具体地，本文从户主个人受教育水平，家庭是否有成员接受过培训，区域上家庭所处是东部、中部、西部和东北地区进行异质性分析，以考察数字普惠金融促进农户共同富裕在这些维度上的差异。估计结果如表 6 所示。

表 6 异质性检验结果

Panel A：户主个体和家庭异质性				
序号	(1)	(2)	(3)	(4)
指标	家庭是否有成员受过培训		户主受教育水平	
	是	否	高	低
数字普惠金融	0.130 1***	0.025 3***	0.163 3***	0.025 8***
	(0.003 6)	(0.001 2)	(0.004 2)	(0.001 2)
控制变量	是	是	是	是
N	3 990	35 320	2 925	36 385

Panel B：区域异质性				
序号	(1)	(2)	(3)	(4)
指标	东	中	西	东北
数字普惠金融	0.020 1***	0.029 0***	0.019 1***	0.040 4***
	(0.002 7)	(0.002 3)	(0.002 0)	(0.002 6)
控制变量	是	是	是	是
N	9 577	9 968	10 211	6 255

表 6 Panel A 汇报的是户主个体和家庭层面的异质性结果。从列（1）~列（2）家庭是否有成员接受过培训来看，虽然数字普惠金融对这两组农户共同富裕均具有显著的正向促进作用，但就促进效应而言，接受过相应培训（农业技术、非农就业、金融业务等）的农户获得的数字普惠金融的“红利”要远大于没有接受过培训的农户。可见，要充分激发数字普惠金融的“红利”，必须以相对应的数字和金融素养为基础，所以在推进农民农村共同富裕进程中，补齐培训的缺位、提升农户综合素养必不可少。从列（3）~列（4）户主受教育水平来看，户主受教育水平高的农户获得数字普惠金融促进其共同富裕的促进效应更大。这一发现进一步证明了要充分发挥数字普惠金融在促进农民农村共同富裕中的作用，以及重视金融服务对象的金融素养、数字素养等能力素养方面的重要性。总体来说，数字普惠金融在乡村渗透过程中，其使用深度和使用效率等会受到服务对象资源禀赋的影响（谭涛 等，2018），这也为后续“数字乡村”建设尤其是以乡村振兴为抓手推进共同富裕的重点任务指明了方向。

表 6 Panel B 汇报的是数字普惠金融促进农户共同富裕在区域上的差异。

总的来说，数字普惠金融对全国各区域农户实现共同富裕均具有显著的促进作用，然而也存在一定的区域差异。其中，数字普惠金融对农户共同富裕的促进效应在东北地区最明显，中部地区次之，最后是东西部地区，这可能是因为东北地区农户的共同富裕水平初始值较低。近年来东北地区数字普惠金融迅速发展，随着农户金融环境的改善，其从数字普惠金融获得的边际效应最大，具有一定的“后发优势”。反观西部地区，受制于自然条件等因素，数字基础设施建设普遍滞后，加上西部地区农户人力资本等方面本就与其他地区存在一定差距，其获得数字普惠金融的红利还未完全凸显出来，这也为今后促进西部边远山区实现乡村振兴和共同富裕找准了方向。

六、研究结论与政策含义

（一）研究结论

新发展阶段，在推进共同富裕任务最艰巨最繁重的农村，依托新兴数字要素找准动能并厘清赋能机理，对于激发农户内生发展动力、促进农民农村共同富裕至关重要。本文基于农村固定观察点微观数据和数字普惠金融指数宏观数据合并的2011—2017年的面板数据，利用Tobit模型考察了数字普惠金融对农户共同富裕的影响效应，并采用中介效应模型检验其作用机制。研究发现，首先，数字普惠金融对农户共同富裕具有显著且稳健的正向促进作用。数字普惠金融变革了传统金融服务方式，能有效解决农村金融服务“最后一公里”难题，尤其对农村“长尾”群体而言，能有效破解其遇到的金融排斥问题进而缓解流动性约束，通过满足“长尾”群体个性化金融需求，激发其内生发展动力，成为推动农民农村共同富裕的重要动力。其次，推动农户生计多样化转型是数字普惠金融促进农户共同富裕的重要机制。数字普惠金融有助于农户优化配置生计资源，并为农户提供了多元化的生计收入来源渠道，进而促进农户生计策略由单一化向多样化转型升级，形成可持续的生计策略安排，从而促进农民农村共同富裕。最后，数字普惠金融对农户共同富裕的促进作用，会因户主个体、农户家庭差异和区域不同而具有显著的异质性。户主是否接受相关培训、家庭的受教育水平等的差异会影响数字普惠金融的使用能力、使用深度，说明获得数字普惠金融“红利”与服务对象的数字素养等密切相关；区域差异上，数字普惠金融在共同富裕上的促进效应，在东北地区表现最明显，中部次之，最后是东西部地区。

（二）政策含义

数字技术作为新一轮科技革命的关键核心，已经成为促进我国社会经济高质量发展的重要动力，随着数字经济快速向农村渗透，如何激发数字要素在乡村振兴中的作用并促进农民农村共同富裕成为学界和政策制定者必须关注的重点。

根据研究结论，本文得到如下政策含义，首先，加快完善乡村数字基础设施建设，不断补齐农村共同富裕进程中的数字基础短板，在推进光纤入户、4G 网络等基础互联网设施建设的同时，也要尽早谋划农村 5G 基站、物联网、云计算等建设，通过网络提速提质、网络信息惠民等工程推动农村信息基础设施实现提档升级。其次，以数字普惠金融为依托构建新型农村金融服务体系，促进农村金融服务方式和供给结构的根本转变。加快推进农信社等传统农村金融供给主体的数字化转型，推出高质量的数字金融产品，变革金融服务方式，与此同时，通过政策优惠积极引导社会资本主导的数字金融平台向农村拓展渗透，形成多元化的数字普惠金融供给格局，以此来真正补齐农村金融服务"最后一公里"短板。最后，要加强农村金融知识、数字技术使用等的宣传和培训，不断提升农民的金融素养和数字素养，增强其使用数字普惠金融的意愿和能力，同时，加强农村劳动力技能培训，增强农户配置生计资源的能力和拓宽农户生计收入来源渠道，以此为基础引导农户加快生计策略多样化转型。总之，数字普惠金融已经成为带动农村经济发展和农户可持续内生发展的关键动能。我们既要发挥数字普惠金融在推动农村整体发展中的基础作用，又要注重发展成果能够被所有农户公平共享，让数字普惠金融成为新发展阶段带动农民农村共同富裕的关键动能。

参考文献

王修华，赵亚雄，2022. 数字金融发展与城乡家庭金融可得性差异［J］. 中国农村经济（1）：44-60.

王小华，韩林松，温涛，2021. 惠农贷的精英俘获及其包容性增长效应研究［J］. 中国农村经济（3）：106-127.

杨文圣，李旭东，2022. 共有、共建、共享：共同富裕的本质内涵［J］. 西安交通大学学报（社会科学版），42（1）：10-16.

张建刚，2022. 坚持和完善基本经济制度 扎实推动共同富裕［J］. 红旗文稿（4）：33-35.

刘培林，钱滔，黄先海，等，2021. 共同富裕的内涵、实现路径与测度方法［J］. 管理世界，37（8）：117-129.

郭晗，任保平，2022. 中国式现代化进程中的共同富裕：实践历程与路径选择

[J]. 改革（7）：16-25.
万海远，陈基平，2021. 共同富裕的理论内涵与量化方法［J]. 财贸经济，42（12）：18-33.
陈丽君，郁建兴，徐铱娜，2021. 共同富裕指数模型的构建［J]. 治理研究，37（4）：5-16，2.
钱海章，陶云清，曹松威，等，2020. 中国数字金融发展与经济增长的理论与实证［J]. 数量经济技术经济研究，37（6）：26-46.
郭峰，熊云军，2021. 中国数字普惠金融的测度及其影响研究：一个文献综述［J]. 金融评论，13（6）：12-23，117-118.
张海洋，韩晓，2021. 数字金融的减贫效应研究：基于贫困脆弱性视角［J]. 金融评论，13（6）：57-77，119.
李倩，杜江，2020. 金融发展与财政支农对农村居民收入影响的实证［J]. 统计与决策，36（4）：159-162.
刘心怡，黄颖，黄思睿，等，2022. 数字普惠金融与共同富裕：理论机制与经验事实［J]. 金融经济学研究，37（1）：135-149.
张正平，陈欣，2022. 数字金融提升了农村地区普通高中入学率吗？［J]. 财经问题研究（6）：101-110.
赵越强，蔚立柱，沈迎春，等，2021. 金融开放、产业结构升级与区域经济增长［J]. 统计与决策，37（21）：136-139.
张兵，李娜，2022. 数字普惠金融、非农就业与农户增收：基于中介效应模型的实证分析［J]. 农业现代化研究，43（2）：249-260.
孙继国，赵俊美，2019. 普惠金融是否缩小了城乡收入差距：基于传统和数字的比较分析［J]. 福建论坛（人文社会科学版）（10）：179-189.
刘魏，张应良，王燕，2021. 数字普惠金融发展缓解了相对贫困吗？［J]. 经济管理，43（7）：44-60.
李建军，韩珣，2019. 普惠金融、收入分配和贫困减缓：推进效率和公平的政策框架选择［J]. 金融研究（3）：129-148.
李牧辰，封思贤，谢星，2020. 数字普惠金融对城乡收入差距的异质性影响研究［J]. 南京农业大学学报（社会科学版），20（3）：132-145.
贺健，张红梅，2020. 数字普惠金融对经济高质量发展的地区差异影响研究：基于系统 GMM 及门槛效应的检验［J]. 金融理论与实践（7）：26-32.
易行健，周利，2018. 数字普惠金融发展是否显著影响了居民消费：来自中国家庭的微观证据［J]. 金融研究（11）：47-67.

谢地，苏博，2021. 数字普惠金融助力乡村振兴发展：理论分析与实证检验［J］. 山东社会科学（4）：121-127.

谢绚丽，沈艳，张皓星，等，2018. 数字金融能促进创业吗：来自中国的证据［J］. 经济学（季刊），17（4）：1557-1580.

杨虹，王乔冉，2021. 数字普惠金融对产业结构升级的影响及机制研究［J］. 投资研究，40（9）：4-14.

史晓，张冀，2021. 数字普惠金融能提高家庭资产组合多样性吗？［J］. 西南民族大学学报（人文社会科学版），42（9）：121-133.

徐光顺，冯林，2022. 数字普惠金融对城乡收入差距影响的再检验：基于农户人力资本投资调节效应的视角［J］. 农业经济问题（5）：60-82.

冯锐，郑伟钢，刘广，2021. 数字普惠金融对城乡居民收入分配的门槛效应研究［J］. 广州大学学报（自然科学版），20（2）：55-68.

蒋长流，江成涛，2020. 数字普惠金融能否促进地区经济高质量发展：基于258个城市的经验证据［J］. 湖南科技大学学报（社会科学版），23（3）：75-84.

郭妍，张立光，王馨，2020. 农村数字普惠金融的经济效应与影响因素研究：基于县域调查数据的实证分析［J］. 山东大学学报（哲学社会科学版）（6）：122-132.

黄倩，李政，熊德平，2019. 数字普惠金融的减贫效应及其传导机制［J］. 改革（11）：90-101.

张勋，万广华，张佳佳，等，2019. 数字经济、普惠金融与包容性增长［J］. 经济研究，54（8）：71-86.

张全兴，2021. 以普惠金融改革推进共同富裕［J］. 中国金融（17）：26-27.

王晶，吕新业，吕开宇，2021. 数字金融使用对农户生计多样化的影响研究［J］. 农村经济（8）：62-71.

闫桂权，何玉成，张晓恒，2022. 数字普惠金融发展能否促进农业机械化：基于农机作业服务市场发展的视角［J］. 农业技术经济（1）：51-64.

何婧，李庆海，2019. 数字金融使用与农户创业行为［J］. 中国农村经济（1）：112-126.

温忠麟，叶宝娟，2014. 中介效应分析：方法和模型发展［J］. 心理科学进展，22（5）：731-745.

申云，李京蓉，2020. 我国农村居民生活富裕评价指标体系研究：基于全面建成小康社会的视角［J］. 调研世界（1）：42-50.

钟甫宁，罗必良，吴国宝，等，2022. “加快推进乡村振兴、扎实推动共同富裕”主题笔谈［J］. 南京农业大学学报（社会科学版），22（3）：1-18.

张金林，董小凡，李健，2022. 数字普惠金融能否推进共同富裕：基于微观家庭数据的经验研究［J］. 财经研究，48（7）：4-17，123.

郭峰，王靖一，王芳，等，2020. 测度中国数字普惠金融发展：指数编制与空间特征［J］. 经济学（季刊），19（4）：1401-1418.

JOHNY J，WICHMANN B，SWALLOW B M，2017. Characterizing social networks and their effects on income diversification in rural Kerala，India［J］. World Development（94）：375-392.

谭涛，刘学莎，周军，2018. 权力分配对农村家庭收入差异影响的分析：基于全国农村固定观察点调查数据［J］. 南京农业大学学报（社会科学版），18（1）：64-76，162.

农村金融适应农业生产方式转变的实证研究

——以遂宁市为例

唐露

（中国人民银行遂宁市中心支行）

一、引言

（一）研究背景

十一届三中全会以来，我国逐步建立了以家庭承包经营为基础、统分结合的双层经营体制，形成以家庭土地为单元的单家独户的农业生产方式。这在一定时期极大地调动了农民的农业生产积极性，取得了显著的经济效益。然而，随着社会经济的快速发展，家庭承包经营制下农业生产方式的弊端日益暴露。目前，我国已逐步从传统农业向现代化农业转变，传统小而分散的小农生产方式逐渐被规模化生产经营的现代农业所替代，多种形式集约化、专业化、组织化、社会化相结合的新型农业经营体系与小农生产方式并存，科技化、机械化、效率高的现代农业更新传统农业生产工具的同时，传统农业生产中的土地、生产技术等生产要素也随着土地流转、集约化耕种发生了巨大变化。

2018 年以来的中央一号文件、《乡村振兴战略规划（2018—2022 年）》《中国共产党农村工作条例》《中华人民共和国乡村振兴促进法》共同构成了实施乡村振兴战略的“四梁八柱”。随着《中共中央 国务院关于实现巩固拓展脱贫攻坚成果同乡村振兴有效衔接的意见》及各部门相关配套政策的相继印发，从脱贫攻坚到乡村振兴的历史性转移全面启动，乡村振兴战略的实施进入了新阶段。

金融是实体经济的血脉，回归本源、为实体经济服务是金融的天职。发展现代农业，实施乡村振兴战略，更离不开金融的支持。因此，农业金融如何适应农业生产方式的转变，支持农业经济发展，助力美丽乡村全面振兴，是农村金融改革实践的核心，也是推动农业农村优先发展的关键，相关研究具有现实紧迫性。

（二）文献综述

目前，在理论研究层面，我国学术界存在不少关注农业生产方式转变的文献，下面主要从农业生产方式内涵、农业生产方式转型过程中存在的问题和金融服务需求变化、金融支持农业生产方式转变的措施与路径三个方面进行论述。

1. 农业生产方式内涵的论述

作为马克思主义政治经济学的重要概念，生产方式在马克思主义经典著作中出现的频率很高。马克思所指的生产方式具有两层含义：一是指劳动方式；二是指生产的社会形式。法恩和利奥波德（Fine and Leopold）在 1993 年将前者称为抽象层次的生产方式，把后者称为具体层次的“社会形态”。赵家祥（2007）总结马克思主义经典著作中生产方式的含义包括五个方面：人们保证自己生活的方式、生产力的社会利用形式、介于生产力和生产关系的中间环节、人们利用劳动资料如何开展生产以及生产规模的大小、生产关系的同义词。高峰（2012）从广义和狭义两个维度指出生产方式的内涵：广义上指代的是区别于其他社会阶段的生产类型，狭义上指代的是生产的劳动方式。张红杰（2019）认为农业生产方式的现代化转变是通过注入现代生产要素、提升农业生产技术水平和优化生产组织形式对传统农业进行改造的过程，也是农业综合效益不断提高、产业链条和产业功能充分拓展的过程。本文对农业生产方式的定义选择遵循马克思主义经典作家的观点，即农业生产方式是农业劳动者和农业生产资料在生产过程中的具体结合方式，表现为农业生产方法和农业生产形式。

2. 农业生产方式转型过程中存在的问题和金融服务需求变化

李忠斌等（2012）从农业的一般生产函数着手，分析了传统农业生产方式的消极影响及传统农业生产方式向现代农业生产方式转变的途径和困境，探讨了农业信息化对农业生产方式的促进作用。王占军等（2013）指出农业生产方式转变对金融服务提出了更高要求，如信贷资金需求规模进一步增加，金融服务需求的品种范围逐步扩大，对基础金融服务设施要求更高。黄世地等（2015）指出现代农业以规模化、机械化生产及科学管理为特征，这意味着其经营主体与项目同样呈现规模化特点，金融服务需求也将呈现多元化、大额化和长期性特征，对农村中小金融机构的风险管理能力，产品、服务创新能力等提出了更高要求。郝聪聪（2019）认为我国尚未建立起适应市场经济条件下社会化大生产的农村土地市场、金融市场、劳动力市场、技术市场及信息市场，这在一定程度上会制约我国农业生产方式变革。殷佳慧（2021）以山东省寿光市为例，指出现代农业生产方式转变面临着农业产业结构不合理、经营组织效能低下、科技创新力度不足等现实问题，并据此提出要以相关政策为引领、加强技术发展与科技创新、培育农业经营主体等方式促进农业生产方式的转型升级。

3. 金融支持农业生产方式转变的措施与路径

盛亦工等（2003）认为要切实支持农业产业化经营，农村金融机构在主导产业形成、生产基地建设、龙头企业培育、社会化服务支撑体系构建及贷款、信息、科技、销售等服务体系的建立和完善等重点领域需要加大支持力度。徐全忠（2013）指出需要在政府的引导下，加快农业产业化发展，进一步培育农村金融市场，优化市场环境，增加农村金融有效需求和供给，关键是创新农村金融产品和服务。谢来位等（2019）指出当前农业生产方式和组织模式创新在新型农业经营主体总量和质量、农业生产要素配置、农业社会化服务体系、农业机械化及信息化等方面存在强烈的政策诉求，因此增强新型农业经营主体的带动力和市场品牌效应，依托项目整合涉农财政资金，健全农村产权交易市场和风险防范机制，完善社会化服务体系，创新金融保险品种和体制机制十分必要。魏后凯（2019）认为现代农业生产方式转变的关键措施是要促进农业政策转型，农业政策亟须从过去的主要依靠化学农业支撑产量增长的增长导向型政策，转变为以绿色农业为支撑、追求质量和效率的质效导向型政策，要着力调整农业支持补贴、技术支撑、农业金融等方面的政策。詹绍文等（2021）指出近年来政府接连出台的一系列惠农政策，使得农村土地生产方式出现了显著变化，呈现出规模化、集约化等发展趋势。但目前部分农村地区在土地流转过程中仍面临着信贷支持体系不够健全、保险支持体系不够完善及配套支持体系亟待优化等困境，对此，必须加快健全信贷支持体系、完善保险支持体系、优化配套支持体系。

农业生产方式转变是一个驰而不息的过程。农业生产方式转变引致农村金融服务需求变化，对农村金融供给提出了新的要求。学者分析了农业生产方式转型过程中金融服务需求的变化，探索了金融支持农业生产方式转变的路径，为本文的写作提供了思路。本文决定以遂宁市为例，探寻农村金融适应农业生产方式转变的路径和模式，为全面推进乡村振兴开好局，起好步，谱新篇。

二、农业生产方式转变现状

依据本文对农业生产方式的界定，农业生产方式主要涵盖两方面，一是农业生产方法，二是农业生产形式。农业生产方法主要通过生产工具等体现；农业生产形式主要通过生产组织形式体现。因此，农业生产方式转变主要体现在两方面：一是农业产值较快增长与生产技术方法的稳步发展；二是生产组织形式逐步转变。

（一）农业产值稳步增长与生产技术方法稳步发展

遂宁市属四川省八大丘陵地区之一，截至2019年年末，遂宁市户籍人口362.9万，农业人口262.41万，农业人口占比72.31%，是典型的农业城市，以遂宁市为例分析，具有典型代表性①。近年来，遂宁市农林牧渔业总产值增长较快：2020年，遂宁市农林牧渔业总产值达363.11亿元，比上年增长5.6%；全年农作物播种面积39.54万公顷（1公顷=0.01平方千米），比上年增加0.69万公顷，增长1.8%，其中粮食作物播种面积27.17万公顷，增长0.8%，经济作物播种面积12.37万公顷，增长3.9%；全年出栏生猪321.23万头，比上年增加13.0%；年末生猪存栏209.34万头，比上年增加43.9%②。

表1为2020年遂宁市主要农产品产量。

表1　2020年遂宁市主要农产品产量

产品名称	产量/万吨	同比变动/%	产品名称	产量/万吨	同比变动/%
粮食	144.3	1.3	蔬菜及食用菌	113.63	3.9
小春	26.1	1.2	瓜果	3.71	3.8
大春	118.2	1.4	糖料	0.63	0.3
油料	21.34	6.0	肉类	28.79	7.5
棉花	0.2	-18.5	出栏家禽	2 352.16	-3.0

资料来源：《2020年遂宁市国民经济和社会发展统计公报》。

1. 农业产业链及内部分工出现较大变化

一是农业产业链延长。传统农业产销环节延长，包括生产、加工、再加工、包装、批发零售、物流、仓储、服务环节，特别是农产品加工、包装、营销等活动活跃，互联网思维逐步进入农业市场，突破了地域限制，村级电商中心逐步建立起来，“农货进城，网货下乡”基本实现。二是农业分工专业化。一方面，种植养殖和产销逐步分化，农民作为农业生产者逐步脱离自产自销角色。传统农业销售的种子收购公司、自产自销等分工模式逐步被公司产销一体

① 数据来源：《遂宁统计年鉴—2020》。

② 数据来源：《2020年遂宁市国民经济和社会发展统计公报》。

化替代，随着产业链条的延伸，传统农业进行了细化专业再分工。另一方面，农机机械服务租赁等专业服务逐步分化出来，形成农业第三方服务业。

案例 1：“农货进城，网货下乡”——村级电商中心

2016 年 1 月 20 日，由青堤乡政府主办，射洪农商银行、射洪县明珠电力公司、新黄村村民委员会承办的“电力金融扶贫暨迎新春文娱演出活动”在新黄村村委文化广场拉开帷幕。参与活动的相关单位和个人相继签订了新黄村“村级电子商务金融服务中心”产品预订单，现场预定新黄村农家特色土鸡 26 只、特色土鸭 26 只，签约农户实现销售收入 3 075 元。这一历史时刻标志着新黄村“村级电子商务金融服务中心”正式实现农特产品线上线下代理销售，开拓出一条全新的农产品销售途径。

在新黄村“村级电子商务金融服务中心”取得良好成效后，射洪农商银行成立了沱牌镇青岗村、金华镇四垭村、太和镇金鱼垭村、大榆镇古井口、瞿河乡高家沟村 5 个“村级电子商务金融服务中心”。截至 2021 年年末，投入运行的 6 个“村级电商金融服务中心”累计接受业务咨询 8 467 余人次，通过 EPOS 等电子机具累计办理业务查询 6 470 笔，办理小额现金存取 4 261 笔；通过“蜀信 E 惠生活”平台和与主要合作企事业单位签订订购协议等形式实现线上线下销售农产品 4 298 笔，累计销售额 204 余万元。

2. 农业技术与生产效率稳步提升

一是农技开始广泛运用于种植养殖业，如以专业合作社为单位推广现代育苗技术，作物等生产效率显著提高。二是小型农机开始广泛运用于农业的生产、收获活动中，农业生产效率显著提高，农机化稳步推进。截至 2021 年年末，遂宁市农机总动力达到 142.49 万千瓦，同比增长 3.2%。完成机耕作业 469 万亩（1 亩≈666.67 平方米），机收小麦 82 万亩，机收水稻 82 万亩，机收油菜 45 万亩，机插秧 49 万亩。农机合作社总数达 79 家。完成修复提灌机械 1 919 台 44 190 千瓦，新建提灌站 18 座 18 台 561 千瓦，新增提水设备 419 台 6 237 千瓦，机电提水保灌面积 102.7 万亩。2021 年全年新增有效灌溉面积 0.19 万公顷，年末有效灌溉面积 13.42 万公顷。

案例 2：农机服务生产效率提高——以远波农机专业合作社为例

远波农机专业合作社地处四川丘陵地区，位于蓬溪县洪江镇洪江村，注册资本金 600 万元，社员 252 户，采取“带机入社+自有配置”方式购置中小型农机机械 20 多台，主要从事种植、农机租赁服务，年营业收入 400 万~500 万

元，辐射陕西、四川射洪等地。通过使用无人机喷洒农药、机播、机收、烘干等设备提高产能效率。机播小麦 600 斤/亩，较传统农业亩产提高 200 斤/亩；油菜籽 400~450 斤/亩，较传统农业亩产提高 150 斤左右。人工收割需 4 人 300 元/人/天，机收仅需 1 人 70 元/半小时；烘干机可将小麦水分由 37.0%降至 15.0%。

3. 土地利用率提升，高标准农田建设不断推进

一是农村土地流转后，进一步提高土地利用效率，减少了农村劳动力城镇化转移后出现的撂荒现象。二是实施高标准农田建设，提高规模化经营土地利用效率。截至 2021 年年末，全市累计实施高标准农田建设项目 104 个，完成建设面积 96.24 万亩，资金投入 18.07 亿元，农业机械化率提高到 10%以上，道路通达率提高到 90%以上。

4. 传统耕作技术向一二三产业融合发展

优质化无公害、“智慧型农业”产业呈现多样化、立体式、复合型发展，如传统种植养殖业发展为农业深加工、贮藏、技术培育实验、观光旅游、养生养老一体化的一二三产业高度融合的现代产业，各类优质农产品产量增加，其对普通农产品的生产替代效应开始显现。截至 2021 年年末，遂宁市已培育休闲农庄、休闲农业园等休闲农业经营主体 700 余家；累计创建全国绿色食品原料标准化生产基地 6 个、面积达 53 万亩；认定市级“放心农产品标准化生产基地”22 个；认证无公害农产品 398 个、绿色食品 176 个、有机食品 41 个、地理标志产品 13 个。

案例 3：智慧型农业——四川省绿然现代农业科技有限责任公司

四川省绿然现代农业科技有限责任公司于 2014 年 5 月在蓬溪县注册成立，是四川绿然科技集团下属子公司，注册资本 1 000 万元，选定在蓬溪县红江村、部营村、白坪村建设“中国智慧农庄体验园”项目，面积 4 000 余亩，投资金额 5 亿元人民币，形成现代农业生产示范、科普教育、素质拓展、休闲观光、养生养老等多位一体的“立体式、多元化”经营。核心基地将建成现代农业生产示范基地 4 000 亩，辐射带动周边农业生产化发展 50 000 亩以上，为当地 2 000 人以上提供就业岗位，辐射相关产业就业人数 1 万人以上；园区年经营收入 1.8 亿元以上，辐射带动周边区域年增加经济收入 10 亿元，年贡献税利2 000万元以上。该公司前期投入 3 000 万，流转土地 3 800 亩，辐射农户 4 000 户，租金年均 800 元/亩，农户年均收入（包括土地出让收入）1.5 万元。“智慧型”农业的特点主要呈现为：一是公司发展规划以“公司+基地+协

会+农户”的现代产业化经营为主，强化农业与第二、第三产业（教育产业、旅游产业、农产品加工、养生产业）的嫁接融合。二是引进智能温室、钢架承重连栋薄膜大棚、岩免栽培等技术精细化操作，种植营养价值高、绿色有机等高附加值水果蔬菜，提高亩产量和产值，如西甜瓜亩产 3 000 斤/年，8 元/斤，较农户种植产品价格贵 5~6 元/斤。三是采用会员式“互联网线上（电商平台）+线下”销售方式。

（二）生产组织形式逐步转变

调查显示，农业生产新技术、新模式广泛应用，土地经营的集中度明显提高，农业产业化、规模化等生产要素配置逐步优化，农村地区劳动生产率的提升和农业生产方式的转变呈现加快趋势。然而从本质上看，农业生产方式转变体现为农业生产管理机制和生产运作方式的重大变革，即传统“一家一户”的小农生产方式逐步被专业化、规模化的新型农业经营主体替代，随着土地流转，农民也从逐步从自主经营向产业雇佣关系转变。以遂宁市为例，具体表现为：

1. “小而分散”粗放式生产向新型农业经营主体专业化、规模化、基地化经营转变

调查显示，2012 年以来，新型农业经营主体出现并快速发展，主要以专业大户、家庭农场、专业合作社、农业产业化龙头企业 4 种形式为主，实行资金、资源（土地、水利等）、技术、人才等方面的集约整合，进行规模化、专业化生产经营；同时，“基地+农户”“公司+农户”“公司+基地+专业合作社+农户”等多种不同模式的农村经营实体出现。截至 2020 年年末，遂宁市共有家庭农场 1 300 家，农民合作示范社 466 个，市级以上农业产业化龙头企业 159 家。

案例 4：新型农业经营主体专业经营
——专业合作社大英县鑫燕畜禽专业合作社

大英县鑫燕畜禽专业合作社于 2007 年组建，主营野鸡养殖、野鸡蛋销售等，在大英等地共有养殖基地 300 亩（其中，流转土地 200 亩），采取“基地+农户”模式，通过技术培训，带动射洪、大英两县十余个乡镇的 6 000 余农户养殖野鸡，野鸡蛋通过鑫燕公司品牌售卖，先后得到中央电视台《致富经》专题采访报道。合作社提升养殖技术及加大产品包装宣传，主要产品野鸡蛋由最初在乡村超市兜售 0.5 元/枚到参展上海世博会的 30 元/枚，产品附加值大大提升，也有效促进了专业合作社的规模发展。目前，合作社共发展养殖户

238户，带动农户5 800多户，年出售野鸡85万只，野鸡蛋23万枚，实现销售年收入3 240万元，农户增收5 780元，成为“省级示范农民专业合作社”，合作社即将拓展野鸡深加工产业链发展及观光农业，向“互联网+”、包装改造、仓储物流方向发展。

2. 农村土地从家庭联产责任承包逐步向土地流转转变

一是土地流转规模扩大化。遂宁市统筹城乡以来，土地流转规模逐年扩大。截至2020年年末，遂宁市已完成确权登记面积365.8万亩，耕地流转面积达142.95万亩，占确权面积比39.08%。二是农村土地流转方式多样化。遂宁市土地流转形式主要包括转包、转让、互换、出租、入股等多种形式，其中转包和出租是当前土地流转的主要形式。截至2020年年末，转包和出租面积达116.19万亩，占流转总面积的81.28%，入股及其他方式共22.93万亩，占流转总面积的18.72%，流转的形式呈现多样化的特征。三是农村土地流程由自发向组织化转变。组织流转一般通过组建土地流转合作社将农民愿意流转的土地聚集到一起，通过股份合作、统一发包等形式进行生产经营，或由村民委员会在征得农户同意以基础上统一组织流转。截至2020年年末，全市共建立土地流转合作社224个，组织化流转面积21.15万亩，占流转总面积的14.80%。四是流转面积由零散向集中连片转变。由原来村组内部农户之间单一的季节性转包流转扩展到跨村组、跨乡镇、甚至跨县（区）成片集中流转，实现了土地由零散向适度规模聚集。截至2020年年末，全市30亩以上规模流转面积达86万亩，占流转总量的60.16%。五是农村土地流转过程规范化和市场化。截至2020年年末，市农业农村局已向68万户土地流转经营主体颁发了《农村土地经营权证》。六是农村土地流转区域分布呈现差异化。由于地理位置及开发难度的不同，在农村土地承包经营权流转中，土地流转区域分布差异较为明显。城乡接合部、开发区、近郊等地的土地流转较快，山地丘陵、坡地等流转进程相对较慢，土地活力尚未完全激发。

3. 农业生产关系从农户自主经营向产业雇佣关系转变

一方面，随着工业建设步伐的加快，农村青壮年劳动力以农民工的形式向城市转移。另一方面，随着新型农业经营主体的发展与土地流转的规范，农村剩余劳动力逐步以“打工”的形式向新型农业经营主体转移，农户自主经营土地转变为与新型经营主体建立种植养殖、加工服务业雇佣关系。据调查了解，遂宁市农村劳动力转移输出占农村人口70%以上。另外，30%的农村剩余劳动力中，新型农业经营主体就吸收了20%，而农村剩余劳动力主要以中老年群体为主。

三、农村金融服务需求变化

土地流转前，由于农村农业生产方式为“单家独户”的小规模生产，生产所需资金少且分散，对农村金融服务的需求表现单一，只限于资金存取的需求；而农村土地流转后，农业生产方式转变为规模化的生产，所需资金金额大，持续时间长且集中，金融服务的需求发生了较大变化。

（一）信贷资金需求规模进一步加大

一是随着新型农业经营主体和“基地+农户”的发展，农业企业参与农业结构调整的深度、广度的不断推进拓展，规模化经营对资金总量、单笔资金量的需求加大。二是随着农业多元化经营多个，资金需求从只存在于单一农产品生产环节逐渐转变为存在于加工、销售、物流、仓储等多个环节，涉及资金需求的环节变得更多、更长，对设备购置等初始投入和运营资金的需求更大。

（二）金融服务需求范围逐步扩大

随着农业产业化和农业结构的调整，农业产业链不断延伸，农业分工日益细化，新型农业经营主体等现代农业经济主体的经营领域不断扩大，引发农村金融服务需求的分化，金融服务多样化需求逐步显现。如金融服务需求由基本的存贷款、余额查询、小面额和残损币兑换等转变为涵盖信贷服务、保险服务、支付结算服务、信用信息服务、储蓄国债服务等的综合金融服务需求。

（三）金融服务体系与产品创新需求迫切

一是传统农业长期运用的传统信用、联保等小额贷款产品难以满足农业产业化、规模化经营的资金需要。二是土地等生产要素引致需求变化。随着农村土地流转的发展，新的金融产品亟须推出以与之对接；随着生产工具及技术要素的发展，金融产品亟待创新，如小型农业机械融资租赁、农业种养殖专利产品质押等等。三是人力要素转移引致需求变化。城镇化进程加速农村劳动力转移的同时，农业劳动生产率的提高与土地流转的发展也加速了农村剩余劳动力的转移，建立适应农村劳动力有序转移的金融融合模式迫在眉睫。

四、农村金融现状不适应农业生产方式转变的表现及原因

（一）信贷供给制约：信贷资金投放配置不均衡，信贷供需缺口依然存在

新型农业经营主体是现代农业生产方式的主要代表，但信贷供给制约问题较为明显。一是从信贷投放总量来看，新型农业经营主体等现代农业信贷投放占涉农贷款比重较小。近年来，遂宁市金融机构逐年加大“三农”信贷投放，农业贷款整体投放量较大，截至 2021 年年末，涉农贷款余额达 602.66 亿元，

但金融机构报送监测数据显示，信贷支持新型农业经营主体仅有7 219家，贷款余额仅有45.73亿元。二是从信贷资金撬动方面看，信贷资金撬动面较窄。样本问卷调查反映，仍有30%的涉农经营主体未在银行贷款，其融资渠道主要为自有资金、家庭借款、财政补贴资金，在一定程度上反映出信贷资金撬动面较窄。从宏观角度横向来看，资金投放主要集中于农业产业化龙头企业等发展较好的企业，难以覆盖现代多元化的农业企业信贷资金需求。金融机构报送监测数据显示，新型农业经营主体贷款中，农业龙头企业占比达72.97%。另据对200户经营主体的调查，23%的新型农业经营主体信贷需求未得到满足，其中，农业大户、家庭农场、专业合作社占50%，显示出信贷资金投放配置不均衡，信贷供需缺口依然存在。从纵向上看，信贷资金配置期限与现代农业资金需求时限不相适应。据调查，95.16%的农村经营主体孵化启动资金主要来自自有资金，多数银行贷款仅起到“锦上添花”的作用，银行信贷审批与资金需求时限长期错位。一是农业生产周期性和季节性特点决定农业发展存在前期资金投入较大、回本慢等特点，同时与自然条件、市场行情的高度相关性决定其资金风险相对较大，这与银行的风险偏好无法契合一致。二是银行贷款审批发放需要一定时间，与农业种子等原材料收购、采购急需资金的矛盾也导致信贷资金无法准确对接农业资金需求。三是农业经营主体财务制度不健全等因素会影响贷款进程，使贷款手续更为烦琐。

（二）传统信贷方式与产品制约：小额贷款难以满足需求，大额贷款有效抵押物缺失和不足，信贷方式及产品整体缺乏创新

从微观角度看，单笔授信额度较低，难以满足日益增长的现代农业信贷需求。随着农业生产方式的公司化、规模化、集约化、现代化发展，资金需求量较传统小农生产经营有明显加大。据了解，单笔信贷需求均为200万元以上，以往的5万元信用贷款授信额度很难满足资金需求，而实际上，多数涉农主体针对5万元以下的资金需求都是通过自有资金来自行满足的，目前百万元以上的大额资金需求难以满足。特别是农村土地流转后农业对资金的需求表现出几个新的特征：资金需求量大、期限长、风险增加。而当前农业贷款品种仍然多以农户小额信用贷款、联保贷款、担保贷款为主，在实际操作中普遍存在信用额度低、期限短的特点，无法满足生产方式转变后的金融需求，同时大额贷款又面临有效抵押物缺失和不足的长期问题。一是种植作物、农畜牧活体、生产工具如农业机械设备的价值普遍较低，或难认定或难变现或难成为抵押品。二是土地承包经营权作为农业生产方式转变中具有价值的资产不能被盘活的问题亟待解决。尽管目前部分地区已对农村承包土地的经营权、农村住房财产权

（两权）等为主的农村产权开展了试点探索，逐步探索解决“权属不明确”“价值难评估”等难题，部分地区已建立农村土地流转农村交易登记中心，为抵押贷款铺路，但“两权”缺乏法律支持，仅有试点“特事特批”，流转收益的交易市场机制尚未统一建立，导致资产难以变现，土地无法得到真正“流转”；风险分担机制尚未建立，风险兜底难以确定；难以形成贷款激励，多数金融机构或观望意味浓郁或在原有抵押基础上略微提高授信额度的“完成任务”。截至2020年年末，遂宁市土地流转142.95万亩，但农村承包土地的经营权抵押贷款余额仅为2.11亿元，占涉农贷款比重不足0.5%。三是金融机构缺乏资金供给方式及产品创新，导致企业融资渠道单一，融资难在一定程度上依然存在。目前贷款仍然是农村资金供给的主要方式，金融机构缺乏与大数据时代相结合的产品创新，如互联网金融产品；缺乏与生产力提高相适应的金融产品，如小型农业机械融资租赁、农业种植养殖专利产品质押等。

（三）农村金融供给配套体系制约：银、政、保“三位一体”利益联结机制尚未建立，农村金融市场有待完善

一是银行业机构方面。当前服务“三农”的主要农村金融主体为农业银行、邮政储蓄银行、农村商业银行、村镇银行，金融服务主要为线下金融服务，农村信贷资金供给渠道单一，不利于金融市场良性竞争机制的形成，也不利于农村土地流转金融市场的激活。二是农业担保机构较少。规模适当的农业担保机构在为涉农主体提供融资服务方面可以发挥更大作用，特别是作为风险缓冲器，农业担保机构在一定程度上弥补抵押物不足的问题，然而目前农业担保机构较为缺乏。三是农业保险覆盖面较窄。农业的规模化、产业化经营也使市场风险更为集中，加之近年来极端气候不断出现，使农业生产对农业保险的需求十分迫切，而现有的农业保险额度低、范围窄，难以满足实际需要。样本地区农作物实际保险面积仅在2成左右。保险覆盖面窄，难以起到防范风险作用。

（四）金融生态环境制约：农业内生性与外部性制约

一是政策引导与银行的效益性、安全性原则的内生矛盾长期存在。尽管农业经济是实体经济的重要组成部分，但与工商业经济相比，农业经济经营对象主要为农林牧渔产品，受自然条件影响大、生长周期长、抗风险能力弱、资本回收慢、收益较低等先天弱质长期存在，这与工商业产品资本回笼快、工业用地房产动产押品可流转、收益高成鲜明对比。而金融支持现代农业发展作为国家战略的选择与政策需要，在带动农业发展经济效益的同时具有很强的外部性特征，理性经济人假设决定了金融机构个体信贷配给的目标为风险可控下的效益最大化，因此这种内在目标的不一致性与矛盾长期存在。二是农业信用体系尚未建立成为外部性制约。当前我国已基本建立征信系统，然而涉农贷款供需双方的信息不对称矛盾依然存在，主要因为征信系统仅能了解到发生信贷关系的公民的征信情况，未发生信贷关系的信用情况银行无法得知，给信贷风险评级造成一定困难，加之抵押物缺失或不足值，成为农业信贷无法逾越的障碍。

五、政策建议

（一）优化机制建设，发挥政策合力，健全支农激励机制

一是当地农业部门进一步完善现代农业登记及数据统计制度，为政策精准发力奠定基础。二是政府财政部门、农业部门、税务部门、人民银行进一步优化整合财政奖补、农业补贴、税收减免政策及支农再贷款货币政策工具，健全支农激励机制，特别是加大对金融机构的激励引导力度，如人民银行支农再贷款定向支持、中省财政定向支持新型农业经营主体发展、减免税收、按其涉农贷款比例加大财政考核补贴力度等，以支持涉农金融机构满足农业信贷需求。三是加大银行与新型农业经营主体等的对接力度，银保监部门针对涉农贷款质量建立专项考核制度，适当提高容忍度。

（二）加大政府主导力度，建立健全风险补偿与利益联结机制

一是由政府牵头，发展和搭建针对现代农业生产方式的融资担保平台，引导当地担保公司积极开展农业担保业务，降低融资收费标准。二是积极引入财政专项资金兜底与农业保险风险补偿机制，实现政府加农业保险的双重风险补偿功能。用好乡村振兴农业产业发展贷款风险补偿金，因地制宜推广“政银担”合作支持农业产业发展模式，撬动更多金融资源流向现代农业“10+3”产业体系。

（三）延伸金融服务半径，加强普惠金融服务

一是建立多层次、全方位、互补性的农村金融体系。充分发挥大型银行县域机构的衔接作用，引导涉农机构重心下沉，延伸金融服务半径，加强普惠金融基础服务，及时关注农业生产方式转变过程中的金融需求。农商行要坚持“立足县域、服务社区、支农支小”的市场定位，提高公司治理水平，增强差别化定价能力，改进涉农贷款风险管理水平，保持县域法人金融机构地位。支持村镇银行向乡镇增加服务网点。二是构建完善的普惠便民金融服务网络。在现有场所条件较好、信用状况良好、人员素质较高、业务需求较大的助农取款优质服务示范点和农村金融综合服务示范站基础上，建设以小额取款、余额查询、缴费、小面额和残损币兑换及金融知识宣传等金融服务为支撑，涵盖农户

信用信息采集、储蓄国债销售、信贷服务、保险服务、公共服务、电商服务、政务服务等功能的“金融+N”农村金融综合服务推广站，打通农村金融服务“最后一公里”，提升农村综合金融服务水平。三是培育和发展农村保险市场。针对农业在规模化和产业化经营过程中面临的风险呈多样化、放大化和责任界限模糊化等特点，逐步提高对农业保险的支持和补贴力度，引导和鼓励涉农保险机构丰富农业保险险种。努力完善农业保险体系，为农业规模化和产业化提供风险保障机制。

（四）创新信贷方式与产品服务，多措并举授信增信

首先要“贴近农业”。一是进行贷款期限与还款方式创新。开发一批适应农业生产回报周期和农业生产、销售、收购季节性用款需求的金融产品，适当延长贷款期限，推广随借随还贷款产品。二是进行农业供应链金融模式创新。鼓励供应链上核心企业为其他经营主体进行担保，与银行、保险公司共享上下游企业订单、经营状况等信用信息。其次要“贴近农村”。一是开展信用贷款产品创新。各银行可依托大数据开展信用产品和信用评价模型创新，充分考虑农村产业丰富度和经营主体规模差异，对不同规模、处于不同产业环节中的经营主体采用差异化信用评价模型，避免“一刀切”。二是开展涉农保险产品创新。各保险机构要因地制宜开发符合地方特色的农产品保险险种，完善特色农产品价格指数保险机制，探索气象指数保险、收入保险、农产品品质保险等新型险种。三是推动涉农资产抵质押方式创新。各银行要探索厂房和大型农机具、圈舍和活体畜禽、动产、农业保单、农民住房财产权等抵押贷款业务。要在蓬溪县农村承包土地经营权抵押贷款试点基础上，推动其他区县的“两权”抵押融资发展。

最后要“贴近农民”。各银行要探索将经营者、合作者的诚信度纳入银行信用评价模型，大力发展“信用+信贷”业务，不断优化农户小额信用贷款产品。

（五）完善农村信用体系环境与法律环境

一是深化农村信用体系建设。开展信用知识宣传教育，引导农业经营主体诚信经营。持续开展信用农户、信用新型农业经营主体、信用村、信用乡镇评定活动，将评定结果与银行授信额度和贷款利率挂钩。加快整合农业经营主体登记、农村产权确权流转、农村医保、农业补贴等信用信息，拓展“遂宁信融通”平台在乡村振兴领域的应用渠道，落实“守信联合激励、失信联合惩戒”措施。深化农村信用救助，建立非主观恶意失信农户信用救助和新型农业经营主体信用改善机制，增强农村地区经济主体信用意识，改善农村信用环境。二是优化涉农相关法律。打破现有产权界限，允许农村土地、宅基地产权抵押。建议从法律层面对农村产权进行突破，为农村土地使用权设定抵押提供可靠法律基础。农业土地部门应进一步统一完善产权确权评估机制，加快找准土地流转的关键因素，推进农村土地流转及农村产权交易市场建设。

参考文献

赵家祥，2007. 生产方式概念含义的演变［J］. 北京大学学报（哲学社会科学版）（9）：27-32.

高峰，2012. 论“生产方式”［J］. 政治经济学评论（4）：5.

张红杰，2019. 我国农业生产方式现代化转变的历史脉络、内在机理和发展对策［J］. 山东社会科学（8）：91-96.

李忠斌，文晓国，李军明，2012. 传统农业生产方式的困境及其转变［J］. 中南民族大学学报（自然科学版），31（3）：108-114.

王占军，卢德岫，2013. 城镇化背景下对金融支持农业生产方式转变的若干思考：基于东北三省粮食生产区农民专业合作组织的案例分析［J］. 农村金融研究（10）：69-71.

黄世地，陈晓敏，2015. 农村中小金融机构支持现代农业路径研究［J］. 中国农村金融研究（10）：72-74.

郝聪聪，2019. 我国农业生产方式变革面临的问题及对策研究［J］. 市场周刊（10）：8-9.

殷佳慧，2021. 现代农业生产方式转变面临的问题及对策：以山东省寿光市为例［J］. 农村经济与科技，32（2）：254-255.

盛亦工，潘峰，季文柱，2003. 农村金融机构支持农业产业化经营初探［J］. 山东农业（农村经济版）（1）：38-39.

徐全忠，2013. 农村金融促进农业产业化发展研究［J］. 生产力研究（10）：23-24，39，198.

谢来位，付玉联，2019. 农业生产方式和组织模式创新的政策诉求及政策保障［J］. 探索（5）：124-131.

魏后凯，2019. 现代农业生产方式转变的四条关键措施［J］. 农村工作通讯（3）：45.

詹绍文，吴思谊，2021. 基于金融支持的农村土地流转困境与对策［J］. 农业经济（2）：101-103.

成渝地区双城经济圈建设背景下智慧农业保险防返贫体系构建机理与政策支持

谢小蓉　赵玲

（西南财经大学）

摘要：农业保险能够防范农民生产经营风险，农业保险保障不足是农民返贫的重要原因。智慧农业保险突出了智慧化特点，具有防返贫作用。在成渝地区双城经济圈建设背景下，成渝地区如何协同发挥智慧农业保险巩固拓展脱贫攻坚成果的作用，成为亟待解决的问题。本文分析了成渝地区双城经济圈脱贫户返贫的七个潜在诱因，提出了智慧农业保险防返贫体系构建机理与主客体方面五个影响因素，并围绕潜在诱因提出相应政策建议。

关键词：成渝地区双城经济圈；农业保险；智慧农业保险；防返贫

一、引言

《中共中央 国务院关于做好2022年全面推进乡村振兴重点工作的意见》指出，要坚决守住不发生规模性返贫底线，巩固拓展脱贫攻坚成果。脱贫工作没有终点只有新的起点，坚决守住不发生规模性返贫底线要借助农村金融的力量，而农业保险又是农村金融重要的一环。

自2007年以来，我国农业保险保费补贴政策已经实施10多年，中国农业保险扶贫模式逐步成熟，为世界农业保险扶贫贡献了中国方案。《国务院关于印发推进普惠金融发展规划（2016—2020年）的通知》（国发〔2015〕74号）指出，国家鼓励金融机构积极推陈出新，提供创新产品和服务方式，运用科技提升金融机构水平，借助互联网促进普惠金融发展。随着5G、人工智能、3S遥感技术、物联网等的发展，智慧化理念正嵌入各行各业。近年来智慧农业保险体系把握时代机遇，支持农业农村农民发展。越来越多的保险公司开启了新的探索：北京国遥新天地信息技术有限公司打造智慧遥感服务体系；平安产险提出突破农业保险局限，帮助农民解决“销路难”问题，并且通过“卫星+无人机+物联网”智慧化防灾。“农业保险+”领域的创新促进了农业现代化。

成渝地区双城经济圈的构建为智慧农业保险防返贫体系研究提供了新的背景，农村金融是成渝地区双城经济圈构建的重要一环。本文立足于智慧农业保险的实践，尝试分析智慧农业保险防返贫的构建机理，尝试回答中国智慧农业保险扶贫何以可能。在此基础上，本文就成渝地区双城经济圈背景下巩固拓展脱贫攻坚成果的智慧农业保险政策进行探讨。

二、成渝地区双城经济圈规模性返贫潜在风险分析

成渝地区处于西部地区，曾经大量聚集中国农村贫困人口，曾经也是中国农村反贫困的重难点区域。2012 年，“国家扶贫开发工作重点县名单”由国务院扶贫开发领导小组发布，其中，西部地区的国家扶贫开发工作重点县超过国家扶贫开发工作重点县总数的一半，共 375 个重点县，占比高达 63%。其中，四川 36 个，重庆 14 个①（见表 1）。

表 1　成渝地区双城经济圈国家防止规模性返贫重点县分布

地区	数量	重点县名称
泸州市	2	叙永县、古蔺县
广元市	3	朝天区、旺苍县、苍溪县
乐山市	1	马边县
南充市	4	仪陇县、阆中市、嘉陵区、南部县
宜宾市	1	屏山县
广安市	1	广安区
达州市	2	宣汉县、万源市
巴中	3	通江县、南江县、平昌县
阿坝藏族羌族自治州	3	黑水县、壤塘县、小金县
甘孜藏族自治州	5	石渠县、色达县、甘孜县、德格县、理塘县

① 国家乡村振兴局.“国家扶贫开发工作重点县名单”[EB/OL].(2012-03-19)[2022-10-20]. http://www.cpad.gov.cn/art/2012/3/19/art_343_42.html.

表1(续)

地区	数量	重点县名称
凉山彝族自治州	11	普格县、布拖县、金阳县、木里县、盐源县、昭觉县、喜德县、越西县、美姑县、雷波县、甘洛县
重庆市	14	万州区、黔江区、开县、云阳县、城口县、丰都县、武隆区、奉节县、巫山县、秀山县、酉阳县、巫溪县、石柱县、彭水县

①数据来源：根据“国家扶贫开发工作重点县名单”整理。

②注：按照2021年《成渝地区双城经济圈建设规划纲要》，成渝地区扶贫开发工作重点县中万源市不属于成渝地区双城经济圈规划范畴。

为了巩固脱贫攻坚成果，国家开展返贫监测预警工作，拉紧返贫防线。截至2021年8月，四川省对所有农村居民开展集中排查，新认定监测对象0.95万户3.18万人，共监测对象8.7万户28.9万人。四川省以边缘易致贫户、脱贫不稳定户、突发严重困难户三类进行监测①。截至2021年11月，重庆新认定监测对象7万人②。孙晗霖、刘新智、张鹏瑶（2019）对各贫困地区可持续生计指数进行研究，其中四川可持续生计指数为3.377，生计水平较低意味着脱贫户返贫可能性较大，而重庆精准脱贫户生计较稳定，可持续生计指数超过3.6。脱贫户返贫潜在诱因分析有利于开展返贫预防工作，本文将成渝地区双城经济圈脱贫户潜在返贫诱因归为脱贫户收入、消费、医疗、养老、教育、气象灾害、创业等。

（一）脱贫户收入脆弱性分析

收入是影响消费的决定性因素，消费水平又直接影响着消费者的生活质量，而脱贫户的收入具有脆弱性，脱贫户容易因为收入非持续性而返贫。重庆贫困地区农民近几年工资性收入增长最快，年均工资性收入增速为14.45%，经营净收入占比最大，转移净收入和财产净收入额平稳增长而增长的速度有下降趋势。四川贫困地区农民近几年财产净收入增长最快，年均财产净收入增长速度为34.02%，年均转移净收入增速次之为21.26%，经营净收入贡献最多，工资性收入额平稳增长但增速呈上下波动趋势（见表2）。经营净收入占比最

① 四川省人民政府网.“扯一扯”防返贫防线牢不牢 历时半个多月、覆盖54个县，21个专项调研组走村入户[EB/OL].(2021-08-04)[2022-10-20].http://www.sc.gov.cn/10462/12771/2021/8/4/e03d66eb56a34100bd863a9b5cf0e077.shtml.

② 重庆日报.重庆：防止规模性返贫 织牢预警监测网[EB/OL].(2021-11-17)[2022-10-20].http://fpb.gansu.gov.cn/fpb/c105276/202111/1893450.shtml.

大说明住户或住户成员从事生产经营活动所获得的净收入为主要收入来源，这部分收入受自然风险市场风险影响较大而表现为不稳定。脱贫户收入提高受多方面内外因素限制，外在的自然灾害、市场价格波动，内在的受教育水平、劳动力自身的身体素质以及工作经验、就业消费投资等思想理念落后都加剧了脱贫户的收入脆弱性。

表 2 分地区贫困户人均可支配收入来源 单位：元

地区	收入来源	2014 年	2015 年	2016 年	2017 年	2018 年	2019 年
重庆	可支配收入	8 044	9 120	10 244	11 273	12 470	13 832
	工资性收入	2 154	2 493	2 916	3 325	3 752	4 228
	经营净收入	3 493	3 820	4 120	4 450	4 807	5 298
	财产净收入	146	164	183	203	196	218
	转移净收入	2 250	2 644	3 026	3 295	3 715	4 088
四川	可支配收入	7 091	7 966	8 799	9 759	10 837	12 127
	工资性收入	2 609	2 896	3 079	3 400	3 630	3 968
	经营净收入	3 014	3 282	3 556	3 742	4 004	4 243
	财产净收入	65	94	187	206	228	241
	转移净收入	1 403	1 694	1 976	2 411	2 976	3 675

数据来源：根据《中国农村贫困监测报告》（2014—2020 年）整理。

价格波动带来的风险是脱贫户返贫的潜在原因。农产品价格发生波动时，消费者的需求能够马上调整，但是农民的农业生产具有滞后性，并且农民增产不一定增收，农民从事农业生产经营活动面临着巨大风险。国家需要进行宏观调控，农业保险也要发挥相应作用。农业价格保险的发展为脱贫户生产经营保驾护航。

（二）脱贫户消费支出项目多、金额大

脱贫户的收入脆弱性和消费支出项目多、金额大的特征相结合。随着成渝贫困地区农民人均可支配收入水平的增长，贫困地区农民消费潜力不断释放，生活消费支出也不断提高。八项消费支出一起增长，消费支出结构优化，其中食品、生活用品及服务和衣着消费支出占生活消费支出的比重有所下降，食品、居住消费支出增长贡献大，服务性消费支出实现较快增长（见表 3）。根据 2020 年《中国农村贫困监测报告》，2019 年重庆贫困地区与四川贫困地区贫困户可结存的余额人均分别为 6 487 元/年和 6 027 元/年。储蓄不足导致脱贫户应对突发情况的能力不足，脱贫户积蓄少而政府帮扶多，这样也会加重政府的财政负担。

表 3　分地区贫困户人均消费支出结构　　　　单位：元

地区	项目	2013 年	2014 年	2015 年	2016 年	2017 年	2018 年	2019 年
重庆	消费支出	7 345	8 170	9 119	10 098	11 058	12 145	7 345
	食品消费	2 901	3 144	3 457	3 589	3 843	4 119	2 901
	衣着	428	491	570	577	624	673	428
	居住	1 432	1 538	1 781	1 882	2 162	2 388	1 432
	生活用品及服务	585	617	679	732	718	765	585
	交通通信	649	772	906	1 238	1 317	1 451	649
	教育文化娱乐	783	885	971	1 155	1 306	1 480	783
	医疗保健	479	613	638	795	930	1 073	479
	其他用品及服务	89	110	118	130	158	196	89
四川	消费支出	6 100	6 903	7 757	8 746	9 652	10 760	6 100
	食品消费	2 570	3 162	3 428	3 763	3 957	4 259	2 570
	衣着	376	432	452	491	538	587	376
	居住	1 132	1 201	1 402	1 692	1 891	2 109	1 132
	生活用品及服务	420	445	527	615	677	725	420
	交通通信	569	583	659	771	940	1 158	569
	教育文化娱乐	464	472	581	635	712	817	464
	医疗保健	472	477	563	618	737	887	472
	其他用品及服务	97	131	143	160	201	219	97

数据来源：根据《中国农村贫困监测报告》（2014—2020 年）整理。

（三）脱贫户因病返贫分析

因病返贫问题也很突出。健康的身体是劳动的本钱，农村居民往往受传统观念和经济压力的双重影响，处于小病不去看而大病看不了的尴尬处境，一旦农村家庭劳动力被疾病压垮了，就意味着丧失了收入来源，甚至不仅没有收入来源，还会因病负债。随着户籍制度改革的推进，农村过剩劳动力涌入城市，成为城市临时劳动力，农民工继而从事高危作业，职业病现象突出。因病返贫现象涉及时间滞后的问题，重大疾病往往要多年以后才会有征兆，现在身体健康的已脱贫农村劳动力极可能在几年之后就会面临因病返贫的问题。

保险业在防范贫困户因病返贫方面起着托举作用。四川全面加大医疗医保救助力度，利用保险杠杆，助力贫困患者有保可依。数据显示，2015 年年底至 2018 年年底，四川省因病致贫返贫人口总数占全部建档立卡贫困人口总数的比例从 48%降至 42%①。重庆着力完成长效脱贫巩固题：医疗救治服务造福重庆贫困患者累计 40 余万人，报销优惠政策造福累计 150 余万人次，全市因病致贫返贫户减少了 96.51%②。

（四）脱贫户养老负担分析

2021 年，据我国第七次人口普查数据，60 岁以上的老年人口占比 18.7%，约 2.6 亿。较第六次人口普查数据，重庆 60 岁及以上人口的比重上升了 4.40%，四川上升了 5.41%。老龄化问题具有城乡差异，农村 60 岁和 65 岁及以上老人的比重高于城市，分别占 23.81%、17.72%，分别比城镇分别高出了 7.99%、6.61%③。农村人口老龄化使农村劳动年龄人口规模下降，将对农业生产率的提高产生负面影响，直接影响农民农业生产经营收入，同时加重农村家庭赡养老人的负担。农村居民为了养老储蓄还会抑制现期消费需求，特殊困难家庭养老负担更重，可能会出现老人自己养老的现象，社会化养老服务的价格排斥了许多农村家庭，农村人口老龄化带来的一系列影响都可能使贫困户因老返贫。为了应对农村老龄化问题，我国仍需要提高农村基本养老保险制度和农村合作医疗制度以及农业保险制度的保障水平。

（五）脱贫户御灾困难性分析

自然灾害导致了农村贫困户返贫，而西北、西南地区又属于返贫高发地。受自然灾害和非典疫情影响，贫困人口非减反增，豫、陕、黑、皖等省因灾返贫情况较为突出，返贫人数超过 200 万人④。成渝地区季风气候明显，地形复杂，山区广布，地表起伏悬殊，多地震、滑坡、泥石流等地质灾害并且干旱、洪涝灾害并发，对工农业生产造成了严重影响。2021 年四川省自然灾害共造成 1 012.7 万人次受灾，因灾死亡和失踪 29 人，紧急转移安置 53.7 万人次；农作物受灾面积 26.6 万公顷；倒塌房屋 0.9 万间，不同程度损坏 19.9 万间；

---

① 人民网. 四川：因病致贫返贫得到有效遏制[EB/OL].(2019-09-08)[2022-10-20]. http://health.people.com.cn/n1/2019/0908/c14739-31342256.html.

② 重庆日报. 2020 年 · 重庆脱贫攻坚大数据[EB/OL].(2020-10-17)[2022-10-20]. https://app.cqrb.cn/news/2020-10-17/461504.html.

③ 国新网. 第七次全国人口普查结果公布 这些数据事关"老"话题[EB/OL].(2021-05-12)[2022-10-20].http://www.mca.gov.cn/article/xw/mtbd/202105/20210500033740.shtml.

④ 中国法院网. 贫困人口不减反增去年增加 80 万[EB/OL].(2004-07-18)[2022-10-20]. https://www.chinacourt.org/article/detail/2004/07/id/124720.shtml.

直接经济损失 248.6 亿元[①]。而 2021 年重庆共有 40 个区县 149.4 万人受灾，因灾死亡 19 人；农作物受灾 62 246.9 公顷（其中绝收 14 125.9 公顷）；直接经济损失 30.3 亿元。重大自然灾害发生时，各省各市应急保障厅积极响应，尽可能弥补受灾群众的损失，但还要市场的力量进行平衡。国内农业保险迅速发展，其深度、广度以及保障水平不断提升，不仅保费逐年增加，农业保险保障杠杆也从 2008 年的 121 倍变为 180 余倍，因而农民能获得的风险保障金额呈上升态势。但与美、日等发达国家相比，我国农业保险的深度、广度以及保障水平还有较大差距，智慧农业保险的发展有利于进一步提升我国农业保险体系的内涵和发展空间。

（六）脱贫户教育情况分析

第七次人口普查数据显示，成渝地区人口的学历集中在小学（33.78%）和初中（34.23%），只有 16.14%的人口是高中（含中专）学历，15.82%是大学（大专及以上）学历，成渝地区 15 岁及以上人口平均受教育年限约是 9.5 年[②]。农村脱贫户这一特点更为明显，高中（含中专）及以上学历的人口更少。2020《中国农村贫困监测报告》指出按户主受教育程度来看，贫困发生率与户主受教育程度负相关，户主受教育程度越低，其贫困发生率相对较高。农村脱贫户学业以及职业的受教育程度低限制了其就业的选择，特别是限制了其外出就业的选择，其从事农业也会难以接受新的技术和组织形式，也会对其从事农业造成影响，所以脱贫强调了发展教育脱贫一批，同样也要发展教育防返贫。近十年，农村地区教育水平不断提升，教育支出不断增加，教育覆盖面不断扩大，但是受惠于农村教育改革的这部分劳动力将在未来才涌入劳动力市场，现阶段主要劳动力的受教育程度还比较低下。现阶段脱贫户更需要获取劳动技能、树立市场意识，这都离不开职业教育培训。

（七）脱贫户创业风险性分析

农业农村部坚持产业脱贫，通过发展生产脱贫一批，鼓励脱贫户自力更生、自主创业、勤劳致富，带动贫困户培育产业。政策支持体系不断完善，定点扶贫工作稳步开展，但是脱贫户再创业始终面临着自然和市场双重风险。脱贫户脱的是绝对贫困，纵向看其生活水平与之前相比提高了不少，但是横向看

---

① 四川省应急管理厅. 四川省应急管理厅发布 2021 年全省自然灾害基本情况[EB/OL].(2022-03-03)[2022-10-20]. https://yjt.sc.gov.cn/scyjt/juecegongkai/2022/3/3/6d03f936612249958b95bdb0671cfd6e.shtml.

② 国家统计局. 第七次全国人口普查公报[EB/OL].(2021-05-11)[2022-10-20].http://www.gov.cn/guoqing/2021-05/13/content_5606149.htm.

其与其他收入群体还有较大差距，金融市场具有“嫌贫爱富”的特点，脱贫户的资金需求还是处于难以满足的地位。资金链供应还要考虑可持续问题，脱贫户创业的暂时性资金得到满足不代表资金链稳定供应。脱贫户创业方向大体分为两个，农业与非农业创业方向。比如有“农业+电商”“农业+保险”“农业+科技”“农业+服务”“农业+旅游”等，创业者不仅需要了解农业，还需要掌握其他知识技能，并且市场需求难以洞察，因而创业伴随着风险。脱贫户的观念改变尤为重要，许多脱贫户只从事过基本农业生产，面对新事务抱有保守观望的态度，并且关注眼前的得失，这不利于开展创业。

为了防范脱贫户返贫的风险，加强风险管理，需要引入智慧农业保险体系。智慧农业保险能够在自然灾害发生时迅速准确地识别受灾地区、受灾面积，优化理赔程序，及时保障农民的权益，稳定农民收入及消费，提高农民抵御自然灾害风险的能力；智慧农业保险也能够在农民生病时起到托举的作用，对遭受意外的劳动者及时给予经济上的帮助，有助于消除因意外带来的不安定因素，增强农民农村农业发展的韧性；智慧农险能够减轻家庭负担，未来有望积极应对人口老龄化；智慧农险不断发展，有望推出针对农民自主创业的创业农险，有利于鼓励脱贫户自主创新创业。

三、智慧农业保险防返贫体系构建机理与影响因素

（一）智慧农业保险防返贫体系构建机理

学者探讨了贫困户返贫问题的形成原因。有学者把贫困户返贫归因为贫困户自身素质，凌国顺、夏静（1999）强调返贫是因为返贫人口自身素质的低层次性；董春宇、栾敬东（2008）等强调了农村地区贫困人口经济脆弱性的影响；李长亮（2019）认为学历低、患重病、无工作、技术不足、劳力不足和自身发展动力弱的深度贫困地区的贫困人口更易返贫。有学者关注贫困本身的脆弱性特征（范和生，2018）。也有学者将贫困户自身素质和贫困的脆弱性特征结合起来（和立道，2018）。更多的学者从多维视角出发，综合考虑了贫困户返贫的原因：丁军、陈标平（2010）认为返贫根源是“主体、供体、载体”三者发展的非可持续性；郑瑞强、曹国庆（2016）从“业务流程再造”视角归纳出贫困户返贫的因素；马绍东、万仁泽（2018）研究民族地区返贫成因，即健康因素、劳动力因素和危房。

虽然关于贫困户返贫的原因分析各学者有不同的表述，但大都围绕着返贫“主体”“供体”“载体”展开，其中一种解释是：普遍存在的风险及贫困的脆弱性是贫困户返贫的主要根源，在中国“因病致（返）贫”“因灾致（返）

贫”是返贫的高风险点，因而需要风险管理。为了带动农民返贫并巩固脱贫攻坚成果，我国实施了农业保险保险费补贴政策。

国内一些学者关注农业保险效用的研究。邢鹂、黄昆（2007）研究发现，保险保障水平的提高与农民务农收入有正显著关系。聂荣等（2013）研究发现，从微观方面来看，政策性农业保险有利于实现农户自身福利效用最大化。周稳海等（2014）通过灾前效应、灾后效应构建了农业保险对农民收入的影响机制并发现灾前效应减少了农民收入，而灾后效用增加了农民收入，两种效应对农民收入的合力作用在一定程度上促进了农民收入的增加，但对于提高居民福利有显著作用。

中央重视农业保险对于精准脱贫的重要作用并强调了加快提升农业保险发展质量。《关于加快农业保险高质量发展的指导意见》（财金〔2019〕102 号）突出了现代农业保险转型升级，而智慧农业保险是“农业保险+科技”的体现，智慧农险可以与 3S 遥感技术、AI 人工智能相结合，提高信息收集处理的效率、准确性，可以提高农业保险业务流程的规范性。“十三五”规划指出要加强农技结合，发展智慧农业，推进农业信息化智慧化建设。

学术界也对智慧农业保险进行了研究。黄万鹏（2018）认为传统保险行业引入新技术可以全新塑造保险市场生态体系和价值链条。唐金成、李笑晨（2020）提出，相较于传统农险，智慧农业保险具有一些特点：海量数据处理平台、多维度多元化信息采集处理、更便捷的业务经营模式。李潭芳、黄剑（2020）等构建了 5G 网络下智慧农业结构图，智慧农业赋予传统农业智慧处理、智慧决策、智能控制等功能。靳建红（2020）将 5G 区块链大数据与农险相结合。胡书恺、郭鹏（2021）利用遥感、GIS 等手段高效精确完成了灾后分析，为构建智慧农业保险和改善新疆农业遥感监测技术提供了新的视角。连文威（2020）等研究发现，准承保业务工作量的节约得益于济南市田家屯村在智慧农业保险业务中引入农经权数据。众多学者关注智慧农险技术体系的研究，将智慧农险体系与防返贫体系结合起来的研究较少。

智慧农业保险之所以对反贫困产生正向促进作用，这其中内嵌着智慧农业保险扶贫的运行机理。纳克斯（1966）概括出了“贫困恶性循环”论，他认为欠发达国家和地区之所以贫穷是因为陷入了贫穷的恶性循环，也就是所谓“越穷就越差，越差就越穷”的“马太效应”，所以他把贫困问题的产生归于实物资本短缺引发的贫困恶性循环。而新制度经济学的代表人物诺思（1989）的研究成果比较好地回答了如何打破这种“贫困恶性循环”，即明确界定产权，解除社会公众的“精神制约”，建立效率化经济组织，强调制度因素的重要作用，所以经济增长最终是由制度决定的。中国脱贫攻坚事业的伟大成就彰显了我国的制度优势，农业保险制度有其特有的优势，可以缓冲我国农民所面临的自然风险和市场风险。如图1所示，一方面，保险机构起着托举作用，可以减少农民所受损失、降低其生产经营成本、稳定其收入。农业保险不仅可以保障农民的当期收入，还可以间接保障农民的下期收入，对于防止农民返贫具有重要作用；另一方面，农业保险制度可以间接提升普通农民的贷款能力，促使金融机构倾向为普通农民提供服务，为农业生产提供资金要素。农民受自然和市场双重风险的夹击，但有了农业保险的支持以后，再配合土地制度改革，其生产经营的风险得到一定控制，更容易得到贷款，有利于激励其自食其力，进行农业规模化生产。农民钱袋子里流出去的变少了，流进来的变多了，收入总量稳定增长从而实现脱贫。推行农业保险制度后，农民的金融素养将进一步提高，其人力资本提升有利于农民、政府财政支持以及各类金融机构的可持续发展，从而能够防返贫。同时，智慧农业保险有别于传统农业保险模式。智慧农业保险将科技和农业保险融合起来，农业保险可以与3S遥感技术、AI人工智能相结合，降低交易费用，推动农业信息化建设。中国农民返贫的两大原因之一就是因灾致病，智慧农业保险体系可以精准评估受灾区的受灾情况，不仅提高了评估效率而且保证了公平合理，是防止贫困户返贫的重要工具。

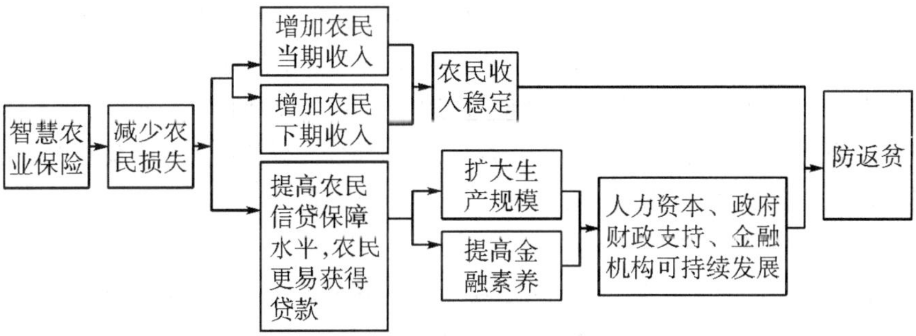

图1 智慧农业防返贫体系构建机理

（二）智慧农业保险防返贫体系影响因素

智慧农业保险防返贫体系受主客观因素影响，既受农村居民的金融素养的影响又受智慧农险基础设施建设的影响，智慧农险产品以及金融机构智慧农业保险产品推广、适度有效监督管理等也都影响着智慧农业保险防返贫的实施效果。

1. 主体金融认知与意愿因素

农村居民智慧农险素养是基础，包括认知和意愿两个层次。认知层面涉及对智慧农险存在的认知，对投保流程、赔付种类以及标准、投保保费的认知，对交易费用的认知以及对受灾频率以及损失的认知等。而意愿层面涉及农村居民有了一定智慧农险的认知后，是否愿意投保，意愿不仅受认知的影响，还受信任程度，金融机构推广程度，生产规模，投保户自身年龄、学历、性别、职业等因素影响。众多学者研究发现，农村居民对于农业保险的认知与意愿有显著关系，例如孙香玉（2008）以江苏省淮安农户为研究对象，发现对农业保险有全面认知的农户支付意愿更高，而投保却未达赔付标准的农户则对农业保险抱消极态度。王振军、刘选（2014）以甘肃黄土高原区马铃薯保险为例，研究发现农户对马铃薯生产风险的认知与购买马铃薯保险的意愿呈正相关关系。陈珂（2019）研究发现，认知度对农户的参保意愿具有显著的正向影响。农户对农险的认知与意愿之间的关系受多因素影响呈现异质性。农业保险推广要坚持“自愿、公平”的原则，要提升农户投保认知以及意愿，构建智慧农险防返贫体系。

2. 智慧农业保险基础设施建设因素

智慧农险的基础设施建设是前提条件，基础设施的建设具有前期投入大、后期收益波动大的特点，需要多部门多产业协同发展。智慧农业保险体系设计框架包括数据感知与采集层、传输层、处理层、应用层四个层次。智慧农险框架体系需要技术与数据平台的支撑，技术包含 RS、GPS、GIS 技术、区块链技术、5G 物联网技术、AI 人工智能技术等，平台涉及手机、电脑、平板智能移动终端与综合数据信息库等。复杂的智慧农业保险体系建设需要农业、保险服务业、高新技术产业协调发展，市场与政府相配合。智慧农业保险基础设施建设成效是智慧农业保险防返贫体系构建的基础性因素。

3. 智慧农业保险产品因素

农村居民选择农业保险产品时会综合考虑其覆盖面、赔付率以及价格等指标，如果智慧农业保险产品和普通农业保险产品相比没有“智慧”特点，那么农村居民对于智慧农业保险产品的认同度不高，智慧农业保险产品将无“用武之地”。众多公司已经走在智慧农业保险体系研究的前端。国源联创科技公司采用 3S 技术与 ABC 技术，实现“按图承保、依图理赔”。2021 河南洪灾过后，该公司结合卫星遥感影像对豫北核心受灾区覆水面积进行监测，探索灾后解决方案，提供技术保障，以科技手段服务“三农”，助力农业持续健康发展。国遥新天地信息技术公司创新农业遥感服务模式、建立农保地块本底库与更新机制、提供全流程农业保险遥感服务、构建农业保险遥感服务平台。佰信蓝图公司推出农业保险云图系统，提供多元化农险服务，业务范围涵盖了保单查询、理赔查询、承保公示等业务模块，投保参保农户只需要关注公众号就能查看保单、理赔信息和进度等。各公司需要考虑到投保户的特征，未来争取提供更加简便的操作平台，满足农户的多样化需求。智慧农业保险产品的市场化竞争，为广大农业从业者带来了便利化的农业保险产品，吸引广大农户投保，有利于智慧农业保险防返贫体系构建。

4. 金融机构智慧农业保险产品推广因素

智慧农业保险服务的对象主要为已经投保参保的农户，农户的文化程度低、兼业化经营特点突出。许多农户不识字，也不会使用现代化的电子设备，智慧农业保险产品借助智能移动终端平台，农户较低的文化程度不利于增进其对于农险产品的认知理解。由于工农剪刀差，青壮年劳动力外出打工比例比较高，农业劳动力减少，兼业化经营比例也越来越大，以农为副的第二类兼业化顺应了农业劳动力减少的特点。购买智慧农业保险的成本与收益不协调且许多农户家庭购买农业保险的意愿低，这也不利于智慧农业保险产品的推广。农村社会关系受到血缘、地缘、亲缘的影响，外来的金融机构不利于介入农村自身稳定的社会关系。金融机构推广智慧农险产品需要考虑以下几个问题。首先是推广方式，亲友介绍推荐的方式能够打破内外隔阂，提高农户的信任程度。其次是推广对象，推广对象不必局限于农村常住人口，外出打工人群也是潜在客户，风险可控的投保方式顺应了农村改革的需要，有可能促进外出务工人员返乡。最后是推广服务，金融机构可以承担金融素养培训的责任，使农户不懂变懂，使平台由繁到简，不断创新。

5. 适度有效监督管理因素

受灾受损之后，投保农户最关心能否获保、多久获保的现实问题，遇到重大灾害时，此现实问题显得尤为迫切。而提供服务的一方，由于信息不对称也会提防农户骗保问题。政府需要在投保户与服务方之间搭建桥梁，履行有效监督责任。除了发挥政府作用，智慧农业保险体系更是保险纠纷的“公证人”。智慧农业保险在理赔工作中，能够破除信息壁垒，实现精准承保、快速承保、精准理赔，并且将保险服务与客户具体业务环节无缝衔接，确保承保数据的真实性、准确性，最大限度避免虚保、冒保等虚假投保行为，从源头上保障国家以及企业的农业保险专项资金安全，有序合理地推进理赔工作，促进农业、金融机构、财政支持的可持续、高质量发展。

四、成渝地区双城经济圈背景下构建智慧农业保险防返贫体系的政策建议

（一）打造特色智慧农业保险

农业保险高质量发展的空间很大，同质化的农业保险产品难以满足广大农

村居民的需求，特色智慧农业保险有望填补这个缺口。有学者研究发现，农业保险能提高农民的福利水平，但是相反，也有学者认为农业保险政策不能够提高农民的福利水平，比如有农业保险的保障，农产品产量大幅提升，聚集作用使农产品价格下降，谷贱伤农，反而减少了农户的福利水平。学者对于农业保险的作用有分歧意见的原因之一就是农业保险的异质性，不同的农产品的保障水平和赔付标准比例不同，农业保险就会产生不同的效果。成渝地区的资源禀赋、区位条件、气候条件相似，农业发展也有一定的相似性，但具体来看又有异质性特点。为了满足农户异质化的保险需求，成渝地区双城经济圈需要打造特色智慧农业保险体系。

智慧农业保险可以依托成渝地区特色产业开发专属农业保险产品，有利于打造成渝地区的农业名片。首先，大力开发优势特色农产品保险，还要探索农产品"期权+农业保险"形式。其次，将信息技术应用到农业保险业务中去，促进农业保险模式升级，减少保险业务量。要打好政策组合拳，推动信贷、债券、股权、期货、保险等优势资源有机结合，把农业保险和产业发展结合起来。

（二）协同建设智慧农业保险基础设施

成渝地区双城经济圈加强基建、技建、城建以及新基建对成渝地区双城经济圈有重要意义。智慧农业保险体系是"农业保险+科技"的体现，智慧农业保险可以与3S遥感技术、AI人工智能、5G技术等相结合，提高农业保险体系运行效率。成渝地区双城经济建设规划提出要支持引导农业保险转型升级，鼓励金融机构研发智慧农业保险，提供更加智慧的产品咨询、风险评估、赔偿保险金等升级服务。

将5G区块链大数据、遥感技术、GIS技术应用于农业保险之中，能够促进灾损评估工作顺利开展。这样既能保证农民利益，也可以实现农业保险业务流程公平合理进行。运用遥感技术获取宏观土地分布图并引入农经权数据，有利于节省精准承保业务的工作量。成渝地区应该共建农业信息数据平台，避免信息资源浪费与闲置，农业部门对于气候条件、土壤条件、资源条件、产品信息和市场信息等信息了解得越清楚，越有利于组织开展农业生产活动；保险公司了解的信息越多，也越有利于开展农险赔付业务。

成渝地区可以全力推进"数字基建"工程建设，建立科技创新基地，为智慧农业保险体系的建立提供基础支撑。

（三）培育和提升农村居民智慧农业保险素养

我国消费者的金融素养有差异性。消费者金融知识方面，城镇受访者对风险和收益的认识、对投资分散化原理的认识、对保险功能的认识、对贷款期限的认识、对不良信用记录的认识均高于农村居民；金融消费行为方面，城镇受访者办理或使用信用卡、使用手机支付、使用银行自助设备等行为均多于农村居民。金融教育持续关注老人以及少年，但农村居民金融素养提高的重要性也不容忽视。

培育和提升农村居民智慧农业保险素养的关键点有两个：一是提升农村居民参与智慧农业保险的知识，二是树立农村居民参与智慧农业保险的信心。成渝地区可以通过教育实现农村居民智慧农险素养的提升：一是借助本地力量开展智慧农业保险素养相关知识教育。农村金融知识扫盲受限于农民的文化水平，开展相关教育工作需要抓住重点教育人群，再发挥以点带面的作用。比如以合作社为单位，首先加强合作社社长的智慧农业保险素质教育，再由社长给社员传播相关知识，社员再给自己的家庭成员进行教育，熟人介绍、宣传的形式能够借助农村居民之间的信任发挥作用。二是发挥青年志愿者的力量，这样不仅能提高当地居民的素养，还能促使青年志愿者自发学习。青年志愿者可以通过“西部计划”以及“三下乡”等实践活动，深入基层，贴近群众，为农村居民讲解金融风险防范知识、演示移动端操作方式，指导线下业务流程办理等。成渝地区方言差异小，不存在语言沟通障碍，可以形成青年志愿者互派、服务时长互认机制。三是发挥金融机构的作用，特别是保险公司更应该担负责任。保险公司业务员可以下乡开讲座，上门答疑问，这不仅能够提高农村居民对智慧农业保险的认识，也能树立良好的公司形象，便于发展潜在客户。

参考文献

孙晗霖，刘新智，张鹏瑶，2019. 贫困地区精准脱贫户生计可持续及其动态风险研究 [J]. 中国人口资源与环境（2）：145-155.

中国农业保险保障水平研究课题组，2017. 中国农业保险保障水平研究报告 [M]. 北京：中国金融出版社.

凌国顺，夏静，1999. 返贫成因和反贫困对策探析 [J]. 云南社会科学（5）：33-38.

董春宇，栾敬东，谢彪，2008. 对返贫现象的一个分析 [J]. 经济问题探索（3）：176-178.

李长亮，2019. 深度贫困地区贫困人口返贫因素研究 [J]. 西北民族研究（3）：109-115.

范和生，2018. 返贫预警机制构建探究 [J]. 中国特色社会主义研究（1）：57-63.

和立道，王英杰，路春城，2018. 人力资本公共投资视角下的农村减贫与返贫预防［J］. 财政研究（5）：15-24.
丁军，陈标平，2010. 构建可持续扶贫模式治理农村返贫顽疾［J］. 社会科学（1）：52-57，188.
郑瑞强，曹国庆，2016. 脱贫人口返贫：影响因素、作用机制与风险控制［J］. 农林经济管理学报（6）：619-624.
马绍东，万仁泽，2018. 多维贫困视角下民族地区返贫成因及对策研究［J］. 贵州民族研究（11）：45-50.
邢鹂，黄昆，2007. 政策性农业保险保费补贴对政府财政支出和农民收入的模拟分析［J］. 农业技术经济（3）：4-9.
聂荣，闫宇光，王新兰，2013. 政策性农业保险福利绩效研究：基于辽宁省微观数据的证据［J］. 农业技术经济（4）：69-76.
周稳海，赵桂玲，尹成远，2014. 农业保险发展对农民收入影响的动态研究：基于面板系统 GMM 模型的实证检验［J］. 保险研究（5）：21-30.
黄万鹏，2018. 保险科技助力保险业高质量发展［J］. 中国保险（7）：12-15.
唐金成，李笑晨，2020. 保险科技驱动我国智慧农险体系构建研究［J］. 西南金融（7）：86-96.
李潭芳，黄剑，刘志科，2020. 浅谈 5G 与智慧农业的理论与实践［J］. 广西通信技术（3）：20-23.
靳建红，2020. 5G 区块链大数据在智慧农业中的应用展望［J］. 农业开发与装备（3）：56-57.
胡书恺，郭鹏，2021. 基于遥感技术创新的智慧农业保险：以兵团第七师为例［J］. 农业灾害研究（4）：176-179.
连文威，付强，程立军，等，2020. 农村土地承包经营权确权在智慧农业保险中的应用探讨［J］. 中国保险（9）：49-55.
纳克斯，1966. 不发达国家的资本形成问题［M］. 北京：商务印书馆.
诺思，托马斯，1989. 西方世界的兴起［M］. 北京：华夏出版社.
孙香玉，2008. 保险认知、政府公信度与农业保险的需求：江苏省淮安农户农业保险支付意愿的实证检验［J］. 南京农业大学学报（社会科学版）（1）：48-54.
王振军，刘选，2014. 农户对农业生产风险的认知及投保意愿研究：以甘肃黄土高原区马铃薯保险为例［J］. 兰州学刊（4）：154-158.
陈珂，2019. 农业保险认知度与农户参保意愿调查［J］. 合作经济与科技（1）：46-48.

基于 CiteSpace 文献计量的农村数字金融研究进展、热点与展望

谢欣丽　谢小蓉
（西南财经大学）

摘要：数字金融为农业、农民和农村服务，可以帮助解决传统农村金融存在的信息不对称、违约率高、趋利性强等问题，为乡村振兴注入资金与活力。本文以“农村数字金融”为主题，选取在中国知网检索得到的494篇样本文献为研究对象，利用 CiteSpace 软件对其进行可视化分析，从而得出当前我国农村数字金融研究进展、热点，并做出展望。具体而言，在研究现状方面，目前国内农村数字金融研究的文献发表数量呈不断上升趋势；发文机构以各高校为主，但机构之间并未形成高效合作网络关系；作者之间合作密度较高，关系较密切，但未形成核心作者群，高产作者之间缺少交流。本文作者希望在以后的研究中，除了对促进乡村振兴和共同富裕的机制方面进行研究，还进一步研讨农村数字金融如何更好地为小微企业和个体工商户等具体主体提供服务，以此更好地引导农村数字金融服务农业、农村和农民，在巩固拓展脱贫攻坚成果的同时解决“三农”问题。

关键词：农村数字金融；CiteSpace；可视化分析

一、引言

数字金融是指传统金融机构与互联网公司利用数字技术来完成融资、支付和投资等业务。数字金融对于当代中国和世界而言，仍旧是一个新事物，直到1998年，世界上首个支付软件 PayPal 才于美国诞生，而中国的数字金融发展则可以从2004年末支付宝正式推出时说起。中央一号文件是我国“三农”工作的重要指示文件，自2018年起，中央一号文件中就提到了加强数字技术和互联网、信息技术和农业产业化的结合，推动数字农业发展。但不管是数字农业基础设施的覆盖、技术的研发与维护，还是数据平台的搭建，都离不开金融

服务的支持。同时我国传统农村金融存在信息不对称、违约率高、趋利性强等特点，并不足以满足数字农业发展需要，因此迫切需要新型农村金融来改变农村金融供给不足的问题。2021 年，中央一号文件首次明确提出要大力发展农村数字普惠金融，发展专业化的金融产品，以扶持新农业经营主体、新产业、新业态，这充分体现了我国目前正大力支持发展农村数字金融。近年来，对农村数字金融的研究也呈不断增长的态势，但基于知识图谱系统分析农村数字金融研究现状及前沿热点的相关文献还较少。因此，本文基于 CiteSpace 可视化分析，绘制农村数字金融知识图谱，分析其研究现状和未来研究方向，以期为工作实践提供帮助。

二、数据来源与研究方法

（一）数据来源

笔者以“农村数字金融”为主题在中国知网网站进行检索，共检索出 528 篇期刊文献。为提高研究结果准确性，笔者在手动剔除讲话、书评和无作者文献后，最后筛选出 494 篇有效样本文献，之后将 494 篇样本文献导入 CiteSpace 进行转化和可视化分析。

（二）研究方法

CiteSpace 是美国德雷克塞尔大学的陈超美教授基于 JAVA 语言开发的一个可视化软件。该软件的主要功能是通过合作网络、聚类分析和文献耦合等可视化功能计算各节点之间的关系和关系强度，将一个研究领域的研究历程以及来龙去脉在一张知识图谱上显示，用以揭示和分析学科领域发展进程中的关键路径、发展现状以及热点前沿。本文选用 CiteSpace6. 1. R3 作为分析工具，构建知识图谱对农村数字金融的研究现状与前沿热点进行分析。

三、研究现状分析

（一）年度发文量

笔者以检索条件为（主题 =‘农村数字金融’or 题名 =‘农村数字金融’），检索范围为中文文献，在中国知网网站首页进行检索，对检索到的 494 篇文献进行可视化分析，分析结果如图 1 所示。如图 1 所示，最早在 2016 年出现农村数字金融相关文献，后 7 年发文量呈不断上升趋势，2016—2019 年之间呈缓速增长态势，2020 年增长幅度最大，2022 年达到预测值 299 篇。年度发文量呈现出不断上升的趋势主要得益于我国的宏观政策环境。2016 年，“数字普惠金融”理念在 G20 杭州峰会上首次提出，并发布了《G20 数字普惠金融高级原则》，为中国和世界的数字金融发展做出了重要的贡献。此后，随着国家乡村振兴战略的提出，数字金融开始服务于农业、农民和农村，进而农村数字金融研究发文量不断增加。

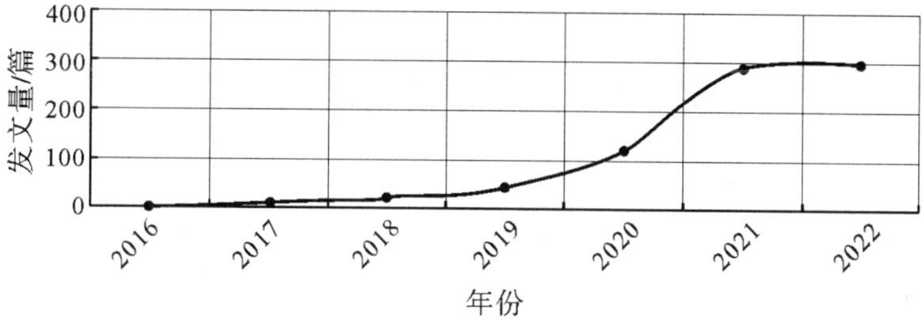

图 1　农村数字金融研究发文量年度分布

（二）发文机构

1. 机构分布

2016—2022 年，关于农村数字金融研究发文量排名前 10 位的机构如表 1 所示。其中以南京农业大学金融学院发文最多达 17 篇，西南大学经济管理学院和湖南农业大学经济学院次之，分别为 15 篇和 14 篇。从表 1 可以看出，发文量排前 10 的机构中，有 3 所农业院校、3 所综合院校、2 所财经院校，其中北京工商大学和中国人民大学各包含两个学院。这说明，高校是农村数字金融研究的主力军，其中又以农业院校，综合院校的经济、金融和农村发展相关学院为主，财经院校则次之。而金融机构、科研院所对农村数字金融的关注研究较少。此外，以上主要发文机构的中心性均为 0，这说明目前还未形成具有领导力的核心机构。

表 1　农村数字金融研究发文量前 10 的机构

排名	机构	发文量/篇	中心性
1	南京农业大学金融学院	17	0
2	西南大学经济管理学院	15	0
3	湖南农业大学经济学院	14	0
4	北京工商大学经济学院	11	0
5	中国人民大学农业与农村发展学院	6	0
6	浙江金融职业学院	6	0
7	中国人民大学财政金融学院	5	0

表1（续）

排名	机构	发文量/篇	中心性
8	中国农业大学经济管理学院	5	0
9	贵州财经大学	4	0
10	北京工商大学数字金融研究中心	4	0

2. 机构合作状况

科研机构是科学研究的主要载体，它对重大学科的跨越式发展起到了推动作用，研究机构之间的合作也至关重要。在 CiteSpace 软件中，节点设置为 institution，点击“Go”，即可得到图 2。如图 2 所示，同一所学校不同学院之间和处在同一地域的机构之间的连接强度较强，例如北京工商大学数字金融研究中心和经济学院之间，中国人民大学、北京大学和中国农业大学三所同处北京的院校之间，湖南农业大学经济学院和湖南大学金融与统计学院两所同处长沙的机构之间。从图 2 左上角可以看出节点数量也就是研究机构共有 160 家，连线数量也就是有合作关系的为 60，密度为 0.004 8，这表明各机构之间的联系合作较少，即使有合作也是小范围合作。且发文量最多的前三家机构之间也没有形成合作关系，没有实现强强联手。此外，从图 2 可以看出，农村数字金融的研究机构大多位于北京、长沙和重庆等经济较发达的地区，这说明经济发达地区更加关注农村数字金融的发展。

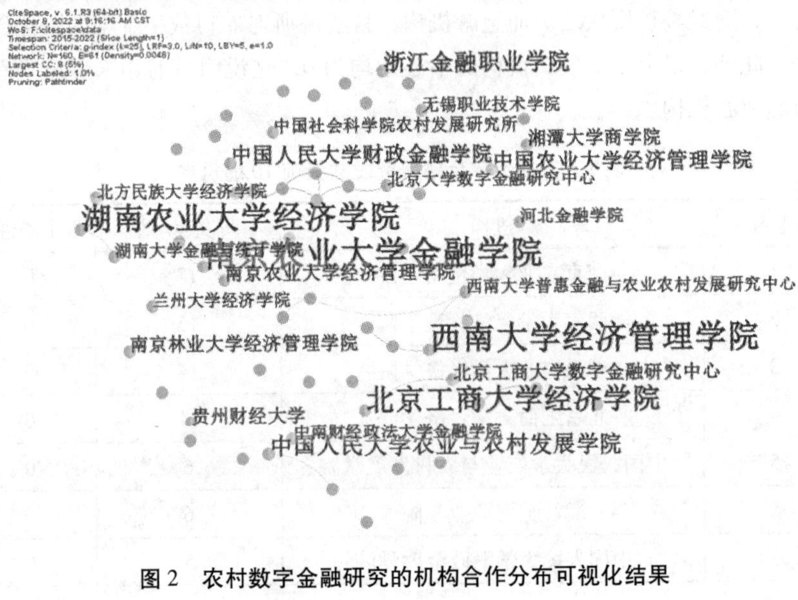

图 2　农村数字金融研究的机构合作分布可视化结果

（三）作者分析

1. 作者分布

2016—2022年，关于农村数字金融研究发文量排名前10位的作者如表2所示。其中以张正平发文最多，达11篇，张龙耀次之，刘慧婷和黄帆帆并列第三。在知网上查询作者信息可知，张正平是北京工商大学经济学院金融系的副教授，他的研究领域是数字金融、数字普惠金融和农村商业银行方面，他发表的《数字普惠金融对农村劳动力自我雇佣的影响》被引次数最多。在该文章中，张正平通过实证分析得出数字普惠金融在农村的发展有利于农村劳动力实现自我雇佣，形成乡村振兴的主力军。张龙耀就职于南京农业大学金融学院，研究领域主要为数字金融和农村金融，他在《金融可得性与农村家庭创业——基于CHARLS数据的实证研究》得出以下结论：提高农村家庭金融的可得率有利于提高农户家庭创业的可能性，进而有利于农户家庭提高经济收入。刘慧婷和黄帆帆也在其研究中得出：数字金融进入农村有利于提高农户家庭收入，扩大数字金融在全国的深度和广度有利于缩小城乡发展差距。普赖斯定律是衡量各个学科领域文献作者分布规律的方法之一，利用普赖斯定律可计算核心作者最低发文量，该公式为

$$核心作者的最低发文量=0.749*\sqrt{i}$$

其中 i =论文最多的作者发表论文数量累计值，核心作者群体发文量达到论文总量的50%即可认为该领域形成了核心作者群。按照公式计算可得：农村数字金融核心作者的最低发文量 $=0.749*\sqrt{11}=2.48$，所以发表3篇以上文章则可认为该作者是农村数字金融领域的核心作者。通过统计样本文献的作者情况得出核心作者数量仅有10人，共发表43篇相关文献，仅占样本文献总量494篇的8.7%，远远低于核心作者群发文量标准，该数值表明，目前在农村数字金融研究领域尚未形成核心作者群。

表2　农村数字金融研究发文量前10的作者

排名	作者	发文量/篇
1	张正平	11
2	张龙耀	6
3	刘慧婷	4
4	黄帆帆	4
5	张天	3

表2(续)

排名	作者	发文量/篇
6	冯兴元	3
7	张兵	3
8	李娜	3
9	万广华	3
10	刘自强	3

2. 作者合作情况

本文利用 CiteSpace 软件，节点设置为 author，点击“Go”，即可得到图 3。如图 3 所示，节点数量也就是作者总人数共有 180 名，连线数量为 104，密度为0. 006 3，这表明各机构作者间的联系合作比较密切，并形成了以张正平、张龙耀和万广华为代表的三个核心作者合作群体，其中，由张正平为核心的合作群体规模最大并且联系最为紧密。但是从图 3 可以看出，各核心作者群体之间并无连线关系，缺乏交流与合作，未来还有很大的合作空间。

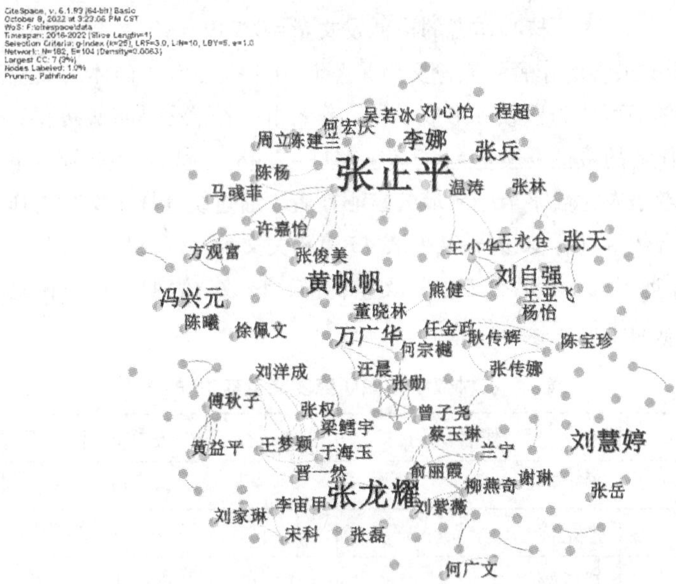

图 3　农村数字金融研究的机构合作分布可视化结果

（四）关键词分析

1. 关键词共现分析

关键词是对文献中所涉及的研究内容、研究方向的一种归纳和总结，通过对关键词的分析，能够更好地把握当前的热点问题。在 CiteSpace 软件中，节点设置为 keywords，勾选“pathfinder”和“Pruning slilcde networks”，点击“Go”，即可得到农村数字金融研究的关键词共现知识图谱，如图 4 所示。从图 4 可以看出，节点数量共有 180 个，也就是说关键词有 180 个，连线数量为 349，密度为 0.016 1，节点数和连线数都比较多，这说明在农村数字金融研究领域的热点较多，各研究热点之间的联系也很密切，尤其是普惠金融、数字金融、农村金融和金融扶贫之间，且数字金融是最为核心的关键词，连线数量最多。2016—2022 年，关于农村数字金融研究领域频次排名前 10 的关键词如表 3 所示。从表 3 中可以看出，关键词为数字金融的频次最高，为 163 次，关键词为乡村振兴和普惠金融的频次次之，分别为 103 次和 59 次。此外，关键词涉及范围较广，这表明目前农村数字金融研究领域较为开阔，不仅关乎经济与金融，还涉及农村乡村振兴、农村居民和农户创业等的研究。

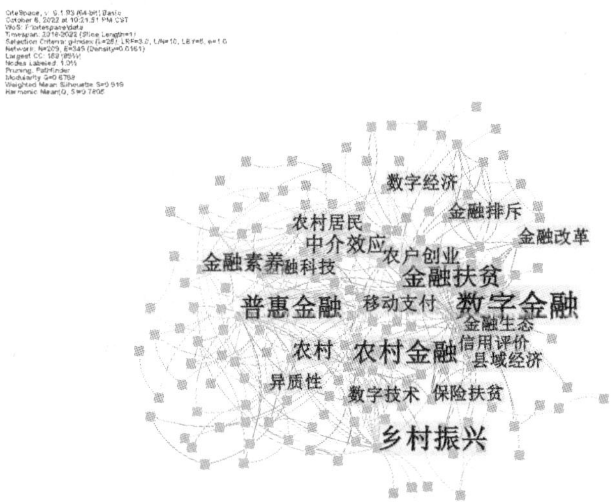

图 4　农村数字金融研究关键词共现图

表 3　农村数字金融研究频次前 10 的关键词

排名	关键词	频次
1	数字金融	163

表3(续)

排名	关键词	频次
2	乡村振兴	103
3	普惠金融	59
4	农村金融	40
5	金融科技	16
6	中介效应	14
7	金融素养	13
8	农村	12
9	共同富裕	12
10	农村居民	11

2. 关键词聚类分析

对文献的关键词和高频名词词组进行分析可以反映当前研究的热点问题。在图4的基础上，利用LSI算法，可得到农村数字金融研究关键词聚类图谱，如图5所示。根据图5可知，模块值 $Q=0.6789$，平均轮廓值 $S=0.918$。通常来说，当模块值 Q 大于0.3则意味着该聚类结果结构是显著的，当平均轮廓值 S 大于0.7，则说明聚类是具有可信度的。因此，该图谱是有效且令人信服的。在图5的基础上，点击“Clusters”，选择“Summary Table White-lists”，可得到农村数字金融研究关键词聚类表，如表4所示。表4中共有9个聚类，分别为：#0 数字金融；#1 乡村振兴；#2 异质性；#3 金融素养；#4 农村；#5 普惠金融；#6 金融扶贫；#7 农村居民；#8 共同富裕。表4反映了目前农村数字金融研究领域内的热点内容。基于图谱聚类和相关的文献可以发现，目前对于农村数字金融的研究主要集中在以下几个方面：

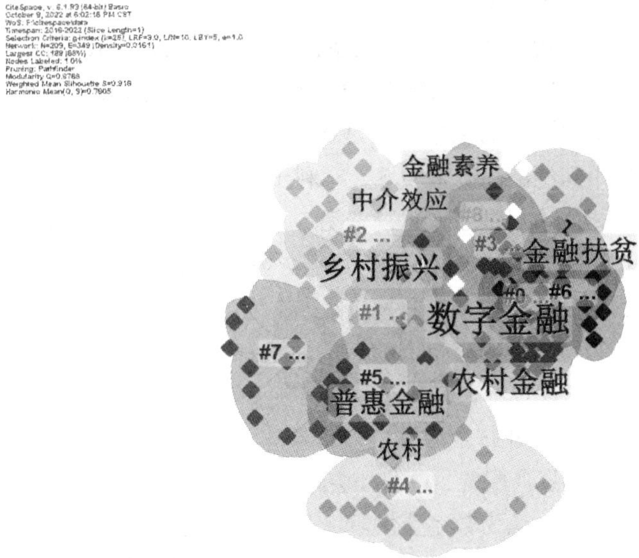

图 5　农村数字金融研究关键词聚类视图

表 4　农村数字金融研究关键词聚类表

聚类序号	聚类名称	聚类规模	轮廓值	平均年份	关键词
0	数字金融	36	0	2019	数字金融；普惠金融；家庭储蓄
1	乡村振兴	30	0	2019	乡村振兴；农村普惠金融；农村经济
2	异质性	27	0	2020	数字金融；居民消费；收入差距
3	金融素养	23	0	2020	数字金融；人力资本；农民创业
4	农村	21	0	2021	数字普惠金融；莫兰指数；空间溢出
5	普惠金融	19	0	2019	普惠金融；长尾理论；小微企业融资
6	金融扶贫	15	0	2018	交易成本；金融基础设施建设；小额信贷
7	农村居民	11	0	2021	农村居民；数字普惠金融；城乡差距
8	共同富裕	6	0	2021	共同富裕；数字经济；流动人口

（1）农村数字金融概念。

黄浩（2018）提出数字金融是金融和科技结合的产物，涵盖中国几乎所有金融业务，已经成为金融系统不可缺少的一部分，也是金融业未来发展的趋势。黄益平（2021）认为数字金融是指将大科技平台、大数据、人工智能等数字化技术应用到经济和金融领域，有利于扩大规模、降低成本、降低风险。吕超（2019）指出农村数字金融就是数字金融拓展到农村领域，以数字技术为手段，为农业、农民和农村提供金融服务方面支持。

（2）农村数字金融对乡村振兴的促进作用。

李继尊（2015）经研究指出数字金融具有普惠性，可以突破传统金融的地理约束、降低交易成本，有利于普惠金融服务的发展。郭峰、王靖一、王芳（2020）等提出“互联网+金融”的发展模式不仅为落后地区提供了赶超的机会，还在优化金融资产配置、改善社会融资环境等方面起着不可取代的重要作用。宋晓玲（2017）认为数字金融具有促进经济发展的作用，并且可以促进农村经济增长，对缩小城乡收入差距起到了一定的积极作用。杨艳林和付晨玉（2019）通过探讨农村普惠数字金融发展过程的扶贫效果，并从个体贫困的角度出发，认为农村数字普惠金融可以通过提高个人收入来改善贫困状态。另外，张庆君和黄玲（2021）认为数字金融可以通过其普惠特性降低传统金融所具有的趋利性和歧视性，提高农村金融服务的供给效率，有利于提高投资率和拉动消费率，可以推动经济高质量发展。杜金岷、韦施威、吴文洋（2020）从理论和实证两个方面论证了数字普惠金融可以通过缩小收入差距、促进资本积累和刺激消费需求间接推动产业结构的合理化和高级化。黄倩、朱鸿志、苏慧媛（2021）认为深化数字普惠金融在农村中的使用程度，深化到农村、农业和农户家庭内部对推动农户创业有显著的正向影响，尤其是对于西部地区的农民群众而言，因为西部地区的农民是最有可能因为缺少创业资金而打消创业念头。申云、李京蓉（2022）则认为农村数字金融可以将农户纳入金融市场范围内，通过提供金融服务在一定程度上提高农户的数字金融技能和风险应对能力以减缓农户的相对贫困脆弱性。田雅群、何广文和范亚辰（2022）通过案例研究指出农村数字金融的发展有利于增强乡村产业发展的韧性，即降低乡村产业在受到内外部的突发冲击而受到创伤甚至衰败的可能性，这是因为数字金融可以通过扶持新型农业经营主体、提供金融支持来促进乡村产业数字化和企业的数字化。

（3）农村数字金融的不足。

农村数字金融能够为乡村赋能、促进产业振兴已经成为各大研究机构和学者的共识，但是农村数字金融服务“三农”的过程中也存在许多问题与不足，部分学者对此做出了论述。何宗樾、张勋、万广华（2020）指出，数字金融在脱贫攻坚战中扮演着极为复杂的角色，如果农村居民接触不到互联网，数字金融将无法发挥应有的功能，而对于贫困地区的农村居民而言，他们更有可能因为收入水平、教育水平低等原因，接触互联网的机会少之又少。胡刘杰、李瑶和贺旺花（2022）以江西省莲花县为例进行案例分析并指出，现行农村数字金融的发展面临许多困境，包括农村地区金融机构较少且基础薄弱，进行数字化转型对它们而言风险重重；农村数字金融服务对象多是农民，仍旧面临违约率高的特性；农村本身缺少相关专业人才且农民接受相关金融培训较少，数字金融拓展存在较大难度。张岳和周应恒（2022）通过实证分析指出，数字金融的发展初期可能会加剧农村金融机构的经营风险，在农村金融机构还未完全实现数字化转型之前，大量信用度较高的优质客户可能转向更加便捷的数字金融，造成客户流失，经营风险加剧。

3. 关键词突现分析

关键词突现检测是指某一特定时期内某一特定关键字的研究数量猛增，从而成为学术界关注的焦点。关键词突出检测，可以对各个时期的研究热点进行回顾，并且对今后一段时期内该领域的热点和发展趋势做出预测。在农村数字金融研究关键词共现图的基础上，点击“Burstness”，参数 γ 调整为 1，最小持续时间 Minimum Duration 为 2，再点击“Refresh”，最后点“View”，即可得到农村数字金融研究关键词突现词谱，如图 6 所示。图 6 中“Year”“Strength”“Begin”“End”分别表示关键词首次出现的年份、关键词突现的强度、关键词突现的初始时间和关键词热点结束的时间。图 6 中深色线段表示关键词成为研究热点并持续的时间长度。由图 6 可知，2016—2022 年，农村数字金融研究领域共出现了 3 个突现关键词，即移动支付、普惠金融和金融扶贫，并且移动支付的突现强度最高，为 3. 27，普惠金融和金融扶贫分别为 2. 97 和 2. 94，三个关键词的突现强度都大于 2. 5，处于较高水平。查阅相关资料可知，关键词突现顺应时代趋势。2016 年被称为真正的移动支付元年，发生了一系列重大事件：微信支付开始收取提现手续费，Apple Pay 进入中国市场，支付宝也对超出免费额度的金额提现收取手续费，中国人民银行和中国银联股份有限公司先后颁布《非金融机构支付服务管理办法》和《中国银联二维码支付安全规范》等。国家的重视和各项规范的发布使得移动支付的有序性和规范性不断增强，再加上随着相关数字技术的不断进步，移动支付的载体主要是手机，这大大降低了对使用者使用技巧的要求，也就是说降低了人们的使用网络支付的难度，移动支付成为可以被大多数人使用的东西。因此，移动支付的热度使得各高校和科研院所对移动支付的关注度大幅增加并从事相关研究，因此移动支付在2016年成为研究热点。2015年，中共中央、国务院通过了《关于打赢脱贫攻坚战的决定》，普惠金融、农村金融服务等学术领域得到了广泛的重视。数字普惠金融的发展可以有效地增加贫困地区的金融服务供给，促进农户创业，有效增加农村收入，降低农户、农业产业脆弱性等，提高农村金融的包容性，因此普惠金融在2016年成为研究热点。2018年中央一号文件宣布全面实施乡村振兴战略，提出必须坚持精准扶贫、精准脱贫，健全投入保障制度，创新投资、融资机制。数字金融能够突破传统金融对实体网点的依赖性，使其在地域上的渗透能力更强，即能更深入农村内部，成本也更低。所以，在传统的金融服务还不完善的今天，农业对于数字普惠金融的发展寄予了很大的期望，期望它能够在一定程度上弥补传统农村金融的不足，因此金融扶贫在2018年成为研究热点。

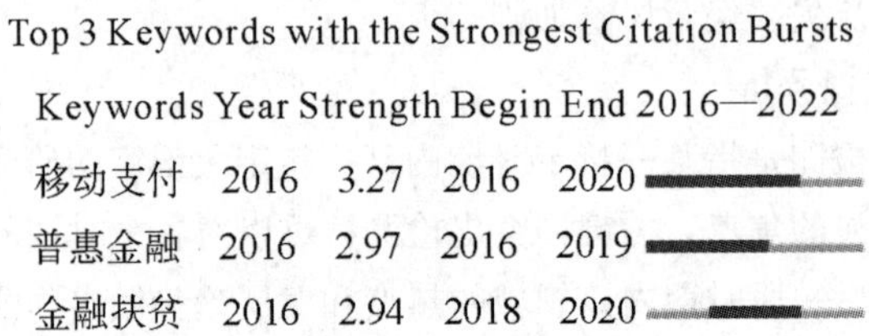

图6 农村数字金融研究关键词突现词谱

四、结论与展望

（一）结论

本文以中国知网收录的以“农村数字金融”为主题的494篇样本文献为研究对象，通过可视化软件CiteSpace进行分析，得出以下结论：在研究现状方面，国内以农村数字金融为主题的研究文献最早于2016年出现，并且在2016—2022年，该领域的文章发表数量呈不断上升趋势，这表明农村数字金融的发展和研究价值都存在较大的发展空间；发文机构以各大高校为主，科研院所较少，但各机构之间缺少联系，并未形成高效合作网络关系，未来还有很大的发展空间；发文作者形成了以张正平、张龙耀和万广华为代表的三个作者合作群体，这三个作者群体之间合作密度较高，关系较密切，但是仍未形成核心作者群，高产作者之间也缺少交流。第三部分利用CiteSpace软件对农村数字金融研究的关键词进行可视化分析。可以看出，在我国，关于农村数字金融的研究兴起较晚，这主要还是与我国数字技术的起步较晚和金融拓展到农村领域的速度较慢相关。同时，已有的研究主要集中于农村数字金融的概念、对乡村振兴的促进作用与发展过程中存在的不足三个方面。

（二）展望

从关键词共现来看，数字金融与普惠金融、农村金融、乡村振兴等联系紧密。从关键词聚类来看，目前主要有数字金融、乡村振兴和异质性等。从关键词突现来看，未来研究前沿和热点主要侧重于数字金融的巩固脱贫机制、作用，数字金融促进共同富裕的机制等。从上述分析可知，农村数字金融未来的研究热点正是目前其学术研究薄弱和政策引领的部分。"十四五"规划明确指出金融技术要稳健发展，金融体制要实现数字化。2022 年，中国人民银行印发的《金融科技发展规划（2022—2025 年）》指出要更加关注公平性和均衡性，在东西北地区和农村地区选择相应场景进行试点，同时进一步发挥其普惠价值，在服务乡村全面振兴中发挥更加突出的作用。因此，未来研究除了注重农村数字金融在促进乡村振兴和共同富裕的机制方面，还应该涉及数字金融所具有的普惠性，研讨数字金融如何更好地为小微企业和个体工商户等主体提供服务，以此来更好地引导农村数字金融服务农业、农村和农民，解决"三农"问题和巩固脱贫攻坚成果。具体而言，农村数字金融研究应从以下两方面发力：

1. 针对不同主体进行细化研究

前文在我国农村数字金融研究现状方面已经提到过，农村数字金融的不断发展对于促进乡村振兴具有明显作用。但是已有的研究多从较为宏观的角度去论述农村数字金融的发展会对乡村带来何种影响、何种积极作用，或从乡村整体层面提出策略，但是针对具体主体特点的引导机制研究却较少。2022 年，中国人民银行印发的《关于做好 2022 年金融支持全面推进乡村振兴重点工作的意见》指出，要切实围绕高标准农田建设、农产品加工、乡村休闲旅游农业、农村金融知识宣传教育等，不断持续提升乡村的金融支付水平，巩固拓展脱贫攻坚新成果和推动乡村振兴、农业农村现代化。从该意见要求中可看出，我国数字金融政策布局是有点有面的，要求有针对性地提供帮扶和支持措施。因而未来农村数字金融领域方面的研究应更加细化，探索在农村范围内，以不同主体不同特点和面临困境为依据，提出相应的拓展渠道和优化措施。例如，于农村个体工商户而言，其是否享受农村数字金融的服务，该过程中是否存在何种困难，最后研究重点落实在应采用何种政策和措施予以支持和引导。

2. 聚焦农村数字金融如何巩固拓展脱贫攻坚成果

党的二十大报告指出，党的十八大以来，中国完成了具有深远意义的三件大事，其中就包括打赢脱贫攻坚战、全面建成小康社会，这是极为伟大的成就。同时报告也指出，在新时代党和国家要迈上新征程、要坚持高质量发展，加快构建新发展格局，而新发展格局必然离不开乡村的全面振兴，所以更要巩固拓展脱贫攻坚成果、增强脱贫地区和脱贫群众的内生发展动力。国家乡村振兴局给出以下三个重要措施，一是要稳定岗位和稳定就业，二是要强化产业帮扶、支持各类带农产业发展，三是要强化项目实施和资金帮扶。这三个措施都离不开资金和金融服务的支持。相比于传统金融，数字金融本身融数字技术、数据信息、普惠性和智能化等于一体，在巩固拓展脱贫攻坚成果进程中可以以更小的成本、更高的效率、更多样的形式提供金融服务，以帮助政府及其他社会机构提供更精确的扶持；帮助农村中小企业在稳定中追求创新，吸纳更多脱贫劳动力；帮助脱贫农户发展副业提高家庭总收入，帮助脱贫群众掌握数字金融知识等。已有的研究已经介绍了数字金融在农村的拓展有助于降低贫困人口脆弱性，实现全面脱贫。因此，在我国已打赢脱贫攻坚战而需巩固拓展脱贫攻坚成果的今天，未来农村数字金融的研究领域更应该聚焦于如何巩固拓展脱贫攻坚成果，以防止规模性返贫的现象发生。

参考文献

黄益平，黄卓，2018. 中国的数字金融发展：现在与未来［J］. 经济学（季刊），17（4）：1489-1502.

黄卓，王萍萍，2022. 数字普惠金融在数字农业发展中的作用［J］. 农业经济问题（5）：27-36.

杜两省，郝增慧，2019. 家庭金融研究的现状、脉络与趋势：基于 WoS 与 CNKI 期刊论文的可视化分析［J］. 西南民族大学学报（人文社科版），2019（2）：114-124.

陈昱，马子涵，古洁灵，等，2019. 环境成本研究：合作、演进、热点及展望：基于 CiteSpaceV 的可视化分析［J］. 干旱区资源与环境，33（6）：11-22.

张正平，黄帆帆，2021. 数字普惠金融对农村劳动力自我雇佣的影响［J］. 金融论坛，26（4）：58-68.

卢亚娟，张龙耀，许玉韫，2014. 金融可得性与农村家庭创业：基于 CHARLS 数据的实证研究［J］. 经济理论与经济管理（10）：89-99.

刘慧婷，2022. 数字金融助推农户家庭收入提高的机理及困境分析［J］. 中国商论（14）：77-79.

杨德勇，代海川，黄帆帆，2022. 数字普惠金融对城乡居民收入差距的门限效应研究：基于不同发展维度的实证分析［J］. 经济与管理评论（3）：89-101.

公茂刚，李汉瑾，窦心语，2022. 数字普惠金融研究进展、热点探析与趋势展望：基于 CiteSpace 文献计量分析［J］. 兰州学刊（7）：45-57.
李宇彤，王洪生，2022. 后扶贫时代金融精准扶贫研究热点与前沿：基于中国知网文献分析［J］. 山东农业大学学报（社会科学版），24（1）：63-67，82.
黄浩，2018. 数字金融生态系统的形成与挑战：来自中国的经验［J］. 经济学家（4）：80-85.
黄益平，2021. 关于中国数字金融创新与发展的几个观点［J］. 金融论坛，26（11）：3-5，36.
吕超，2019. 陕西省乡村振兴战略的金融支持研究［D］. 西安：西北大学.
李继尊，2015. 关于互联网金融的思考［J］. 管理世界（7）：1-7，16.
郭峰，王靖一，王芳，等，2020. 测度中国数字普惠金融发展：指数编制与空间特征［J］. 经济学（季刊），19（4）：1401-1418.
宋晓玲，2017. 数字普惠金融缩小城乡收入差距的实证检验［J］. 财经科学（6）：14-25.
杨艳琳，付晨玉，2019. 中国农村普惠金融发展对农村劳动年龄人口多维贫困的改善效应分析［J］. 中国农村经济（3）：19-35.
张庆君，黄玲，2021. 数字普惠金融、产业结构与经济高质量发展［J］. 江汉论坛（10）：41-51.
杜金岷，韦施威，吴文洋，2020. 数字普惠金融促进了产业结构优化吗？［J］. 经济社会体制比较（6）：38-49.
黄倩，朱鸿志，苏慧媛，2021. 数字普惠金融对农户创业选择影响研究［J］. 福建论坛（人文社会科学版）（8）：85-102.
申云，李京蓉，2022. 数字普惠金融与农户相对贫困脆弱性［J］. 华南农业大学学报（社会科学版），21（1）：105-117.
田雅群，何广文，范亚辰，2022. 数字金融提升乡村产业韧性的典型案例和优化路径［J］. 西南金融（9）：57-68.
何宗樾，张勋，万广华，2020. 数字金融、数字鸿沟与多维贫困［J］. 统计研究，37（10）：79-89.
胡刘杰，李瑶，贺旺花，2022. 数字金融赋能乡村振兴发展路径研究：以江西省莲花县为例［J］. 投资与创业，33（17）：4-6.
张岳，周应恒，2022. 数字金融发展对农村金融机构经营风险的影响：基于金融监管强度调节效应的分析［J］. 中国农村经济（4）：64-82.

沱江绿色发展经济带
绿色金融发展水平测度研究

李裕坤[1]　白帆[1]　胡艳[2]

（1. 四川旅游学院；2. 内江师范学院）

摘要： 随着“双碳”战略的提出，绿色发展深入人心，绿色金融备受重视。本文以四川地区首个以流域为单元布局建设的经济带——沱江绿色发展经济带沿线城市为研究对象，通过构建城市绿色金融发展水平核算体系，首先对成都市 2017—2020 年绿色金融发展水平进行了纵向比较，发现其绿色金融在推动绿色经济发展中的作用越发明显，其次对内江、泸州等五市的绿色金融发展水平进行了横向比较，得出泸州市的绿色金融发展综合水平位居五市之首，最后提出推进沱江流域绿色金融高质量发展的对策举措。

关键词： 绿色金融；沱江绿色发展经济带；发展水平测度

一、引言

随着全球工业化进程不断推进，气候问题也日趋严峻，各国纷纷提出了碳中和目标。2020 年，中国基于推动实现可持续发展的内在要求和构建人类命运共同体的责任担当，提出了 2030 年“碳达峰”与 2060 年“碳中和”战略目标（以下简称“双碳”目标）。据清华大学气候变化与可持续发展研究院测算，中国若要实现净零碳排放，需要低碳投资 138 万亿元。因此，要实现“双碳”目标愿景，绿色发展迫在眉睫，绿色金融支持不可或缺。

事实上，自党的十八大以来，以习近平同志为核心的党中央高度重视绿色发展。2016 年，人民银行等七部门联合发布的《关于构建绿色金融体系的指导意见》明确了“绿色金融”的内涵，即为支持环境改善、应对气候变化和资源节约高效利用的经济活动，即对环保、节能、清洁能源、绿色交通、绿色建筑等领域的项目投融资、项目运营、风险管理等所提供的金融服务。2021 年，《中共中央 国务院关于完整准确全面贯彻新发展理念做好碳达峰碳中和工作的意见》明确提出，要积极发展绿色金融、有序推进绿色低碳金融产品和服务开发、建立健全绿色金融标准体系。可见，大力发展绿色金融是推进“双碳”目标的关键环节之一。

绿色金融的概念最早由美国提出。1980年，爱河污染事件后，美国政府出台的《综合环境反应、赔偿及责任法》，首次提出了绿色金融这一概念。此后，关于绿色金融的研究层出不穷。纵观国内外关于绿色金融的研究文献，大体沿着以下四条主线展开：一是基于政府的视角研究绿色金融的内涵、发展必要性与政策建议（张袆，2018；赵建国，2018；中国人民银行荆州市中心支行课题组，2018）；二是基于金融机构业务创新的角度，探索绿色金融产品的形式和发展模式（钱立华，2020；葛红梅，2020）；三是定性或定量研究绿色金融的作用机制，诸如其对市场主体、经济发展和环境改善等方面的影响（Salazar，1998；Labatt，2002；Chami，2002；Marcel，2006；党晨鹭，2019；杜莉 等，2019；申韬 等，2020）；四是从定性的角度评价绿色金融发展水平或从定量的角度探索构建绿色金融指标体系并计算得分（任建谋，2018；吉阳，2019；丁俊权 等，2016；杨阳 等，2017，刘莹，2019；张琦 等，2020）。

综上所述，现有文献都认可绿色金融在经济发展与环保效益方面发挥的作用，并不乏定性探究创新绿色金融产品以及我国或某地区绿色金融发展现状与对策方面的文献。从研究对象的区域选择看，文献多聚焦于研究我国整体以及国务院设立的“六省九地”① 绿色金融改革创新试验区绿色金融发展情况。然而，针对其他省域、流域绿色金融发展现状的研究还较为零散，研究视角、方法和内容不尽相同。

2021年，中央出台的《成渝地区双城经济圈建设规划纲要》明确提出要建设沱江绿色发展经济带。2022年，《沱江绿色发展经济带建设总体方案》正式出台，标志着沱江绿色发展经济带成为四川首次以流域为单元布局建设的经济带。基于此，本文通过对四川首个以流域为单元布局建设的经济带——沱江绿色发展经济带绿色金融开展的现状调查，构建绿色金融评价指标体系，对城市进行横向对比，以期发现问题，找出差距，聚合社会力量积极引导绿色资金支持绿色产业，助推该地区生态环境的改善和经济的绿色、可持续发展。

---

① “六省九地”分别是浙江省衢州市、浙江省湖州市、广东省广州市、贵州省贵安新区、江西省赣江新区、新疆维吾尔自治区克拉玛依市、新疆维吾尔自治区昌吉州、新疆维吾尔自治区哈密市以及甘肃省兰州新区。

二、沱江流域绿色金融发展现状

（一）沱江流域的基本情况

沱江作为长江生态屏障上游的一级支流，是四川省腹部地区的重要河流之一。它发源于川西北九顶山南麓，流经德阳市、成都市、简阳市、资阳市、内江市、自贡市，至泸州市汇入长江，流域面积 3.29 万平方千米。沱江绿色发展经济带沿线主要城市位于我国第四增长极——成渝地区双城经济圈“一轴两翼三带”① 区域经济布局中，大多是四川省传统工业集中之地，大、中型工厂多达千余个。为深入贯彻《成渝地区双城经济圈建设规划纲要》以及《沱江绿色发展经济带建设总体方案》，沱江绿色发展经济带上的传统企业亟须加快绿色转型步伐，绿色金融市场亟须蓬勃发展与之匹配融合，从而实现“到 2025 年基本形成绿色产业体系”的发展目标。

（二）沱江流域绿色金融发展现状与困境

1. 沱江流域绿色金融发展现状

首先，绿色金融政策纷纷出台。2018 年以来，沱江流域沿线主要城市陆续出台了与绿色金融相关的规划或实施方案，如《成都市人民政府办公厅关于推动绿色金融发展的实施意见》《德阳市加快推进绿色金融发展实施方案》《内江市绿色金融发展规划》《资阳市绿色金融发展实施办法》等。作为省会城市，成都市还相继出台了《成都市绿色项目认定评价暂行办法》《成都市绿色企业认定评价暂行办法》等文件，构建了西部首个地方绿色金融标准。2021 年，《成渝共建西部金融中心规划》公布，提出要支持重庆、成都成为中欧绿色金融标准认定及应用试点城市。

其次，绿色金融市场不断发展②。在政策引导下，沱江流域绿色金融市场蓬勃发展。绿色信贷规模与占比逐年上升。截至 2020 年末，成都绿色贷款余额为 3 766 亿元③，占比 9.15%，同比增长 16%。内江市沱江水域治理 PPP（政府与社会资本合作）项目获得中国农业银行四川分行绿色信贷支持，泸州市获得中国农业发展银行生态环境建设与保护专项绿色贷款授信 6.5 亿元。

---

① 一轴指成渝发展主轴，即成都与重庆北线、中线和南线交通运输通道沿线地区。两翼指成渝地区双城经济圈北翼、南翼，即川东北渝东北地区、川南渝西地区。三带指成德绵眉乐雅广攀经济发展带、成遂南达经济发展带、攀乐宜泸经济发展带。

② 所有数据均来自政府网站公开资料。简阳市自 2016 年交由成都代管，因此本文不再单独对其分析。

③ 数据来源：四川新闻网。

2017 年 1 月至 2021 年 7 月，四川一共发行了 54 只绿色债券，发行规模约 427 亿元，其中沱江流域主要城市发行了 29 只，发行规模为 212.56 亿元[①]。

最后，信息共享平台逐步建立。2019 年，四川联合环境交易所积极搭建“绿蓉融”绿色金融综合服务平台。截至 2021 年年底，平台已注册的企业有 2 400家，签署合作协议的金融机构 44 家，上线绿色金融产品 77 个，认定绿色企业 159 家、绿色项目 54 个[②]，其中，注册地在沱江流域沿线六个城市的有 85 家，占比 53.46%。2020 年，成都建立了当地绿色金融综合信息服务平台——“绿蓉通”，截至 2021 年年底，注册企业数为 1 626 家，已获授信企业数 332 家，累计绿色信贷金额为 2.27 亿元，平均融资成本为 5.27%[③]。

（二）沱江流域绿色金融发展困境

首先，绿色金融信息披露机制亟待建立。由于绿色金融概念的外延和内涵在不断拓展，其统计口径也在不断调整，以至于绿色金融相关数据并未纳入统计年鉴数据对外公开。就沱江流域沿线城市看，仅成都市自 2017 年起对外公布了绿色信贷的余额，其余城市均未公布。此外，关于各城市开展绿色金融的实践情况也仅散见于网站新闻报道，缺乏针对绿色金融方面的专题报道，披露信息不全面、不统一，横向可比性不强，不利于对城市绿色金融开展情况和绿色发展实践结果的评价。

其次，绿色金融信息共享平台尚不完善。目前，沱江流域内共建立了两个绿色金融信息共享平台，分别是省级绿色金融综合服务平台——“绿蓉融”和成都市绿色金融综合信息服务平台——“绿蓉通”。截至 2021 年年底，“绿蓉融”平台注册企业有 2 400 家，但是经认定为绿色企业的数量仅 159 家，绿色项目 54 个。而“绿蓉通”平台累计发放贷款 39.87 亿元，其中绿色信贷金额仅为 2.27 亿元。可见，两个平台的“绿色”含量并不算高，原因在于两个平台的建设尚处于起步阶段，知名度还不高，信息共享机制还不完善。

最后，绿色金融发展水平悬殊。成都市无论在绿色金融产品数量、绿色企业和项目认定数量、绿色信贷余额与占比、绿色企业认定数量、绿色债券发行数量还是绿色金融基础设施构建方面都领先其他城市。例如，截至 2021 年年底，经“绿蓉融”平台认定的注册地在沱江流域沿线六个城市的企业共 85 家，其中归属成都市的绿色企业就有 69 家，而德阳和内江均仅有 1 家。在绿色债券发行数量上，根据 wind 统计数据，截至 2021 年年底，成都有 23 只，发

---

① 根据 wind 数据库资料汇总整理。

② 数据来源：四川联合环境交易所网站（sceex. com. cn）。

③ 数据来源：香投集团（cdxtjt. com）。

行规模为184.36亿元，内江4只，发行规模为11.2亿元，泸州3只，发行规模为17亿元（详见表1）。以绿色信贷投放为例，2019年年末成都市绿色信贷余额为3 245亿元，占当年沱江流域所在四川省绿色信贷余额的54.48%。可见，成都市绿色信贷余额至少占据了沱江流域绿色信贷余额的半壁江山，与其他城市绿色信贷余额的差距十分明显。

表1 沱江流域内各主要城市绿色金融发展现状

城市	德阳	成都	资阳	内江	自贡	泸州
绿色企业数量/家	1	69	2	1	6	6
绿色股票数量/只	3	17	0	0	3	2
绿色债券数量/只	—	23	—	4	—	3
绿色债券发行规模/亿元	—	184.36	—	11.2	—	17

从绿色金融市场结构看，各类绿色金融产品的发展也不均衡。沱江流域绿色金融产品仍以商业银行和政策性银行发放的绿色信贷为主，绿色债券、绿色股票、绿色基金等产品市场还处于起步和创设阶段，市场融资规模较小。从绿色金融服务的对象和领域来看，绿色资金主要投向沱江流域大型企业的电力、热力、燃气及水生产和供应业方面的节能环保、技术改进等项目，较少涉足农村绿色金融、个人绿色消费金融、中小企业绿色金融等对象和领域，详见表2。

表2 流域内经“绿蓉融”平台认定的绿色企业属于行业概况

绿色企业所属行业	数量
电力、热力、燃气及水生产和供应业	21
水利、环境和公共设施管理业	10
制造业/金属、非金属矿物制品业与其他	6
科学研究和技术服务业	6
电气机械和器材制造业	5
化学原料和化学制品制造业	5
农、林、牧、渔业	5
汽车制造业	4
制造业/废弃资源综合利用业	4
制造业/通用、专用设备制造业	4

表2(续)

绿色企业所属行业	数量
生态保护和环境治理业	3
交通运输、仓储和邮政业/道路运输业	3
租赁和商务服务业/租赁业	3
建筑业/建筑装饰、装修、土木工程建筑业	2
酒、饮料和精制茶制造业	1
制造业/医药制造业	1
制造业/石油、煤炭及其他燃料加工业	1
信息传输、软件和信息技术服务业	1

（三）绿色金融风险评估机制还未形成

绿色金融业务涉及环境风险评估、节能效益评估、环境损害鉴定、碳交易等复杂的专业技术。然而，沱江流域中大多数金融机构还缺少这类既熟悉绿色金融政策和产品设计运营，又具备环境和社会风险评估知识的复合型人才，机构内也没有设置专门的绿色金融部门进行绿色金融业务的拓展与经营。专业人才的缺乏使得金融机构未将环境、社会和公司治理（ESG）及企事业单位的环保信用等级与环境信用信息纳入投融资决策，还未形成成熟合理的绿色金融风险评估机制。

三、沱江流域各城市绿色金融发展水平测度

上述现状与困境的分析，可以从定性的角度描绘沱江流域沿线各城市绿色金融发展水平，然而要想更进一步将各城市发展水平进行一个客观且直观的对比，还应建立城市绿色金融发展水平测算指标体系，通过定量的方法对各地绿色金融的发展水平进行测算。

（一）绿色金融发展水平评价指标体系的构建

1. 评价指标的选择

目前研究区域绿色金融水平测算的文献主要分为两类：一是仅从当地绿色金融的投入和绿色产品的规模进行测算，选择的指标均包括绿色保险、绿色信贷、绿色证券以及碳金融（曾学文 等，2014；张玉，2016；杨阳 等，2017）、经济绿动力（刘莹，2019）或环境安全等重大风险企业贷款（张琦 等，2020）等；二是在考虑金融机构绿色金融投入的情况下，兼顾区域绿色金融产生的外

部效应或运行效率进行测算，选择的指标包括资本支持效应、资本配置效应、企业监督效应、金融责任效应（人行南昌中心支行招标课题组，2018），绿色信贷与资产质量、社会效应、组织管理、学习和成长（任建谋，2018）；在绿色投资、绿色保险、绿色信贷等绿色金融投入指标的基础上，增加绿色 GDP（张莉莉 等，2018）、绿色专利数、能源结构高级化指数等产出指标（曾胜等，2021）。笔者认为若仅从绿色信贷、绿色债券、绿色股票等绿色金融产品数量和规模的视角来进行绿色金融发展水平评价，其结论只能反映金融机构开展绿色金融的资金投入力度，无法较好反映当地绿色金融投入的产出效应或运行效率。事实上，发展绿色金融不是盲目追求发行了多少绿色贷款、注册了多少绿色企业，发行了多少绿色债券，建立了多少绿色基金。发展绿色金融的目的是帮助企业向绿色企业转型，推动经济向绿色经济转变，进而实现我国 2030 年“碳达峰”与 2060 年“碳中和”的战略目标。因此，在指标体系的构建上，应遵循三个原则：一是体现绿色金融内涵原则；二是数据真实可获得原则；三是融入区域特色原则。应在考虑金融机构绿色金融投入的情况下，兼顾区域特征，加入绿色金融产生的外部效应或运行效率方面的指标，才能更加充分、全面、科学地衡量地区绿色金融发展水平。经过前期文献的阅读分析、专家咨询访谈，结合绿色金融数据可获取性等方面的考量，本文拟从资本配置效应、金融支持效应和环境责任效应等方面构建反映效应层的一级指标体系。其中，资本配置效应主要反映本外币贷款余额对当地 GDP 的贡献情况以及政府节能环保支出在财政支出中的比重等；金融支持效应主要反映绿色金融产品和绿色企业的发展现状；环境责任效应则主要反映绿色资金投入后当地城市在污水处理、三废排放、万元 GDP 能耗以及绿化率等方面的收效情况。此外，根据调研中了解到的现状，考虑到成都与其他城市在绿色产品数量和规模上的不均衡，若指标整齐划一，可能导致可比性较差，评分比值悬殊，因此将成都单独进行纵向比较，其余城市进行横向比较，同时在二级指标层构建时，根据城市特色、绿色金融发展现状以及数据可获取性稍做调整。例如，成都市公布了绿色信贷的数据，应将其直接纳入二级指标中，但其余城市未公布该数据，只能选用绿色上市公司长短期借款占总资产的比重作为绿色信贷的替代指标。再如，反映工业三废排放情况的指标应该纳入绿色金融的环境责任效应层中，但由于德阳、泸州等城市未公布或未更新 2019 年以后的数据，也导致各城市之间进行横向比较时只能放弃采用这类指标。

2. 分值权重的设置

科学合理的评价指标体系除了要筛选出适合的指标，还需要考虑权重的选择。目前在权重选择中常见的方法有德尔菲法、熵值法、主成分分析法、层次分析法等。其中熵值法和主成分分析法不需要主观赋权，但主成分分析法在降维后可能会导致主成分的含义不如原始变量解释得清楚，而层次分析法、德尔菲法则需要主观确定权重，一定程度上会影响结果的客观性。因此，本文主要采用熵值法来确定绿色金融发展水平评价指标体系中各指标层的权重。具体而言，熵值法是根据各项指标观测值提供信息的大小来确定其权重的，其基本思路为：某项指标值的变异程度越大，则该指标提供的信息量就越大，因而就赋予其较大权重；反之，该指标的权重就较小，最终确定各指标层的权重。而对于评价体系中的效应层，鉴于其模块相对简单，含义较为清晰，在熵值法基础上，结合德尔菲法，充分兼顾专家对各指标作用的认同性与差异性，来修正并确定各效应层的权重。

3. 数据来源与说明

指标体系中所涉及的数据均来自公开可获取资料，具体包括以下四个途径：一是各地区统计年鉴、统计公报；二是wind数据库；三是“绿蓉融”“绿蓉通”等当地绿色金融信息共享平台网站；四是各政府部门网站以及新闻网站。考虑到2016年以来，中国人民银行正式对绿色金融这一概念进行了界定，金融机构对绿色金融的认识才逐步清晰，而2018年，四川省制定了《四川省绿色金融发展规划》，各城市才陆续指定各自的绿色金融发展规划，因此，数据选取的时间区间为2017—2020年。需要特别说明的是：统计年鉴公布的某些指标缺乏连续性，给研究带来了不小的难度。针对这类情况，笔者严格贯彻数据一致性和可比性原则进行处理。例如成都统计年鉴中披露了2017—2019年规上工业企业单位产值能耗，却未公布这一指标2020年的数据，且年鉴中仅披露规上工业企业能耗，并未公布产值情况，无法自行计算该年规上工业企业单位产值能耗，导致数据缺乏延续性。基于此，笔者采用工业产值能耗指标（计算公式为规上工业企业能耗/工业产值）替代该指标，从而尽可能保证数据统计口径的一致和可比。再如，环境污染治理投资总额本是衡量资本配置效应的一个很好的指标，但由于德阳市和泸州市并未公布，应该无法纳入指标体系进行横向比较，工业废水、废气和烟尘排放本应是环境责任效应中的重要指标，也由于部分城市未公布或公布不齐全而只能舍弃。

基于上述客观原因，本文针对沱江绿色发展经济带沿线主要城市在统计信息披露的情况，分别构建了成都市绿色金融发展水平评价指标，以及其他样本城市绿色金融发展水平评价指标。两个指标体系的效应层都由资本配置效应、金融支持效应以及环境责任效应组成，同时根据熵值法确定的权重，并在此基础上结合德尔菲法下专家的意见，适当调整权重并赋权。但是由于成都市在信息披露上更为完善，因此两个体系中具体的指标层变量数量和内容不尽相同。其中，成都市绿色金融发展水平评价指标体系详见表3。

表3　成都市绿色金融发展水平评价指标体系

<table>
<tr><th>目标层</th><th>效应层</th><th>权重</th><th>指标层</th><th>权重</th><th>含义</th></tr>
<tr><td rowspan="14">城市绿色金融发展水平</td><td rowspan="4">资本配置效应</td><td rowspan="4">0.25</td><td>区域GDP与本外币贷款余额比值/%</td><td>0.14</td><td>正向</td></tr>
<tr><td>区域GDP与贷款余额比值增长率/%</td><td>0.14</td><td>正向</td></tr>
<tr><td>工业污染治理投资占财政支出比重/%</td><td>0.43</td><td>正向</td></tr>
<tr><td>工业污染治理投资占财政支出比重增长率/%</td><td>0.28</td><td>正向</td></tr>
<tr><td rowspan="10">金融支持效应</td><td rowspan="10">0.4</td><td>区域本外币存贷款比/%</td><td>0.10</td><td>正向</td></tr>
<tr><td>绿色信贷余额占比/%</td><td>0.10</td><td>正向</td></tr>
<tr><td>区域本外币存贷款比增长率/%</td><td>0.08</td><td>正向</td></tr>
<tr><td>绿色上市公司数量/家</td><td>0.08</td><td>正向</td></tr>
<tr><td>区域绿色上市公司数量占比/%</td><td>0.09</td><td>正向</td></tr>
<tr><td>区域绿色债券发行数量/只</td><td>0.11</td><td>正向</td></tr>
<tr><td>区域绿色债券发行金额/亿元</td><td>0.13</td><td>正向</td></tr>
<tr><td>区域绿色企业认定数量/家</td><td>0.08</td><td>正向</td></tr>
<tr><td>区域绿色（产业）基金规模/亿元</td><td>0.08</td><td>正向</td></tr>
<tr><td>区域保险深度/%</td><td>0.16</td><td>正向</td></tr>
</table>

表3(续)

目标层	效应层	权重	指标层	权重	含义
城市绿色金融发展水平	环境责任效应	0.35	污水处理厂集中处理率/%	0.10	正向
			工业用水重复利用率/%	0.11	正向
			区域工业废水排放量的增长率/%	0.08	逆向
			工业废气排放总量的增长率/%	0.14	逆向
			工业烟尘排放量的增长率/%	0.09	逆向
			工业产值单位能耗/吨标准煤·万元$^{-1}$	0.08	逆向
			人均绿地面积/平方米	0.11	正向
			建成区绿化覆盖率/%	0.14	正向
			建成区绿地率/%	0.15	正向

其余样本城市绿色金融发展水平评价指标体系详见表4。

表4 其他样本城市绿色金融发展水平评价指标体系

目标层	效应层	权重	指标层	权重	含义
城市绿色金融发展水平	资本配置效应	0.15	区域GDP与本外币贷款余额比值/%	0.23	正向
			区域GDP与贷款余额比值增长率/%	0.16	正向
			区域政府节能环保财政支出占比/%	0.44	正向
			区域政府节能环保财政支出增长率/%	0.17	正向

表4(续)

目标层	效应层	权重	指标层	权重	含义
城市绿色金融发展水平	金融支持效应	0.65	区域本外币存贷款比/%	0.10	正向
			区域本外币存贷款比增长率/%	0.08	正向
			区域绿色上市公司借款占总资产的比重/%	0.09	正向
			绿色上市公司数量/家	0.06	正向
			区域绿色上市公司数量占比/%	0.06	正向
			区域绿色债券发行数量/只	0.19	正向
			区域绿色债券发行金额/亿元	0.19	正向
			区域绿色企业认定数量/家	0.08	正向
			区域绿色（产业）基金规模设立与否	0.06	逻辑值
			区域保险深度/%	0.09	正向
	环境责任效应	0.2	污水处理厂集中处理率/%	0.13	正向
			人均绿地面积/平方米	0.42	正向
			建成区绿化覆盖率/%	0.24	正向
			建成区绿地率/%	0.21	正向

（二）沱江流域绿色金融发展水平测算评价

1. 成都市绿色金融发展水平测算结果与评价

经测算，成都市 2017—2020 年绿色金融发展水平综合评分以及各效应层评分结果如图 1 所示。结果表明，2017—2020 年，成都市绿色金融发展水平综合评分呈上升趋势，从 73 分上升到 88.91 分，上涨 21.80%，说明成都市绿色发展成效显著，绿色金融发展水平日益提升。其中，2018 年和 2020 年增长较为明显，同比增速分别为 8.29%和 10.01%。

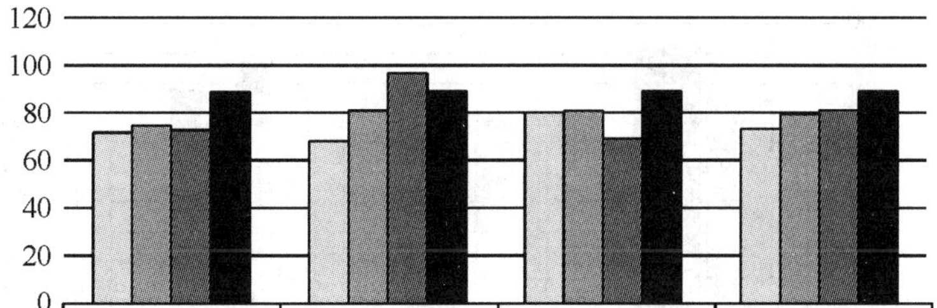

	资本配置效应	金融支持效应	环境责任效应	绿色金融发展水平
2017年	71.510 155 99	67.914 771 76	79.872 675 62	72.998 884 17
2018年	74.393 667 77	80.736 338 25	80.463 010 86	79.055 006 04
2019年	72.544 665 08	96.439 910 36	68.896 297 21	80.825 834 44
2020年	88.489 844 01	89.041 783 78	89.067 251 09	88.912 712 40

图1　2017—2020年成都市绿色金融发展水平评价

党的十九大报告强调必须树立和践行绿水青山就是金山银山的绿色发展理念以及紧接着2018年1月《四川省绿色金融发展规划》出台以来，成都市委市政府高度重视绿色发展。与2017年相比，2018年成都市绿色金融评价指标中，无论是资本配置效应、金融支持效应还是环境责任效应都有所提升，尤其是金融支持效应提升最为明显，同比上涨18.88%。从2019年的评分看出，金融支持效应涨幅最为显著。从具体数据看，其上涨主要受益于绿色信贷以及绿色债券发行数量和金额的增长，说明成都市绿色金融间接融资的规模不断扩大，成为绿色发展的贡献主力。相对而言，绿色金融直接融资渠道稍显乏力，这主要是因为我国金融市场一直以间接融资为主。2020年，成都市绿色金融支持效应得分虽有所回落，但其存量撬动效应已经显现，金融支持带来的绿色发展效果凸显，资本配置效应以及环境责任效应均大幅提升，分别为21.98%和29.28%，说明绿色金融推动绿色经济发展已经取得了一定成效。

2. 流域内其他城市绿色金融发展水平测算结果与评价

经对沱江流域沿线五市2020年绿色金融指标体系中相关数据进行分析测算，得出2020年各城市绿色金融发展水平综合评分及其效应层评分结果如图2所示。

沱江流域沿线五个城市中，泸州市的绿色金融发展水平综合评分为79.42，排名第一，内江市位居第二，自贡市第三，德阳市第四，资阳市第五。在具体指标中，资本配置效应排名第一的是内江市，金融支持效应排名第一的是泸州市，环境责任效应排名第一的是德阳市，详见表5。

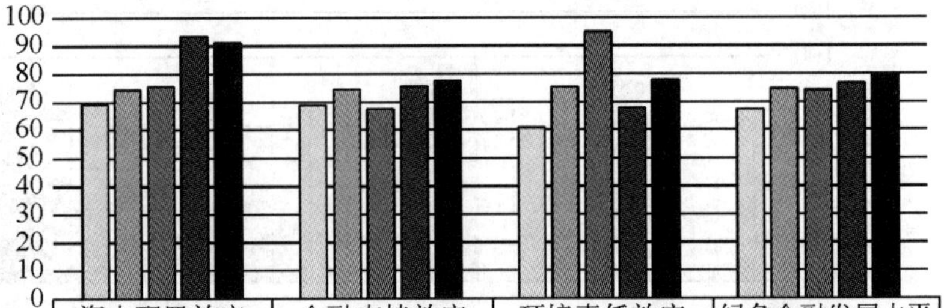

	资本配置效应	金融支持效应	环境责任效应	绿色金融发展水平
资阳市	68.891 487 86	68.617 885 49	60.576 821 70	67.050 713 09
自贡市	74.243 199 62	74.374 759 27	75.231 473 20	74.526 368 11
德阳市	75.475 768 32	67.177 185 66	94.677 921 63	73.922 120 25
内江市	93.166 532 02	75.347 560 68	67.579 758 27	76.466 845 90
泸州市	90.960 903 67	77.311 074 56	77.600 273 87	79.416 388 79

图 2　2020 年流域内其他城市绿色金融发展水平评价

表 5　2020 年流域内其他城市绿色金融发展水平排名一览

效应	排名				
	第一名	第二名	第三名	第四名	第五名
资本配置效应	内江市	泸州市	德阳市	自贡市	资阳市
金融支持效应	泸州市	内江市	自贡市	资阳市	德阳市
环境责任效应	德阳市	泸州市	自贡市	内江市	资阳市
绿色金融发展水平	泸州市	内江市	自贡市	德阳市	资阳市

从各个城市具体情况看，泸州市位于沱江下游，沱江在此汇入长江。2017年，泸州市印发了《关于长江沱江沿岸生态优先绿色发展的实施意见》，从全面推进生态保护、坚持实施绿色发展、建立长效支持体系 3 个方面，明确了长江沱江沿岸生态优先绿色发展的 14 项主要任务。结果表明，泸州市绿色金融发展水平综合评分和金融支持效应位居五城市之首，由金融支持效应撬动的资本配置效应以及其推动的环境责任效应也有较好的表现，这两个效应的评分在五个城市中均排在第二位。因此，无论是综合评分还是单个效应层的评分都充分说明泸州绿色金融发展方面取得了不错的成效，各方面发展较为均衡。值得肯定的是，泸州市在环保支出占比、区域绿色上市公司长短期贷款占比、绿色企业认定数量、建成区绿化率等单项数据指标上都位居第一。

内江处于沱江流域的中段，境内沱江流域的面积仅次于成都，为上述五市之首，因而沱江自古以来被视为内江的母亲河。2017 年，内江市深入践行绿色发展理念，通过了《内江市沱江流域综合治理和绿色生态系统建设与保护规划（2017—2020年）》《内江市沱江流域市场准入负面清单》等文件。从评分结果看，内江市绿色金融发展良好，整体排位第二，在资本配置效应方面甚至取得了93.17的高分，排名第一。这是因为近年来政府加大了在节能环保支出、环境污染治理投资方面的力度。金融支持效应中提升比较明显的是绿色债券发行、绿色企业认定方面实现了零突破，但缺少绿色上市公司。环境责任效应相对较弱的原因是其污水集中处理率、建成区绿化率和绿化覆盖率处于五城市中最低水平，今后应加大举措，补齐短板，提升绿色发展综合水平。

自贡市绿色发展水平处于五个城市的中间水平，表现较为突出的是在金融支持效应中，该城市绿色企业认定数量为6家，绿色上市公司为3家，居五城市之首。

德阳市位于沱江流域上游，是典型的工业型城市。该市绿色企业认定数量仅1家，上市企业共5家，符合绿色范畴的有3家，其中2家是在2020年上市①。值得肯定的是，受益于污水处理厂集中处理率、人均绿地面积以及建成区绿化覆盖率等指标高居五城市之首，其环境责任效应评分较高，但总体而言，相对于德阳市的经济实力和产业结构，其绿色金融发展水平还存在较大的提升空间。

资阳市则无论是在单效应评分还是综合评分上都在五城市中处于较低水平，主要原因是其没有绿色上市公司，也未发行绿色债券、成立绿色基金，人均绿色面积、建成区绿化覆盖率等指标也不尽理想，使其综合评分排名最低。

三、研究结论与启示

不管是从定性还是定量的视角看，近年来沱江流域绿色金融发展迅速，增长明显，成绩显著。但绿色金融信息披露还不充分，不利于全国统一口径进行测算评级；绿色融资渠道相对单一，绿色信贷仍是绿色金融的主力军，直接融资渠道狭窄；绿色金融区域发展还不均衡，成都市作为四川省的省会城市，其经济体量远超其余五市，因此无论是在绿色金融的资金规模、信息披露、平台构建、渠道多样、政策支持等方面都遥遥领先其余各市。在其余五市中，泸州市绿色金融发展水平综合评分位居五城市之首，且由金融支持效应撬动的资本配置效应以及其推动的环境责任效应也有较好的表现。内江市在资本配置效应上表现良好，但环境责任效应相对较弱。自贡市整体表现居中，在绿色金融直

---

① 其中一家为国机重装，退市五年后于2020年重新上市。

接融资渠道上表现突出。德阳市在环境责任方面表现良好，但相对其经济实力和产业结构，绿色金融发展水平还有较大的提升空间。资阳市绿色金融相对最为落后，今后应加大发展力度，从绿色企业认定、绿色信贷支持、绿色效益显现等方面下功夫。

为提升沱江流域绿色金融发展水平，增加绿色融资，助力企业绿色发展，助推经济绿色转型，首先应建立绿色金融信息常态化披露制度，包括金融机构开展绿色金融业务的信息公开披露机制，企业环境信息披露机制，绿色债券、绿色基金等直接绿色融资在发行阶段的强制性信息披露及发行后的持续性信息披露机制，将绿色金融相关信息纳入公众监督视野，发挥社会公众的外部监督作用，提升监督效率。其次，完善流域内的绿色金融信息共享机制，充实绿色企业库和绿色项目库资源，及时更新企业环保信用等级、环境信用披露、绿色业务开展情况等信息，进一步加强金融机构、环保部门、企业多方主体的沟通协调，降低金融机构获取企业环保信息的难度和成本，从而更好地开展绿色金融业务风险的估量，合理定价绿色金融产品，调动金融机构开展绿色金融服务的积极性。再次，积极壮大扩大绿色金融市场规模，创新多样化绿色金融产品种类，推进绿色直接融资步伐。继续加大银行绿色信达资金投放，优化授信审批流程，开发绿色理财产品，提升绿色金融资产的市场流动性。在现有绿色金融债的基础上，大力发展绿色企业债、绿色公司债、绿色债务融资工具、绿色资产证券化以及经绿色债券评估认证机构认证为绿色的地方政府专项债券。最后，创建绿色保险制度，简化绿色企业 IOP（首次公开募股）审核程序，加大建立 PPP 模式绿色产业引导基金的力度，汇集政府、机构以及私人资金，积极发挥社会资本参与绿色经济发展的积极性，解决市场中绿色企业融资困难的现实问题。

参考文献

SALAZAR J，1988. Environmental finance：linking two world［Z］. Presented at a Workshop on Financial Innovations for Biodiversity Bratislava（1）：2-18.

LABATT S，WHITE R，2002. Environmental finance：a guideto environmental risk assessment and financial products［M］. Canada：John Wiley & Sons. Inc.

MARCEL J，2001. Sustaiinble finance and banking：the financial sector and the future of the planet［R］. London.

JEUCKEN M，2006. sustainable finance and banking［M］. USA：The Earthscan Publication.

苏任刚，赵湘莲，程慧，2019. 绿色金融支持绿色产业发展的作用机理、路径分析［J］. 财会月刊（11）：10-12.
陈雨露，2019. 发展绿色金融有效服务实体经济［J］. 财经界（6）：18-20.
中国人民银行荆州市中心支行课题组，2018. 构建绿色金融体系助力长江大保护的调查与思考［J］. 武汉金融（12）：1-5.
杜莉，郑立纯，2019. 我国绿色金融政策体系的效应评价：基于试点运行数据的分析［J］. 清华大学学报（哲学社会科学版），34（1）：11-13.
党晨鹭，2019. 区域绿色金融发展与产业结构的关系：基于我国省级面板的实证分析［J］. 商业经济研究（15）：7-8.
葛红梅，2020. 关于商业银行绿色金融业务可持续发展的思考［J］. 中国市场（1）：1-10.
杨阳，王国松，2011. 绿色金融发展水平测度：以上海为例［J］. 改革探索（4）：22-23.
张琦，王娟，2020. 浙江绿色金融监测评价体系构建及实证研究［J］. 统计科学与实践，2020（1）：29-32.
马骏，2021. “双碳”目标下的绿色金融实践［J］. 中国金融（10）：54-55.
佚名，2021. 绿色金融的机遇与展望：名家解读中国绿色发展［M］. 北京：中国金融出版社.
赵建国，袁井香，2018. 绿色金融改革创新试验区经验与启示［J］. 北方金融（8）：42-46，51.
张艳美，2021. 绿色金融发展影响因素研究：以贵州省为例［J］. 中国保险（6）：43-46.
丁俊权，张红梅，工资燕，2016. 贵州省新型城镇化与绿色金融发展评价研究［J］. 科技创业月刊，29（15）：3-6.
吉阳，2019. 绿色金融发展水平的测度比较分析［J］. 青海金融（6）：16-19.
杨阳，王国松，2017. 绿色金融发展水平测度：以上海为例［J］. 海南金融（4）：20-26.
任建谋，杨惠芳，张锋，等，2018. 绿色金融发展现状及评价体系构建［J］. 西部金融（5）：78-82.
刘莹，2019. 山东省绿色金融发展情况综合评价［J］. 金融发展研究（7）：32-39.
杨钧，2021. 地方绿色金融发展探索［J］. 中国金融（12）：103.

绿色发展与产业融合

绿色信贷、企业绿色技术创新与碳排放

吴平　张洪瑞
（四川农业大学）

摘要： 实现碳达峰、碳中和是我国的重大战略决策，也是落实习近平生态文明思想的必然选择。通过绿色信贷引导和推动企业绿色技术创新并促进资源节约、污染治理和降低碳排放是重大的时代课题。本文采用2008—2019年30个省级面板数据，分析绿色信贷对碳排放的影响及其内在机制。研究表明，绿色信贷可以通过企业绿色技术创新降低碳排放水平，且在非轻度碳排放水平地区绿色信贷对降低碳排放的影响更为显著。面板门限模型分析表明，绿色信贷对碳排放总体上有较显著的抑制作用，但抑制作用在跨过门限值之后有所减弱。

关键词： 绿色信贷；企业绿色技术创新；碳排放；中介效应；面板门限效应

一、引言

近年来，由于化石燃料燃烧、森林滥砍滥伐和自然资源过度开发等一系列因素，二氧化碳排放水平急剧上升，环境变化和全球变暖正加剧全球生态系统的恶化并阻碍社会福利的增加（Akam et al.，2021；Bilgili et al.，2021）。我国作为区域性污染影响显著区和世界重要的二氧化碳排放国和能源消费国（陈亮 等，2020；薛飞 等，2022），降低碳排放、促进低碳节能和可持续发展对增进人民福祉和保护全球生态环境具有重要意义。因此，碳排放日益成为政策制定者和学术界关注的问题。

我国深入贯彻落实习近平生态文明思想，不断完善绿色金融体系，大力推动绿色金融发展，支持经济社会绿色低碳高质量发展。据中国银行业协会官网公布的信息，绿色信贷在我国绿色金融领域中规模大、占比高，发展相对成熟。截至2021年年末，金融机构绿色贷款余额达到15.9万亿元，同比增加3.86万亿元，同比增长33%，较各项贷款平均增速高27.1个百分点。我国金融机构通过绿色信贷等绿色金融产品，为绿色低碳项目提供融资支持，引导全社会降低能源消耗和碳排放，尽可能高地实现经济效益、生态效益和社会效益（苏冬蔚 等，2018）。

2020年，我国正式提出力争2030年前实现“碳达峰”、2060年前实现“碳中和”的目标。2021年，《中共中央、国务院关于完整准确全面贯彻新发展理念做好碳达峰碳中和工作的意见》指出，将绿色信贷纳入宏观审慎评估框架，引导银行等金融机构为绿色低碳项目提供长期限、低成本资金。这要求积极发展绿色金融，给予绿色低碳项目绿色信贷支持，为绿色信贷促进“双碳”目标实现、降低碳排放提供了重要遵循和政策支持。那么，绿色信贷能在多大程度上降低碳排放？绿色信贷通过怎样的内在机制支持降低碳排放？绿色信贷降低碳排放的作用是否会呈现阶段特征？为回答上述问题，本文基于2008—2019年的省级面板数据实证分析绿色信贷对碳排放的影响，并将企业绿色技术创新作为中介变量纳入模型，分析绿色信贷通过企业绿色技术创新促进碳减排的中介效应并进行异质性分析。

二、文献综述

绿色信贷主要指通过信贷方式支持绿色低碳项目和节能减排等的金融工具和制度安排，旨在引导和促进资金流向绿色低碳项目，进而推动和实现经济社会绿色高质量发展（陈立铭 等，2016；毛彦军 等，2021）。现有文献大致从宏观和微观两方面对绿色信贷做了相关研究。宏观层面上，龙卫洋和季才留（2013）对我国绿色信贷制度环境进行了剖析并提出更为完善的制度设计构想，这有利于创造绿色信贷发展的良好制度环境；微观层面上，现有研究就绿色信贷影响商业银行盈利能力、重污染企业投融资行为和绿色创新等方面进行了分析（苏冬蔚 等，2018；郭文伟 等，2019；王馨 等，2021）。

关于碳排放因素的研究，现有文献较为丰富，并认为人口、经济、技术和能源结构是碳排放的关键影响因素（王正 等，2022）。就绿色信贷与碳排放二者的关系而言，近年来也有一定研究成果，并且大多数学者形成了相对一致的结论。江红莉等（2020）以绿色信贷和绿色风投为例，通过2006—2016年我国23个省级样本，构建动态面板数据模型实证检验了绿色金融的碳减排效果。邹薇和王玮旭（2022）用SBM模型测算了2008—2018年我国各省市碳排放效率，基于技术进步与要素结构的视角，探讨了绿色信贷对碳排放效率的影响机制。毛彦军等（2022）使用2006—2020年我国30个省级面板数据，通过空间计量模型分析了绿色信贷对碳排放的空间影响机制，并认为省际碳排放存在空间依赖性且绿色信贷降低碳排放存在显著的“本地—邻地”效应。但也有学者提出了较为特殊的观点，陈亮和胡文涛（2020）认为，以银行信贷规模为主要特征的金融发展并不能有效地减少碳排放，这主要是因为初期金融对于绿色产业的支持相对欠缺且金融发展与碳排放往往有正向相关性。这从侧面印证了绿色信贷应当加大对绿色产业的信贷支持，进而促进绿色金融与绿色技术和碳排放的协调发展。

但是，鲜有文献将企业绿色技术创新作为中介变量纳入绿色信贷影响碳排放的理论模型分析当中。首先，由波特假说可知，适当的环境规制可能会激励企业进行绿色创新，并通过绿色技术的研究和应用使其增强竞争优势以实现经济效益（Porter，1991）。现有文献认为绿色金融对于技术创新具有正向促进作用，绿色创新的总量和质量都会显著提升（王馨 等，2021；文书洋 等，2022）。其次，现有研究较多地认为技术进步又是推动绿色发展、降低碳排放的驱动因素和重要动力（陈亮 等，2020；涂正革，2012）。因此，将企业绿色技术创新纳入绿色信贷对碳减排的影响机制分析具有一定的合理性和可行性。

综上所述，一方面现有文献已经就绿色信贷与碳排放的关系做了研究和分析，为本文研究提供了一定的参考，但绿色信贷对碳排放影响的阶段性特征还有待进一步说明和研究；另一方面，现有研究缺少将企业绿色技术创新这一绿色技术进步纳入绿色信贷对碳排放的分析机制，这一机制的中介效应分析相对较少。因此，在现有研究基础上，本文拟选取2008—2019年30个省级地区（不含港、澳、台和西藏自治区）为研究样本，构建省级面板数据进行实证研究，分析绿色信贷对碳排放的影响以及绿色信贷通过企业绿色技术创新降低碳排放的内在机制。本文的边际贡献可能在于两个方面：一是丰富了现有绿色金融或绿色信贷与碳排放相关文献，对绿色信贷影响碳排放的机制做了进一步的说明，将企业绿色技术创新纳入分析框架，探讨其存在的中介效应，为绿色信贷相关政策制定提供一定参考和建议；二是本文以绿色信贷为门限变量，实证分析了绿色信贷与碳排放之间的单一门限效应，刻画了绿色信贷降低碳排放的阶段特征，对现有文献进行了有益补充。

三、理论分析与研究假说

1. 绿色信贷与碳排放

绿色信贷是通过信贷方式支持绿色低碳项目和节能减排等的金融工具和制度安排。从宏观层面来讲，我国于2012年发布了《绿色信贷指引》，文件要求加大对绿色经济、低碳经济和循环经济的信贷支持。近年来，我国有关部门相继印发了《关于构建绿色金融体系的指导意见》《关于开展银行业存款类金融机构绿色信贷业绩评价的通知》以及《银行业金融机构绿色金融评价方案》等多个支持、评价和完善绿色信贷业务的政策性文件。这从宏观上加强了政府通过绿色信贷支持碳减排的顶层设计和信号释放，逐步构建起绿色信贷发展的制度环境，有助于引导金融机构加大绿色信贷力度，激励社会碳减排。从微观层面来讲，一方面，绿色信贷加大对“两高一剩”产业的信贷利息，提高市场准入门槛和融资成本，迫使高能耗、高污染产业降低碳排放；另一方面，绿色信贷会加大对绿色低碳项目等的支持，激励清洁低碳产业发展。

同时，从固碳的角度来讲，绿色信贷对种植业、林业和渔业碳汇活动也有一定支持作用。通过绿色信贷优化资金配置，帮助相关经济主体引进降低碳排放的技术，支持低碳农业和农业碳汇的开发和健全，促进林业碳汇、渔业碳汇等增汇活动的开展，从而有助于整个社会降低碳排放（张开华 等，2012；彭红军 等，2022；唐启升 等，2022）。因此，本文提出假说1：

H_1：绿色信贷有助于降低碳排放。

2. 绿色信贷对碳排放的影响机制

波特假说指出环境规制可能会激励企业进行绿色创新（Porter，1991）。如图1所示，绿色信贷主要面向绿色低碳项目提供信贷资金，缓解相关企业融资约束，促进绿色低碳项目的推进和落实。无论是从激励低碳项目发展还是抑制高耗能、高污染项目的角度来讲，绿色信贷能够激励企业绿色技术创新。具体而言，一方面，通过绿色信贷支持，节能环保或绿色低碳类型的企业信贷成本降低，收益相对增加，资本从低收益行业向高收益行业流动，进一步地，这类企业发展壮大且有更多资金支持其绿色技术进步，从而实现企业的绿色技术创新；另一方面，绿色信贷在支持绿色低碳项目的同时，会相对增加高耗能、高污染企业的融资成本，加大对其的融资惩罚效应和投资抑制效应（苏冬蔚 等，2018），这将倒逼其进行绿色低碳转型，加大节能减排投入和绿色技术创新，从而缓解自身融资约束。

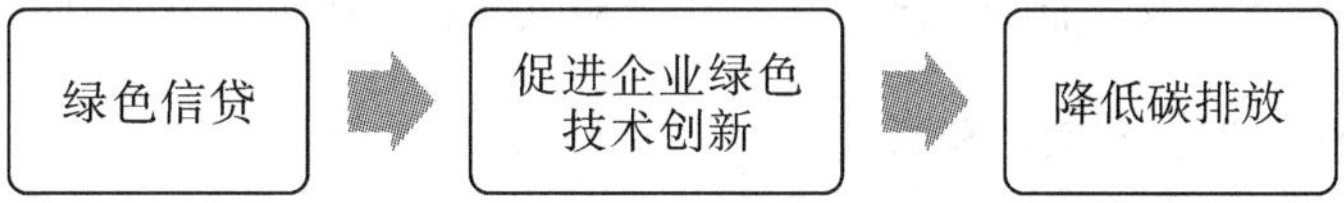

图 1　绿色信贷降低碳排放的中介效应流程图

现有文献较多地认为绿色技术创新对碳排放具有显著的抑制作用（涂正革 等，2012；文书洋 等，2022），因此，企业绿色技术创新有助于降低碳排放。首先，通过加大对节能减排技术的投资、创新或引进并推广应用，企业能在生产过程中减少能源消耗进而降低碳排放；其次，技术创新有助于企业改善污染治理效果，减少“三废”尤其是废气的污染，进而减少碳排放；再次，部分企业的绿色创新技术可以在一定程度上进行推广应用，普惠更多相关企业，同时由于技术进步，相关绿色产品通过市场更多地被消费者接受，从而有助于全社会降低碳排放。因此，本文提出假说 2 和假说 3：

H_2：绿色信贷有助于促进企业绿色技术创新。

H_3：绿色信贷可以通过促进企业绿色技术创新减少碳排放。

3. 异质性假设

熊灵和齐绍洲（2016）进一步从金融发展和碳排放的关系出发，通过对省级数据分析认为金融发展提升了我国碳排放水平，对节能减排具有负面效应，且这一结论与我国金融体系所处的发展阶段有关。这说明金融发展水平对碳排放的影响与其自身阶段相关。就绿色信贷而言，在绿色信贷实施初期可能对降低碳排放的影响更大，而随着绿色信贷规模的进一步扩大，由于进一步节能减排的成本增加和难度加大，其对碳排放的抑制作用可能会减弱。因此本文就绿色信贷降低碳排放的作用提出假说 4：

H_4：绿色信贷影响碳排放具有阶段特征，即当信贷规模扩大到一定程度后，绿色信贷对碳排放的抑制作用有所减弱。

我国目前的经济发展尚存在一定不平衡性，不同地区碳排放水平及受绿色信贷影响的程度也不尽相同（张珍花 等，2011；邹薇 等，2022）。本文根据张珍花等（2011）的测算结果，将新疆、福建、甘肃、天津、江西、重庆、北京、广西、宁夏、青海和海南 11 个省份分为碳排放水平轻度地区，其余省份为碳排放水平非轻度地区。在碳排放水平轻度地区，绿色信贷对碳排放影响程度可能会偏低，反之在碳排放水平非轻度地区，绿色信贷对其影响可能会更加显著。原因在于，碳排放非轻度地区本身碳排放水平较高，绿色信贷对其的边际影响可能相对更强。因此，为进一步考察不同区域之间绿色信贷对碳排放的影响，本文提出假说 5：

H_5：碳排放水平非轻度地区绿色信贷对碳减排的抑制作用大于轻度地区。

四、研究设计与实证分析

1. 样本与数据

本文以2008—2019年30个省级地区（不含港、澳、台和西藏自治区）为研究样本，构建省级面板数据，分析绿色信贷对碳排放的影响及其机制并进行实证检验。2007年7月，原国家环保总局、人民银行、原银监会联合发布了《关于落实环保政策法规防范信贷风险的意见》，要求信贷环保更加严格，促进污染减排。这标志着绿色信贷正式启动，成为我国污染减排的重要市场手段。囿于碳排放测算相关数据截止到2019年，因此本文样本时间跨度从2008—2019年。港澳台和西藏自治区相关数据缺失较多，故未纳入考察样本。

本文相关数据来源于《中国统计年鉴》《中国工业统计年鉴》、各省市统计年鉴、美国国家地球物理数据中心和CNRDS数据库。个别缺失数据通过线性插值法进行补充。与GDP相关的数据均以2008年为基期进行平减，以剔除价格影响。为避免异方差和减小数据绝对值差距过大带来的影响，对相关数据取对数后进行下文的回归分析。

2. 变量选取

（1）被解释变量（碳排放）：相关文献对碳排放测算的方式比较丰富，大致有如下两种测算方式：一是有学者通过政府间气候变化专门委员会（IPCC）的碳排放测算方式测算并构建中国碳排放核算数据库（Shan et al.，2018）；二是鉴于夜间灯光强度与碳排放的密切关系，即夜间灯光亮度越大，经济发展水平越高，碳排放也随之增加，有学者采用DMSP/OLS和NPP/VIIR两套夜间灯光数据，并构建夜间灯光数值与省级碳排放量的关系方程对碳排放进行测算（苏泳娴 等，2013；薛飞 等，2022）。为尽量降低碳排放核算的偏差（薛飞 等，2022），本文主要参考第二种方法对碳排放进行测算。

（2）核心解释变量（绿色信贷）：现有文献对绿色信贷多采用我国主要商业银行社会责任报告披露的绿色信贷余额作为衡量指标（任康钰 等，2018；郭文伟 等，2019）。该指标虽可直接反映绿色信贷情况，但上述文献是以上市商业银行本身为研究对象，与本文所选省级面板数据不够匹配。考虑到本文选取我国省级数据作为研究样本，故参考谢婷婷和刘锦华（2019）、江红莉等（2020）的方法，选取我国各省除化学、石油、电力热力、黑色金属、有色金属和非金属六大高耗能工业产业外的利息支出占工业产业利息总支出的比值来衡量绿色信贷。选取这一指标的理由有两个方面：一是基于省级数据构建，能相对客观真实地反映各省级层面的绿色信贷状况；二是高耗能工业产业之外的其他行业的污染相对较小，且利息支出占比本身也能印证信贷规模，可以作为绿色信贷的衡量指标。

（3）中介变量（企业绿色技术创新）：现有主要文献认为绿色技术创新能够降低碳排放，因此关于企业绿色技术创新这一变量的衡量本文主要考虑企业绿色技术层面的量化。对此，有学者使用上市公司绿色专利申请数量来衡量企业绿色技术创新（鲁惠中 等，2022）。本文沿用这一做法，选取 2008—2019 年 A 股上市公司为样本，将企业与其省级所属地匹配，加总当年该省份所有上市公司独立获得的绿色发明数量和实用新型数量，计算出省级层面的企业绿色技术创新数据作为企业绿色技术创新的衡量指标。

（4）控制变量：为控制可能影响碳排放的其他因素，结合现有文献选取以下变量作为控制变量。考虑到金融发展对绿色发展具有较强影响，控制金融发展的程度，即以金融机构存贷款余额除以 GDP 为金融发展衡量指标（陈亮 等，2020；文书洋 等，2022；邹薇 等，2022）；参考现有有关 EKC 的文献，由于经济增长也会影响碳排放，同时考虑到人口素质对碳排放的影响，所以选取人均 GDP 和教育水平即人均受教育年限为控制变量（文书洋 等，2022）；考虑到碳排放主要源于第二产业，控制用第三产业总产值占各省 GDP 的比值来表示产业结构优化（毛彦军 等，2022）；城镇化率反映我国经济发展，政府财政一定程度表征我国政府对绿色经济的影响，这二者也会对碳排放产生影响，故选城镇人口和常住人口之比作为城镇化率衡量指标，各省财政税收收入占当地 GDP 的比值为政府干预的衡量指标，将这二者也纳入控制变量（岳立 等，2022）。

本文相关变量名称、符号及描述性统计如表 1 所示。

表 1　变量名称、符号及描述性统计

名称	符号	均值	标准差	最小值	最大值
碳排放	Carbon	8 469. 307	5 615. 240	580. 123	24 782. 648
绿色信贷	Greencre	0. 463	0. 149	0. 094	0. 808
企业绿色技术创新	Entr	88. 739	180. 105	0. 000	1 502. 000
金融发展	Fin	3. 025	1. 088	1. 288	7. 552
人均 GDP	pGDP	4. 486	2. 545	0. 890	15. 477
产业结构	Ins	0. 447	0. 101	0. 286	0. 835

表1(续)

名称	符号	均值	标准差	最小值	最大值
教育水平	Edu	8.975	0.957	6.764	12.782
城镇化率	City	0.558	0.130	0.291	0.896
政府干预	Gov	0.081	0.029	0.041	0.200
人口规模	Peo	4 482.085	2 661.473	554.300	11 521.000

3. 模型设定

为进一步实证分析绿色信贷对碳排放的影响及其机制，本文参考刘华珂和何春（2021）、文书洋等（2022）的分析思路构建如下基准回归模型式（1）和中介效应模型式（1-3）进行实证分析。

$$\ln Carbon_{it} = \alpha_0 + \alpha_1 \ln Greencre_{it} + \sum_{\lambda=2}^{n} \alpha_\lambda \ln Control_{it} + \mu_i + \zeta_t + \varepsilon_{it} \tag{1}$$

$$Entr_{it} = \beta_0 + \beta_1 \ln Greencre_{it} + \sum_{\lambda=2}^{n} \beta_\lambda \ln Control_{it} + \mu_i + \zeta_t + \varepsilon_{it} \tag{2}$$

$$\ln Carbon_{it} = \delta_0 + \delta_1 \ln Greencre_{it} + \delta_2 Entr_{it} + \sum_{\lambda=3}^{n} \delta_\lambda \ln Control_{it} + \mu_i + \zeta_t + \varepsilon_{it} \tag{3}$$

其中，α_i、β_i 和 δ_i 为待估参数，脚标 i 和 t 分别表示第 i 个省份和第 t 年（$i=1, 2, \cdots\cdots, 30$；$t = 2008, 2009, \cdots\cdots, 2019$）。lnCarbon 为被解释变量，lnGreencre 为核心解释变量，Entr 为中介变量，lnControl 为控制变量。μ_i 表示个体固定效应，ζ_t 表示年份固定效应，ε_{it} 表示随机误差项。

同时，为试图进一步考察绿色信贷对碳排放的影响是否存在门限阈值，本文参考 Hansen（1999）的方法构建面板门限模型，确定相应门限值来进行分析。模型设定如下：

$$\ln Carbon_{it} = \theta_0 + \theta_1 \ln Greencre_{it} \times I(\ln Greencre_{it} \leqslant \gamma) + \theta_2 \ln Greencre_{it} \times I(\ln Greencre_{it} > \gamma) + \sum_{\lambda=3}^{n} \theta_\lambda Control_{it} + \mu_i + \zeta_t + \varepsilon_{it}$$

其中 θ 为待估参数，$I(\cdot)$ 为示性函数，lnGreencre 为门限变量，γ 为门限值，其余变量含义与上述模型相同。

4. 实证分析

（1）基准回归结果分析。表 2 列示了对式（1）-（3）的回归分析估计结果。其中第（1）列是基准回归结果，即对式（1）的回归，第（2）、（3）列列示的是中介效应模型回归结果。基准回归结果表明，绿色信贷在 1%的显著性水平上能降低碳排放，这说明随着绿色信贷规模扩大，对于绿色低碳和节能环保等项目的支持会增加，促进节能减排，同时加大了高能耗、高污染行业的信贷门槛和融资约束，倒逼其降低碳排放，从而使得整个社会碳排放水平的降低，假说 1 得到验证。

同时，可以看到，部分控制变量的系数值也与预期相符。金融发展和人均 GDP 对碳排放水平具有正向影响，这意味着经济增长和金融对实体经济服务水平的提高会增加碳排放。这与现有研究基本一致（熊灵 等，2016；刘莎等，2020）。教育水平在 10%的显著性水平上对碳排放有正向影响。这可能的原因是，加大对教育投入力度，包括新修教育基础设施、提升人均受教育年限等，会在一定程度上增加资源消耗进而提高碳排放水平。而教育带来的人口素质提高和技术进步虽然会有利于减少碳排放，但其本身较大的时滞性和间接性可能需要在长期分析中才能反映。城镇化水平也有助于降低碳排放，这可能的原因是城镇化水平较高的地区经济集约化程度高，规模经济效应较为显著，加之城镇化水平较高的地区绿色技术水平相对先进，资源利用效率较高，因此有助于降低碳排放。

（2）中介效应模型回归结果分析。下面分析中介效应模型回归结果，表 2 第（2）列中绿色信贷在 10%的显著性水平上能促进企业绿色技术创新。如前文所述，这种促进效应从支持绿色低碳项目和倒逼高耗能、高污染项目两个方面产生作用。第（3）列列示的是在加入中介变量即企业绿色技术创新后绿色信贷对碳排放的影响。绿色信贷和企业绿色技术创新两个变量分别在 5%和 1%的水平上显著，说明企业绿色技术创新在绿色信贷降低碳排放的机制中存在部分中介效应，数值为-0.005 8［57.571×（-0.000 1）］，绿色信贷的直接效应为-0.030。这表明，绿色信贷通过加大对绿色低碳项目的信贷支持，倒逼“两高一剩”企业绿色转型，有助于企业绿色技术创新，并将相关绿色创新技术纳入实际生产，促进节能减排和低碳生产，从而降低碳排放。假说 2、3 均得到验证。

表 2　基准回归及中介效应回归结果

变量	(1) lnCarbon	(2) Entr	(3) lnCarbon
lnGreencre	-0.033*** (0.012)	57.571* (34.343)	-0.030** (0.012)
Entr			-0.000 1*** (0.000)

表2(续)

变量	(1) lnCarbon	(2) Entr	(3) lnCarbon
lnFin	0. 099 *** (0. 033)	-122. 294 (93. 153)	0. 093 *** (0. 033)
lnpGDP	0. 127 *** (0. 029)	-26. 360 (81. 765)	0. 125 *** (0. 029)
lnIns	0. 001 (0. 029)	-256. 146 *** (81. 052)	-0. 012 (0. 029)
lnEdu	0. 146 * (0. 086)	155. 358 (245. 773)	0. 154 * (0. 086)
lnCity	-0. 290 *** (0. 048)	-424. 967 *** (137. 815)	-0. 312 *** (0. 049)
lnPeo	0. 009 (0. 038)	692. 352 *** (106. 981)	0. 046 (0. 040)
lnGov	-0. 018 (0. 022)	70. 593 (63. 107)	-0. 015 (0. 022)
常数项	9. 251 *** (0. 387)	-3 606. 171 *** (1 101. 540)	9. 060 *** (0. 390)
个体效应	控制	控制	控制
年份效应	控制	控制	控制
N	360	360	360
R^2	0. 953	0. 513	0. 954

注：***、**、* 分别表示 1%、5%和 10%的显著性水平，括号内为标准误。

5. 异质性分析

为进一步考察绿色信贷对碳排放的影响是否具有时间阶段上的异质性，本文通过面板门限模型进行实证分析。由于尚不确定门限数量，因此首先通过门限效应检验是否存在门限跳跃点以及存在几个门限跳跃点。表 3 列示了不确定性门限效应的检验结果，结果显示单门限 F 值为 17. 82，在 1%的显著性水平上显著，而双门限和三门限的 F 值均不显著，故以核心解释变量即绿色信贷为门限变量的门限效应分析将以单门限进行。

表 3　门限效应检验

门限	F 值	P 值	10%临界值	5%临界值	1%临界值
单门限	17.82***	0.080	17.046	19.144	29.576
双门限	14.42	0.150	16.642	21.459	26.025
三门限	7.89	0.500	15.234	18.761	23.284

注：*** 表示 1%的显著性水平。

表 4 列示了门限回归结果。结果显示，在其他因素不变的条件下，当绿色信贷水平低于门限值时，绿色信贷降低碳排放的影响程度为-0.095，而当绿色信贷水平高于门限值时，绿色信贷降低碳排放的影响程度为-0.083，二者均在 1%的显著性水平上显著。这大致可以说明两个方面的内容：一是无论是否跨过门限值，总体上绿色信贷均有助于降低碳排放，这进一步强化了假说 1。二是绿色信贷低于门限值时对降低碳排放的作用更强，跨过门限值后对碳排放的影响作用会减弱，这验证了假说 4。这可能的原因是期初绿色信贷对低碳项目的支持作用不断发挥，绿色技术的应用在一定层面推广，高耗能、高污染企业的碳排放有所降低，但随着绿色信贷规模的进一步扩大，相关节能减排措施进一步降低碳排放的难度和成本会加大，使得绿色信贷规模对碳排放抑制的作用逐渐减弱，其对降低碳排放的作用呈现出先强后弱的特征。

表 4　门限回归结果

变量	lnCarbon	t
lnFin	0.118*** (0.036)	3.38
lnpGDP	0.317*** (0.022)	14.70
lnIns	-0.137*** (0.042)	-3.34
lnEdu	0.366*** (0.115)	3.48
lnCity	-0.463*** (0.077)	-6.19
lnPeo	0.212*** (0.043)	5.35

表4(续)

变量	lnCarbon	t
lnGov	0.214*** (0.030)	7.13
lnGreencre× I (pGDP≤ γ)	-0.095*** (0.025)	-3.84
lnGreencre× I (pGDP> γ)	-0.083*** (0.023)	-3.60
常数项	7.970*** (0.451)	17.92
N	360	
R^2	0.854	

注：*** 表示 1%的显著性水平，括号内为标准误。

为进一步考察不同区域绿色信贷对碳排放的异质性影响，本文参考张珍花等（2011）的思路将30个省级样本按碳排放水平进行分类并分别进行基准回归分析来考察异质性。具体而言，本文将新疆、福建、甘肃、天津、江西、重庆、北京、广西、宁夏、青海和海南11省级区域作为碳排放水平轻度地区，其余省级区域作为非轻度地区。表4列示了分组回归结果，结果显示碳排放水平非轻度地区绿色信贷对碳排放的影响系数为-0.065，且在1%的显著性水平上显著，系数的绝对值和显著性明显高于轻度地区。因此，碳排放水平非轻度地区绿色信贷对碳排放的影响更加明显，即这些地区绿色信贷更能促进节能减排，降低碳排放，假说5得到验证。

表5　分组回归结果

变量	非轻度	轻度
lnGreencre	-0.065*** (0.023)	-0.024* (0.013)
lnFin	0.134*** (0.041)	0.006 (0.061)
lnpGDP	0.164*** (0.039)	-0.065 (0.056)
lnIns	-0.022 (0.038)	0.029 (0.046)

表5(续)

变量	非轻度	轻度
lnEdu	0. 321** (0. 123)	-0. 026 (0. 105)
lnCity	-0. 321*** (0. 060)	0. 072 (0. 098)
lnPeo	0. 010 (0. 047)	0. 345** (0. 137)
lnGov	0. 013 (0. 027)	-0. 078** (0. 038)
常数项	9. 458*** (0. 495)	5. 231*** (1. 212)
个体效应	控制	控制
年份效应	控制	控制
N	228	132
R^2	0. 952	0. 976

注：***、**、* 分别表示 1%、5%和 10%的显著性水平，括号内为标准误。

6. 稳健性检验

在稳健性检验方面，上述分组异质性分析通过分样本回归，结果表现出一定的稳健性。同时，本文还采取替换被解释变量的方式进行稳健性检验。进一步采用人均碳排放作为夜间灯光测算的碳排放量的替换指标进行回归。稳健性结果表明，绿色信贷在 1%的水平上显著，与上文结论基本保持一致，表现出一定的稳健性。

表 6　稳健性检验

变量	lnCarbon	t
lnGreencre	-0. 033*** (0. 012)	-2. 75
lnFin	0. 099*** (0. 033)	3. 03
lnpGDP	0. 127*** (0. 029)	4. 41
lnIns	0. 001 (0. 028)	0. 04

表6(续)

变量	lnCarbon	t
lnEdu	0.146* (0.087)	1.69
lnCity	−0.290*** (0.048)	−5.99
lnPeo	−0.991*** (0.038)	−26.37
lnGov	−0.018 (0.022)	−0.83
常数项	13.856*** (0.387)	35.80
个体效应	控制	
年份效应	控制	
N	360	
R^2	0.948	

注：***、* 分别表示 1%和 10%的显著性水平，括号内为标准误。

五、研究结论与政策建议

1. 研究结论

实现碳达峰、碳中和是一场广泛而深刻的经济社会系统性变革，也是实现我国经济绿色高质量发展的内在要求。本文采用 2008—2019 年 30 个省级样本，从绿色信贷角度出发，将企业绿色技术创新作为中介变量纳入模型，分析绿色信贷对碳排放的影响机制及企业绿色技术创新的中介效应。研究结果表明：

（1）绿色信贷可以通过企业绿色技术创新降低碳排放水平，且在碳排放水平非轻度地区绿色信贷对降低碳排放的影响更为显著；

（2）面板门限模型分析表明，绿色信贷对碳排放总体上有较显著的抑制作用，但抑制作用在跨过门限值之后有所减弱，呈现出先强后弱的特征。

2. 政策建议

本文的研究有三个方面的意义和启示。

（1）在保持风险合理区间的情况下加大绿色信贷供给，充分发挥绿色信贷降低碳排放的作用。在推动节能减排的相关政策中，积极释放绿色信贷政策的信号传递效应（江红莉 等，2020），引导绿色产业布局。同时充分发挥市场机制作用，创新绿色信贷产品供给，使绿色信贷资金流向更多更优的绿色低碳项目，加大对高耗能、高污染项目的融资门槛和反向激励，促进节能减排资金优化配置。

（2）重视通过企业绿色技术创新来推动降低碳排放。对于企业绿色技术创新应当加大资金支持和政策扶持，注重绿色技术推广和应用，使其充分发挥节能减排的作用。但在促进绿色低碳项目发展的同时也要注重支持对高耗能、高污染企业的绿色转型和绿色技术创新，避免一刀切，否则容易使有能力绿色转型的企业陷入“融资难—投资减少—经营绩效恶化”的恶性循环（苏冬蔚 等，2018）。

（3）结合异质性分析的结论，一方面应当采取多种措施缓解绿色信贷对碳排放抑制的递减作用，可以从加大政策支持、金融产品创新和技术进步等多方面入手，持续发挥绿色信贷降低碳排放的作用，但同时由于碳排放自身存在合理区间，在降低碳排放过程中要注重效果的合理适度，避免过分节能减排导致对经济发展的约束；另一方面由于非轻度碳排放区的碳排放水平较高，绿色信贷促进节能减排的作用和效果更为明显，应加大对碳排放水平较高地区、项目的绿色信贷支持力度，信贷资金优先向符合要求的绿色低碳项目倾斜，助力相关项目和企业绿色技术创新、节能减排或绿色转型，为实现碳达峰、碳中和目标不断注入动力。

参考文献

NAAM D，NATHANIEL A D，et al，2022. The relationship between external debt and ecological footprint in SANE countries：insights from Kónya panel causality approach［J］. Environ Sci Pollut Res 29.

BILGILI F，NATHANIEL S P，KUŞKAYA S，et al，2021. Environmental pollution and energy research and development：an Environmental Kuznets Curve model through quantile simulation approach［J］. Environ Sci Pollut Res 28.

HANSEN B E，1999. Threshold Effects in Non－dynamic Panels：Estimation，Testing，and Inference，Journal of Economics ，93（2）.

PORTER M，1991. America's green strategy［J］. Sci，Am. 264（4）.

SHAN Y，GUAN D，ZHENG，H. et al，2018. China CO_2 emission accounts 1997-2015［J］. Sci Data 5.

陈亮，胡文涛，2020. 金融发展、技术进步与碳排放的协同效应研究：基于

2005—2017 年中国 30 个省域碳排放的 VAR 分析 [J]. 学习与探索 (6): 117-124.

陈立铭，郭丽华，张伟伟，2016. 我国绿色信贷政策的运行机制及实施路径 [J]. 当代经济研究 (1): 91-96.

郭文伟，刘英迪，2019. 绿色信贷、成本收益效应与商业银行盈利能力 [J]. 南方金融 (9): 40-50.

江红莉，王为东，王露，等，2020. 中国绿色金融发展的碳减排效果研究：以绿色信贷与绿色风投为例 [J]. 金融论坛，25 (11): 39-48, 80.

鲁惠中，黎方，陆董，等，2022. 企业股权质押与绿色转型：企业特征与政府行为的调节作用 [J/OL]. 科技进步与对策：1-12.

刘华珂，何春，2021. 绿色金融促进城市经济高质量发展的机制与检验：来自中国 272 个地级市的经验证据 [J]. 投资研究，40 (7): 37-52.

刘莎，刘明，2020. 绿色金融、经济增长与环境变化：西北地区环境指数实现 "巴黎承诺" 有无可能? [J]. 当代经济科学，42 (1): 71-84.

龙卫洋，季才留，2013. 基于国际经验的商业银行绿色信贷研究及对中国的启示 [J]. 经济体制改革 (3): 155-158.

毛彦军，曲迎波，郑天恩，2022. 绿色信贷的碳排放效应及其能源效率机制研究：基于空间计量模型的分析 [J]. 金融理论与实践 (9): 57-68.

毛彦军，徐文成，2021. 绿色金融发展与工业绿色转型耦合机制及实证评价：基于河南省 17 个省辖市的经验证据 [J]. 征信，39 (3): 73-80.

彭红军，徐笑，俞小平，2022. 林业碳汇产品价值实现路径综述 [J/OL]. 南京林业大学学报（自然科学版）：1-12.

任康钰，张晨希，2018. 绿色信贷对我国商业银行业绩的异质性影响：基于 16 家上市商业银行面板数据的分析 [J]. 武汉金融 (5): 18-24.

苏冬蔚，连莉莉，2018. 绿色信贷是否影响重污染企业的投融资行为? [J]. 金融研究 (12): 123-137.

苏泳娴，陈修治，叶玉瑶，等，2013. 基于夜间灯光数据的中国能源消费碳排放特征及机理 [J]. 地理学报，68 (11): 1513-1526.

唐启升，蒋增杰，毛玉泽，2022. 渔业碳汇与碳汇渔业定义及其相关问题的辨析 [J]. 渔业科学进展，43 (5): 1-7.

涂正革，2012. 中国的碳减排路径与战略选择：基于八大行业部门碳排放量的指数分解分析 [J]. 中国社会科学 (3): 78-94, 206-207.

王馨，王营，2021. 绿色信贷政策增进绿色创新研究 [J]. 管理世界，37

(6)：173-188.
王正，樊杰，2022. 能源消费碳排放的影响因素特征及研究展望［J］. 地理研究，41（10）：2587-2599.
文书洋，刘浩，王慧，2022. 绿色金融、绿色创新与经济高质量发展［J］. 金融研究（8）：1-17.
薛飞，陈煦，2022. 绿色财政政策的碳减排效应：来自“节能减排财政政策综合示范城市”的证据［J］. 财经研究，48（7）：79-93.
熊灵，齐绍洲，2016. 金融发展与中国省区碳排放：基于STIRPAT模型和动态面板数据分析［J］. 中国地质大学学报（社会科学版），16（2）：63-73.
谢婷婷，刘锦华，2019. 绿色信贷如何影响中国绿色经济增长？［J］. 中国人口·资源与环境，29（9）：83-90.
岳立，任婉瑜，曹雨暄，2022. 异质型环境规制对绿色经济的影响研究：基于绿色创新的中介效应分析［J/OL］. 软科学：1-13.
张开华，陈胜涛，2012. 试论低碳农业发展的支持机制［J］. 中南财经政法大学学报（1）：110-114.
张珍花，方勇，侯青，2011. 我国碳排放水平的区域差异及影响因素分析［J］. 经济问题探索（11）：90-97.
邹薇，王玮旭，2022. 绿色信贷政策能实现碳排放效率提升吗：基于技术进步与要素结构视角［J］. 湘潭大学学报（哲学社会科学版），46（4）：60-66.

农地抵押贷款信用风险生成机理、损失度量及压力测试研究

——基于机器学习的经验证据

彭艳玲　周红利　蒋远胜

（四川农业大学）

摘要：在农村金融风险持续暴露背景下，将数据驱动的机器学习算法应用于金融创新产品的信用风险研究以优化金融机构风险管理能力是大数据时代提升金融服务能力和保障金融安全的重要内容。本文以金融创新农地抵押贷款为例，在阐释农地抵押贷款信用风险形成机理基础上，依据川、渝、宁三省（自治区/直辖市）农地抵押试点地区调查数据，分别采用随机森林模型和CreditRisk+模型识别信用风险和度量信用风险损失，并进一步开展压力测试分析。研究发现，相较于传统数理统计方法，随机森林模型预测农户信用风险表现更优。风险识别显示，抵押土地规模、抵押物估值、贷款金额、抵押土地产值、社会网络、农业净收入、到交易中心距离、固定资产价值、家庭总收入、金融素养、农业补贴、抵押氛围是关键风险因素，且存在主动和被动违约风险差异。风险损失度量表明，农地抵押贷款信用风险的预期和非预期损失占业务风险敞口比重均较高，且高于其他涉农贷款。此外，不同压力冲击下，整体贷款业务信用风险预期损失增幅大于非预期损失增幅；主动违约风险损失高于被动违约风险损失，但被动违约风险损失增幅更大。据此，提出加快金融科技发展、完善农村征信体系、培育农地金融生态、提高风险预警能力等建议。

关键词：农地抵押贷款；信用风险；生成机理；风险度量；治理研究

一、引言

金融作为现代经济的核心资源，在乡村振兴多元投入格局中具有基础支撑地位和引导杠杆作用，管理其风险，尤其是金融创新产品风险，维护其安全，

既是发挥金融服务农业农村发展能力的现实要求，也是守住系统性金融风险底线，保障国家安全的重要内容。党的十八大以来，防范化解金融风险成为中央政府的重要工作内容。党的十九大报告再次强调要“守住不发生系统性金融风险的底线”。即守住单个金融市场（机构）损失不扩散至整个金融体系，危及社会稳定和安全（宫晓莉 等，2020）。农村金融体系因服务于农业具有高脆弱性[①]（陈雨露，2020）。作为金融市场的重要构成和发展短板，农村金融风险持续暴露[②]，且农户部门是信用风险暴露最集中的领域（莫媛 等，2020）。而单个金融市场（机构）损失扩散会将个体性风险转换为系统性风险（方意等，2022），易导致农村金融的动荡，破坏农村经济社会的稳定。准确判断其风险隐患是保障金融安全的前提（习近平，2017）。近些年，农村金融产品与服务的创新步伐不断加快，农村金融改革创新进程中的潜在风险问题值得高度重视。作为农地“三权分置”下农村金融改革的重要创新，农地经营权抵押（简称“农地抵押”）融资，通过引导城市社会资本下沉盘活农村市场资本，成为解决农户贷款“三难”（抵押难、担保难、融资难）问题，助推农业农村发展的有效途径[③]（顾庆康 等，2019；罗必良 等，2021）。相较于城市地区的企业信贷，农地抵押贷款是以经营权为抵押物[④]，面向具有分散、收入不稳定、无充分抵押物、高交易成本等特征的大量信息薄弱的农户群体所提供的贷

---

① 我国是世界上自然灾害最严重的国家之一，灾害种类多，分布地域广，发生频率高，造成损失重。大量严重的气象灾害导致大面积的农作物减产和牲畜死亡，直接影响金融机构信贷资产和农村金融体系稳定性（王瑶 等，2021）。据《2021 年社会服务发展统计公报》显示，2021 年全国全年农作物受灾面积 1 174 万公顷（占全国粮食种植面积的 9.98%），其中绝收 163 万公顷（占全国粮食种植总面积的 1.39%）；因气象灾害直接造成的经济损失达 2 948 亿元人民币 http://www.moe.gov.cn/s78/A01/s4561/jgfwzx_zcwj/202203/t20220309_605802.html

② 2018 年年末，我国农信社涉农不良贷款达 5 886 亿元，同比增长约 32%，平均涉农不良贷款率约 6%；同期全国商业银行不良贷款率仅为 1.83%（莫媛 等，2020）。

③ 2019 年新的《中华人民共和国土地承包法》及 2020 年《中华人民共和国民法典》物权编的实施更是为农地抵押贷款业务下一步在全国范围内发展扫除了法律障碍。

④ 少部分研究认为，农地抵押贷款实质是地面附着物预期收益保证贷款（罗兴 等，2017）。从估值看，农产品预期收益对农地经营权价值估值有一定的参考作用，但其侧重的是农业收入这第一还款来源，并非是抵押标的物本身。

款。其收益低、交易成本和违约率高①，且难以通过贷后监督的方式有效降低借款人道德风险。与此同时，农地还承载了社会保障、生态涵养和保护、粮食安全等基本保障功能。加之，土地产权交易市场发育滞后，抵押物价值不稳定，抵押物处置难。农村金融机构缺乏向农户提供农地抵押贷款的动力，采取更严格地信贷配给②。此外，农地抵押贷款业务配套风险管理体系不足以及杠杆效应，也进一步加剧了农村金融体系脆弱性。因此，在信用风险持续暴露背景下，有效的信用风险管理，尤其贷前风险识别能力的优化是促进金融机构农地抵押贷款供给，充分发挥农地抵押担保功能的关键。

在农村金融生态不完备情境下，针对农村地区大量尚未建立信用记录的长尾金融消费者，引入机器学习算法，改进基于有限信息度量信用风险方法，既是精确预测农村金融压力，增强金融支持全面乡村振兴的迫切需求，也是大数据时代金融机构风险管理方式转型方向。长期以来我国金融消费者，尤其是农村地区消费者面临较为严重的信贷配给问题（顾庆康 等，2019）。其核心是金融机构与农户之间存在明显的信息非对称，加之个人征信体系缺乏、传统风险管理方式难以有效识别违约农户。近年来，随着大数据积累、计算机并行计算能力的发展以及金融科技的变革。以大数据为驱动的机器学习算法可处理高维数据，不易产生过拟合，模型训练速度比较快，且估计结果具有良好的渐进特征（Wager et al.，2018），而被广泛应用于金融研究领域（Du et al.，2016；Barboza et al.，2017；王达、周映雪，2020），尤其是信用风险分析（衣柏衡 等，2016；Ma et al.，2018），其相较传统数理统计模型预测更佳（Huang et al.，2020；Chen et al.，2021；黄益平 等，2021）。但农业金融相关部门和研究领域对它的应用仍然十分有限。信用风险识别，既是度量风险损失，帮助金融机构控制风险的前提和有效手段，也是其他市场交易主体规避信用违约的保障，同时也是政府监管部门监测和管理农业经营主体信用风险的有效机制。

纵观该领域研究，鲜有将机器学习方法引入农业金融相关部门和农村金融

---

① 吕德宏、张无珂（2018）基于2016年3—6月宁夏回族自治区平罗县和重庆市开县1 173个农户农地抵押贷款调查分析显示，农地抵押贷款违约率为18.13%。王珏、范静（2019）基于吉林省651个农户样本在2015—2018年的1 236笔有效贷款分析显示，有521笔未准时还款，即违约率为42.15%，高于一般涉农贷款和消费信贷的违约率。例如，莫媛等（2020）基于江苏省41个县（市）农信社法人机构的农户部门数据分析显示，其平均不良贷款率为8.9%。王正位等（2020）基于国内某大型现金贷平台中随机抽取的2014年9月至2017年7月在平台上活跃借款的1 000个借款人信息分析显示，借款人的平均违约率达31%。

② 顾庆康、林乐芬（2019）的研究显示，有61.47%农户在申请农地抵押贷款中面临信贷配给。

产品领域，缺乏结合中国产权情境系统性农地抵押贷款信用风险研究尤其是生成机理分析，尚未述及不同类型农户信用风险的识别与度量。近年来，随着农村金融风险的持续暴露，涉农贷款信用风险引起广泛关注。现有国内文献大多聚焦于小额贷款的农户信用评价关键特征筛选与违约预测分析（迟国泰 等，2015；赵志冲 等，2020），个别研究定性分析了农村宅基地抵押贷款信用风险防范（张琴 等，2020）和定量度量了农地抵押贷款信用风险损失（吕德宏 等，2018）。但这些研究少有述及数据非平衡性问题，尤其是信用风险形成机理分析。在信用评价方面，已有研究主要采用 Logistic 回归模型（吕德宏 等，2017；石宝峰 等，2018）。该方法对低维信用数据建模有一定优势，但对高维、非线性数据具有局限性（杨莲 等，2021）。少部分学者采用了 BP 神经网络模型评价农户信用（杨莲 等，2022）。该方法具有实现复杂非线性映射的能力，但也存在初始权重随机、需要参数较多、过度拟合、易陷入局部极小值等问题（肖斌卿 等，2016）。在信用风险度量方面，个别研究尝试采用 CreditRisk+模型（吕德宏，2018）评估了农地抵押贷款信用风险①。该模型因完全不需要对违约发生的原因做任何假设和对数据要求较少而更具有一般性（吕志华 等，2011）。此外，尚未有研究述及不同信用风险定量分析。农户信用风险存在主动和被动差异（苏治 等，2014），但已有风险控制策略制定均建立在非对称信息状态下个体完全为主动违约的假定基础上。其有助于金融机构控制风险，但也忽视了农户作为弱势群体所受非预期性等系统性风险影响以及农业生产中的不可抗力因素所引发的被动违约行为等事实，更难以适应乡村全面振兴中大量新型农业经营主体多元化融资需求下对有效风险定价与管理策略的新要求。

鉴于此，本文依据信用风险“形成机理→现实评价→损失度量→压力测试”研究框架，以农地经营权直接抵押贷款模式为例，系统性开展农地抵押

① 需要说明的是，本文与其研究有六个主要方面的区别。一是本文首次立足中国土地产权和农村金融市场环境系统阐释了农地抵押贷款信用风险形成机理。二是在信用评价特征指标上，本文借鉴了已有研究，同时结合抵押物特性，拓展了指标评价体系，同时采用了多种无监督的机器学习方法对特征进行了筛选，减少了人为主观性干扰带来的偏误。三是本文考虑并解决了贷款数据违约与不违约的不平衡问题，减少了预测偏差。同时，在数据的训练集与测试集划分上也以数据本身为依据，并采用无监督学习进行分类，减少了人为主观因素干扰。四是本文采用随机森林模型进行违约预测，并对比了 Logistic 回归模型分析结果，同时采用其他机器学习方法进行了稳健性检验分析，进一步证实本文采用随机森林模型进行违约预测的有效性。五是本文的压力测试分析建立在前文变量重要性基础上，选取了 3 个关键指标变量，并考虑 3 个指标同时变动情境下估计违约概率的变动和风险损失变动情况。六是本文考虑主动违约与被动违约差异，并开展了分类研究。同时，本研究进一步证实，分类开展信用风险损失估计的必要性。

贷款信用风险研究。本文边际贡献在于：一是立足中国土地产权情境和农村金融市场环境，阐释了农地抵押贷款信用风险形成机理，揭示了农地抵押贷款信用风险形成的一般路径。二是引入机器学习方法，突破以往农地抵押风险研究方法的局限性，改进关键特征筛选，有效识别信用风险因素，并进一步改进农户违约预测分析，提高模型预测准确率，优化风险损失度量。三是分类开展信用风险因素识别、损失度量以及压力测试分析，构建了系统的农地抵押贷款信用风险预测与预警研究。本研究有益于丰富农地金融和信用风险度量等相关理论体系，为实践中准确把握农地抵押贷款信用风险防控的关键点和路径，掌握不同违约风险损失规律和强度，优化金融机构差别化风险定价能力，采取差异化客户管理和产品配置策略，增强风险管理系统韧性提供参考依据。

本文余下内容的结构安排如下：第二部分立足中国土地产权情境和农村金融市场环境，开展农地抵押贷款信用风险生成机理分析；第三部分介绍文章研究设计；第四部分开展农地抵押贷款信用风险因素识别与评级；第五部分度量农地抵押贷款信用风险损失；第六部分进行农地抵押贷款信用风险压力测试分析；第七部分是主要结论与政策启示。

二、农地抵押贷款信用风险生成机理分析

（一）产权管制和金融生态不完备下农地抵押贷款信用风险形成路径与表现形式

信用风险作为农地抵押贷款业务的核心风险，主要表现为农户违约风险。相较于国外成熟的农地抵押业务及其健全的金融市场体系，我国农地抵押贷款业务开展时间较短。现有贷款模式大多直接引进或借鉴于国外经验，且土地权益定价机制、价值实现机制以及风险分担等配套制度尚未完全建立。加之农村征信体系缺乏，农地抵押贷款呈现出显著的高风险与低收益非对称特性。此外，产权管制下，因农地地理位置和用途限制，农地较高的资产专用性和细碎化特征造成交易的小规模化和低频性，显著增加了金融机构在搜寻、审查、授信、决策与监督方面的信息维度，加剧了交易成本和信息不对称。不同于其他抵（质）押贷款，农地抵押贷款信用风险生成路径既有一般性，也有其特殊性。

1. 借款人信息不对称引发农户主动违约（理性违约）

农地抵押贷款中的信息不对称表现为农户对自身信用状况、经营权产权价值、农业生产经营能力和风险管理能力、生产经营的努力程度、农产品预期收益、贷款资金用途等情况非常熟悉，但金融机构很难掌握这些即时且有效的信

息。高风险低信用的低质农户可利用这信息优势，通过隐藏信息与动机，冒充优质客户申请贷款，以达到缓解当前资金约束和转嫁风险的目的。金融机构因处于信息劣势，为有效控制风险，在对借款人进行审查之后，在保证完成贷款任务和当期收益下尽可能采取惜贷策略，进而导致部分优质客户被排斥在金融市场之外，引发逆向选择。在法律约束不足以及资金使用难以得到及时有效监管情况下，贷款一旦到期，低质客户或申请新贷以还旧贷威胁违约，或主动违约。针对违约农户，金融机构只能通过流转处置经营权收回部分贷款本息，而未收回的本息将形成不良资产；对于威胁违约农户，金融机构一旦允许农户借新还旧，将引发其他贷款到期农户观察模仿，导致传染性风险，使得金融机构陷入被动，带来更大范围的信用风险。

2. 农地经营权权属不完备，引发农户主动违约（理性违约）

抵押物价值稳定是充分发挥抵押功能、降低道德风险的前提（Juha-Pekka，2017）。而农地抵押贷款的抵押物价值取决于其权属完备性。在中国产权管制情境下，经营权因获得方式不同表现为承包地农户拥有的完整经营权、流转的经营权以及入股土地合作社取得的经营权三类，但权属差异显著（罗兴 等，2017）。其中，承包户的农地经营权的权属相对完备①，但抵押价值低、交易成本高，受到金融机构排斥。转入经营权的权属完备性和价值②取决于租金支付方式③。例如，多年租金一次性支付下的流转经营权在租期内权属完备，是较好的抵押物；而一年一付的流转经营权实为债权④，无法充分发挥抵押约束担保作用，且处置难度较大，易引发纠纷。此外，入股方式下的经营权权属完备性和价值取决于盈利分配方式和租金支付方式。据惠顾返还⑤下的经营权更接近于用益物权，且处置相对容易，是有效抵押物；“保租分红”⑥⑦

---

① 即拥有完整的用益物权和担保物权，可发挥抵押作用，缓解借款人的道德风险以及违约后保全债权。

② 此时的经营权价值取决于租金支付方式和租赁期限。

③ 一般有多年租金一次付清和一年一付两种方式。实践中，鉴于一次性付清租金带来的巨大资金压力，绝大多数规模经营主体对流转合同均为年付租金。

④ 即在租期内不具有完整使用权，存在“二地主”问题；且其产权价值存在较大的不确定性。

⑤ 该盈余分配方式下，经营权实现了股权化，真正实现了合作社组织内社员收益共享、风险共担。

⑥ 其中，保底租金是债权固定收益，且在分配盈余中占的份额很大；“分红”是股权收益，占分配盈余的比较小。

⑦ 这是大多数合作社采用的方式，比较符合农户的实际情况，也满足了农户规避风险的行为偏好。

下的经营权更接近于债权，其权属完备性取决于保底租金支付方式。相较于承包地的经营权，后两类经营权产权价值存在较高的不确定性，但因其规模化经营且交易成本相对较低，实践中金融机构多针对这两类经营权发放抵押贷款，且并未针对不同类型经营权采取差异化的授信和贷后监管①。一旦农业生产经营遭遇损失，又缺乏其他还款资金来源，将引发农户主动违约，尤其是规模经营主体②。

3. 农业价值补偿机制不足引发农户被动违约（被动违约）

农业收益决定农地经营权价值稳定性的重要因素。相较于其他行业，农业呈现出高风险、低收益、长周期性的特点。农业经营过程，既受自然条件的影响又受市场价格的影响，并伴随气象灾害、病虫害、价格波动等诸多不可控的灾害风险。农业保险作为农业风险管理的一种有效手段，近些年在我国发展较快，但仍存在保障不充分、农业保险承保品种少、保险规模和覆盖面不足、承保理赔不尽规范等问题，且缺乏农业巨灾损失分担体系（张峭 等，2019）。农业风险补偿机制不健全，不能有效地分散和转移风险。一旦遭遇不可抗力因素影响，引发农户面临严重的经济困境，使得农地经营权价值无法得到适当补偿，农户将只能被动选择违约。

4. 农地融资债务的预算软约束引发农户主动违约（故意违约）

农地抵押政策作为农村金融支持“三农”发展的重要举措，其债务存在预算软约束。试点阶段，各地方政府主导推进农地抵押贷款政策，并设立了专项风险补偿基金为推进该项业务进行风险兜底。与此同时，风险补偿基金也为该项贷款债务带来预算软约束。尽管农地金融环境尚不健全，金融机构为了有效执行贷款政策，对贷款手续存在“变通”操作③。同时，因土地资产专用性较高，加之土地权益定价机制和价值实现机制发展滞后，尚未形成有效的农地产权交易市场，抵押物处置难。此外，农地除了为农户提供经济收益，还承载了社会保障、生态涵养和保护、粮食安全等多项基本保障功能，相关的产权交易法律配套体系尚不健全。多种因素叠加易引发低信用高风险农户利用法律空白，增加机会主义拖欠，故意违约。

---

① 事实上，在农地抵押贷款试点阶段，绝大多数试点方案和办法，并没有对不同租金支付方式下获取的农地经营权进行区分。目前，评估机构也并未对不同类型的经营权采取差异化估值。而经营权价值高估会增强道德风险，而价值低估将加剧逆向选择问题。

② 曾出现多例规模经营主体“跑路”现象，致使大面积土地荒废，银行不良贷款飙升（罗兴 等，2017）。

③ 例如，放松贷前审查、贷中与贷后的资金使用监管。

（二）非完全信息状态下农地抵押贷款信用风险成因分析

为进一步揭示农地抵押贷款信用风险的成因，在不影响研究问题的前提下，使实际问题分析趋于简化且不失一般性，本文考虑信贷市场中只有农户和银行金融机构两类参与主体的情形，且参与主体均为理性经济人。本文提出下列假设：

（1）假设一个生产周期内仅考虑自然因素 γ 和价格因素 P 对农业生产经营结果的影响，农户针对经营年限为 ω 的规模为 μ 的土地进行农业生产活动，到收获季节出现丰收的概率为 $\rho(0 \leqslant \rho \leqslant 1)$，颗粒无收的概率为 $(1-\rho)$，其对应的农业投资收益率分别为 k 和 0。农业收入是农户的唯一收入来源。生产中考虑到 γ 和 P 的影响，农户购买农业保险支付费率为 δ。农业经营丰收概率 ρ 受自然因素 γ、价格因素 P、农户努力程度 e 以及风险偏好 β 影响。

（2）农户拥有初始资金为 W。所有农户对于规模 μ 的土地生产活动参与具有同样概率，且需要固定投入 L。固定投入 L 均通过银行贷款获得，满足 $0 < W < L$。即农户拥有的初始自有资本无法满足农业生产投入的资金需求。

（3）为开展生产经营活动，农户申请贷款的成本为 C，贷款期限为 t，利率为 R。为获批该项贷款，农户提供其经营年限为 ω 的规模为 μ 的农地经营权作为抵押物，价值为 G，折现率为 $\theta(0 < \theta < 1)$，且 $\theta \cdot G < L$。G 取决于农地经营年限 ω、规模 μ 以及地理区位 H。

（4）银行无法获悉单个农户的真实风险概率，仅知道到出现经营丰收的平均概率为 $\rho(0 \leqslant \rho \leqslant 1)$，颗粒无收的平均概率为 $(1-\rho)$。银行提供贷款需要使用资金的成本率为 R_o。

（5）当农户因经营失败等原因发生违约行为后，银行变现抵押物追回不良贷款的收益为 G，满足 $0 < G < W$。

（6）规模小、经营权估值不足、经营风险高等特征使得经营权价值凸显较高不确定性。银行为监管该项贷款业务增加监管成本 S。农户若按期还款，则获得奖励 D；若出现恶意违约骗贷现象，银行则给予资金、信用等严厉惩罚 $-D$［即满足 $(1+k)(W+L) > D > (1+R_{(t)}) \cdot L$］①，且惩罚成本大于监管成本且 $D > S > 0$。

可知，农户通过采用农地经营权抵押融资进行农业生产一个生产周期内取得的净收益为

---

① 即在该惩罚范围内，既可对农户发挥约束作用，又可避免农户因过高的惩罚而完全失去再次经营的能力。

$$\pi = \rho[L(k - R_{(t)}) + W + D - \delta \cdot \mu] - C \tag{1}$$

在金融机构监管下，此时农户面临的按时还款的约束条件为

$$\pi \geqslant \rho[L(1 + k) + W - \delta \cdot \mu - G] - C - 2D \tag{2}$$

其中，$\rho = f(\gamma, P, \delta, e, \beta)$；$G = \varphi(\omega, \mu, H)$。进一步整理得

$$D\left(1 + \frac{2}{\rho}\right) \geqslant L[1 + R_{(t)}] - G \tag{3}$$

又因 $\theta \cdot G < L$，则式（3）可写成

$$D\left(1 + \frac{2}{\rho}\right) > G \cdot [\theta(1 + R_{(t)}) - 1] \tag{4}$$

式（4）表明，农户违约取决于农业生产经营成功概率、抵押物价值、折现率、利率以及银行的监管与激励约束机制等因素。其中，农业生产经营丰收概率 ρ 受自然因素 γ、价格因素 P、农户努力程度 e、风险偏好 β 以及购买农业保险水平的影响；而抵押资产价值取决于农地经营年限 ω、规模 μ 以及地理区位 H；利率则与个人信用状况有关；金融机构采取的横向监督机制和还贷激励机制则取决于贷款制度设计和借款人风险类型。

三、研究设计

（一）数据来源与代表性说明

本文数据来源于课题组于 2020 年 7 月、8 月以及 11 月在四川、重庆、宁夏三省（自治区/直辖市）开展的主题为“中国土地经济研究”的实地调研。样本点选取综合考虑农地抵押贷款试点推进、经济发展水平、地理环境等情况。课题组在四川省选取成都市温江区、眉山市彭山区、乐山市井研县、巴中市巴州区、广安市武胜县，在重庆市选取永川区、荣昌区以及在宁夏选取石嘴山市平罗县、吴忠市同心县进行分层随机抽样。本次调研共计走访了 3 省（自治区/直辖市）9 县（区）36 个乡（镇）。样本覆盖四川盆地、大巴山和低山丘陵区、银川平原，农业产业发展所依赖的自然环境存在区域性差异。课题组在上述各县（区）选取 3~4 个反映不同层次经济发展水平的代表性乡镇，在每个样本乡镇按照相同标准分层选取 3~4 个样本村，再在每个样本村随机选取 8~10 个样本农户进行访谈。此次调查共发放问卷 1 200 份，获得有效农户问卷 1 156 份，问卷有效率为 96.33%。其中，有 223 户曾获得农地经营权贷款 338 笔贷款。数据预处理后有 320 笔有效贷款进行分析。

（二）特征工程

1. 信用评价初选指标集建立

为了更全面地进行信用评价，不同于以往研究中局限于个体和家庭特征的指标体系构建，本文在已有评价指标体系基础上，还考虑了合约、抵押标的物及其外部环境特征，综合选取了贷款合约特征、抵押农地特征、农地产权交易市场环境特征、标的物的相关政策环境特征、户主个人特征以及家庭特征6大类共35项，如表1所示。

表1 农户农地抵押贷款信用评价初级指标

贷款合同特征	抵押农地特征	农地产权交易市场环境特征	政策环境特征	个体特征	家庭特征
贷款金额	抵押土地规模	经营权估值单位类型	农业保险	性别	父母受教育水平
贷款利率	抵押土地产值	农地交易市场活跃程度	农业补贴	年龄	家庭抚养比
贷款期限	经营权来源	本村是否为抵押试点		受教育年限	家庭总收入
还款方式		到土地交易中心距离		健康状况	家庭总支出
抵押物估值		抵押政策信息获取便利性		务工经历	农业净收入
交易费用		抵押氛围		经营主体身份	固定资产价值
				党员身份	社会网络
				风险态度	社会阶层定位
				道德倾向	
				金融素养	

2. 关键特征筛选方法

随着数据收集和存储能力的大幅提高以及考虑问题的全面性要求，高维数据被广泛应用于多领域研究。如何从高维数据中有效筛选出真实协变量集，直接关系着模型的计算效率和预测精度。高维数据中往往存在冗余特征和不相关特征，这不仅会导致模型复杂度变高，增加计算资源消耗，还会降低模型的预测能力和准确率（Pes，2020）。常见的特征选择方法有包裹法、过滤法以及嵌入法①。而单个特征选择算法往往存在一定局限性，不能有效挑选出优异特

① 在这三种方法中，一是当特征数量少时，包装法容易过拟合，当特征数量多时，包装法计算时间非常长；二是过滤法则计算高效，可以解决过拟合问题，但往往容易选择冗余的特征，且不能有效考虑特征与特征之间的联系（Bolón-Canedo et al.，2019）；三是嵌入法是通过机器学习算法计算权重系数大小来选择特征，可更贴合模型的预测需求。

征。因此，本文结合过滤法①和嵌入法②的优势，并在过滤法中选取了卡方检验③和在嵌入法中选择决策树④算法两者相结合筛选特征，既可减少冗余，又考虑了特征之间联系。

（三）数据非平衡问题处理方法

在信用研究领域，违约客户远少于非违约客户的事实使得数据非平衡性特征凸显，进而降低了以最大化分类准确度为目标函数的传统信用评级模型的适用性，引发模型对违约客户识别力不强现象（He et al.，2018）。针对数据不平衡性问题，欠采样、过采样两种方法应用较多（迟国泰 等，2020）。欠采样方法计算量虽较小，但因仅抽取部分数据与少数样本构成平衡数据，也进一步损失了部分重要数据信息，易导致模型过拟合，降低训练模型的精准度（周颖 等，2021）。而基于虚拟样本合成的过采样（synthetic minority oversampling technique，SMOTE）则是通过生成合成增加样本数据集中的少数类，使得目标类别间尽可能均衡。这既保障了新生成的违约样本能够反映原信用评价数据的基本特征，也改变了现有违约、非违约样本不均衡致使评价模型判别能力偏低的现状（杨莲 等，2021），在计算效率和对少数类（样本）的预测正确性方面优于其他过采样技术（Chen et al.，2021）。因此，本文采用 SMOTE 来处理农地抵押贷款数据的非平衡问题。

（四）信用评价与风险损失度量模型构建

1. 随机森林模型

本文采用随机森林模型进行农户农地抵押贷款违约预测分析，并将其预测结果与传统的 Logistic 回归模型进行对比⑤。在信用评价的传统数理统计方法中，Logistic 回归模型因具有结果直观、便于解释且计算代价小等特点而被广泛应用（吕德宏 等，2017），但也存在欠拟合和稳定性差等不足，且其预测缺乏有效筛选特征环节，这使得预测的精度和有效性大大降低（石宝峰 等，2018）。基于树的集成学习的随机森林模型可有效克服这些不足，且其预测准确率优于 Logistic 回归模型（黄益平 等，2021；Chen et al.，2021）。此外，随

---

① 相关系数、卡方检验和互信息是过滤法中最常见的三种特征排序方案。

② 嵌入法首先将数据输入机器学习算法中，机器学习算法根据训练结果反馈，得出每一个特征对输出的贡献度，即权重系数大小，权重越大说明该特征越重要，对预测结果发挥较大作用。

③ 卡方检验是通过观察实际值与理论值之间的偏差来确定假设是否成立。

④ 机器学习算法直接影响嵌入法筛选效果。决策树对建模数据的要求不高，可以用较短的时间处理各种类型的数据，且需要的数据量不大，易于理解及实现。本文选取决策树算法作为嵌入法的机器学习方法进行特征筛选。

⑤ Logistic 回归模型和随机森林模型均为有监督学习模型，因此具有较高的可比性。

机森林模型在训练完样本之后，可通过估计出的参数评价各个特征的重要性及排序，降低了机器学习方法“黑箱”的特性（马晓君 等，2019）。随机森林模型的核心思想是以 Bootstrap 抽样方法从随机森林模型的训练集中有放回地随机抽取等量的样本作为该决策树的训练样本集，然后通过对训练集进行测试后构建多个决策树模型并对其运算结果求平均，得到对结果变量的估计结果（刘生龙 等，2021）。随机森林生成的具体步骤如下：

首先，基于 Bagging 方法构建训练样本集。Bagging 方法的实质是以 Bootstrap 抽样方法从训练集中有放回地随机抽取等量的样本直至构建出多组不同的训练样本集。在 Bootstrap 方法下，当原始样本集较大时，约有 63.2%的样本会出现在袋装样本集中，另余 36.8%的训练集样本未被包含，称为该决策树的袋外样本（out-of-bag samples，OOB 样本）。利用这部分样本对模型性能进行的估计称为 OBB 估计。该方法可度量随机森林中变量的重要性，也可估计随机森林的强度和相关度（马晓君 等，2019）。

其次，基于训练集学习，通过分裂后子样本集与节点的误差比较，寻找最优属性和最优临近点，并进行划分①，形成决策树模型。其中，不同决策树之间是独立同分布的；与经典的决策树算法不同，随机森林中的决策树不需要进行剪枝，而是通过对训练样本和分裂特征的随机抽样保证整个模型不会过拟合。决策树模型在进行属性划分时是选择当前节点属性集合（假定初始节点有 d 个属性）中的最优属性进行划分。针对这一最优属性的最优值处对样本进行划分可以获得最大的误差下降幅度。随机森林的决策树的划分规则如下：

$$\operatorname{argmin}_{j,\ s\in D}\operatorname{Error}(j,\ s)\left[\sum_{d_i\in D_1(j,\ s)}(Y_i-\bar{Y}_{D_1})^2+\sum_{d_i\in D_2(j,\ s)}(Y_i-\bar{Y}_{D_2})^2\right] \tag{5}$$

其中，D_1 和 D_2 分别表示从一个节点 D 划分出的两个分支节点，$(j,\ s)$ 表示依据节点 D 中的 j 属性对应的 s 值进行划分，进而将样本划分到两个分支节点中。

最后，将决策树模型组合形成“森林”，并采取投票选取机制决定最优的分类结果。随机森林的预测结果如式（6）所示。

$$\hat{\mu}(x)=\frac{1}{B}\sum_{b=1}^{B}\frac{\sum_{\{i:\ X_i\in L_b(x)\}}Y_i}{|\{i:\ X_i\in L_b(x)\}|}=\frac{1}{B}\sum_{b=1}^{B}\sum_{i=1}^{n}\frac{Y_i\cdot I(X_i\in L_b(x),\ i\in S_b)}{|\{i:\ X_i\in L_b(x),\ i\in S_b\}|} \tag{6}$$

① 分裂的终止依据某个事先设置的终止条件。例如，每个节点所包含的样本数少于某一特定值，或者再次划分该节点时总方差的下降幅度小于某一特定值。

其中，$\widehat{\mu}(x)$ 表示在给定一组特征向量 x 时随机森林返回的预测值；B 表示构建的随机森林模型由 B 棵树构成；$L_b(x)$ 表示特征变量为 x 的样本在第 b 棵树中所对应的叶节点；S_b 表示用于构建第 b 棵树的子样本集合，该样本集合中共有 n 个观测值。

2. CreditRisk+信用风险度量模型

本文采用 CreditRisk+模型度量农地抵押贷款的信用风险。该模型只考虑债务人违约和不违约两种状态，并假定债务人违约次数近似 Poisson 分布和违约概率在观察期内固定不变。由此，资产组合中有 n 笔贷款违约发生的概率为

$$P(\text{ndefaults}) = \frac{\mu^n e^{-\mu}}{n!} \tag{7}$$

其中，μ 是每年平均违约次数，$\mu = \sum P_{\mathrm{M}}$，$P_{\mathrm{M}}$ 为债务人 M 的违约概率，违约次数 n（$n = 0, 1, 2, \cdots, N$）。

计算损失分布时，模型将风险敞口划分为多组。其中，每一组风险敞口接近一个整数，并被视为一项独立资产组合。根据每组的概率生成函数和违约次数服从 Poisson 分布假定，资产组合的概率生成函数为

$$G(z) = \prod_{i}^{m} e^{-\mu_i + \mu_i z^{v_i}} \tag{8}$$

其中，μ_i 表示第 i 组预期违约数量，v_i 表示以 L 为单位的第 i 组敞口。由此，资产组合违约损失分布概率为

$$P(\text{loss} = n \cdot L) = \frac{1}{n!} \frac{d^n G(z)}{d Z^n} \bigg|_{n=0} \quad (n = 1, 2, \cdots, m) \tag{9}$$

VaR（Value at Risk）是指在一定置信水平（如 $a = 99.9\%$）和一定持有期内，某一金融工具或其组合在未来资产价格波动下预期所面临的最大损失额。假设风险 X 的累积分布函数为 $F(x)$，贷款组合在一定置信水平下的 $Var(a)$ 值可表示为

$$\text{VaR}(a) = \text{Min}\{x \mid \sum_{k=0}^{x} P(\text{loss} = k \times L \geq a)\} \tag{10}$$

四、农地抵押贷款信用风险因素识别与评级分析

（一）农地抵押贷款信用风险因素识别分析

本文最终选取出 12 个关键特征指标，并依据其重要性依次排列，具体如表 2 所示。根据随机森林的特征选取结果可知，抵押物特征和贷款合约特征是核心的风险影响因素，其次是家庭特征、农地产权交易市场环境特征、个体特

征及政策环境特征因素。同时，根据均值差异比较，可知被动违约农户拥有的抵押土地规模、社会网络、农业净收入、固定资产价值以及金融素养水平的均值大于主动违约农户，且至少在10%统计水平上差异显著。这表明，不同违约行为的风险因素存在差异，进而带来信用风险损失差异，有必要开展分类分析。

表 2　筛选特征及其变量定义、描述性统计

变量名	变量定义与描述	全样本		MAD	主动违约		被动违约		Diff.
		均值	S. D.		均值	S. D.	均值	S. D.	
响应变量									
是否违约	是=1；否=0	0. 10	0. 30	–	–	–	–	–	–
违约类型	主动违约=1；被动违约=0	0. 73	0. 45	–	–	–	–	–	–
特征变量									
抵押土地规模	抵押土地的面积（亩）	116. 30	203. 0	74. 98	128. 20	183. 5	358. 10	337. 20	−229. 88 **
抵押物估值	专业机构对经营权价值的估值大小（万元）	77. 12	215. 60	74. 79	270. 10	571. 9	465. 00	559. 00	−194. 92
抵押氛围	周围申请农地抵押贷款的人数（人）	33. 00	66. 07	73. 29	21. 00	38. 74	36. 00	101. 02	−14. 83
贷款金额	获批贷款数额（万元）	31. 58	64. 02	72. 80	84. 98	144. 3	143. 7	158. 30	−58. 69
抵押土地产值	抵押土地上主要农产品的产值总和（万元）	99. 80	307. 9	64. 40	389. 50	693. 4	427. 90	983. 90	−38. 41
社会网络	采用得分法计算所得[a]	1. 83	1. 070	64. 13	1. 21	1. 021	2. 11	1. 83	−0. 90 *
农业净收入	农业经营收入与投入成本的差值（万元）	4. 45	144. 60	60. 03	80. 87	343. 3	−201. 7	370. 00	282. 55 **
到交易中心距离	本村到最近农地产权交易中心距离（km）	11. 54	6. 25	56. 07	9. 19	8. 453	15. 44	14. 65	−6. 26
固定资产价值	家庭拥有房产、固定设备的估值（万元）	60. 49	137. 30	53. 96	69. 79	95. 86	350. 00	653. 80	−280. 21 **
家庭总收入	家庭拥有的各项收入总和（万元）	80. 57	226. 00	53. 82	331. 90	565. 0	145. 50	303. 50	186. 40
金融素养	采用得分法计算所得[b]	5. 15	2. 071	48. 94	5. 29	2. 236	6. 79	1. 72	−1. 49 *
农业补贴	家庭获得的各种农业补贴总和（万元）	4. 17	17. 03	48. 47	12. 24	35. 90	0. 59	1. 65	11. 65
观测值	342			24		9			

注：a. 家庭成员及亲朋好友是否在“村委会、事业单位、银行、保险公司、证券公司、小额贷款公司”工作，满足 1 个可计 1 分，累计最高得分为 6 分，数值越大，表明社会网络规模越大；b. 从利率计算、通货膨胀理解、投资风险识别等方面共设置 8 个问题，每个问题受访者回答正确计 1 分，累计最高得分 8 分，得分越高，受访者金融素养越高。

注 2：** 、* 分别表示在 5%和 1%的显著性水平。

（二）农地抵押贷款信用评价模型拟合效果分析

评价模型分类效果最常用指标有 ROC 曲线、AUC（area under the curve，曲线下方面积）、准确率（accuracy）①。本文中模型的评价以 AUC 值为主，准确率为辅来判断模型拟合效果。图 1 和图 2 分别展示了 Logistic 回归模型和随机森林模型的 ROC 曲线及其 AUC 值。可知，随机森林模型拟合效果更佳，这与 Chen（2021）、黄益平和邱晗（2021）等的研究结论一致。因此，本文采用随机森林模型进行预测分析以及估计违约概率及标准差。

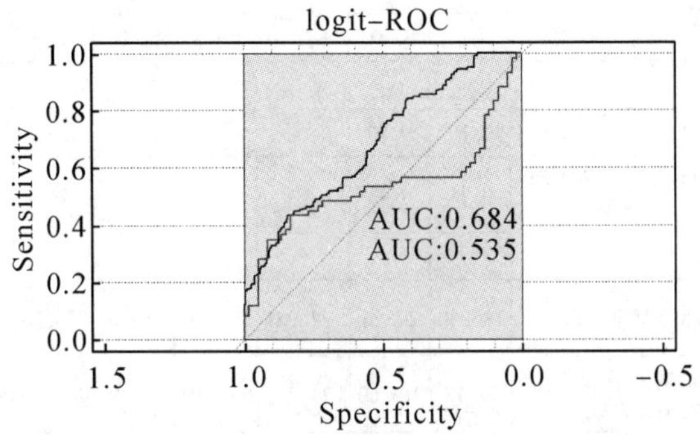

图 1　Logistic 回归模型的 ROC 曲线及 AUC 值

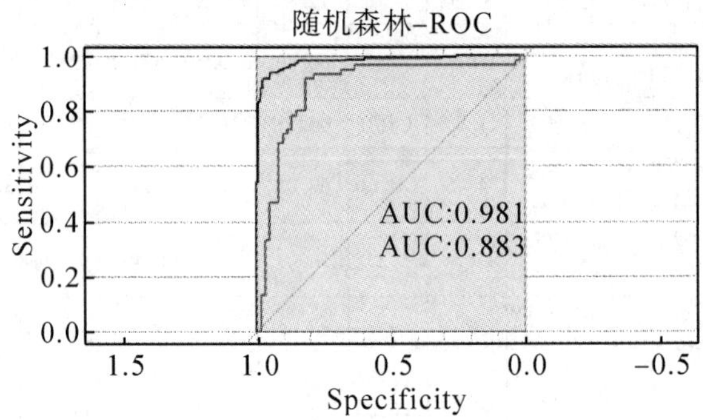

图 2　随机森林模型 ROC 曲线及 AUC 值

---

① 其中，精度为给定的数据集，分类正确的样本数占总样本数的比例；AUC 指标为 ROC 曲线各个部分的面积之和。ROC 曲线的纵轴为真正类率（true positive rate，TPR），代表预测为“好客户”而实际也为“好客户”的样本占所有实际为“好客户”的比例；横轴为假正类率（false positive rate，FPR），代表预测为“好客户”实际为“坏客户”的样本占所有实际为“坏客户”的比例。AUC 值衡量样本输出概率之间的大小是否合理。若“好客户”样本的输出概率始终大于“坏客户”样本，则 AUC 值较高；若大量“坏客户”样本被判断为“好客户”的概率高于部分正类的概率，则 AUC 值较低。理论上，AUC 取值范围为 0～1，数值越大，代表模型的评价性能越佳。最理想的分类模型的 AUC 值为 1，随机分类模型的 AUC 值为 0.5。AUC 标准被广泛应用于诸多文献当中（黄益平 等，2021）。

（三）稳健性检验

本文采用决策树、ExtraTree、Adaboost、XGboost、GBDT 等常用的机器学习算法进行了预测分析。各模型的 AUC 值与准确率如表 3 所示，可知随机森林的预测效果最佳。

表 3　不同模型预测效果

方法	Logistic	随机森林	决策树	ExtraTree	Adaboost	XGboost	GBDT
AUC	0.535	0.885	0.658	0.673	0.743	0.592	0.748
Accuracy	0.617	0.725	0.857	0.829	0.800	0.812	0.829

（四）农地抵押贷款信用评级分析

本文的违约损失率结合了样本地区抵押贷款相关政策文件，以样本地区贷款总额作为权重计算所得，为 26.31%，并以此计算贷款的风险敞口。风险评价周期应该长于风险缓释技术的作用时间，考虑到样本贷款的期限，本文选取 1 年作为风险评价周期。借鉴刘佳等（2014）的做法，运用聚类分析法将借款人划分为 5 个信用等级，各信用等级的违约概率及其标准差如表 4 所示。其中，AA 等级、A 等级、BBB 等级、BB 等级、B 等级分别表示借款人偿债能力很强、偿债能力一般、偿债能力差、偿债能力较差以及偿债能力非常差。

表 4　全部样本训练集的信用等级、违约概率及其标准差

信用等级	样本量/笔	百分比/%	违约概率/%	标准差/%	违约概率所属区间/%
AA	117	27.08	5.44	3.57	[0.44，12.79]
A	80	18.52	22.36	6.30	[14.29，36.21]
BBB	44	10.19	50.14	7.34	[36.50，62.86]
BB	60	13.89	76.40	6.11	[63.82，85.24]
B	131	30.32	94.18	4.02	[85.40，99.91]

类似地，基于特征筛选，本文进一步获得影响主动和被动违约风险的 10 个关键因素，依据重要性依次排序为抵押土地产值、到交易中心距离、固定资产价值、农业补贴、抵押氛围、农业净收入、金融素养、抵押土地规模、家庭总收入、社会网络。同时，根据随机森林模型的预测分析进一步获得违约概率和违约概率的标准差，并针对主动违约和被动违约样本划分信用等级，如表 5 所示。可知，不同信用等级的农户在主动违约与被动违约样本中的分布存在差

异，表现为主动违约样本中偿债能力很强和一般、偿债能力较差和非常差占比均较高，而偿债能力差的比例较少；被动违约对应的分布相对均匀。

表 5　主动违约和被动违约样本的训练集信用等级、违约概率及其标准差

信用等级	主动违约				被动违约			
	样本量/笔	百分比/%	违约概率/%	标准差/%	样本量/笔	百分比/%	违约概率/%	标准差/%
AA	8	23.53	7.12	2.84	5	20.83	5.60	2.49
A	7	20.59	15.54	2.34	4	16.67	9.67	0.59
BBB	3	8.82	29.84	6.06	8	33.33	15.11	1.13
BB	12	35.29	57.85	7.02	5	20.83	21.22	1.43
B	4	11.76	89.14	1.71	2	8.33	32.88	4.25

五、农地抵押贷款信用风险损失度量分析

（一）农地抵押贷款整体信用风险损失度量分析

违约损失率、违约概率、违约概率的标准差和风险敞口是 CreditRisk+模型度量信用风险的重要参数。本文中，在农地抵押贷款违约损失率为 26.31%水平下，测试集风险敞口是 2 660 万元，平均每笔贷款风险敞口为 22 万元，预期损失为 1 250 万元，占贷款业务风险敞口的 46.99%，大于其他涉农贷款的预期损失占贷款风险敞口比例①②。这表明，采用传统的数理统计模型进行违约预测分析会低估信用风险损失。此外，农地抵押贷款信用风险损失呈“左倾厚尾”分布，如图 3 所示。这与吕德宏、张无珂（2018）所得出的农地抵押贷款信用风险损失特征一致。其主要原因是信息不对称和收益与风险损失不对等。对于金融机构而言，贷款收益上限是确定的。但其标的物较高资产专用性和细碎化特征使得交易凸显小规模化和低频性特征；加之，农地金融生态尚未

① Katchova 和 Barry（2005）基于新巴塞尔资本协议，依据美国伊利诺伊州农场管理数据，采用 CreditMetrics 模型估计农场的信用风险损失；结果显示，预期损失占贷款业务风险敞口比重小于 1%。

② 吕德宏、张无珂（2018）的研究显示，在违约损失率为 32.6%的情况下，测试集风险敞口约为 776.50 万元，预期损失约为 66.35 万元，预期损失占贷款业务风险敞口的比重为 8.55%。本文同样采用 Logistic 回归模型和 CreditRisk+模型进行信用风险预测与损失度量显示，在违约损失率为 26.31%的情况下，测试集风险敞口为 2 660 万元，预期损失为 939 万元，占贷款业务风险敞口的比重为 35.30%。

完全建立，进一步增加了金融机构在搜寻、审查、授信、决策与监督方面的信息维度，加剧了交易成本和信息不对称。从平均每笔贷款风险敞口看，一旦一笔业务发生违约，其本息损失较大，收益与风险非对等性凸显。此外，为保证贷款损失准备金充足性，金融机构的贷款损失准备金需与预期损失保持一致。

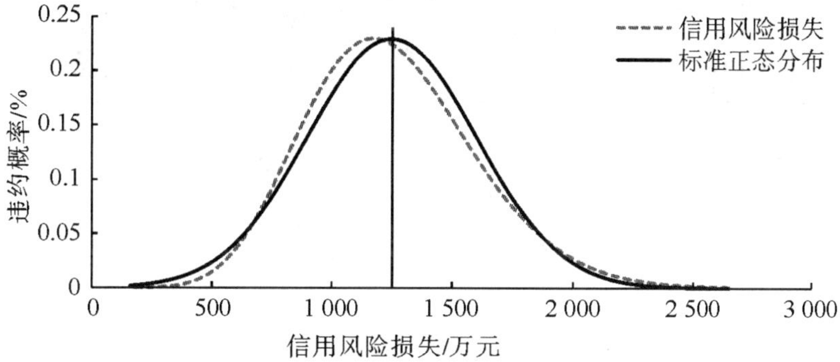

图 3　农地抵押贷款业务信用风险损失分布

不同置信水平下农地抵押贷款信用风险非预期损失①如图 4 所示。其中，在 99%的置信水平下，农地抵押贷款信用风险 VaR 值为 2 178 万元，非预期损失为 928 万元。即在 99%概率下，在一定时期内，农地抵押贷款损失将在 2 178万元以内。进一步地，非预期损失占 VaR 和风险敞口的比例分别为 42.61%、34.89%，高于一般的涉农贷款②。

（二）不同类型农地抵押贷款信用风险损失度量分析

在违约损失率为 26.31%的情况下，主动（被动）违约样本测试集风险敞口为 323 万元（283 万元），平均单笔贷款风险敞口为 15 万元（17 万元），预期损失为 95 万元（49 万元）。由此，不同置信水平下农户主动违约与被动违约下的 VaR 值和非预期损失如图 5 所示。

---

① 非预期损失=一定置信水平下的最大损失（VaR 值）-预期损失。

② Pederson 和 Zech（2009）采用 CreditRisk+模型估计美国 1987—2004 年中部地区合作社的信用风险，研究显示，99%置信水平下，非预期损失占贷款业务风险敞口的 1.81%。

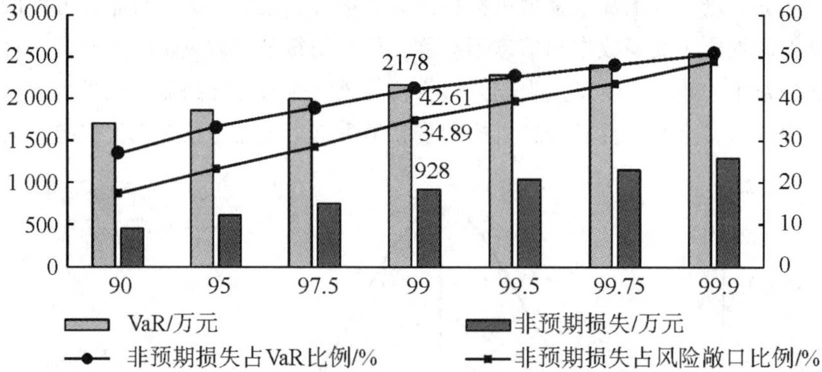

图 4　不同置信水平下农地抵押贷款信用风险 VaR 值、非预期损失情况

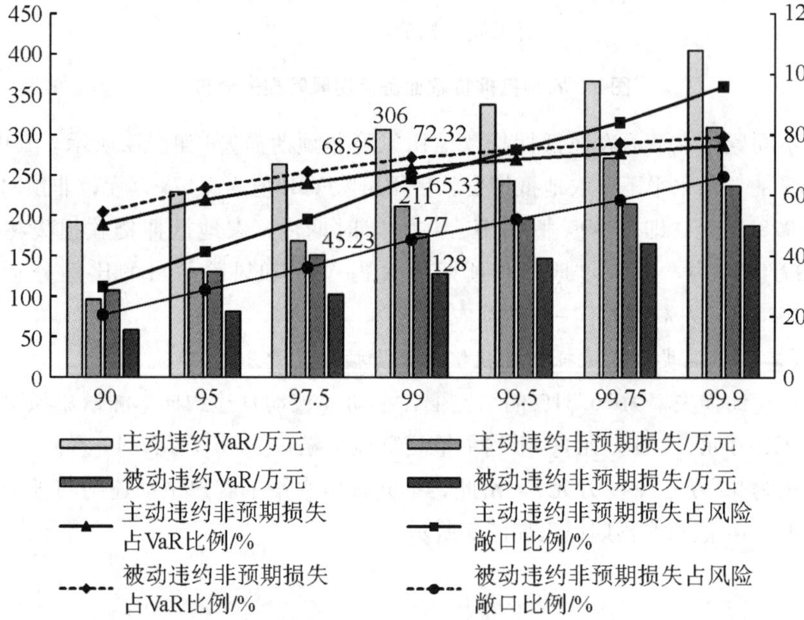

图 5　不同置信水平下农地抵押贷款主动违约与被动违约的 VaR 值和非预期损失

其中，在 99%的置信水平下，主动（被动）违约下农地抵押贷款信用风险 VaR 值为 306 万元（177 万元），非预期损失为 211 万元（128 万元）；非预期损失占 VaR 和风险敞口的比例分别为 68.95%（72.32%）、65.33%（45.23%）。换言之，在 99%概率下，在一定时期内，因主动（被动）违约引发的农地抵押贷款损失将在 306 万元（177 万元）以内。这表明农户主动违约与被动违约引发的农地抵押贷款预期信用风险损失存在较大的差异，金融机构需要采取差异化的风险定价策略。

六、农地抵押贷款信用风险压力测试分析

作为金融稳定性评估的重要工具，压力测试是信用风险研究中用于分析极端但可能发生的假设不利情景对金融机构冲击程度的量化工具，是日常管理信用评级系统的重要补充①。本文基于农地抵押贷款历史的数据波动率来设置轻度、中度及重度压力场景②。

（一）农地抵押贷款整体信用风险压力测试情景及预警分析

根据前文特征筛选重要性排序，本文选取抵押土地规模、抵押物估值、农产品产值作为压力测试指标，并依据测试指标值与违约之间的偏相关系数确定指标变动方向。在基本情景基础上对每个指标均恶化10%、30%、50%，分别作为轻度、中度、重度压力情景，测试不同情景下农地抵押贷款在99%置信水平下的VaR值、预期损失和非预期损失情况。具体情景如表6所示。

表6　整体信用风险压力测试情景

压力测试情景	抵押土地规模	抵押物估值	农产品产值
基本情景	保持不变	保持不变	保持不变
轻度压力	+10%	+10%	+10%
中度压力	+30%	+30%	+30%
重度压力	+50%	+50%	+50%

由图6可知，在99%的置信水平下，整体看，信用等级越高，违约率越低；且同一信用等级的农户随着压力不断上升，违约概率呈上升趋势，但在轻度、中度以及重度压力情景冲击下，高信用等级农户违约概率增幅较大，低信用等级农户违约概率增幅较小，表明农业经营主体整体的抗压能力较弱。

① 压力测试可通过使用数理统计模型预测数据和依据历史数据或外国危机情景来设计不同的压力情景。

② 其中，轻度压力情景是比目前实际情况更为严峻的温和风险暴露情景，有一定概率会发生；重度压力情景是极端情况但在一定时期内仍有可能发生的情景。

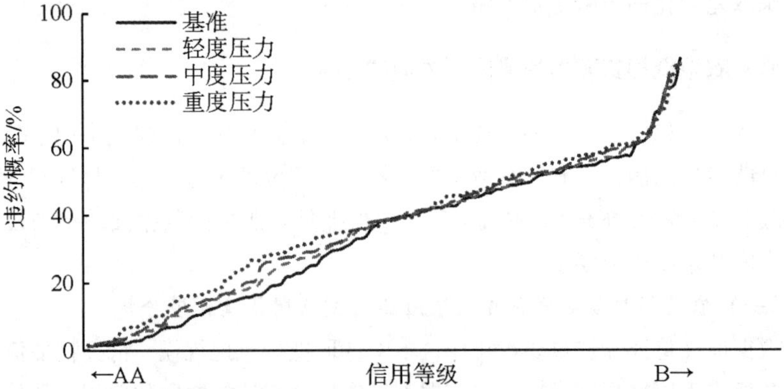

图 6　全样本违约概率在不同压力情景下变动（增幅）情况

由图 7 可知，在 99%的置信水平下，在轻度、中度以及重度压力情景中，农地抵押贷款 VaR 值呈现不断增强的上升趋势，其分布呈“左倾厚尾”特征。随着压力增加，预期损失值逐渐上升，且相较于基本情景的预期损失值，其增幅逐渐增强，分别为 1.2%、3.04%、5.68%；同时，在轻度、中度以及重度压力情景下的农地抵押贷款信用风险的预期损失占风险敞口比例均大于其他涉农贷款的预期损失占风险敞口比例。此外，随着压力增加，非预期损失也逐渐上升，但增幅较小，且小于预期损失的增幅，其占风险敞口比例均高于一般的涉农贷款，如表 7 所示。换言之，金融机构若不能有效识别低信用高风险借款人，一旦风险因素发生极端变化，农地抵押贷款业务将会引发较高的预期损失和非预期损失，且预期损失增幅大于非预期损失（经济资本）。因此，有效识别信用风险是预防和管理风险的重要手段。

表 7　置信水平为 99%的整体贷款信用风险压力测试结果

情景	预期损失			非预期损失			VaR 值	
	绝对值/万元	增幅/%	比例[a]/%	绝对值/万元	增幅/%	比例[b]/%	绝对值/万元	增幅/%
基本情景	1 250	基准	46.99	928	基准	34.89	2 178	基准
轻度压力	1 265	1.20	47.56	929	0.11	34.92	2 197	0.87
中度压力	1 288	3.04	48.42	930	0.22	35.00	2 221	1.97
重度压力	1 321	5.68	49.66	934	0.65	35.11	2 273	4.36

注：a. 表示预期损失/风险敞口；b. 表示非预期损失/风险敞口；风险敞口为 2 660 万元。

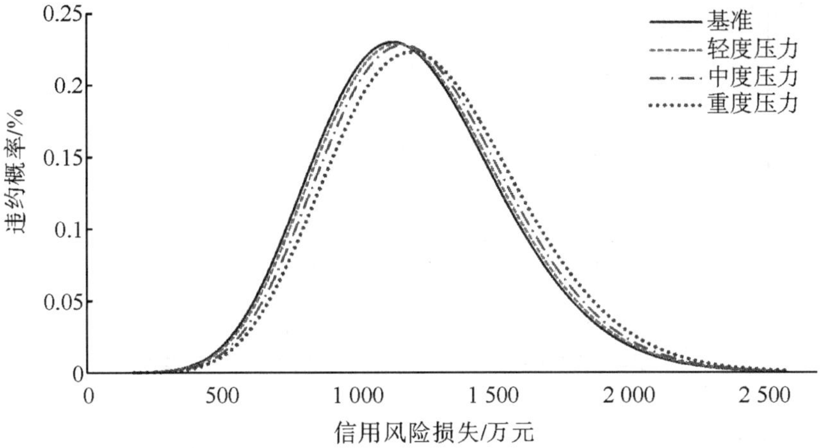

图 7　置信水平为 99%的不同压力情景下整体贷款 VaR 值分布

(二) 农地抵押贷款不同类型信用风险压力测试情景及预警分析

类似地，本文选取农业净收入、抵押土地规模、农产品产值作为压力测试指标，并确定变动方向。在基本情景基础上对每个指标均恶化 10%、30%、50%，分别作为轻度、中度、重度压力情景，测试不同情景下不同类型信用风险在 99%置信水平下的 VaR 值、预期损失和非预期损失情况。具体情景如表 8 所示。

表 8　不同类型信用风险压力情景设置

压力测试情景	农业净收入	抵押土地规模	农产品产值
基本情景	保持不变	保持不变	保持不变
轻度压力	-10%	+10%	+10%
中度压力	-30%	+30%	+30%
重度压力	-50%	+50%	+50%

由图 8（a）和图 8（b）可知，在 99%的置信水平下，不同压力情景冲击引发不同类型信用风险下的农户违约概率变动差异。这进一步证实针对农户需要采取分类风险定价的必要性。

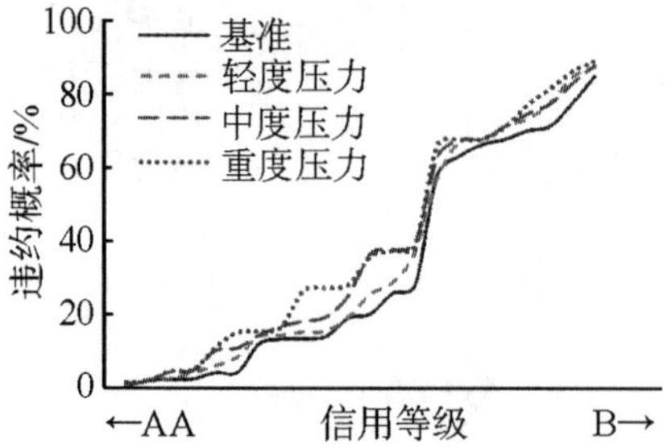

图 8（a） 主动违约下的违约概率增幅情况

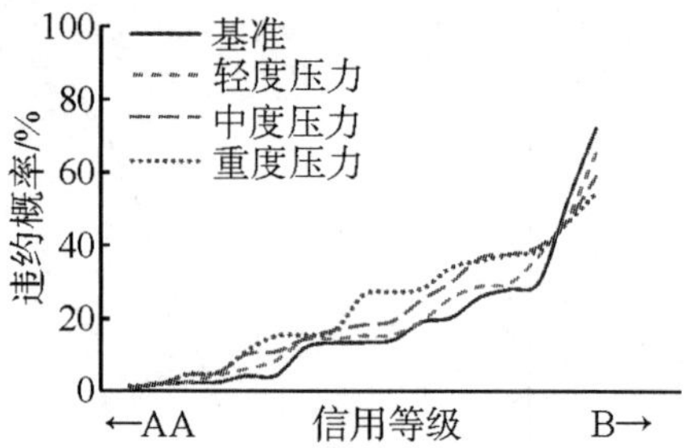

图 8（b） 被动违约下的违约概率增幅情况

由图 9（a）、图 9（b）和表 9 可知，在 99%的置信水平下，首先，随着压力冲击增大，主动违约和被动违约的 VaR 值均不断上升，但被动违约风险 VaR 值增幅大于主动违约增幅；同时，主动违约风险“左倾厚尾”特征更凸显。其次，不同情境压力冲击下，主动违约风险引发的预期损失和非预期损失均高于被动违约风险引发的损失，但后者的增幅大于前者的增幅。此外，主动违约风险与被动违约风险的预期损失占风险敞口的比重均较高。这再次表明，主动违约风险和被动违约风险均可能引发较大的损失，同样值得重视。具体如表 9 所示。

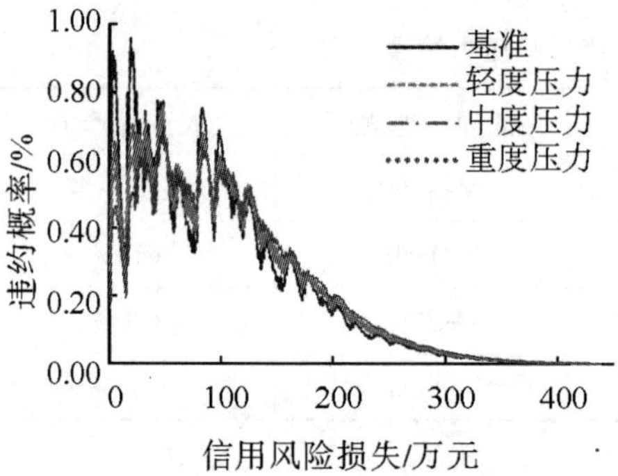

图 9（a） 主动违约风险下 VaR 值分布情况

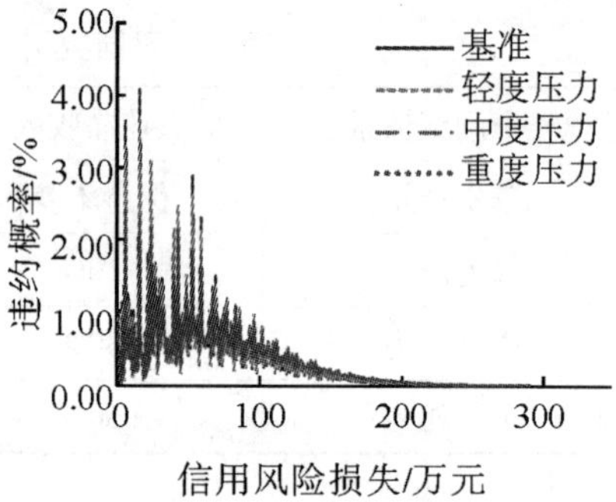

图 9（b） 被动违约风险下 VaR 值分布情况

表 9 置信水平为 99%的不同违约风险下的贷款业务压力测试结果

分类	情景	预期损失			非预期损失			VaR 值	
		绝对值/万元	增幅/%	占比[a]/%	绝对值	增幅/%	占比[b]/%	绝对值	增幅/%
主动违约	基本情景	95	基准	29.41	211	基准	65.33	306	基准
	轻度压力	102	7.37	31.58	212	0.47	65.63	314	2.61
	中度压力	105	10.53	32.51	214	1.42	66.25	319	4.25
	重度压力	109	14.74	33.75	216	2.37	66.87	325	6.21
被动违约	基本情景	49	基准	17.31	128	基准	45.23	177	基准
	轻度压力	55	12.24	19.43	130	1.56	45.94	185	4.52
	中度压力	66	34.69	23.32	141	10.16	49.82	207	16.95
	重度压力	68	38.78	24.03	141	10.16	49.82	209	18.08

注：a. 表示预期损失/风险敞口；b. 表示非预期损失/风险敞口；主动违约样本中风险敞口为 323 万元，被动违约样本中风险敞口为 283 万元。

七、研究结论及政策启示

大数据时代，以数据驱动的机器学习算法应用为提升金融创新产品的信用风险研究以优化金融机构风险管理能力提供了有效的技术支持。基于川、渝、宁三省（自治区/直辖市）农地抵押试点地区调查数据，本文立足中国土地产权情境和农村金融市场环境，系统阐释了我国农地抵押贷款信用风险形成机理，实证了机器学习方法预测农地抵押贷款信用风险的有效性，系统分类度量了农地抵押贷款信用风险损失并测试了不同情景下的压力。研究表明，随机森林模型可有效预测农地抵押贷款信用风险。抵押土地规模、抵押物估值、贷款金额、抵押土地产值、社会网络、农业净收入、到交易中心距离、固定资产价值、家庭总收入、金融素养、农业补贴、抵押氛围是重要的信用风险因素，且存在主动和被动违约差异。农地抵押贷款信用风险敞口较大，预期损失和非预期损失在风险敞口中的占比较高，且高于一般的涉农贷款。此外，一旦风险因素发生极端变化，农地抵押贷款业务风险的预期损失和非预期损失均较大，且前者增幅大于后者；主动违约风险损失大于被动违约损失，但后者增幅大于前者。

为优化农地抵押贷款信用风险识别与危机管理效率，提高农村金融系统性风险管理系统韧性，本文提出以下政策建议：

一是发展金融科技，促进金融机构风险管理手段加快转型，提高风险识别、定价、控制以及危机管理效率。例如，在成本可控下，依据风险关键点，可通过分阶段引导金融机构采用机器学习方法构建动态信用评估模型，实现对金融消费者实时分类精准授信管理，并依据消费者个性化融资需求和差异化风险偏好进行分类差别定价和制定配套的风险管理措施；还可借助大数据、区块链技术等改善传统的低效率组织结构，改进复杂和耗时的预审批、中期管理和后期监督与控制。

二是完善个人尤其是农村地区居民群体的征信体系，健全信用机制，推进高质量社会信用体系建设。例如，分阶段推进规模农业经营主体、小农户的征信建设，借助金融科技，将个人、家庭以及农业生产、销售、供应链、要素投入等数据要素均纳入信用评价体系，优化授信体系，缓解农村居民融资难、融资贵问题。同时，加大社会信用体系建设的科技和信息技术投入，构建统一的信用信息平台，加强对信用信息数据的统一规范管理，建立健全覆盖全社会、多元化的社会信用体系，完善“信用发现机制”“信用奖惩机制”“信用修复机制”等，加快发展信用经济，从根源上化解信用风险。

三是规范农地产权交易流程，健全农地抵押制度的配套体系和法律法规，加快培育农地金融生态，优化农村土地制度与金融制度改革的适配性，推进农村制度变革有效释放改革红利，稳步推动乡村振兴战略的实施。例如，加快培育农村土地交易市场，借助区块链技术，形成“区块链+交易鉴证+抵押登记+他项权证”抵押融资链条，创新农村金融服务模式，同时提高农业保险保障水平，完善农村土地权益定价机制、价值实现机制以及补偿机制，有效落实农地经营权的抵押和担保权能。

四是金融机构可根据关键风险因素，完善农地抵押贷款信用风险识别和管理系统，构建和完善农地金融早期风险预警系统，也可借助深度学习等机器学习算法探索压力测试的新方法，提高农地金融市场危机管理效率。

参考文献

陈雨露，2020. 当前全球中央银行研究的若干重点问题［J］. 金融研究（2）：1- 14.

迟国泰，潘明道，程砚秋，2015. 基于综合判别能力的农户小额贷款信用评价模型［J］. 管理评论，27（6）：42-57.

迟国泰，章彤，张志鹏，2020. 基于非平衡数据处理的上市公司 ST 预警混合模型［J］. 管理评论，32（3）：3-20.

方意，荆中博，2022. 外部冲击下系统性金融风险的生成机制［J］. 管理世界（5）：19-35.

顾庆康，林乐芬，2019. 农地经营权抵押贷款能缓解异质性农户信贷配给难题吗？［J］. 经济评论（5）：63-76.

宫晓莉，熊熊，张维，2020. 我国金融机构系统性风险度量与外溢效应［J］. 管理世界（8）：65-82.

黄益平，邱晗，2021. 大科技信贷：一个新的信用风险管理框架［J］. 管理世界（2）：12-21.

刘佳，吕德宏，杨希，2014. 农户贷款第一还款来源影响因素及其应用分析：基于陕西省岐山县的调研数据［J］. 中国农业大学学报，19（3）：255-262.

刘生龙，张晓明，杨竺松，2021. 互联网使用对农村居民收入的影响［J］. 数量经济技术经济研究（4）：103-119.

吕德宏，张无坷，2018. 农地经营权抵押贷款信用风险影响因素及其衡量研究：基于 CreditRisk+模型的估计［J］. 华中农业大学学报（社会科学版）（4）：137-147.

吕德宏，朱莹，2017. 农户小额信贷风险影响因素层次差异性研究［J］. 管理评论，29（1）：33-41.

吕志华，彭建刚，2011. CreditRisk+模型采用 Poisson 分布所产生的经济资本计量误差分析［J］. 管理评论，23（1）：33-40.

罗必良，洪炜杰，耿鹏鹏，等，2021. 赋权、强能、包容：在相对贫困治理中增进农民幸福感［J］. 管理世界（10）：166-181.

罗兴，马九杰，2017. 不同土地流转模式下的农地经营权抵押属性比较［J］. 农业经济问题（2）：22-32.

马晓君，董碧滢，王常欣，2019. 一种基于 PSO 优化加权随机森林算法的上市公司信用评级模型设计［J］. 数量经济技术经济研究（12）：165-182.

莫媛，陈晶仪，曹瓅，2020. 信用风险约束下农信信用社支农力度研究［J］. 金融监管研究（5）：16-30.

盛光华，庞英，张志远，2014. 农户小额信用贷款道德风险的随机监管博弈分析［J］. 中国农村观察（6）：49-57.

石宝峰，王静，2018. 基于 ELECTRE III 的农户小额贷款信用评级模型［J］. 系统管理学报，27（5）：854-862.

苏治，胡迪，2014. 农户信贷违约都是主动违约吗?：非对称信息状态下的农户信贷违约机理［J］. 管理世界（9）：77-89.

王达，周映雪，2020. 随机森林模型在宏观审慎监管中的应用：基于 18 个国家数据的实证研究 [J]. 国际金融研究 (11)：45-54.

王珏，范静，2019. 农地经营权担保有效性与借款人还款表现：一个基于“资产主导型”农地经营权抵押贷款的证据 [J]. 农业技术经济 (10)：38-52.

王瑶，王文蔚，2021. 环境灾害冲击对银行违约率的影响效应研究：理论与实证分析 [J]. 金融研究 (12)：38-56.

王正位，周从意，廖理，等，2020. 消费行为在个人信用风险识别中的信息含量研究 [J]. 经济研究 (1)：149-163.

习近平，2017. 决胜全面建成小康社会夺取新时代中国特色社会主义伟大胜利 [M]. 北京：人民出版社.

肖斌卿，杨旸，李心丹，等，2016. 基于模糊神经网络的小微企业信用评级研究 [J]. 管理科学学报，19 (11)：114-126.

杨莲，石宝峰，2021. 基于 Focal Loss 修正交叉熵损失函数的信用风险评价模型及实证 [J]. 中国管理科学 (2)：1-12.

杨莲，石宝峰，董轶哲，2022. 基于 Class Balanced Loss 修正交叉熵的非均衡样本信用风险评价模型 [J]. 系统管理学报，31 (2)：255-289.

衣柏衡，朱建军，李杰，2016. 基于改进 SMOTE 的小额贷款公司客户信用风险非均衡 SVM 分类 [J]. 中国管理科学，24 (3)：24-30.

张琴，高小玉，2020. 农村宅基地抵押融资信用风险防范研究：基于横向监督的视角 [J]. 农业经济问题 (4)：66-71.

赵志冲，迟国泰，白雪鹏，2020. 基于最小显著差异法农户关键特征挖掘 [J]. 系统工程理论与实践，40 (9)：2339-2351.

张峭，王克，李越，等，2019. 我国农业保险风险保障：现状、问题和建议 [J]. 保险研究 (10)：3-18.

周颖，苏小婷，2021. 基于最优指标组合的企业信用风险预测 [J]. 系统管理学报，30 (5)：817-836.

BARBOZA F, KIMURA H, ALTMAN E, 2017. Machine learning models and bankruptcy prediction [J]. Expert Systems with Applications, 83: 405-417.

BOLÓN-CANEDO V, ALONSO-BETANZOS A, 2019. Ensembles for feature selection: A review and future trends [J]. Information Fusion, 52: 1-12.

CHEN J, KATCHOVA A. L, ZHOU C, 2021. Agricultural loan delinquency prediction using machine learning methods [J]. International Food and Agribusiness Management Review: 24 (5): 797-812.

DU JARDIN P, 2016. A two-stage classification technique for bankruptcy prediction [J]. European Journal of Operational Research, 254 (1): 236-252.

HE H, ZHANG, W, ZHANG, S, 2018. A novel ensemble method for credit scoring: Adaption of different imbalance ratios [J]. Expert Systems with Applications, 98, 105-117.

HUANG Y, ZHANG L, LI Z, ET AL, 2020. Fintech credit risk assessment for SMEs: The case in China. IMF Working Paper, 20/193.

JUHA-PEKKA N, 2017. Collateral in credit rationing in markets with asymmetric information [J]. Quarterly Review of Economics and Finance https: //doi. org/10. 1016/j. qref, 2017. 10. 001.

KATCHOVA A L, BARRY P J, 2005. Credit risk models and agricultural lending [J]. American Journal of Agricultural Economics, 87 (1): 194 - 205. https: //doi. org/10. 1111/j. 0002-9092, 2005. 00711. x.

MA X, SHA J, WANG D, et al, 2018. Study on a prediction of P2P network loan default based on the machine learning LightGBM and XGboost algorithms according to different high dimensional data cleaning [J]. Electronic Commerce Research and Applications, doi: https: //doi. org/10. 1016/j. elerap, 2018. 08. 002.

PEDERSON G D, ZECH L, 2009. Assessing credit risk in an agricultural loan portfolio [J]. Canadian Journal of Agricultural Economics 57: 169-185.

PES B, 2020. Ensemble feature selection for high-dimensional data: a stability analysis across multiple domains [J]. Neural Computing and Applications, 32: 5951-5973.

WAGER S, ATHEY S, 2018. Estimation and inference of heterogenous treatment effects using random forests [J]. Journal of the American Statistical Association, 113 (523): 1228-1242.

后扶贫时代中国西部省域农村相对贫困变动及其分解研究

黎毅[1]　何虹瑾[2]

(1. 重庆工商大学；2. 四川农业大学)

摘要：2020年我国现行标准下绝对贫困人口已全部消除，相对贫困问题成为实现乡村振兴和共同富裕的重要挑战。基于2010—2020年我国西部省域农村居民收入分组数据，运用GQ模型拟合洛伦兹曲线并测算FGT指标，测算出后扶贫时代农村总体和各省域子样本异质性的相对贫困状况并进行相对贫困变动分解，采用Shapley完全分解方法进行稳健性检验，同时对城镇相对贫困进行进一步讨论和对比分析，研究发现：第一，农村相对贫困状况呈现整体波动并缓解趋势；第二，分解方面，增长效应加剧相对贫困，收入增长在中后期阶段对相对贫困逐渐产生抑制效应；分配效应抑制相对贫困，但呈现不稳定的波动状态。省域农村内部相对贫困呈现明显地区性特征，其效应分解结果与农村总体一致；第三，西部城镇相对贫困逐年加重，2020年超过农村相对贫困水平，其中增长和分配效应分别抑制和加剧相对贫困。因此，后扶贫时代西部省域农村应当继续完善相对贫困的识别体系与扶贫机制，协调发展各省域农村经济以减小地区性差异，同时制定城乡贫困治理的差异化扶贫路径。

关键词：后扶贫时代；西部省域；相对贫困；增长效应；分配效应

一、引言与文献综述

2021年2月我国宣布脱贫攻坚战取得全面胜利，提前10年实现联合国2030年可持续发展议程减贫目标。但是绝对贫困问题的消除，并不意味着相对贫困问题的消失，党的十九届四中、五中全会相继提出了相对贫困和共同富裕议题，为巩固脱贫攻坚成果和乡村振兴的战略统筹指明了工作方向。我国当前单一收入的绝对贫困测度已无法满足新发展阶段精准扶贫的需要，同时区域间发展不平衡不充分问题仍然突出（檀学文，2020；郑琼洁，潘文轩，2021；

董帅兵，郝亚光，2021），因此，在“后扶贫时代”背景下，探讨我国区域相对贫困问题并建立有效应对的长远机制，是推进乡村振兴并最终实现共同富裕的重要命题。

关于相对贫困，国内外主要侧重于对内涵、测度与分解三方面进行研究。首先，相对贫困内涵最早由Townsend于1962年提出，它是与参照群体相比较而体现出的一种“相对被剥夺”现象，主要体现为贫困群体的社会发展权利和可行能力不足，与绝对贫困相比，相对贫困更关注收入和权利分配的不平等（李永友 等，2007）。其次，从核心内涵出发对相对贫困的测度更能真实反映不平等现象，目前主要采用收入比重法，大多数学者采用人均收入中位数作为相对贫困线基准（Preston，1995；Atkinson，2017；叶兴庆 等，2019），同时也有学者认为在分配越不均衡的情况下，采用人均收入中值就越合适（陈宗胜 等，2021；Madden，2020）。另外，在比重确定上，国外更多参考收入的50%或者60%，结合国内实际情况，学者更多选择40%为比重，同时以50%、60%作为参照分析。最后，为探究治理相对贫困的长效路径，对相对贫困变动进行分解，目前普遍接受的是与经济发展紧密相关的收入增长和分配两个效应，其中收入增长和分配可能减缓和加剧相对贫困，但是在经济增长过程中，若低收入群体收入下降，则会出现经济增长与贫困程度上升并存的状态，在此基础上，罗良清和平卫英（2020）认为人口迁移等残差因素同样会影响相对贫困，影响相对贫困的残差因素作用不容忽视。

相对贫困在我国具有典型的区域性和地方性特征。有研究认为，在消除绝对贫困后，社会不充分不平衡的矛盾仍会存在，这种发展不平衡不仅体现在城乡之间，也存在于农村内部，近年来我国农村相对贫困发生率呈现出一定的上升趋势。西部地区由于历史、地理、环境等因素限制，农村地区经济发展水平长期处于全国最低水平，内部发展差距更为明显，可见西部农村地区在2020年之后仍然是我国相对贫困最集中的地区，同时也是治理工作的重点区域。因此，在实现乡村振兴与最终达到共同富裕的道路上，对于西部省域农村相对贫困问题的研究具有重要的现实意义。

综上所述，国内外相关研究对本文提供了重要的借鉴，但现阶段鲜有文献结合我国实际情况，针对西部省域农村相对贫困进行测度和变动分解，同时忽视了城乡一体化所带来的影响，未对城镇情况进一步讨论。鉴于此，本文基于2010—2020年我国西部省域农村居民收入分组数据，采用GQ模型拟合洛伦兹曲线测算出FGT（Foster -Greer-Thorbecke）指标，从总体和内部不同维度分析相对贫困变动趋势与分解效应，进一步讨论西部城镇相对贫困状况并提出有针对性的政策建议以缓解西部相对贫困问题。

二、数据来源、指标选取与模型构建

（一）数据来源

本文数据来源于 2010—2020 年《中国统计年鉴》、《中国农村统计年鉴》、西部各省统计年鉴、调查年鉴及各地政府公报的五等分收入分组数据。鉴于农村五等分收入数据可得性，在西部 12 个省域中，剔除了青海、云南和西藏；同时，缺失部分年份的收入分组数据采用平均增长率进行补齐；最后，利用各省域的收入分组数据，以调查户数作为权重进行加权平均后合成西部农村收入分组数据。

（二）指标选取

1. FGT 指标

采用 Gaurav（1998）的 FGT 指标刻画相对贫困，其一般形式如下：

$$P_\alpha = \sum_{y_i<z} \frac{\left[\frac{z-y_i}{z}\right]^\alpha}{n} P_\alpha = \sum_{y_i<z} \frac{\left[\frac{z-y_i}{z}\right]^\alpha}{n} \tag{1}$$

其中 y_i 表示研究样本中第 i 个家庭或个人的收入或消费水平，z 表示设定的贫困线，n 表示调查的人口规模，α 为一个非负的参数。当 $\alpha=0$ 时，P_0 为相对贫困发生率 H；当 $\alpha=1$ 时，P_1 为相对贫困缺口 PG。

2. RP 指标

本文用 RP 代表相对贫困指标。相对贫困指标 RP 及其从 $t=0$ 至 $t=1$ 时刻的变动如下所示：

$$\mathrm{RP} = P(\mu,\ z,\ L) \tag{2}$$

$$\mathrm{RP}_0 = P\left(\frac{z_0}{\mu_0},\ L_0\right)$$

$$\mathrm{RP}_1 - \mathrm{RP}_0 = P\left(\frac{z_1}{\mu_1},\ L_1\right) - P\left(\frac{z_0}{\mu_0},\ L_0\right)$$

$$\mathrm{RP}_1 - \mathrm{RP}_0 = P\left(\frac{z_1}{\mu_1},\ L_1\right) - P\left(\frac{z_0}{\mu_0},\ L_0\right) \tag{3}$$

其中，μ 表示农村居民平均收入，z 表示相对贫困线，L 表示西部农村的收入分布。同时，参考相关学者的研究成果，以人均可支配收入中位数的 40%作为相对贫困线，并用 50%、60%作为参考。

（三）模型构建

1. 广义二次模型

采用广义二次模型对洛伦兹曲线进行拟合，模型具体形式如下：

$$a x^2 + bxy + d y^2 + cx + ey + f = 0$$

$$a x^2 + bxy + d y^2 + cx + ey + f = 0 \quad (4)$$

2. 不完全分解模型

该模型包括由农村居民平均收入增长带来的增长效应 $RP_{10} - RP_0$，农村居民收入分配状况改变带来的分配效应 $RP_{01} - RP_0$ 以及残差效应 E，具体形式如下：

$$RP_1 - RP_0 = (RP_{10} - RP_0) + (RP_{01} - RP_0) + E$$

$$RP_1 - RP_0 = (RP_{10} - RP_0) + (RP_{01} - RP_0) + E\#(15)$$

$$P_1 - RP_0 = (RP_{10} - RP_0) + (RP_{01} - RP_0) + E \quad (5)$$

3. 完全分解模型

根据 Shapley 完全分解原则构建第二种分解模型进行稳健性检验，其中等式右边前两项表示增长效应，后两项表示分配效应，具体形式如下：

$$P_1 - P_0 = [(P_{10} - P_0) + (P_1 - P_{01})]/2 + [(P_1 - P_{10}) + (P_{01} - p_0)]/2\ P_1 - P_0 = [(P_{10} - P_0) + (P_1 - P_{01})]/2 + [(P_1 - P_{10}) + (P_{01} - p_0)]/2 \quad (6)$$

三、结果与分析

（一）西部省域农村相对贫困总体变动分析

1. 测度结果分析

根据研究设计测算出 2010—2020 年的相对贫困发生率 H 和相对贫困缺口 PG（见表 1）。由图 1 可以看出在不同的标准下农村相对贫困指标的变动趋势大体保持相同，两者在 2010—2018 年均表现出波动上涨的趋势，但在 2015—2018 年上涨幅度明显减缓，随后在 2019 年及以后出现下降趋势。

表 1　不同标准下西部省域相对贫困指标变动情况　　单位:%

标准	指标	2010	2011	2012	2013	2014	2015	2016	2017	2018	2019	2020
40%标准线	H	11. 28	12. 30	13. 44	16. 69	17. 17	16. 52	17. 71	18. 22	19. 39	14. 74	12. 97
	PG	3. 31	3. 87	4. 29	5. 76	6. 97	5. 97	7. 54	7. 36	8. 12	4. 40	2. 81
50%标准线	H	16. 76	18. 04	19. 62	24. 06	24. 02	23. 69	24. 48	25. 23	26. 55	22. 23	21. 46
	PG	5. 45	6. 12	6. 73	8. 67	9. 68	8. 78	10. 24	10. 22	11. 07	7. 21	5. 68
60%标准线	H	22. 68	24. 34	26. 34	32. 11	31. 67	31. 64	32. 04	32. 85	34. 26	30. 50	30. 54
	PG	7. 82	8. 63	9. 43	11. 90	12. 70	11. 92	13. 23	13. 35	14. 29	10. 39	9. 06

注：结果根据相关统计年鉴计算所得。

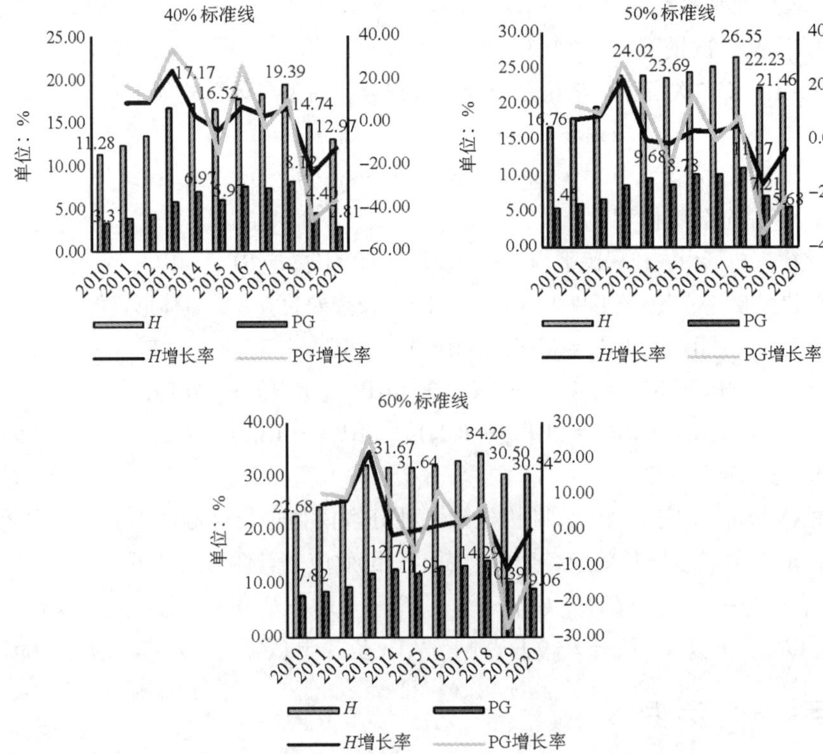

图1　不同标准下西部省域农村相对贫困指标及其增长率变化情况

（1）时间纵向维度比较。以40%标准线为准，相对贫困发生率由2010年的11.28%增加至2014年的17.17%，在2015年出现小幅回落后，在2018年达到最高值19.39%，随后开始下降至2020年的12.97%，而相对贫困缺口也呈现类似变化趋势。分析结果发现，2015年以后，在不同标准线下相对贫困指标的增长率波动下降，且2019年开始其绝对值逐年减小。其原因可能在于2015年是我国农村精准扶贫工作的正式实施之年，此后对农村贫困人群进行有效识别与帮扶的成效初显；而作为脱贫攻坚战三年行动实施的中期阶段，2019年在承上启下中脱贫工作取得明显进展，推动农村居民人均收入稳步增长，至2020年更是实现了现行标准下全面脱贫的伟大成就。因此，近年来随着国家扶贫政策的大力实施，在消除绝对贫困的同时，对存在的相对贫困问题的抑制作用也十分显著。

（2）比重横向维度比较。选取2020年在40%、50%和60%不同贫困标准下进行横向比较①，相对贫困发生率分别为 12.97%、21.46%、30.54%，增量分别达到 8.49%、9.08%。标准线的提高使得被纳入相对贫困群体人数增加，意味着西部省域农村人均收入水平处于 50%~60%标准线的群体占比高于 40%~50%标准线之间的相应占比，在另一个程度也说明西部农村地区人均收入整体的上涨使得处于中高标准相对贫困线之间的群体占比增大，一定程度上减少了处于低标准线衡量下的群体占比。相对贫困缺口分别为 2.81%、5.68% 和 9.06%，增量分别为 2.87%和 3.38%，表明标准线的提高使得原处于 40%标准线下的群体收入与贫困线间的距离逐渐拉大，拉低了较高标准线群体的收入水平，导致整体平均相对贫困群体与较高标准群体之间的差距增大。

2. 分解结果分析

在相对贫困分解之前，首先考察农村群体的平均收入与相对贫困线以及历年基尼系数情况。图 2 反映的是农村居民平均收入 z 和相对贫困线 μ 的增长率。以 2015 年为分界点，2015 年之前平均收入增长率明显低于相对贫困线，2015 年之后则高于相对贫困线，表明农村居民平均收入稳定增长使得相对贫困线在 2015 年之后趋于平稳，从而有利于缓解相对贫困。在收入不均等方面，测算出的基尼系数显示，西部省域农村处于 0.326 3~0.369 8 较为合理水平②。具体来看，基尼系数在 2015 年之前整体呈现平稳趋势，2015 年之后开始增大，2018 年达到 0.369 8 的最高值后开始下降到 2020 年的 0.324 0。说明农村居民人均收入快速增长的同时也伴随着内部分配不均问题。

根据前文分析采用两种相对贫困变动分解方式，一种是不完全分解法，得到增长、分配和残差效应；另一种是采用 Shapley 完全分解法，得到增长和分配效应并进行稳健性检验。由表 2 可以看出，在 40%的相对贫困线标准下，整体上西部农村居民的相对贫困发生率 H 和贫困缺口 PG 分别增加了 1.68% 和 -0.51%；分区间来看，2010—2013 年变动分别为 5.40% 和 2.45%、2013—2016 年变动分别为 1.03% 和 1.78%、2016—2020 年变动分别为 -4.75% 和 -4.73%。西部农村相对贫困发生率和缺口的增加幅度在三个区间内呈现逐渐减小趋势，且后期变化由正向促进开始转为负向减缓。

---

① 因篇幅限制，以 2020 年为例进行分析。

② 因篇幅限制，未列出西部农村基尼系数表，如有需要请向作者索取。

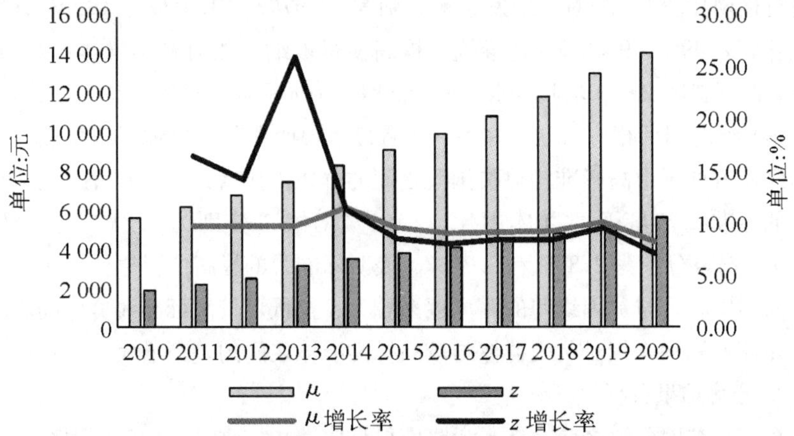

图 2　西部省域农村居民平均收入及相对贫困线变化

表 2　西部省域农村居民相对贫困变动分解结果　　单位:%

时间	分解方法	指标	总效应	增长效应		分配效应		残差效应	
				数据	占比	数据	占比	数据	占比
2010—2020 年	不完全分解	H	1. 68	4. 46	264. 63	−3. 59	−213. 18	0. 82	48. 56
		PG	−0. 51	1. 73	−342. 61	−2. 04	403. 81	−0. 20	38. 79
	完全分解	H	1. 68	4. 86	288. 91	−3. 18	−188. 91		
		PG	−0. 51	1. 63	−323. 21	−2. 14	423. 21		
2010—2013 年	不完全分解	H	5. 40	5. 88	108. 87	−0. 13	−2. 48	−0. 35	−6. 39
		PG	2. 45	2. 29	93. 70	0. 28	11. 45	−0. 13	−5. 15
	完全分解	H	5. 40	5. 71	105. 68	−0. 31	−5. 68		
		PG	2. 45	2. 23	91. 13	0. 22	8. 87		
2013—2016 年	不完全分解	H	1. 03	−0. 56	−54. 49	1. 55	151. 17	0. 03	3. 33
		PG	1. 78	−0. 22	−12. 39	1. 99	111. 90	0. 01	0. 49
	完全分解	H	1. 03	−0. 54	−52. 83	1. 57	152. 83		
		PG	1. 78	−0. 22	−12. 15	1. 99	112. 15		
2016—2020 年	不完全分解	H	−4. 75	−0. 75	15. 72	−3. 75	78. 96	−0. 25	5. 32
		PG	−4. 73	−0. 30	6. 36	−4. 41	93. 29	−0. 02	0. 35
	完全分解	H	−4. 75	−0. 87	18. 38	−3. 87	81. 62		
		PG	−4. 73	−0. 31	6. 53	−4. 42	93. 47		

注：结果根据相关统计年鉴计算所得。

根据表 2 中的不完全分解结果来看，增长效应对农村相对贫困发生率变动的影响整体为4.46%，分区间则分别为5.88%、-0.56%和-0.75%，结果显示前期增长效应是引起相对贫困发生率加剧的主要因素，而中后期则存在一定抑制作用。增长效应对农村相对贫困缺口变动的影响整体为1.73%，分区间则分别为2.29%、-0.22%、-0.30%，整体农村居民收入增长使其在中后期抑制了相对贫困人口与相对贫困线的差距进一步增大，使其影响呈现减缓趋势；分配效应对农村相对贫困发生率变动的影响整体为-3.59%，分区间则分别为-0.13%、1.55%和-3.75%，结果显示前期分配效应对农村相对贫困发生率轻微抑制，中期正向促进，后期转为明显抑制。随着收入分配不均等情况的改善，对农村相对贫困发生率有明显减缓作用，这从相对贫困缺口的整体影响-2.04%也能看出；残差效应对农村相对贫困发生率和相对贫困缺口整体上都呈现出减缓作用，但占比很小。从Shapley完全分解方法结果对比看出，两者的效应分解差异较小，表明以上分解得出的结论是稳健可靠的。

结果表明，增长效应是导致西部农村相对贫困变动增加的主要因素，可能的原因在于当地农民的平均收入增长速度低于相对贫困线的增长速度，从而造成了经济增长与贫困加重可能并存的状态，罗必良等（2021）认为绝对收入的增加也会使得收入与相对贫困线的增速产生差距，导致相对贫困程度加重。但随着时间的推移，国家扶贫政策对于贫困的治理效果开始显现，当地收入增长开始呈现出高质量发展势态，使得增长效应对农村相对贫困的影响由加剧逐渐转向抑制。分配效应能在一定程度上抑制相对贫困的发生，说明在平均收入增速不变的条件下，地区内部收入不均等状况在逐渐缩小。同时值得注意的是，分配效应在前中后三个时期内大致呈现出负向、正向、负向的倒N形不稳定波动状况，这主要由于中期基尼系数由0.328 2逐年增大至0.348 3，说明内部的收入差距在不断扩张，这种不均等状况的恶化导致了该阶段相对贫困的加重，后期状况的改善表明农村收入分配结构的优化有利于缩小群体内部的收入差距，使得经济发展的成果涓滴到更多相对贫困人口。残差效应整体影响为负，但占比较低，这表明乡村振兴战略鼓励人才向农村流动在一定程度上能够帮助西部农村降低相对贫困，但现阶段还有待进一步推进。

（二）西部省域农村相对贫困异质性变动分析

1. 测度结果分析

针对西部省域9个农村样本地区，选取2010年、2015年和2020年主要时间节点，按照不同标准线测算各省份的相对贫困发生率H和相对贫困缺口PG，结果如图3、4所示。

（1）时间从纵向维度比较。选择40%标准线下的相对贫困状况进行纵向分析①，由图3的分布情况来看，重庆、四川和广西属于低相对贫困状况，甘肃、新疆和贵州属于高相对贫困状况，而内蒙古、宁夏和陕西的相对贫困状况位于其间；低相对贫困状况省域的贫困发生率均呈现持续下降趋势，中、高相对贫困状况省域中除陕西、宁夏及贵州外，大部分在2020年均出现较为明显的下降。图4分布情况显示，低相对贫困状况省域的贫困缺口更小，表明该部分省域的农村相对贫困群体收入与贫困线的距离更小；而中、高相对贫困状况省域中除了陕西和宁夏缺口呈现上升趋势外，其余都有一定程度下降，这些省域在未来解决相对贫困问题上需进一步加大特别是重点人群的相关扶贫力度。

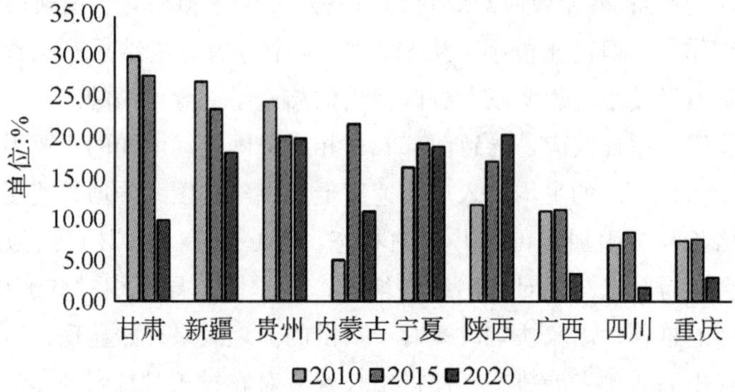

图3　西部省域农村相对贫困发生率变动情况

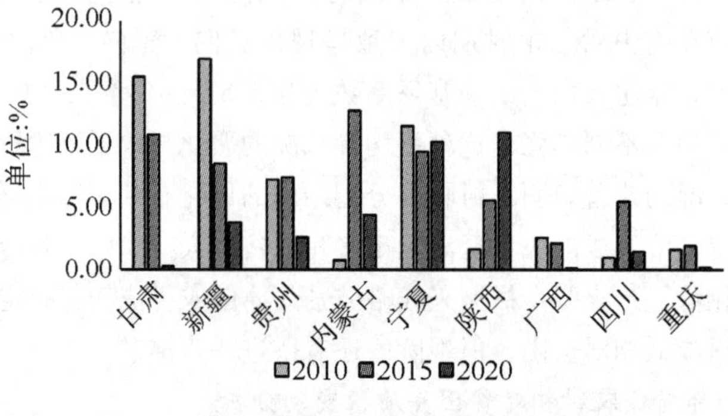

图4　西部省域农村相对贫困缺口变动情况

① 因篇幅限制，文中未列出50%、60%标准线下的时间纵向统计结果，如有需要请向作者索取。

（2）比重从横向维度比较。从 2020 年的相对贫困发生率来看①，分别选择属于高、低相对贫困状况的甘肃和重庆为代表省域，相对贫困线标准按 10% 水平提高导致的发生率增量分别为，重庆 6.44%、7.45%，甘肃 28.54%、16.34%。这表明当标准线提高时，重庆农村处于中高标准相对贫困线的群体占比更多，一定程度上缓解了低标准线下的相对贫困状况。而甘肃农村收入水平处于 50% 与 60% 标准线之间的人口规模相对更小，农村整体人均收入水平偏低。表 3 为代表性区域农村相对贫困指标变动情况。

表 3　代表性区域农村相对贫困指标变动情况　　单位：%

地区	相对贫困标准线	指标	年份		
			2010	2015	2020
重庆	40%标准线	*H*	7.44	7.63	2.92
		PG	1.65	1.95	0.19
甘肃		*H*	28.97	27.96	9.94
		PG	11.81	11.02	0.30

注：结果根据相关统计年鉴计算所得；因篇幅限制，未列出 50%、60%标准线的测度结果。

总体而言，由于经济差距等多种因素，西部各个省域的相对贫困状况表现出明显的区域性和地方性特征。低相对贫困状况的重庆，作为西部的经济金融中心，其经济发展水平一直居于西部前列，近年来打造成渝地区双城经济圈也在进一步发挥西部地区的桥头堡作用；高相对贫困状况的甘肃，虽然近年来依靠“一带一路”倡议辐射影响提升了经济发展水平，但由于地处西部内陆，经济基础较为薄弱，相对贫困现象较为严重。

2. 分解结果分析

由前面的分析可以看出，西部省域农村相对贫困变动趋势与其经济发展水平密切相关，该部分选择以经济发展水平处于西部省域首尾的重庆和甘肃为例，采用不完全分解方式按照 40% 标准线进一步探究两地在 2010—2015 年和 2015—2020 年两个阶段的分解效应。具体结果如表 4 所示。

① 因篇幅限制，文中未列出有关相对贫困缺口及 2010 年、2015 年的比重横向统计结果，如有需要请向作者索取。

表 4 代表性区域农村相对贫困变动分解结果 单位:%

地区	时间	指标	总效应	增长效应		分配效应		残差效应	
				数据	占比	数据	占比	数据	占比
重庆	2010—2015 年	H	0.20	−7.36	−37.67	−7.36	−37.70	14.92	76.37
		PG	0.30	−1.63	−5.42	−1.63	−5.42	3.56	11.83
	2015—2020 年	H	−4.71	−7.56	1.60	−7.59	1.61	10.44	−2.22
		PG	−1.76	−1.93	1.10	−1.94	1.10	2.11	−1.20
甘肃	2010—2015 年	H	−1.01	−28.68	28.40	−28.69	28.42	56.36	−55.82
		PG	−0.79	−11.69	14.84	−11.70	14.85	22.60	−28.69
	2015—2020 年	H	−18.02	−27.68	1.54	−27.85	1.55	37.51	−2.08
		PG	−10.72	−10.91	1.02	−11.02	1.03	11.21	−1.04

注：结果根据相关统计年鉴计算所得。

结果显示，重庆在 2010—2015 年和 2015—2020 年两阶段中相对贫困发生率和贫困缺口分别增长 0.20%、-4.71%和 0.30%、-1.76%。由此可知在 2015 年之后，增长效应和分配效应均对当地相对贫困呈现减缓影响，近年来重庆先后发布《关于进一步加强农村最低生活保障制度与扶贫开发政策有效衔接的实施意见》等重要政策措施，充分发挥农村最低生活保障制度在脱贫攻坚中的作用，实践证明在综合城市、农村、山区和库区的经济地理条件下，重庆脱贫攻坚的举措有效地缓解了相对贫困问题；甘肃在两阶段中分别增长 -1.01%、-18.02%和-0.79%、-10.72%，表明当地相对贫困状况同样得到缓解且持续向好，2015 年后甘肃发布的《关于打赢脱贫攻坚战的实施意见》等措施在当地扶贫工作中取得了明显成效。但作为我国经济最不发达省域之一，甘肃贫困人口规模大且程度深，同时医疗、教育和农业产业等基础薄弱，虽然当地相对贫困状况有明显缓解，但仍要警惕返贫风险。

（三）西部省域城镇相对贫困变动分析

2022 年我国发布《中共中央国务院关于加快建设全国统一大市场的意见》，指出要加快建设充分开放的全国统一大市场。因此，本文进一步讨论西部省域城镇相对贫困问题，有助于为西部省域城乡协同发展、构建统一市场提供新的思路①。

1. 测度结果分析

由于城乡统一标准可能弱化了城镇相对贫困的重要性，因此采用西部省域

① 因篇幅限制，文中未列出城镇相对贫困变动和分解具体统计结果，如有需要请向作者索取。

城镇人均可支配收入中位数的40%作为相对贫困标准进行分析，结果显示城镇的相对贫困发生率和贫困缺口从2010年的6.96%、1.22%上升至2020年的13.54%、3.96%，相对贫困状况呈现逐渐加重的趋势。与农村对比发现，由于城镇整体发展状况普遍优于农村地区，在2019年之前，城镇相对贫困明显低于农村地区，但与农村地区逐渐减缓趋势不同，城镇相对贫困的增长在2020年开始超过农村地区。这可能与近年来城镇化导致的农村劳动力流动有关，农村劳动力的涌入使得原本城市中低收入群体增多，从而突显了城镇相对贫困状况。

2. 分解结果分析

城镇相对贫困变动分解结果显示，相对贫困发生率及缺口变动的总效应分别为6.58%、2.74%，表现为城镇相对贫困人口数的增多以及贫困群体人均收入与相对贫困标准线距离加大。其中增长效应和分配效应分别为-0.38%、7.02%，这与农村分解结果相反，增长效应对相对贫困起到抑制作用，而分配效应则促进了相对贫困的发生。经济的发展虽然使得城镇低收入人群收入增长，但其增速低于高收入人群，从而扩大了城镇内部差距，表明对弱势群体的扶持作用不足，西部城镇在扶贫措施以及社会保障发展仍有改进空间。另外，现行政策主要聚焦于农村减贫，城镇只有少数比例被界定为贫困人口，加之低收入群体在城乡之间的流动性不断增强，城镇中低收入人群数量逐年增加，贫困识别机制的不完善，导致城镇相对贫困群体被排斥于救助范围之外，因此西部省域城镇的相对贫困问题同样不容忽视，也是未来需要继续深入探讨的问题。

四、研究结论与政策建议

本文基于2010—2020年我国西部省域农村居民收入分组数据，根据GQ模型拟合洛伦兹曲线并测算FGT指标，测算出后扶贫时代西部农村和各省域子样本异质性相对贫困状况并进行变动分解，并采用Shapley完全分解方法进行稳健性检验，同时对城镇相对贫困进一步讨论并进行对比分析，得出的主要结论如下：

第一，总体上，农村相对贫困状况呈现整体波动后缓解的趋势。从分解效应来看，增长效应是促进相对贫困加重的主要因素，但收入增长使得中后期阶段对相对贫困转为抑制作用；分配效应则是抑制相对贫困加重的主要因素，但呈现不稳定的波动状态，表明农村经济收入的增长与收入不均等的改善帮助更多原处于相对贫困状况的群体跨越贫困线，从而有助于相对贫困的缓解。

第二，异质性方面，省域农村存在明显地区性特征。纵向维度方面，农村相对贫困状况除陕西、宁夏外均随时间有明显缓解；横向维度方面，重庆农村收入位于较高标准线之间的人数更多，表明农村内部更好的收入结构使得缓解相对贫困更为有效；最后，从分解效应来看，增长效应和分配效应分别对相对贫困产生促进和抑制作用，与整体分解效应相符。

第三，进一步讨论城镇相对贫困发现，城镇相对贫困水平呈现加剧趋势，且在2020年超过农村水平，与农村地区分解效应结果相反，增长效应和分配效应对相对贫困产生抑制和促进作用，但分配效应影响超过了增长效应。

因此，基于以上分析，对于西部农村地区现存相对贫困问题得出如下启示：第一，在后扶贫时代继续完善相对贫困的识别体系与扶贫机制。西部省域农村的相对贫困状况虽有所缓解，但就全国范围来看相对贫困问题仍然严峻。第二，协调西部省域间的农村经济发展与政策规划。注重西部省域农村之间相对贫困程度的地区异质性，利用互联网+、大数据、云计算等信息技术支持农村产业的数字化发展与区域协同发展，降成本扩规模的同时，财政应多投向教育、医疗、社会保障等领域。第三，制定城乡间差异化的治贫路径。鉴于西部城乡相对贫困变化及分解的异质性，在相对贫困问题的治理上，城乡应当采取差异化的策略机制。重视城镇地区逐年加重的相对贫困问题，继续提升针对城市弱势群体及农民工群体的基本收入和社会保障，最终推动西部省域整体相对贫困状况整体缓解。

参考文献

檀学文，2020. 走向共同富裕的解决相对贫困思路研究［J］. 中国农村经济（6）：21-36.

郑琼洁，潘文轩，2021. 后脱贫时代相对贫困治理机制的构建：基于发展不平衡不充分视角［J］. 财经科学（11）：36-49.

董帅兵，郝亚光，2021. 巩固、拓展与衔接：过渡期贫困治理的路径探索［J］. 经济学家（8）：109-118.

TOWNSEND P，1962. The meaning of poverty［J］. The British Journal of Sociology（3）：210-227.

李永友，沈坤荣，2007. 财政支出结构、相对贫困与经济增长［J］. 管理世界（11）：14-26，171.

PRESTON I，1995. Sampling distributions of relative poverty statistics［J］. Journal of the Royal Statistical Society：Series C（Applied Statistics），44（1）：91-99.

ATKINSON A, 2017. Monitoring global poverty, report of the commission on global poverty [C]. Washington, DC: World Bank Group.

叶兴庆，殷浩栋，2019. 从消除绝对贫困到缓解相对贫困：中国减贫历程与2020年后的减贫战略 [J]. 改革 (12): 5-15.

陈宗胜，黄云，2021. 中国相对贫困治理及其对策研究 [J]. 当代经济科学，43 (5): 1-19.

MADDEN D, 2000. Relative or absolute poverty lines: a new approach [J]. Review of Income and Wealth, 46 (2): 181-199.

GOTTLIEB D, FRUMAN A, 2011. Quality - index of poverty measures [R]. ECINEQ Working Paper.

孙久文，夏添，2019. 中国扶贫战略与2020年后相对贫困线划定：基于理论、政策和数据的分析 [J]. 中国农村经济 (10): 98-113.

邢成举，李小云，2019. 相对贫困与新时代贫困治理机制的构建 [J]. 改革 (12): 16-25.

郑瑞坤，向书坚，2021. 后扶贫时代中国农村相对贫困的一种测定方法与应用研究 [J]. 数量经济技术经济研究，38 (11): 144-162.

汪晨，万广华，吴万宗，2020. 中国减贫战略转型及其面临的挑战 [J]. 中国工业经济 (1): 5-23.

DATT G, RAVALLION M, 1992. Growth and redistribution components of changes in poverty measures: a decomposition with applications to Brazil and India in the 1980s [J]. Journal of Development Economics, 38 (2): 275-295.

KAKWANI N, 2000. On measuring growth and inequality components of poverty with application to Thailand [J]. Journal of Quantitative Economics, 16 (1): 67-68.

罗楚亮，2012. 经济增长、收入差距与农村贫困 [J]. 经济研究，47 (2): 15-27.

樊增增，邹薇，2021. 从脱贫攻坚走向共同富裕：中国相对贫困的动态识别与贫困变化的量化分解 [J]. 中国工业经济 (10): 59-77.

罗良清，平卫英，2020. 中国贫困动态变化分解：1991—2015年 [J]. 管理世界，36 (2): 27-40, 216.

桂华，2022. 后扶贫时代农村社会政策与相对贫困问题 [J]. 武汉大学学报（哲学社会科学版），75 (1): 176-184.

汪晨，万广华，吴万宗. 中国减贫战略转型及其面临的挑战 [J]. 中国工业经济，2020 (1): 5-23.

胡联，缪宁，姚绍群，等. 中国农村相对贫困变动和分解：2002—2018［J］. 数量经济技术经济研究，2021，38（2）：132-146.

李实，朱梦冰. 中国经济转型 40 年中居民收入差距的变动［J］. 管理世界，2018，34（12）：19-28.

李小云，苑军军，于乐荣. 论 2020 年后农村减贫战略与政策：从“扶贫”向“防贫”的转变［J］. 农业经济问题，2020（2）：15-22.

DATT G，1998. Computational tools for poverty measurement and analysis［R］.

林伯强，2003. 中国的经济增长、贫困减少与政策选择［J］. 经济研究（12）：15-25，90.

沈扬扬，李实，2020. 如何确定相对贫困标准？兼论“城乡统筹”相对贫困可行方案［J］. 华南师范大学学报（社会科学版）（2）：91-101.

汪三贵，孙俊娜，2021. 全面建成小康社会后中国的相对贫困标准、测量与瞄准：基于 2018 年中国住户调查数据的分析［J］. 中国农村经济（3）：2-23.

VILLASENOR J，ARNOLD B C，1989. Elliptical Lorenz curves［J］. Journal of Econometrics，40（2）：327-338.

KAKWANI N C，1980. Income inequality and poverty：methods of estimation and policy applications［J］. Population and Development Review，6（4）：673-673.

罗必良，洪炜杰，耿鹏鹏，等，2021. 赋权、强能、包容：在相对贫困治理中增进农民幸福感［J］. 管理世界，37（10）：166-181，240，182.

李小云，许汉泽，2018. 2020 年后扶贫工作的若干思考［J］. 国家行政学院学报（1）：62-66，149.

潜在优势、开发赋能与金融协同支持乡村产业高质量发展

——以黔东南黄平县黄牛产业发展为例

熊德斌　陈君怡

（贵州大学）

摘要：在推进高质量发展的时代下，要完成巩固脱贫攻坚成果与乡村振兴有效衔接的历史任务就必须立足乡村特色，整合多方社会资源，精准助推乡村产业发展。本文以贵州省黄牛产业集团黄平SPV公司的黄平县生态牛养殖项目为例，考察黄牛养殖产业从项目启动、农户养殖到商品牛销售的完整产业链条，挖掘该项目运行背后的产业逻辑、保险逻辑、普惠金融逻辑。通过研究，笔者发现：第一，SPV公司通过“公司+农户+金融机构”的经营模式开发乡村潜在优势向农户赋能，提升其自生能力；第二，SPV公司发挥中介桥梁作用化解普惠金融困境，为保险公司和银行提供征信服务助力产业发展；第三，双层金融支持体系有效匹配多层次市场主体的金融需求，解决金融供给的结构性问题。研究结论既为市场主体有效推动乡村产业兴旺提供了新思路，也为金融嵌入性开发支持乡村产业发展提供了可借鉴的理论逻辑。

关键词：潜在优势；开发赋能；金融协同

一、引言

党的二十大报告指出，高质量发展是全面建设社会主义现代化国家的首要任务。乡村产业高质量发展是乡村现代化的物质基础。推进乡村产业高质量发展是时代使命。2021年8月，习近平总书记在河北承德考察时指出：“产业振兴是乡村振兴的重中之重，要坚持精准发力，立足特色资源，关注市场需求，发展优势产业，促进一二三产业融合发展，更多更好惠及农村农民。”乡村特色资源要素是乡村产业兴旺的物质基础和潜在比较优势。同时，乡村产业发展

既面临金融与现代技术等生产要素缺口，又面临远离市场的双重困境制约。在党二十大报告中明确要求“全面推进乡村振兴，坚持农业农村优先发展”以及2022年中央一号文件明确指出要求“稳定用地、金融等政策，加强产业基础设施建设”，这为化解乡村产业兴旺双重矛盾奠定了制度和政策基础。

落实中央制定的乡村振兴战略既是一个重大的实践命题，也是一个理论创新重大命题。坚持人民至上和共同富裕乡村振兴战略，就在于充分用好禀赋比较优势发展壮大产业，就在于为了群众、依靠群众实现共同富裕。乡村潜在比较优势如何发挥、农民生产方式如何与现代技术结合、金融如何有效支持乡村特色发展、农民产业发展如何有效连接大市场等策略。因为禀赋结构、区位、发展基础和阶段差异，乡村产业发展应有不同的发展策略。正确的战略需要正确的策略来落实。习近平总书记在省部级主要领导干部学习贯彻党的十九届六中全会精神专题研讨班开班式上明确指出：“战略和策略是辩证统一的关系，要把战略的坚定性和策略的灵活性结合起来。”马克思说：“问题就是时代的声音。”党的二十大报告指出必须坚持问题导向。识别问题才能发现矛盾，因此，识别问题是制定正确策略的基础。

乡村产业兴旺需要现代技术、金融支持和有效连接大市场手段和机制把乡村潜在比较优势有机结合，提质增效激励和组织农民。现代技术、金融支持和大市场又不会天然的与乡村禀赋结构蕴含的比较优势融合。因此融合发展的产业具有自生能力，为现代技术、金融要素带来应有的回报。长期以来，西部地区的乡村产业都面临小生产难以融入大市场、现代技术难以融入乡村产业发展、普惠金融难以有效支持乡村产业的三重困境。“实现巩固拓展脱贫攻坚成果同乡村振兴有效衔接”作为我国“十四五”发展规划的重要内容，各地不断在实践中探索，不断解决“三个难以”的矛盾。例如，黔东南州黄平县因地制宜推动黄牛产业发展，是巩固脱贫攻坚成果同乡村振兴有效衔接的实践案例。本文以贵州黄牛产业集团黄平SPV公司为例，通过对黄平县黄牛养殖产业的调查，梳理项目的运营模式，分析贵州黄牛产业集团黄平SPV公司为什么选择黄平县？SPV公司如何开发与赋能当地农户的生产？SPV公司是如何作为中介发挥金融机构的作用？探讨龙头企业作为桥梁中介，SPV公司如何提升农民的自生能力，实现将农户的“小生产”规模化、标准化、安全化落地，做好走向“大市场”的前期准备。解剖其产业逻辑，揭示金融发挥的重要作用，以期为助力乡村产业兴旺提供可借鉴的保险逻辑和普惠金融逻辑。

二、文献综述

聚焦乡村产业发展要素和解决之道。在党的十九大报告中，“产业兴旺”

作为乡村振兴战略重要内容，就是要解决从“输血式”帮扶向“造血式”帮扶转变。但是乡村产业发展还存在比较突出的问题，主要集中在产业规划、生产要素、生产主体、市场机制这四个方面。首先，产业规划前期缺乏重点、盲目追求现代化、跟风现象严重，就导致了同质化竞争问题，后期也没有长远的整体规划方案，所以发展方向不明确，产业链条短而不精、多而分散（杨伟荣，2022；姜长云，2022；田惠敏 等，2022）。其次，生产要素方面的首要问题主要体现在技术落后、资金短缺，欠发达地区本来就难以吸引人才、资金等稀缺资源，在技术人员和技术服务无法满足产品生产需求的情况下盲目扩大产业规模，后续配套资金又供给不足，缺乏外部力量支持，扶贫项目就难以脱离“一次性怪圈”（柯珍堂，2022；许汉泽 等，2017）。另外，生产主体缺失由两方面原因导致。第一，贫困农村劳动力缺失，只留下老人和儿童，产业生产缺乏劳动力资源（许汉泽 等，2017）；第二，采取扶贫款项直接发放给农户投入产业开发的方式，会导致农户利用扶贫款进行投资入股、领取分红，没有将其真正投入生产中，或者出现“代产”的情况（杨迎亚 等，2022）。最后，地方政府干预过多、市场机制发育不健全，市场资源配置的作用未能发挥，所以产业可持续性较差（朱海波 等，2020）。针对上述问题，学者也提出了产业发展推进乡村振兴的路径：通过统筹产业布局规划、强化人才供给、丰富金融创新、完善基础设施建设、技术培训与服务培育市场化主体、激发农户内生动力，推动乡村产业链—群—系统高质量发展（梁海兵，2022；袁银传 等，2022；郭俊华 等，2021）。

聚焦乡村产业合作与组织模式。传统的农业生产主要是以家庭为经济活动基本单位的“小农模式”，自给自足是其关键性特征（杨德才 等，2016）。目前的产业模式已经完全突破了单一农户主体的界限，发展出了多元化的乡村产业合作模式。目前已被广泛认可的大部分产业合作模式是按照主导者的不同，划分为基层组织带动模式、龙头企业带动模式以及合作社带动模式三种主要类型（修兴高，2018）。在曾茂林和曾丽颖（2022）的研究中，还加入了高校，提出政府、高校与企业合作进行乡村产业开发的联盟模式。其中，龙头企业带动模式有“公司+农户”和“公司+农户+金融机构”两种。“公司+农户”就是将公司的“示范园模式”与农户的“小农模式”结合生产，利用公司对农产品的质和量进行控制，给予农户贷款和担保支持（张玉军 等，2011），包含两种类型，即租用土地或雇佣农户的劳动契约型和收购满足要求的农产品的产品契约型（张翼 等，2020）。而“公司+农户+金融机构”就是金融嵌入乡村产业，给予公司担保和政府补贴机制向农户提供农业贷款，支持乡村产业发展的重要模式。

聚焦乡村产业金融合作方式。众多国内外研究检验和支持了金融发展程度与经济增长水平之间的正向关系。由于中国农村二元金融结构的特殊性，外生性的非市场金融供给安排无法适应农村经济发展要求（赵洪丹，2011），并且受到农户收入水平的限制，农村金融要通过产业通道才能打破贫困地区的“贫困恶性循环”。所以，不仅从现实角度来看产业项目的启动和维持离不开金融，从理论层面来看乡村产业发展也需要金融合作支持。创新的农村金融供给机制应注重与贫困地区产业发展之间的协同作用，降低“财富门槛效应”，通过信息共享更好地引导资本要素进入农村，从而提高服务精准度，优化乡村产业结构，提升产业自生力（王汉杰 等，2018；余春苗 等，2021）。现阶段，金融支持乡村产业发展的方式主要有四种：一是针对特色行业发放精准小额贷款，二是在公司和政府的担保下提供贷款，三是通过金融科技提高服务便捷性（刘银行 等，2022），四是对各类产业提供农业保险兜底（兰虹 等，2020）。我国政府也颁发了《推进普惠金融发展规划（2016—2020 年）》，其中阐述了普惠金融就是为有金融需求的人群特别是弱势群体提供适当、有效的金融支持。普惠金融落实到乡村产业的实践操作中就是对个体农户的金融服务。对个体农户生产经营提供的金融供给包含银行小额信用贷款、土地或耕地抵押贷款、农业保险、政府的政策性贷款补贴四种方式（张芳 等，2020）。现存的这些金融合作方式虽然涵盖了乡村产业的大部分区域，但是仍存在诸多问题。第一，金融供给与乡村产业金融需求的结构匹配度不足；第二，金融机构空间上的覆盖受限；第三，金融产品供给欠缺；第四，农村金融环境不佳、乡村产业安全难以把控（张太宇 等，2022；胡世录，2020）。各方面的综合因素导致金融对乡村产业的支持力度不够，普惠金融的实践受到阻碍。

乡村产业发展文献丰富，既指出存在的问题和短板，又给出了发展基本方向和发展模式。但是现有文献较少关注外部具有特定优势的龙头企业如何开发赋能农户的潜在优势、较少关注龙头企业在农户产业发展与金融机构之间嵌入解决信贷交易成本。本文边际贡献一是在于龙头企业依据比较优势开发赋能农户，撬动乡村禀赋结构潜在比较优势；二是在于龙头企业嵌入农户与金融机构之间解决信贷交易成本，构建龙头企业、农户与金融机构利益共同体研究。鉴于此，本文以贵州省黄牛产业集团黄平 SPV 公司的生态牛养殖项目为例，分析“公司+农户+金融机构”合作模式背后的产业逻辑、保险公司提供风险保障背后的保险逻辑、贷款机构提供精准贷款背后的普惠金融逻辑，以期为乡村产业金融发展提供可借鉴的理论逻辑。

三、研究方法、分析框架与案例选择

（一）案例调查研究方法

研究方法服务于研究目标和所要研究问题的类型。一是本文需要回答龙头企业怎样开发赋能农户、怎样嵌入和如何解决农户与金融机构之间信贷交易成本等问题，属于“怎么样”“如何”等因果机制探索性问题，在 Yin（2017）看来特别适合案例研究法。二是研究对象的典型性也决定了案例研究方法的优势。Yin（2017）、Kathleen（1989）和 Pan（2011）三位学者都认同案例研究对象需具有启发性、极端性的特征，要能满足拓展和填补理论的需要（刘志迎 等，2018）。基于样本对总体特征推断为主的计量模型，要求样本具有代表性，通常需要对样本进行诊断和缩尾处理，排除极端典型案例对模型的干扰。因此，案例研究应采用理论抽样而非统计抽样。脱贫地区具有自生能力的产业不多，很难被纳入研究者的总体范围，即使被纳入总体也因为异常而被作为极端案例排除。本文选择的案例是位于黔东南州为黄平县的黄牛产业发展。黄平县曾经是一个深度的贫困县，产业发展基础弱，具有自生能力的产业更少，不适于计量模型的实证研究。因此，本文选择了案例研究方法。同时，本文还采用了如下调研方法。第一，访谈法。在调研之前拟定访谈提纲，到达调研地点后，根据访谈人员介绍，补充访谈内容。主要访谈黄平 SPV 公司总经理、公司工作人员、养殖户、政府工作人员等。获取一手信息和资料。二是收集相关资料。主要包括由公司提供的党建资料、基层治理制度、公司经营模式、经营规划及总结报告，以及网络搜索的产业新闻、公司发展情况等重要资料。三是观察法。直接到 SPV 公司的示范基地、在建养殖基地、农户养殖场、当地养殖大户的养殖场地实地观察黄牛养殖产业现状，观察养殖场地的设施特征、养殖规模、管理方式，观察中及时拍照并写出观察的基本总结。

（二）理论逻辑分析框架

案例研究需要正确的理论思想和框架指导。按照物质第一性辩证唯物主义思想，乡村产业发展要立足特色资源、发展优势产业（习近平，2021）。产业选择与发展内生于区域禀赋结构蕴含的比较优势（林毅夫，2020）。因此，乡村拥有的土地、生态、文化、劳动力以及脱贫攻坚奠定的电力、饮水、交通基础设施是乡村产业发展内在因素。进入新发展阶段，超大规模市场优势是乡村产业发展的最大环境（习近平，2020；严宇珺 等，2022），但最为关键的是要降低交易成本，实现产业发展有效衔接大市场。基于潜在比较优势的内因撬动外部市场主体弥补乡村短缺的企业家才能、现代技术和金融支持是乡村产业发展是必由之路。基于揭示乡村产业合作模式的产业逻辑、保险逻辑、普惠金融逻辑，探究龙头企业与金融机构开发赋能农户，本文构建了以 SPV 公司为产业链条核心、乡村产业开发与普惠金融服务共同作用的框架图，为研究提供思路指导，构建了如图 1 所示的基本理论逻辑分析框架。

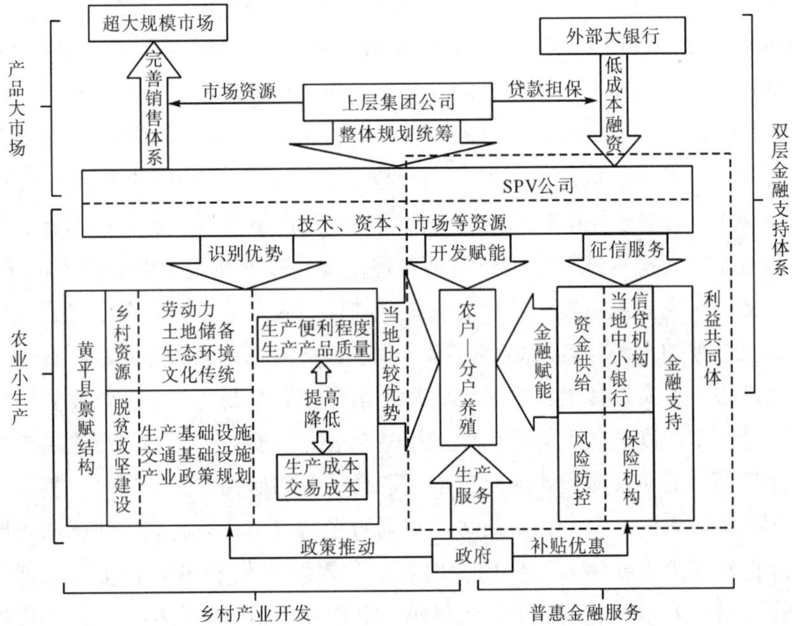

图 1　以 SPV 公司为核心、乡村产业开发与普惠金融服务共同作用分析框架

县域乡村和农户拥有的资源禀赋蕴含的潜在比较优势转化为产业发展优势关键在于有效开发赋能转化为产业发展优势。脱贫攻坚期间，国家相关政策为脱贫地区解决了生产基础设施和交通基础设施，理论上提升了生产便利度、降低了生产成本和物流成本。但是，乡村所具有的禀赋潜在优势仍然需要一个组织引入现代技术、撬动金融资源和连接市场唤醒沉睡资源实现产业发展。如图 1 所示，真正的龙头企业应当拥有技术、资本、市场等资源，并能识别乡村要素所蕴含的潜在比较优势，整合资源管理产业生产。因此，龙头企业就应当从现代技术、重要生产要素及连接大市场等方面开发赋能农户，有效激发乡村发展潜力。与此同时，基于龙头企业供应链产业链及开发赋能农户信息优势嵌入农户与信贷机构之间，构建标准化模式协助信贷机构尽职调查，形成规模化信贷而降低交易成本和信贷成本，有助于实现金融普惠性发展。在胡跃进（2009）看来，人们为了适应供应链生产组织体系的资金需要而开展的资金与相关服务定价与市场交易活动。王伟姣、陈姗姗（2022）从产业链中多方利益相关者的角度指出，供应链金融的成功实施需要供应链网络中的核心企业、上下游中小企业、金融机构等利益相关者的参与协同，因此要从多方利益相关者视角研究供应链金融协同发展机制、利益分配机制等。农业面临的自然风险不容忽视，地方政府协调保险公司推进的农业保险能够有效降低和减少损失，不仅能够降低农户损失，也能够减少银行信贷风险。因此，基于乡村禀赋结构比较优势，龙头企业开发赋能农户、协同信贷和保险机构构成一个利益共同体，推动产业高质量发展。

此外，龙头企业需要为黄牛产业发展提供技术、重要生产资料、养殖示范基础等，也需要金融支持，但是龙头企业业务风险特征、业务规模不同于农户，所需要的金融支持也不一样。林毅夫（2018）认为，金融结构要服务于实体经济，就必须跟实体经济的结构特性相符合，不同发展水平的产业就要与相对应的金融市场和金融机构相匹配，从金融结构上满足产业发展的需求。因此，龙头企业需要承担风险能力更大的大银行支持其发展。由此，便形成了黄牛产业双层金融支持结构。

（三）黄平 SPV 公司案例典型性

1. 黄平县内部禀赋结构蕴含潜在比较优势的综合条件

黄平县具有养殖高品质黄牛的优越自然条件。首先，自然地理环境是养殖的基础。黄平县气候温和、雨量充沛，县境河流纵横密布水资源丰富，适宜黄牛的生长发育，而且土壤酸碱度适中且土壤有机物含量较高，也有利于牧草、自然草料以及农作物的生长，牧草品质好。其次，本地种植的水稻、玉米等农产品也拓展了饲料的种类，增加了饲料的来源。以上两个方面综合保障了黄牛的生长。

黄平县具有建设低成本产业的丰富初始条件。第一，农村人口数量众多，养殖劳动力较多。2019—2021 年，黄平县农村和城镇人口之比为 7∶3①。第二，农村剩余劳动力价格较为低廉。黄平县 2020 年度农村居民人均可支配收入 10 613 元，除凯里市外，农村居民收入水平在黔东南仅排第 8 位②，所以农

---

① 数据来源：《黄平县 2021 年国民经济和社会发展统计公报》《黄平县 2020 年国民经济和社会发展统计公报》《黄平县 2019 年国民经济和社会发展统计公报》，黄平县人民政府网站：http://www.qdnhp.gov.cn/xxgk/jcgk/tjxx/tjsj/，访问日期：2022 年 10 月 12 日

② 数据来源：《2020 年黔东南州统计年鉴》，黔东南苗族侗族自治州人民政府网站：http://www.qdn.gov.cn/zwgk_5871642/zfxxgk_5871649/fdzdgknr_5871652/tjxx_5871674/tjnj_5871678/202203/t20220302_72814100.html，访问日期：2022 年 10 月 12 日。

村贫困程度较高，劳动力成本相对较低。以上两方面的劳动力优势能够营造一个低生产成本的发展条件。

黄平县具有普及标准化养殖的悠久历史基础。当地畜牧业发展历史悠久，当地的农户普遍有黄牛养殖经验，也有闲置的牛圈场地，为黄牛养殖打下了农业基础条件。由于优越的生态环境，本身自然培育出优质黄牛品种，就进一步验证了黄平县适合养牛而且能养出好牛。

2. 巩固脱贫攻坚成果与乡村振兴有效衔接的历史任务

黄平县脱贫后还需考虑如何致富。打赢脱贫攻坚战、全面建成小康社会后，要进一步巩固拓展脱贫攻坚成果，做好乡村振兴这篇“大文章”。黄牛养殖产业的建设，是贯彻落实中央关于乡村振兴的各项指导的具体措施。产业发展过程中带动性强、参与度高，为农户带来的持续收益进一步巩固了脱贫攻坚成果。农户在参与产业建设和生产运营过程中，通过技术培训、科学学习，从传统的手艺农民向新型职业农民转变，为新农村建设奠定了坚实的基础。肉牛养殖并非独立的产业，其发展还有效带动了物流、产品营销、餐饮等相关产业链条协同进步。乡村产业质量效益和竞争力进一步提高，助力实现乡村振兴的战略目标。

3. 山地困境长期阻碍与良好生态环境优势的动态转换

黄平县属贵州山地少数民族聚居地，由于山地开发的挑战大且开发时间较晚，加之其不沿江、不沿海，区位偏僻，交通不发达等诸多因素的影响，难以摆脱深度贫困的桎梏。这也是众多西南地区贫困山区共同的发展痛点。与脱贫攻坚期相比，全面推进乡村振兴时期黄平县要素禀赋结构的比较优势出现了新的变化。虽然山地地形阻碍了黄平县与外界产业发展的联系，但正因如此，县内几乎无工业生产项目、更无工业污染，优越的自然生态环境和少数民族畜牧文化为发展优质、安全、生态牛肉产品提供了较好的前提条件。脱贫攻坚期间，铁路、高速公路、机场航线立体交通网络的建设，也消除了地理上的阻碍。随着科学技术的进步，得天独厚的自然优势不仅仅是绿水青山，还是金山银山。

四、案例分析

（一）产业逻辑：开发赋能，构建“公司+农户”的利益联结体

贵州黄牛产业集团黄平县SPV公司，采取“公司+农户+银行+保险”的经营模式，在政府相关部门的支持下，整合县内各资本要素，不断延伸产业链条，发展当地及周边县城的龙头企业带领农户开展黄牛养殖。每一个养殖农户是养殖产业最基本的生产经营单元，SPV公司就是将各小单元联系起来构成完整产业网络、匹配大市场的桥梁。黄牛养殖的产业逻辑中，主要是分析黄平

SPV 公司与当地农户之间的联结关系。

1. 构建完善企业经营模式，保障产业高效管理

黄平县黄牛养殖产业主要涉及公司、农户、银行和保险四个主体。首先，黄平县 SPV 公司对有养殖意愿的农户进行生产能力和征信评估；其次，公司牵头协调金融机构，对符合养殖条件和达到信用等级要求的对象授信放贷，同时，公司还会争取政府对合作养牛对象进行贷款贴息；接着，获得贷款资金的农户到公司按照市场价格选购怀孕母牛、育肥牛饲养、农户也可以在公司购买养殖草料。除了协助农户获得养殖资金外，公司还会协调保险机构为其养殖的黄牛购买农业保险，以增强养殖户的风险抵御能力。农户饲养的黄牛达到出栏标准体重后，公司以高于当时市场价 1.5%~2%的价格收购黄牛。公司发掘出养殖能力强、圈舍基础较好、发展潜力好、信用度较好的养殖户后，又把他们培育成养殖大户，在带动一般养殖户参与产业发展，形成分户饲养联农带农的养殖模式。先产带动后产、先富带动后富，循环带动，最终实现黄平县乡村振兴与共同富裕。在生产经营过程中，各方在产业生产的环节发挥各自的作用：公司引领、农户主体、银行放贷、保险增信，构成了一套完整的黄牛养殖开发赋能经营模式（见图 2）。

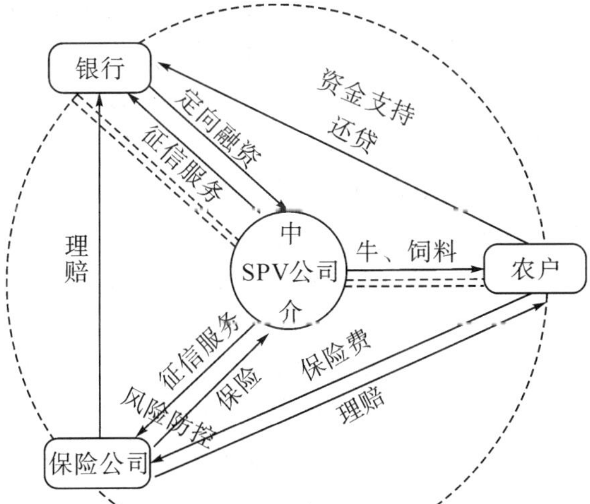

图 2　企业经营模式

2. 把握多元主体协调机制，凝聚多方专业合力

SPV 公司的协调机制主要包括两个方面，分别是公司与农户、政府部门，以及公司与农户、金融机构。第一，在公司的协调下，发挥政府力量帮助农户

科学、有序养殖。公司与当地政府合作，成立黄牛养殖的工作领导小组，做好产业发展规划，负责调度、管理各项资源，支持项目在当地的发展，主要是发挥好统筹协调的作用。另外，公司还要与其他政府部门进行对接，完成养殖工作的申报、审批、技术服务、技术培训、生产监管、发展情况汇总等相关工作，是有为政府在黄牛产业构建的前中后期发挥推动作用的具体体现。第二，公司主要发挥中介功能协调金融机构支持农户生产。"四有两无"[①] 的要求和六个统一[②]的标准，既是农户与公司合作的前提，也是农户获得金融服务的条件。公司根据"四有两无"要求协助农户同金融机构办理贷款和保险业务，得以启动项目；公司根据六个统一标准标准化管理和服务农户开展生产。

3. 识别产业主体的潜在优势，充分释放生产资源

不同生产主体具有各自的比较优势。黄平县农户本身具有养殖的基础条件。首先是劳动力优势。黄平当地的农村劳动力数量多，劳动力成本相对较低，而且黄平的农户本身具有一定的养殖经验。其次是生产用地优势。黄平县大部分农户家里都修建了牛圈，也有现成的耕地。农户个体已经具备了黄牛养殖的基础生产要素，但是农户个体所拥有的资源和资金是有限的。黄平县农村贫困人口占比较大，农户自有资金只能开展传统的少量养殖，无法支撑大规模养殖。而且单纯依靠黄牛养殖收入无法维持生活，养殖周期较长也是对农户个体资金支持的较大挑战。农户缺乏释放自身优势的能力。

SPV 公司自身也有重要的现代化生产资源。首先 SPV 公司有贵州黄牛集团母公司支持的资本、技术、市场等优势。其次，SPV 公司拥有关键的微生态垫层技术，能够在无污染、无臭味的绿色生产中，以低成本养殖高品质黄牛。再次，公司对于市场信息的获取和把控处于优势地位，在 SPV 公司的统筹调配下，能够获取丰富的饲料采购渠道和有利的黄牛销售渠道。另外，公司所拥有的社会资源丰富，能汇集人力资源和市场资源打造品牌，提高产品知名度，进一步增加产品竞争力。特别是在 2022 年 9 月贵阳市暴发新冠疫情期间，集团公司指导建设抗疫时期牛肉保供链条，既解决了疫情时期牛肉滞销问题，又满足了疫区群众的消费，还发挥了企业的社会效益，获得了各方广泛认可。但是公司的能力也是有限的，如果公司独自承担种牛繁育、架子牛养殖、饲料种植或购买等所有的养殖工作，就需要大量的资金。而且生产期间大部分资金沉

---

① 四有两无：农户养牛需要"有强烈养牛意愿、有劳动力、有种草养牛耕地、有可供养牛圈舍"和"无违法犯罪记录、无银行失信"。

② 六个统一：统一协调金融机构、统一供种、统一防疫、统一饲喂技术服务、统一市场价回收、统一供药。

积在牛和饲料上，财务成本很高，一旦出现风险公司将难以应对，实在没有充足的资源去完成大规模养殖。

虽然SPV公司和个体农户都具有各自的比较优势，但是二者都难以独自进行大规模的黄牛养殖，所以公司需要农户的农业生产能力，农户需要公司的丰富外部资源。

4. 综合开发赋能农户，有效增强自生能力

在由公司引领的合作模式下，公司依据双方各自的比较优势，开发赋能农户，能够将上述的资源和需求匹配起来，形成互补，撬动乡村禀赋结构潜在比较优势。

第一，公司先进的技术服务，为农户依靠开创新型圈舍养殖模式。首先，黄平公司采用微生态养殖垫层技术饲养，能够保证养殖环境干净环保无蚊虫、无污染、无臭味，为农户在自有农圈养殖黄牛提供便利，促进产业的绿色发展。其次，有益菌不仅能保证养殖环境干净，还能减少病菌，够提升牛自身免疫力，降低农户牛养殖的病毒风险，提高肉质。另外，垫层不需要人工对黄牛排泄物进行清理即可自行分解，节省了人工、水费、电费等成本，间接提高了养殖户的收入。最后，垫层使用结束后可以进一步出售或加工成有机肥，为养殖户提供新的创收点。

第二，公司与农户合作，利用了农户本身具有的比较优势进行生产。其一，黄平的农村劳动力成本较低，公司对本身具有一定养殖经验的农户进行培训，能够以较低的生产成本，将大量的劳动力优势转换为产品质量优势。其二，在养殖场地方面，公司只需要按照养殖标准，对农户已有的养殖场地进行适当改造就可以利用起来，从而节省了新场地的修建成本，盘活了农户闲置的牛圈场地。其三，在公司对农户进行初步评估时，就要求养殖户要有2亩（1亩≈667平方米）以上牧草种植土地，利用农户的土地种植牛草料，一方面进一步降低了养殖户的饲料购买成本，另一方面也为公司寻找草料种植场地提供了便利。

第三，公司完善的生产销售体系，帮助农户连接市场解决交易困境。在生产过程中，农户要遵循六个统一所规定的养牛标准：统一协调金融机构、统一供种、统一防疫、统一饲喂技术服务、统一市场价回收、统一供药。通过这六个统一实现产业养殖和收购过程的标准化，确保农户能生产出安全、优质、合格的产品。之后，公司将会继续加强养殖场地建设和养殖技术培训的标准化，进一步降低生产不规范导致的产品风险。在销售管理方面，公司按照当时市场价向农户统一收购商品牛后，通过黄平SPV公司现有的销售体系：黄牛集团

已形成的市场销售渠道、当地肉牛加工企业、外地肉牛厂商三个途径，完成向市场销售产品的工作。除了基本的销售工作外，公司会从生产技术、生产服务、主产品、副产品、饲料等多角度明确产业的盈利点，进而明确产业未来农户与公司收入的增长点；公司还会发挥黄平肉牛产品特色优势，打造营销新理念，进一步发挥物联网溯源功能，建立黄平肉牛品牌，拓宽高端客户销售渠道。

公司充分利用自身的能力，识别农户的比较优势，调动整合现有资源转换为生产要素，发挥开发功能为农户生产赋能，联农带农共创产业发展的竞争优势。让闲置资源“活”起来，把潜在比较优势“聚”起来。公司与农户协同合作的过程，就是增加黄牛养殖农户自生能力的过程，也是“公司+农户”的产业模式的形成过程。

经过梳理，黄平黄牛的养殖产业逻辑就是在企业经营模式的整体框架下，协调公司与政府、农户以及金融机构之间的关系，通过公司自身和合作农户的生产运行，实现产业盈利与持续发展。在产业运行过程中，农户的潜在比较优势通过公司的赋能得以释放，农户的比较优势也为公司各个生产环节降低了成本，农户与公司相互补足、相互支持，既增强了农户的自生能力，也构建了“公司+农户”利益连接体。

（二）保险逻辑：服务配合，筑牢“公司+农户+保险机构”的利益保护屏障

黄牛养殖业与其他产业不同，毕竟黄牛是活物，容易受自然条件的影响，农业灾害损失难以防范，风险的可控程度较低。为了降低农户的养殖损失和保障银行收回贷款的安全，黄平 SPV 公司采取“公司+农户+保险机构”的模式，把牛只保险纳入关键环节。

1. 黄平 SPV 公司是保险业务的重要参与者

SPV 公司参与保险业务的全过程，不仅负责联系保险机构，利用自身信息优势配合保险机构完成养殖户的征信活动，办理和完善黄牛的投保手续。公司承担农户第一年的牛只保险费用，之后的年份，在政府发放多等级保费补贴的条件下，农户以较低的价格获得牛只保险服务。一旦养殖风险发生，保险立即生效，理赔优先支付给贷款银行，然后再赔付给农户，做到牛在贷款在，牛不在贷款要及时归还。保险发挥了三个方面的作用：第一，提高了养殖农户的抵御风险的能力；第二，保险及时赔付给银行，减少了养殖户利息；第三，保障银行贷款的回收，也提高了银行提供贷款的意愿。

2. 防范道德风险是保险服务的重要内容

农业保险中的道德风险，包括保险人和投保人双方的双向道德风险。在黄平县黄牛养殖产业中，因为是由 SPV 公司作为中介，并且有政府的严格监管，所以保险机构的道德风险发生概率较低，而牛养殖户数量众多且较为分散，监管难度较大，所以需要重点防范的是投保人也就是农户方的单向道德风险。农业保险中的道德风险危害范围广，且容易形成长期问题，难以弥补，因此农业保险要解决的不仅有投保前投保人信用等级评定问题，还有投保后的道德风险防范问题。

在黄平黄牛养殖保险发展的前期，主要出现过两种类型的道德风险。第一种情形：事前骗保。最初的保险赔付金额统一规定为 2 万元，在政府补贴的情况下，农户仅需要支付每头牛 240 元的保费。农户购买保险后，为获取超出预期的赔款，减少农业生产投入，就会采取不恰当的手段，让标的物（牛）提前损失，获取高额保险赔偿。如果放任风险事故发生，疏于管理，政府对保险费用进行补贴反而会加剧这一现象。第二种情形：事后作假。保险机构对真实死亡的牛取证评估并进行掩埋处理完毕离开之后，短时间内，部分村民或者养殖户就会将病牛挖出来重复利用，进行放血加工、弄虚作假，继续让其流入市场，这样可能导致菌病的泛滥，危害消费者的身体健康。一旦发生安全问题，将会严重损害贵州黄牛的品牌声誉，不利于黄牛产业的健康发展。

针对这两种道德风险情形，保险机构进行了调整（见图 3）。为应对第一种情况，保险公司改变了赔付的保险金额，实行阶梯式赔付。在牛死亡时，保险公司到场评估，如果死亡的黄牛达到了最高体重标准，则可以获得最高赔款 2 万元，在最高标准范围之内的，按牛死亡时的实际价值赔付。这样，养殖户就不能利用保险赚取差额收益。对于事后作假的情况，主要是解决如何防止病牛流入市场。与其他农作物不同，牛的保鲜期限较短，死亡 24 小时后就会腐烂发臭。根据这一特点，在牛死亡当日，保险机构到场确认核定取证，等到牛死亡的第二天中午之后再来办理理赔，这时牛肉已经腐烂，无法再流入市场。保险机构以赔付金额和理赔程序的调整来克服这两种道德风险，既达到了目的，也没有产生额外的监督成本，是道德风险防控的有效措施。

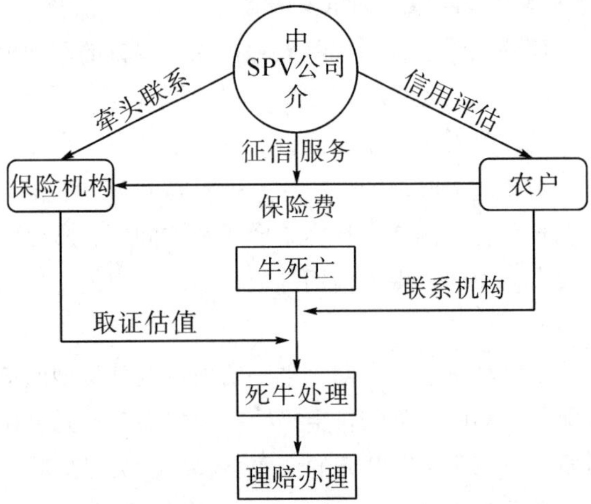

图3　保险服务与道德风险防范机制

传统的保险服务仅仅是投保人和保险人双方的交易关系，而黄平黄牛养殖业保险服务是“公司+农户+保险机构”三者共同完成的。公司承担了三个角色：联系人、信用中介人和初期投保人。公司的加入一方面为农户赋能增强其自生能力，提升了农户的信用等级；另一方面，公司利用自己对黄牛养殖的专业经验，协助保险机构提供服务，降低机构的交易成本。这样既保护了多方利益，也有利于农业保险业务的可持续发展，是有效的黄牛养殖利益保护屏障。

（三）普惠金融逻辑：征信服务，形成“公司+农户+金融机构”的利益共同体

黄平当地普通农户甚至是农村贫困人口，不仅没有固定的收入来源，也没有多少抵押资产，更缺乏信用担保方，所以大量农户的贷款需求无法与银行的资金供给相匹配，这就形成了结构性融资难的问题，这也是普惠金融向农村发展的阻塞点。虽然阻碍农户创业的因素很多，但是缺少资金支持是从根本上阻断了普通农村家庭的发展。即使黄牛养殖业能够给农户们带来可观的收入，缺少资金也无法启动生产，所以资金是黄平农民创业道路上最大的“拦路虎”，也是普惠金融关注的重点、要解决的难点。公司与农户的利益共同体形成后，需要金融把项目撬动起来，解决农户资金短缺的问题。黄平 SPV 公司采取“公司+农户+金融机构”的模式，就是要从根本上帮助农户们打通项目启动道路上的第一个资金关口。

1. SPV 公司的金融中介功能

贷款发放可以概括为三个阶段：信用评估、考察审核、贷款发放。如图 4

所示，第一个阶段主要由 SPV 公司协助完成。项目的启动首先要能够获得银行的贷款，所以前期在选择合作农户主体时，公司把黄牛养殖所需的生产要素条件与信用评估结合在了一起，制定出“四有两无”筛选政策：有意愿、有劳力、有土地、有圈舍、无违法行为、无失信记录，选择能够获得银行贷款的养殖对象进行合作。一方面，筛选出了可靠的合作对象；另一方面，也为银行做好了初步的信用评估。提交农户的资料之后，银行会到养殖户家里进行实地考察，确认牛场是否符合银行贷款要求。考察审核完毕，银行立即向农户发放贷款，贷款分两部分发放，一部分被委托支付到公司，购买牛只和饲料；剩余贷款金额会进入养殖户的账户，以支付后续的养殖费用。农户的黄牛出栏获得销售收入后，按时将贷款本息归还银行。

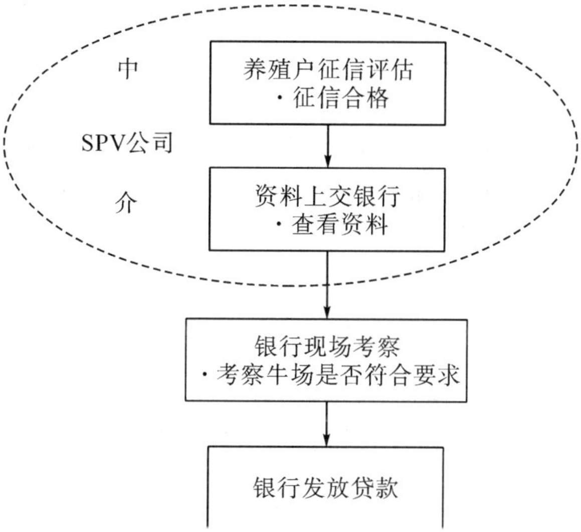

图 4　贷款发放流程

SPV 公司就是贷款授信过程中一个重要的核心企业，公司不仅能够利用自身优势向黄牛养殖农户赋能，增强农户的商业信用，而且通过帮助银行完成授信前的尽职调查，协助银行增强风险防控，将银行资金有效注入弱势的农户养殖个体，解决因融资难而无法启动项目的问题，为整个黄牛生产链条提供金融支持。供应链上的农户一旦获得银行的支持，就可以激活整个“链条”的运转，而且公司的服务也让链条更稳定，为未来赢得更多的金融支持。从这个角度，银行也与 SPV 公司、农户产生了利益联结。

2. 银行收益与风险的平衡

银行向黄平养殖户贷款主要是面临信用风险，而农户的信用风险主要是两方面因素导致：一是自然风险，如自然灾害、病菌等因素导致病牛死亡，无法获得销售收入；二是市场风险，如市场价格波动导致收入无法达到预期。在疫情之前，我国的牛肉进口来源主要是美国、巴西、阿根廷、澳大利亚和新西兰，但是受当时疫情影响，肉类进口更加严格，进口供给下降很多。有数据显示，2021 年我国牛肉需求量达 930.02 万吨，同比增长 5.17%①，而 2021 年牛肉产量仅 698 万吨②，牛肉还有很大的市场需求，市场风险较低。所以，只要黄牛能够顺利出栏，银行的收益就能得到稳定收益，银行只需要防范自然风险。而自然风险防控并不属于银行的业务范畴，因此农户购买的养殖保险间接协助银行实现了收益与风险的平衡。

银行风险控制分为两个部分：放贷前的风险预防和放贷后的风险防控。如图 5 所示，放贷前，由黄平 SPV 公司协助进行信用评估，之后银行进行实地考察，选择了符合信用等级标准的养殖户，避免了由于养殖户失信带来损失。放贷后，养殖户为牛只购买了保险，一旦黄牛死亡，保险机构也会优先赔付银行贷款，保证银行收回贷款，降低系统性风险。这样，银行的利益始终能够得到保障，既贷得出去、也收得回来，实现收益和风险的平衡。

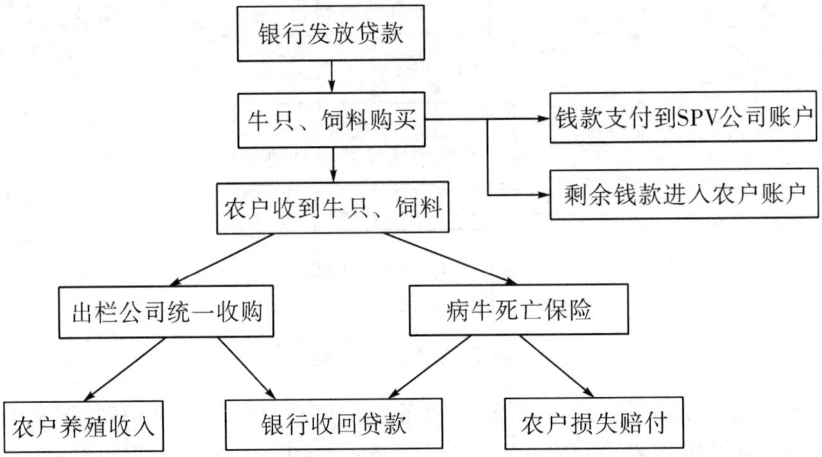

图 5　收益与风险平衡机制

① 数据来源：《王明华：粮食产量再创新高，畜牧业生产稳定增长》，国家统计局网站：http://www.stats.gov.cn/ztjc/zthd/lhfw/2022/lh_sjjd/202202/t20220228_1828039.html，访问日期：2022 年 10 月 13 日。

② 数据来源：《2021 年国民经济持续恢复，发展预期目标较好完成》，国家统计局网站：http://www.stats.gov.cn/xxgk/sjfb/zxfb2020/202201/t20220117_1826436.html，访问日期：2022 年 10 月 13 日。

3. 普惠金融的逻辑

普惠金融的逻辑见图 6。

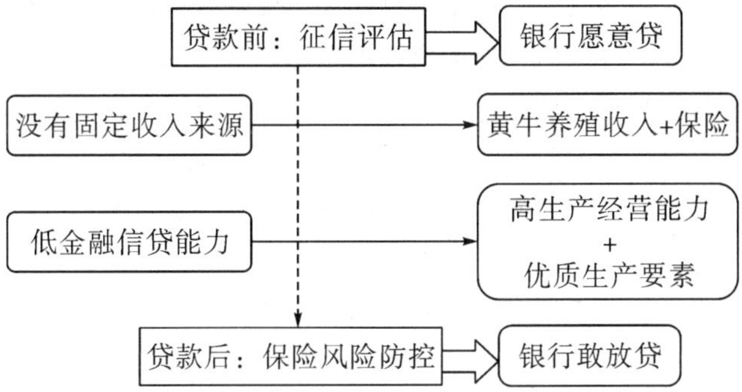

图 6　普惠金融逻辑

（1）发展普惠金融的必要性。

黄平普通农户开展养殖项目要获得资金支持，可以有两个途径：正规的银行贷款和非正规的民间借贷。农户可以获得的民间借贷主要是依靠亲戚朋友借款，这种借款资金量有限、成本可能较高，而且贷款期限短，也不一定可以即时获得。相比于民间借贷，银行贷款虽然在成本、规模、时效以及持续性方面具有优越性，但是贷款门槛较高，养殖户的金融需求就会被排斥在正规金融市场之外。所以，这就是在黄平开展普惠金融的重要意义：向普通农民提供有效金融服务，为乡村振兴提供可靠资金支持。

（2）发展普惠金融的重要性。

黄平县的普惠金融紧紧围绕着“普”和“惠”，从三方面服务黄牛养殖产业。

第一，贷款主体多层次。借款人主要根据养殖规模分为大型养殖户和小型个体农户。贷款银行由于主要提供的贷款金额自动进行了划分，包括 0~30 万元；30 万元~100 万元以及 100 万元以上三个金额梯度。具有不同规模贷款需求的养殖户与不同的中小银行相匹配，满足了各个层次的资金需求，解决了结构性贷款供需不匹配的问题。

第二，征信要素多元化。通常的贷款征信涉及个人基本信息、信用信息、收入、资产状况等要素，但是银行面对的养殖农户大多家庭条件比较贫困，没有固定收入来源，也只有农地和宅基地。因此，针对农户的贷款征信就必须结合黄牛养殖所必需的生产要素进行评估。在 SPV 公司赋能和政府政策支持的条件下，新的信用评估要求除了包括基本的个人基本信息和信用信息，还纳入了黄牛养殖的劳动力、圈舍以及土地三个主要生产要素，从关注金融能力转变为关注农户的生产经营能力，解决了银行不敢放贷的问题。

第三，借款优惠多角度。借款的直接优惠由政府提供。通过公司进行融资的养殖户，公司会为其争取相应的政策性贴息，直接减轻养殖户的贷款利息负担。间接优惠是银行通过还款程序的调整来提供。银行会根据黄牛养殖的季节性特点，调整利息支付的时点和本金偿还期限，分散贷款期间农户资金压力，让农户在黄牛出栏、获得养殖收入后，再偿还大部分贷款本息，解决了农户不愿意借贷的问题。

黄平县的农户在SPV公司的带领下成为黄牛养殖产业的一个个基本单元，普惠金融的前两个方面解决了普遍性的问题，第三个方面满足了优惠性的需求，让养殖户们在生产中得到了金融机构的资金支持。黄平SPV公司的这一成功实践说明，普惠金融要为弱势群体提供贷款等金融服务，需要把贷款思维转变为赋能思维，不仅仅考虑其还款能力，还要关注他们的生产能力。在企业的带动下，弱势群体也可以成为企业生产的参与者，如果把金融服务与产业特点结合，嵌入生产经营当中，金融为生产要素赋能的过程就是实现普惠金融的过程。归根到底，普惠金融支持的目的不是盈利，而是服务产业，提升微主体的自生能力，促进产业持续健康发展，最终实现乡村振兴的时代目标。

（四）双层金融支持体系

1. 有区别的金融需求

SPV公司与农户在养殖生产过程中承担不同的角色，也发挥着不同的作用，因此，二者的金融需求存在差异。

SPV公司作为黄平县黄牛养殖产业的对内和对外的窗口，既有黄牛养殖方面所产生的金融需求，也有产业服务方面所产生的金融需求。第一，产业养殖技术、标准、成效的宣传与推广需要一个完整的示范基地。在调研过程中，我们调研了SPV公司的养殖示范基地，基地当中有草料种植、饲料存储、垫层技术展示、黄牛养殖场地以及配套的绿色循环农业基础设施，基地内既具备培育大量的牛犊的功能，也发挥了展示公司完整养殖技术和成果的功能。示范基地的建设及维护，需要有充足的资金支持。第二，黄平SPV公司的生命线是完整的“公司+农户+金融机构”服务体系，其中最重要的是为农户提供服务。2022年上半年，黄平SPV公司带动养殖的农户数将近4 000户，农户的位置分散，总体的养殖数量巨大，公司的服务要能够辐射到所有的养殖户，就要有完善的技术、管理机制以及人员保障，这些要素都离不开资金支持。第三，公司发展也需要维持生产运营和扩大生产规模。黄平公司将贵黄（贵阳—黄平）

高速公路附近的闲置场地进行改建，扩大公司自身的养殖场地，也可以将公司暂时无法利用的区域出租，既能够扩大养殖规模，也能够获取租金收益。因此，后期的收益和发展需要前期的场地改建资金。所以，SPV 公司需要大规模的资金支持。

农户主要承担黄牛养殖的功能。要顺利开展黄牛养殖，主要包括四个方面的金融需求：一是牛圈的建设或改造，二是向公司购买牛和饲料，三是养殖前的保险支出，四是维持黄牛后期生长的成本投入。个体农户的养殖规模并没有公司那么大，但是农户数量多，所以需要的是大量小规模的资金支持。

2. 双层金融支持体系

由于公司和农户金融需求的用途、规模存在区别，所以需要从不同的融资渠道获得资金支持。SPV 公司的资金主要是由中国农业发展银行等大银行提供。贵州黄牛产业集团是贵州现代物流产业集团的子公司，一方面，现代物流集团通过提供法人担保为黄牛集团获得贷款，另一方面，黄牛集团自身从大银行以较低的成本进行贷款融资。在这两种主要的融资方式下，SPV 公司获得了大银行的资金。农户的金融需求主要由当地的金融机构，也就是中小银行提供。

双层金融支持的本质就是：由于资金用途的结构性差异，所以存在金融供求的结构性差异，不同金融主体的不同资金用途要由不同金融机构支持。黄平 SPV 公司的成功也有赖于完善的双层金融支持体系，普惠金融既解决了农户微主体金融需求与供给的错配问题，也解决了传统支持模式单一的问题。自上而下的企业贷款模式，也解决了公司金融支持总量不足的问题。企业与金融机构的各个组成部分相互协调与配合，满足了不同层次生产主体的多样化金融需求。

五、结论

黄平县黄牛养殖产业从无到有、从传统的散户养殖到公司牵头的规模化养殖、从贫困产业到引领乡村振兴的新兴产业，正是得益于我国政府正确的战略导向为产业发展提供了良好的政策基础，得益于贵州省黄牛养殖产业集团黄平 SPV 公司有效发挥了产业、保险、信用中介的重要作用。在产业逻辑、保险逻辑和普惠金融逻辑的推动下，才将农户们的潜在比较优势和黄平县的资源禀赋转化为高效生产力，让以保险公司和贷款机构为主的金融机构真正落实普惠金融的实践，实现黄平县黄牛养殖产业的发展壮大和升级。

1. 乡村振兴离不开农民农业生产劳动主力

乡村振兴的根本目的就是要实现乡村农民共同富裕，共同富裕的主体是农民，就要发展农民的生产力。农民自身就拥有丰富的农业生产资源，通过乡村产业以“+农户”的模式带动农民脱贫致富，实质上就是要开发农民的生产资源，增强内生力，只有农民自己能够“生财”，才有源源不断的金山银山。

2. 金融支持始终是乡村产业发展的重要助力

现有的文献说明，乡村产业的启动离不开金融支持，产业的持续发展也需要金融。本文对黄平生态牛养殖项目的分析也证明了金融能够为农业生产发展发挥正向作用，能够发挥好资金供应的功能。而且黄平县的案例说明，只要能运用好金融力量，就能解决资金供给的结构问题，将社会资本引入生产发展中去。

3. 普惠金融应该转变思路，由贷款思维转变为赋能思维

普惠金融减贫不能照搬照抄国外经验，也不能仅局限于传统的金融模式，而是应该结合中国乡村实际情况，由促进消费转变为促进生产，由关注单一化信用信息的征信方式转变为关注多元化内生能力的征信机制，协同多种金融机构主体降低产业发展风险，实现金融支持的可持续和产业发展的可持续。

4. 选择适当且有效的产业发展带头主体

正如黄平县以 SPV 公司作为带头主体的模式，公司本身的市场性质能够发挥市场化机制的作用，保证生产资源的高效配置，让农户生产供给匹配市场需求，也能够协调政府部门，减少行政阻力，有利于发挥有为政府的作用。不同区域有其独特性质，所以合作的带头主体可能会存在差异，但是这一主体的根本功能是一致的：既能够服务好农户生产、畅通产业链条，也能协助金融机构降低金融支持阻力，还能协调多方合作，共同助力产业发展，实现乡村振兴。

参考文献

姜长云，2022. 新发展格局、共同富裕与乡村产业振兴［J］. 南京农业大学学报（社会科学版），22（1）：1-11，22.

田惠敏，张欣桐，王阳，2022. 乡村振兴战略背景下乡村产业发展融资机制改革研究［J］. 经济研究参考（4）：42-54.

柯珍堂，2020. 以生产要素市场化改革激发乡村振兴活力［J］. 人民论坛（15）：94-95.

许汉泽，李小云，2017. 精准扶贫背景下农村产业扶贫的实践困境：对华北李

村产业扶贫项目的考察［J］. 西北农林科技大学学报（社会科学版），17（1）：9-16.
杨迎亚，周亮亮，2022. 河南省安阳市产业扶贫与乡村产业振兴有效衔接研究［J］. 安阳工学院学报，21（5）：56-58.
朱海波，聂凤英，2020. 深度贫困地区脱贫攻坚与乡村振兴有效衔接的逻辑与路径：产业发展的视角［J］. 南京农业大学学报（社会科学版），20（3）：15-25.
梁海兵，2022. 乡村产业高质量发展的困境与优化：一个嵌入机制的分析框架［J］. 学海，（5）：72-81.
袁银传，康兰心，2022. 论新时代乡村振兴的产业发展及人才支撑［J］. 西安财经大学学报，35（1）：98-107.
郭俊华，卢京宇，2021. 产业兴旺推动乡村振兴的模式选择与路径［J］. 西北大学学报（哲学社会科学版），51（6）：42-51.
杨德才，王明，2016. 为什么小农经济会长期存在？一个交易效率视角的探讨［J］. 农业经济问题，37（5）：77-87+112.
修兴高，2018. 产业扶贫模式：运行成效、影响因素与政策建议：福建省产业扶贫模式典型案例分析［J］. 福建论坛（人文社会科学版）（4）：188-194.
曾茂林，曾丽颖，2022. 共同富裕新动能：乡村产业振兴的联盟角色治理［J］. 西南民族大学学报（人文社会科学版），43（10）：200-206.
张玉军，刘照亭，曲直，2011. 依托型农业科技示范园技术创新模式研究：兼论镇江万山红遍农业园的农业技术创新模式［J］. 科技管理研究，31（3）：16-19.
张冀，王书蓓，2020. 新时期农业科技与金融融合的示范园模式与"公司+农户"模式探索［J］. 科技进步与对策，37（9）：55-60.
赵洪丹，2011. 中国农村金融发展与农村经济发展的关系：基于1978—2009年数据的实证研究［J］. 经济学家，（11）：58-63.
王汉杰，温涛，韩佳丽，2018. 贫困地区农村金融减贫的产业结构门槛效应［J］. 财经科学（9）：26-37.
余春苗，任常青，2021. 农村金融支持产业发展：脱贫攻坚经验和乡村振兴启示［J］. 经济学家（2）：112-119.
兰虹，赵佳伟，于代松，2020. 乡村振兴战略背景下农业保险发展对策研究：以四川省为例［J］. 西南金融（5）：64-77.
张芳，康芸芸，2020. 乡村产业振兴的金融供给："政府-市场-社会"合作模式的探索［J］. 商业研究（12）：124-131.

张太宇，王燕红，郭美洪. 脱贫攻坚同乡村振兴有效衔接的金融支持路径探析：以江苏省为例［J］. 江苏农业科学，2022，50（15）：216-231.

胡世录，2020. 基于金融支持的特色农业产业化发展困境与对策［J］. 农业经济（7）：96-98.

罗伯特·K. 殷，2017. 案例研究［M］. 重庆：重庆大学出版社：308.

KATHLEEN M，EISENHARDT，1989. Building theories from case study research［J］. The Academy of Management Review，14（4）：532-550.

SHAN L. PAN，BARNEY TAN，2011. Demystifying case research：a structured-pragmatic - situational（SPS）approach to conducting case studies［J］. Information and Organization，21（3）：161-176.

刘志迎，龚秀媛，张孟夏，2018. Yin、Eisenhardt 和 Pan 的案例研究方法比较研究：基于方法论视角［J］. 管理案例研究与评论，11（1）：104-115.

林毅夫，2020. 如何做新结构经济学的研究［J］. 上海大学学报（社会科学版），37（2）：1-18.

习近平，2020. 在企业家座谈会上的讲话［N］. 人民日报，2020-07-22（2）.

严宇珺，龚晓莺，2022. 新发展格局助推乡村振兴：内涵、依据与路径［J］. 当代经济管理，44（7）：57-63.

数字乡村建设与农业规模效益

赵绍阳　李梦雪[1]　陈钰晓[2]

（1. 四川大学；2. 郑州大学）

摘要：农业规模化经营是实现农业现代化和乡村振兴的必然选择。在数字经济快速发展的时代背景下，数字乡村战略的实施为实现农业规模化经营提供了新的发展机遇。基于此，本文利用乡村振兴战略统计监测数据与县域数字乡村指数实证检验了数字乡村建设对农业规模效益的促进作用。研究发现，数字乡村建设显著提升农业规模经营的土地面积与新型农业经营主体数量，并在此基础上提高了农业生产环节的土地效率与劳动力效率；与此同时，数字乡村建设还通过延伸农业产业链、推动三产融合新业态及建设当地特色产业等构建新型农业产业化经营体系，显著促进农业发挥规模效益。进一步分析发现，数字乡村建设引导规模效益流向农业经营主体，提高了农业吸引力并带动乡村劳动力回流，让更多农户参与到收益分配中来，缩小了乡村内部不平等。因此，国家应继续推进数字乡村战略的实施，并进一步深化数字技术在农业领域的应用，为乡村全面振兴与共同富裕的实现打下坚实的基础。

关键词：数字乡村建设；农业规模效益；生产效率；产业体系；收益分配

一、引言

“中国要强，农业必须强。”当前，如何加快建设农业强国，实现农业高质量发展成为新时代农业农村现代化的主攻方向与全面推进乡村振兴的重大任务，其中，高标准农田连片经营，规模农业机械化、智能化是实现农业高质量发展的关键。然而，第三次全国农业普查数据显示，2016 年我国农业规模经营户仅占 1.92%，规模经营的耕地面积仅占 28.60%①，农业经营规模过小长期凸显，并带来了较为严重的土地细碎化与经营分散化问题，成为钳制现代农业发展的根本原因（韩鹏云，2020；何秀荣，2016）。一方面，土地细碎化严

① 根据国家统计局第三次全国农业普查数据计算得出。

重阻碍了规模效率的实现，导致农业高成本与低效率问题并存（纪月清 等，2017）。另一方面，分散经营的小农户难以对接大市场，严重阻碍农业产业化经营，限制农业产业链延伸带来的附加效益（韩鹏云，2020）。因此，打破传统的小农模式，推动农业规模经营是我国农业迈向现代化、农村实现繁荣的必然选择，并逐渐成为乡村振兴战略的重要着力点（王敬尧 等，2018）。

近年来，随着农村地区数字化基础设施的逐渐完善，数字技术向“三农”领域的快速渗透不断颠覆农业农村传统的生活与生产模式，为破解农业规模经营困局带来了新机遇（刘子涵 等，2021；张景娜 等，2020）。为了让数字技术更好地赋能农业农村新发展，我国于 2018 年正式提出实施数字乡村战略①，并明确指出推进农业数字化转型是建设数字乡村的重点内容。那么，数字乡村建设能否打破农业规模经营困局？数字乡村建设又能否通过规模经营克服小农模式下生产效率低下及农业产业链延伸不足等问题从而带来规模效益？数字乡村建设在提高农业规模效益的同时又能否注重收益分配的公平？

目前，学界关于上述问题的探讨主要集中在理论与逻辑分析层面上面（曾亿武 等，2021）。理论上，数字乡村建设可以通过促进土地流转与非农就业两种直接渠道影响农业规模化经营水平（刘凤芹，2006；秦芳 等，2022；吴佳璇 等，2022）。一方面，通过数字乡村建设，农村地区信息闭塞的核心问题得到解决，有利于降低农户寻找非农工作的信息成本与土地流转的交易成本，从而提高农户非农就业与土地流转的概率。另一方面，农户非农就业又会进一步促进土地流转从而提升农业规模化经营水平（吴佳璇 等，2022）。从间接渠道来看，数字乡村建设发展智慧农业与精准农业等数字农业新形态，有利于进行农业规模化经营管理，也会在一定程度上提升农业规模化经营水平（夏显力 等，2019）。

然而，由于数字乡村建设刚刚起步，与农业规模化经营相关的实证研究局限于以互联网、电子商务为代表的数字基础设施。但数字基础设施仅是数字乡村建设的一个维度，除此之外，数字乡村建设还包括数字技术的推广应用、大数据体系和平台的建立等多个方面，以实现数字技术和农业产业的深度融合（钟文晶 等，2021）。因此，相比之下，电子商务聚焦于销售这一单一渠道的影响，互联网等基础设施也仅是数字化的一个方面，没有落实到大数据、云计算、人工智能等数字技术及大数据平台与现代农业的结合，从而对农业规模经营影响效果的考察较为片面，数字乡村建设效果的量化分析有待深入。

---

① 参见《中共中央国务院关于实施乡村振兴战略的意见》（2018 年 1 月 2 日）。

另外，随着我国对农业规模经营问题越来越重视，关于农业是否具有规模效益的讨论成为众多学者关注的核心问题，并对此展开了非常丰富的研究（韩朝华，2017；胡初枝 等，2007；石晓平 等，2013）。而数字乡村建设不仅可以通过农业规模化经营来提高生产效率，还可以从智慧农业建设、精准农业建设等多个维度促进生产环节的效率提升。同时，根据《数字乡村发展行动计划（2022—2025）》，数字乡村建设还从推动农产品精细加工、深化农产品电商发展、加快培育农村新业态等维度构建完整的农业产业体系并促进三产融合发展及当地特色产业建设，大幅提升农业产业的附加效益，但相关实证研究鲜少涉足。

因此，本文利用乡村振兴战略统计监测数据和县域数字乡村指数，借助工具变量法对数字乡村建设与农业规模效益展开了分析。本文发现数字乡村建设显著增加农业规模经营的耕地面积与新型农业经营主体数量，提升了农业规模经营水平。进一步，本文发现数字乡村建设在促进农业规模经营的基础上显著提升了农业生产环节的土地效率与劳动力效率，并通过延伸农业产业链、促进三产融合新业态及建设当地特色产业构建新型农业产业化经营体系，显著促进农业发挥规模效益。此外，考虑到规模效益的分配涉及共同富裕这一长期目标的实现，本文还对农业规模效益的分配情况展开了深入分析，结果发现相较于外来注入资本，农业规模效益主要流向了农业经营主体，并在该过程中增加了农业吸引力并带动乡村劳动力回流，让更多农户参与到效益分配中来，缩小了乡村内部不平等。

本文的边际贡献主要体现在以下三个方面：首先，不同于现有文献聚焦在互联网与电子商务等数字基础设施这一视角，本文利用四川省乡村振兴战略统计监测数据首次实证研究了数字乡村建设对农业规模化经营水平的影响，为打破农业高质量发展困局和加快建设农业强国提供相应的经验证据。其次，本文考察了数字乡村建设促进农业规模经营后带来的规模效益，区别于现有文献从生产环节对农业生产效率的局限分析，本文还进一步从农产品加工、销售、流通、三产融合等农业产业体系的角度探究了数字乡村建设通过延伸农业产业链带来的附加效益，拓展了农业高质量发展的实证研究视角。最后，考虑到效率与公平问题是我国长期以来都将面临的重要问题，本文在探讨数字乡村建设提高农业规模效益的同时，还进一步探究了数字乡村建设是否促进了农业规模效益的公平分配，从而为共同富裕这一长期目标的实现提供相应的经验参考。

二、理论分析与假设提出

长期以来，土地细碎化与分散化是钳制我国农业高质量发展的主要原因，带来了农业生产效率低下、小农户与大市场对接困难等一系列问题，严重阻碍农业农村现代化转型（薛亮，2008；杨国玉 等，2005；蔡昉 等，2016）。近年来，随着数字经济向农村地区不断渗透，数字乡村战略的实施为实现农业规模经营提供了新的发展机遇。一方面，数字乡村建设通过完善数字基础设施缓解了农户与外界的信息不对称水平，有利于降低农户在劳动力市场的信息搜寻成本、学习新技能的培训成本、建立社交网络的情感成本以及土地流转的交易成本，显著提升农户非农就业概率与土地流转概率，直接促进了农业规模化经营水平的提升（田鸽 等，2022；刘子涵 等，2021）。另一方面，数字乡村建设通过在生产环节建设天地空一体化农业观测网络、推进农业生产数字化改造与农业技术创新等智慧农业，有利于农业进行规模化经营管理，间接促进了农业规模化经营水平的提升（夏显力 等，2019）。基于此，本文提出假设1。

H_1：数字乡村建设显著提高农业规模化经营水平。

当农业规模化经营水平提高后，一方面，根据规模经济理论，在其他生产要素条件保持不变的情况下，农业规模化经营水平的提高将直接促进农业生产效率提升（陈斌开 等，2020）。另一方面，数字乡村建设维度下智慧农业与精准农业建设通过对农业生产环节进行数字化改造、加快推进农业大数据建设应用、加快农业技术创新与加强农业科技信息服务等途径实现农产品标准化科学化种植，从而促进农业生产效率的提升。但由于智慧农业与精准农业建设前期面临一定的技术投入成本，对于小农户来说，零星的土地面积难以与较高的技术成本相匹配，使得农业的数字化改造难以进行，而农业规模化经营的实现降低了数字技术的边际使用成本，在一定程度上克服了小农户对数字技术的排斥，有利于智慧农业、精准农业等数字农业形态的推广应用，从而推动技术进步带来的生产效率提升（郭永田，2016；张露 等，2020）。因此，不同于规模经济带来的直接效应，数字乡村建设在促进农业规模化经营的基础上还将通过智慧农业和精准农业建设等间接渠道提升农业生产效率。另外，高标准农田①与设施农业②作为现代化农业的发展方向，其建设要求土地集中连片③，因此，

① 《全国高标准农田建设规划（2021—2030年）》提出到2030年，中国要建成12亿亩高标准农田，以此稳定保障1.2万亿斤以上粮食产能。

② 2008年，农业部发布《关于促进设施农业发展的意见》，而近几年国家也以不同形式多次发布过大力支持设施农业发展的政策文件。

③ 国家农业综合开发办公室发布的《关于土地治理项目计划编报事宜的通知》明确指出，单个高标准农业建设项目原则上平原地区不低于5 000亩，丘陵山地不低于2 000亩；同时，在当地有关职能部门认定或登记的专业大户、家庭农场或在有关部门注册登记，财务状况良好并具有一定经营规模的涉农企业和农民合作组织等新型农业经营主体可以直接申报承建高标准农田。

农业规模化经营的实现同时为高标准农田建设和设施农业建设奠定了基础，而根据高标准农田及设施农业的建设标准与建设目标，其又会反向促进农业生产效率的提升，从而形成农业生产的良性循环（相应机制如图 1 所示）。基于此，本文提出假设 2。

H_2：数字乡村建设显著提高农业生产效率。

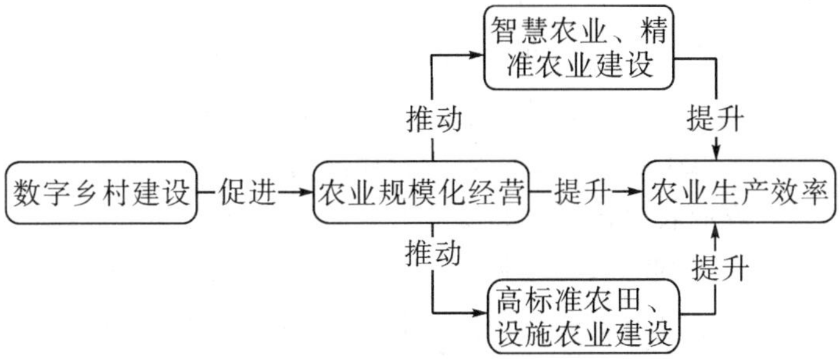

图 1　农业生产效率提升的作用渠道

需要指出的是，农业作为乡村的基础产业与天然产业，不仅包含农产品种植这一生产环节，还包含农产品的加工、销售、流通等完整的产业体系。在过去，小农户难以对接大市场，导致农产品以简单生产和粗放式加工为主，严重阻碍农业产业链延伸带来的附加效益。而数字乡村建设通过推动农产品精细加工、深化农产品电商发展、培育农村新业态新模式等有助于构建新型农业产业体系，提升农业附加值（沈费伟 等，2021；沈费伟，2021）。一方面，数字乡村建设直接实现了农业主体与市场之间更加高效的对接，促进了农业“产加销”一体化发展，有效延伸农业产业链（钟文晶 等，2021；可靖涵，2022）。但相对于农业规模经营主体而言，小农户面临的数字技术障碍可能导致其难以直接从农业产业链延伸中获益，而是更多地通过与规模经营主体的利益连接机制实现共同发展（郝朝晖，2004；蔡荣，2011）。另一方面，农业产业的发展壮大还会给乡村其他产业带来一定的溢出效应，如乡村旅游与休闲农业等三产业融合新模式的发展成为目前乡村振兴的一大亮点，这将进一步提升农业附加效益，并且有助于推动当地特色产业的建成，为农业农村现代化转型带来更多发展可能。基于此，本文提出假设 3。

H_3：数字乡村建设显著延伸农业产业链，提升农业附加值。

在数字乡村建设通过提高农业生产效率、延伸农业产业链等促进农业发挥规模效益的同时，关于农业规模效益在外来资本与农业主体之间、乡村与乡村内部之间呈现何种分配格局成为本文关注的重要问题。首先，数字乡村建设在促进农业规模经营的基础上带动了资本下乡，使得外来工商资本成为部分土地规模经营户（周飞舟 等，2015；焦长权 等，2016）。相较于当地有能力的农户自发形成的规模经营主体，外来资本的注入往往将大部分农业福利据为己有，造成农业收益外流。即使是农户自发形成的规模经营主体，仍可能面临如线上交易平台（如电商平台）收取过高入驻费用问题，从而导致资本与农户争夺农业收益，这对于促进农业农村现代化发展来说显然不利。但目前来看，农业自身的高风险经营特征与低下的产业化水平使得农业吸引的资本流入并不明显，且线上交易平台的使用成本在相应政策的扶持下呈现出低成本甚至无成本的特征（薛薇，2012），同时，农业农村部与国家乡村振兴局联合发布的《社会资本投资农业农村指引（2022 年）》明确指出社会资本投资要充分尊重农民意愿，切实发挥农民在乡村振兴中的主体作用，把收益更多留在乡村，把就业岗位更多留给农民，带动农村同步发展、农民同步进步，因此农业福利的外流效应并不显著。相反，农业规模经营的实现不仅可以使土地流出的普通农户获得一部分土地流转收入，还可以通过农业产业链延伸或利益连接机制，帮助农户寻求农业产业体系中的其他工作机会，从而实现增收。随着农业发展与农户增收效应的扩大，更多有经验的农户将重新参与到农业生产经营中来，从而带动返乡创业、新型职业农民等主体不断发展壮大，共同参与农业规模效益的分配。

其次，由于乡村与乡村之间数字化建设水平不同，农业规模效益在不同乡村之间的分配也不尽相同。一方面，数字化建设水平较低的乡村往往发展也较为落后，因此，数字乡村的建设可能会进一步拉大其与经济发达乡村的差距，增加乡村内部的不平等（杨嵘均 等，2021；曾亿武 等，2018）。但同时，数字技术呈现出较高的普惠性与包容性特征，为发展较为落后的乡村带来了新的反超机遇；通过利用好数字技术，发展较差的乡村仍有可能实现赶超，从而降低乡村内部不平等（张勋 等，2019）。基于此，本文提出假设 4。

H_4：数字乡村建设促进农业规模效益流向农业经营主体，并带动了更多农户参与利益分配，但对于扩大还是缩小乡村内部不平等尚不确定。

三、实证分析

（一）数据来源

本文使用的数据主要分为四川省乡村振兴战略统计监测数据与数字乡村指数数据两部分。其中，四川省乡村振兴战略统计监测数据分别从行政村基本情况、年末人口情况、从业人员情况、农业主要物质消耗情况、耕地情况、产业发展情况、社会保障情况、教育科技文化卫生情况、非农业用地情况、农田水利情况、农村居民生活情况、村集体经济情况、村干部情况等维度对乡村振兴展开了全方位调查，覆盖四川省 21 个市（州）、183 个区（县）、4 610 个乡镇、45 447 个行政村，为全样本数据。四川省作为农业大省，具有很好的样本代表性。

数字乡村指数数据来自北京大学新农村发展研究院联合阿里研究院发布的县域数字乡村指数，该指数基于国家战略和社会发展对数字乡村建设的需求，综合考虑数字化发展的广度和深度，分别从乡村数字基础设施、乡村经济数字化、乡村治理数字化、乡村生活数字化四个方面具体界定了数字乡村的内涵和外延，较为准确客观地衡量了目前我国数字乡村的发展水平。基于此，本文利用 2018 年四川乡村振兴统计监测数据与县域数字乡村指数进行数字乡村建设与农业规模效益的实证分析，在对数据缺失值及异常值进行剔除后，本文共使用 34 133 个行政村样本。

（二）指标选取

1. 被解释变量

基于本文研究的问题，本文分别选取规模经营的耕地面积与规模经营的耕地面积占比来衡量农业规模化经营的水平。其中，规模经营的耕地面积越大或规模经营的耕地面积占比越大，说明农业规模化经营的水平越高。另外，考虑到从事农业规模化经营的主要是专业大户、农业企业、家庭农场与农民合作社等新型农业经营主体（阮荣平 等，2017），本文同时将专业大户数量、农业企业数量与家庭农场数量作为衡量农业规模化经营的指标。其中，新型农业经营主体的数量越多，说明农业规模化经营的水平越高。

2. 解释变量

本文考察数字乡村建设对农业规模效益产生的影响，因此，本文选取北京大学新农村发展研究院联合阿里研究院发布的县域数字乡村指数作为核心解释变量。另外，该总指标下包含乡村数字基础设施、乡村经济数字化、乡村治理数字化、乡村生活数字化四个一级子指标。由于本文强调数字化赋能农业发展，因此本文利用乡村数字基础设施一级子指标进行稳健性检验。

3. 控制变量

在控制变量的选取上，本文参考王奇等（2020）、胡新艳等（2018）和吴佳璇等（2022）的相关研究，在县级维度上选取人均地区生产总值、一般公共预算支出、全社会固定资产投资额、第二产业占比以控制县域经济发展对农业规模经营带来的影响。在村级维度上，本文选取人均耕地面积、外出人口占比、地形地貌（平原、山地、丘陵）、是否传统村落、是否特色景观旅游名村、是否建档立卡贫困村来控制行政村自身特征带来的影响。同时，为将数字化建设与其他基础设施建设对农业的影响区分开，本文进一步控制了村内主要道路路面状况（柏油、水泥、沙石、砖或石板、其他）、是否通公共交通、主要道路有路灯的村民小组占比、通电的村民小组占比、安装了有线电视的村民小组占比。另外，在数字乡村建设的过程中，村干部的领导能力起到重要作用，因此本文还对基层党组织领导核心作用（强、较强、合格、不合格）进行了控制。具体变量的描述性统计如表1所示。

表1　变量描述性统计

变量	均值	标准差	最小值	最大值
规模经营的耕地面积/百亩	1.915 5	4.658 1	0.000 0	27.910 0
规模经营的耕地面积占比/%	0.091 5	0.195 3	0.000 0	0.924 1
专业大户数量/个	1.594 3	3.190 2	0.000 0	20.000 0
农业企业数量/个	0.227 9	0.557 1	0.000 0	2.000 0
家庭农场数量/百亩	0.927 5	2.046 2	0.000 0	29.000 0
数字乡村指数	42.541 4	8.699 6	21.578 7	69.785 0
人均地区生产总值/万元	3.013 6	1.772 6	0.873 0	10.852 5
一般公共预算支出/亿元	44.166 4	34.139 1	0.903 1	246.103 9
全社会固定资产投资额/亿元	152.373 0	166.803 6	9.047 7	1 122.609 0
第二产业占比/%	0.420 4	0.105 0	0.119 0	0.701 8
是否传统村落	0.020 9	0.143 1	0.000 0	1.000 0
是否特色景观旅游名村	0.010 2	0.100 5	0.000 0	1.000 0
是否建档立卡贫困村	0.183 6	0.387 2	0.000 0	1.000 0
地形地貌	2.339 4	0.551 6	1.000 0	3.000 0
外出人口占比/%	0.271 0	0.217 0	−0.130 7	0.992 9
人均耕地面积/万亩	1.608 6	1.271 1	0.000 3	77.880 0
主要道路有路灯的村民小组占比/%	0.239 1	0.375 8	0.000 0	1.000 0
通电的村民小组占比/%	0.997 3	0.043 9	0.000 0	1.000 0
安装了有线电视的村民小组占比/%	0.854 4	0.334 3	0.000 0	1.000 0

表1(续)

变量	均值	标准差	最小值	最大值
是否通公共交通	0. 517 5	0. 499 7	0. 000 0	1. 000 0
村内主要道路路面状况	2. 099 7	0. 553 1	1. 000 0	5. 000 0
基层党组织领导核心作用	1. 411 8	0. 659 9	1. 000 0	4. 000 0

注：样本数为 34 133 个。

从表 1 可以看出，在 34 133 个行政村样本中，规模化经营的耕地面积平均为 191. 55 亩，规模化经营的耕地面积占比平均为 9. 15%；从新型农业经营主体数量来看，每个行政村平均有 1. 59 个专业大户、0. 23 个农业企业、0. 93 个家庭农场，说明目前农业规模化经营仍处于较低水平。另外，从最值之间的差距可以看出，规模化经营的耕地面积与规模化经营的主体数量在乡村与乡村之间存在较大差距，区域发展不协调问题较为严重。从数字乡村建设水平上来看，34 133 个行政村平均数字乡村建设水平达到 42. 54，尚未达到全国平均数字乡村发展水平（50）①，且数字化水平最低的乡村与数字化水平最高的乡村相差 48. 21，甚至高于数字乡村平均建设水平，说明数字乡村建设不平衡不充分问题较为突出。

（三）模型建立

根据本文的研究主题与数据特点，本文建立如下模型：

$$Y_i = \alpha + \beta X_i + \sum + \varepsilon_i$$

式中，Y_i 表示利用耕地面积与新型农业经营主体数量衡量的农业规模化经营水平。其中，利用耕地面积衡量农业规模化经营水平的指标包括规模经营的耕地面积和规模经营的耕地面积占比；利用新型农业经营主体数量衡量农业规模化经营水平的指标包括专业大户数量、农业企业数量、家庭农场数量，i 表示每个行政村。X_i 表示本文的核心解释变量——县域数字乡村指数。C 表示本文控制的县级及村级维度的相关变量，ε_i 表示残差项。

（四）基准回归结果

本文的基准回归结果如表 2 所示。从表 2 可以看出，数字乡村建设在 1% 的水平上显著增加了规模经营的耕地面积与规模经营的耕地面积占比，且显著提升专业大户、农业企业和家庭农场等新型农业经营主体的绝对数量。总体来看，数字乡村建设显著促进了农业规模化经营水平的提升。

① 参见北京大学新农村发展研究院公布的《县域数字乡村指数（2018）研究报告》。

表 2 基准回归结果（最小二乘法回归）

变量	(1) 规模经营的耕地面积	(2) 规模经营的耕地面积占比	(3) 专业大户数量	(4) 农业企业数量	(5) 家庭农场数量
数字乡村指数	0.134 2*** (0.038 8)	0.005 2*** (0.001 5)	0.035 8*** (0.012 7)	0.009 4*** (0.002 0)	0.021 9* (0.012 4)
控制变量	是	是	是	是	是
常数项	2.067 6 (2.397 6)	0.083 7 (0.085 2)	0.213 1 (1.049 6)	−0.131 3 (0.145 8)	−0.564 9 (0.748 6)
观测值	34 133	34 133	34 133	34 133	34 133
R^2	0.225 0	0.180 1	0.070 7	0.043 7	0.030 1

注释：括号内是聚类到区县层面的稳健标准误，*** $p<0.01$，** $p<0.05$，* $p<0.1$；如无特殊说明，下文同。

与多数研究一样，尽管本文已经尽量控制了农业规模化经营的影响因素，但仍有可能存在遗漏变量问题，同时，数字乡村建设与农业规模化经营之间可能存在逆向因果，这都导致模型存在内生性偏误，从而使得表 2 的回归结果并不准确。相比之下，逆向选择问题更为突出。一方面，数字乡村建设可以通过促进土地流转、非农就业等渠道对农业规模化经营产生影响（刘子涵 等，2021；张景娜 等，2020）；另一方面，农业的规模化经营又会促进农业对数字化技术的应用以降低生产成本，提高生产效率，方便运营管理（何秀荣，2016；张露 等，2020）。为尽量解决模型中存在的内生性偏误，本文参考秦芳等（2022）学者的研究，选取县域平均海拔高度作为工具变量。一方面，平均海拔高度越高，数字化基础设施的建设成本与维护成本越高，从而平均海拔高度与数字乡村建设密切相关。另一方面，在控制了行政村自然地理特征对农业规模化经营的影响因素后，平均海拔高度不直接影响农业的规模化经营，而可以通过影响数字乡村建设影响农业规模化经营水平，满足工具变量的两大条件。基于此，本文进一步利用工具变量法对数字乡村指数与农业规模化经营水平进行了回归，具体结果如表 3 所示。

表 3 基准回归结果（工具变量法回归）

变量	(1) 规模经营的耕地面积	(2) 规模经营的耕地面积占比	(3) 专业大户数量	(4) 农业企业数量	(5) 家庭农场数量
数字乡村指数	0.088 1**	0.003 5**	0.121 0***	0.019 3***	0.072 6***
	(0.036 4)	(0.001 5)	(0.029 3)	(0.002 9)	(0.017 7)
控制变量	是	是	是	是	是
常数项	4.404 9	0.169 1	-4.106 0**	-0.633 0***	-3.136 7***
	(3.091 1)	(0.118 0)	(1.931 1)	(0.191 6)	(1.050 7)
第一阶段 F 值	69.723	69.723	69.723	69.723	69.723
观测值	34 133	34 133	34 133	34 133	34 133
R^2	0.220 9	0.177 0	0.041 1	0.030 6	0.004 6

从表 3 可以看出，工具变量一阶段回归的 F 值为 69.723，大于 16.38，说明不存在弱工具变量问题。同时，工具变量法的回归结果与表 2 中最小二乘法的回归结果具有明显的一致性，说明基准回归的结果较为稳健。从耕地面积衡量的农业规模化经营指标来看，数字乡村建设在 5%的水平上显著增加了规模化经营的耕地面积及规模化经营的耕地面积占比。从新型农业经营主体数量衡量的农业规模化经营指标来看，数字乡村建设在 1%的水平上显著增加了专业大户、农业企业和家庭农场等新型农业经营主体数量。具体来讲，如果样本中数字乡村指数最低的行政村能够将数字乡村建设水平提升至样本中数字乡村指数最高行政村的同等水平，其规模化经营的耕地面积将增加 424.70 亩①，规模化经营占比将增加 16.87%，专业大户将增加 5.83 个，农业企业将增加 0.93 个，家庭农场将增加 3.50 个。综合耕地面积与新型经营主体数量来看，本文认为数字乡村建设显著促进了农业规模化经营水平，为克服农业细碎化和规模不经济提供了新的解决方案。

与现有文献的研究结论相一致（刘凤芹，2006；秦芳 等，2022；吴佳璇 等，2022），本文基准回归验证了数字乡村建设对农业规模化经营的促进作用。然而，数字乡村并不简单等同于主流文献研究的电子商务或以互联网为代表的数字基础设施。相比较而言，电子商务聚焦于销售这一渠道的影响，互联网等

① 计算方法为数字乡村指数回归系数×（样本中数字乡村指数最大值-样本中数字乡村指数最小值），下文同。

基础设施也仅是数字化的一个方面，没有落实到大数据、云计算、人工智能等数字技术如何与现代农业相结合，从而推动农业生产、加工、销售、物流及产业链延伸等全方位发展。而数字乡村建设则是一个完整的体系，从加快推进农业农村大数据建设应用、建设天地空一体化农业观测网络、加快农业生产数字化改造、加快农业技术创新与加强农业科技信息服务等维度建设智慧农业，从深化农产品电商发展、加快培育农村新业态等维度发展农村新业态新模式。同时，《数字乡村发展行动计划（2022—2025）》还在乡村数字基础设施升级、数字治理能力提升、智慧绿色乡村打造、公共服务效能提升等方面提出了明确的数字建设路线。通过数字技术赋能农业发展，数字乡村建设将会给农业带来更多维、更具体的影响，而现有文献却鲜有基于数字乡村建设的实证研究。因此，下文将从数字乡村的角度出发，全方位考察数字乡村建设在促进农业规模化经营的基础上对农业发展带来的影响并探讨其中可能存在的问题，从而为农业农村现代化建设提供相应的经验参考。

（五）农业生产效率

根据规模经济理论，数字乡村建设在显著提高农业规模化经营水平后，农业生产效率将直接得到提升（纪月清 等，2017）。此外，理论分析部分指出农业规模化经营还将通过智慧农业、精准农业建设及高标准农田、设施农业建设等间接渠道影响农业生产效率。

一方面，智慧农业与精准农业作为数字乡村建设的重要内容，通过借助数字化技术科学监测农业生产的各个环节，能够有效降低生产成本，提高生产效率（郭永田，2016）。但智慧农业与精准农业的实践应用面临一定的成本投入与规模门槛，只有在农业规模生产、农田集中连片的情况下现代科技的推广应用才能达到应有的效果（何秀荣，2016；薛亮，2008；张露 等，2020）。因此，当数字乡村建设显著提升了农业规模化经营水平时，智慧农业、精准农业等农业技术的推广使用将进一步促进技术进步带来的生产效率提升。另一方面，高标准农田和设施农业作为现代化农业的发展方向，其建设要求农田“集中连片”，即以农业规模化经营为基础。因此，数字乡村建设在显著增加农业规模化经营面积和提升新型经营主体数量时，会在一定程度上加快高标准农田建设和设施农业建设，从而加速推动农业现代化和实现乡村振兴。根据高标准农业和设施农业的建设标准及建设目标①，这又会进一步提升农业生产力

① 参见《全国高标准农田建设规划（2021—2030 年）》及《关于促进设施农业发展的意见》。

及农业生产效率，从而形成农业发展的良性循环。

因此，本文参考谭词等（2022）和杜建军等（2020）学者的相关研究，选取劳动力效率（第一产业增加值/第一产业从业人员，单位：万元/人）和土地效率（粮食总产量/粮食作物播种面积，单位：吨/公顷）作为农业生产效率的衡量指标，以说明数字乡村建设对农业生产效率产生的影响。同时，为了说明智慧农业、精准农业建设与高标准农田、设施农田建设这两大间接渠道，本文分别选取农业技术服务机构数量、农业技术服务机构从业人员数量作为智慧农业与精准农业发展水平的衡量指标，并以高标准农田面积、设施农业占地面积作为高标准农田及设施农业发展水平的衡量指标。表 4 展示了数字乡村建设对智慧农业与精准农业发展水平、高标准农田与设施农业发展水平及农业生产效率的回归结果。

从表 4 可以看出，数字乡村建设显著推动了农业技术进步及高标准农田、设施农业建设，最终提高了农业生产效率。且数字乡村指数每增加一个单位，农业技术服务机构数量平均增加 0.06 个，农业技术服务机构从业人员数量平均增加 0.40 个；高标准农田建设面积平均增加 21.24 亩，设施农业占地面积平均增加 8.81 亩；劳动力效率平均增加 589 元/人，土地效率平均增加 41.30 千克/公顷。因此，数字乡村建设在促进农业规模化经营的基础上，促进了生产环节的效率提升，推动农业发挥规模效益，最终形成农业现代化发展的良性循环。

表 4　农业生产效率回归结果（工具变量法回归）

变量	(1) 农业技术服务机构数量	(2) 农业技术服务机构从业人员数量	(3) 高标准农田面积	(4) 设施农业占地面积	(5) 劳动力效率	(6) 土地效率
数字乡村指数	0.059 3*** (0.022 2)	0.400 7*** (0.101 9)	0.212 4*** (0.056 8)	0.088 1* (0.047 2)	0.058 9*** (0.014 6)	0.041 3*** (0.006 2)
控制变量	是	是	是	是	是	是
常数项	-0.795 9 (1.536 2)	-9.068 3 (7.155 6)	-4.465 5 (3.729 2)	-4.965 4*** (1.852 9)	-1.352 1 (0.922 8)	3.678 5*** (0.357 5)
观测值	34 133	34 133	34 133	34 133	34 133	34 133
R^2	0.029 9	0.050 7	0.079 7	0.007 9	0.441 9	0.153 8

注：控制变量与表 2 的回归模型一致。如无特殊说明，下文同。

（六）农业产业体系

上文着重从生产环节探究了数字乡村建设对农业发展产生的影响，但农业作为一种产业，不仅包含生产过程，还包括加工、销售、流通等完整的产业体系，即实现农业产业化经营（夏显力 等，2019；钟文晶 等，2021；可靖涵，2022）。在过去，农村信息闭塞，农户与市场之间难以实现有效连接，导致我国农业以简单生产和粗放式加工为主，使得农产品附加值低，农民收益少（蔡海龙，2013）。数字乡村建设通过一系列数字化改造显著缓解农户与市场之间的信息不对称，并通过深化农产品电商发展、加快培育农村新业态等措施有效延伸农业产业链（夏显力 等，2019），实现农业产业体系的不断完善。但由于小农户难以在短时间内熟练掌握数字技术在农业产业体系中的实践应用，数字乡村建设给小农户带来的直接效应并不明显，而主要通过规模经营主体的利益联结机制带动小农户共同发展（郝朝晖，2004；蔡荣，2011）。

因此，数字乡村建设在促进农业规模化经营的基础上，不仅可以直接促进规模经营主体和市场之间的高效对接，还可以通过规模经营主体的带动作用机制，实现普通农户与市场之间的连接，从而促进农业生产加工销售一体化（王胜 等，2021），提高农业附加值，实现农业发展和农户增收。另外，随着规模化经营水平的提高，农业发展会产生一定的溢出效应，如休闲农业和乡村旅游等三产融合新业态的开展，成为延伸农业产业链的重要方向，并推动当地特色产业的建成。因此，本文分别选取农产品加工企业个数（单位：个）、是否开展网上销售农产品、是否建立电子商务配送站点、是否开展休闲农业和乡村旅游业、休闲农业与乡村旅游接待人次（单位：万人）以及是否建成特色产业六个指标来衡量农业产业链的延伸情况。表 5 展示了相应的回归结果。

从表 5 的结果可以看出，数字乡村建设显著促进了农业产业链延伸，推动农业产业化发展。具体来讲，如果样本中数字乡村指数最低的行政村能够将数字乡村建设水平提升至样本中数字乡村指数最高行政村的同等水平，其农产品加工企业个数将增加 0.59 个，开展网上销售农产品的概率将增加 67.01%，建立电子商务配送站点的概率将增加 61.70%，开展休闲农业与乡村旅游的概率将增加 35.67%，休闲农业与乡村旅游接待人次将增加 0.66 万人，建成特色产业的概率将增加 38.08%。

表 5　农业生产体系回归结果（工具变量法回归）

变量	(1) 农产品加工企业个数	(2) 是否开展网上销售农产品	(3) 是否有电子商务配送站点	(4) 是否开展休闲农业和乡村旅游	(5) 休闲农业和乡村旅游接待人次	(6) 是否建成特色产业
数字乡村指数	0.012 2*** (0.002 2)	0.013 9*** (0.002 8)	0.012 8*** (0.004 5)	0.007 4*** (0.002 2)	0.013 7*** (0.004 6)	0.007 9* (0.004 1)
控制变量	是	是	是	是	是	是
常数项	-0.182 2 (0.174 3)	-0.586 2*** (0.171 6)	-0.614 8** (0.254 2)	-0.148 7 (0.135 5)	-0.444 0 (0.305 3)	-0.085 6 (0.268 3)
观测值	34 133	34 133	34 133	34 133	34 133	34 133
R^2	0.021 0	0.031 5	0.050 0	0.094 6	0.082 0	0.044 8

（七）农业效益分配

上文的结果说明，数字乡村建设在促进农业规模化经营的基础上通过提高农业生产效率及延伸农业产业链大幅提升了农业产业效益，但农业效益的增加最终是否落实到农户手中有待考究。根据现有研究，规模经营主体主要分为外来工商资本注入与当地有能力的农民自发形成两大类（何秀荣，2016）。相较于农户自发形成的规模经营主体，外来资本的注入往往将大部分农业福利据为己有，被雇用的农户仅能得到其中的一小部分，导致农业收益的增加主要流向了非农主体。而对于农户自发形成的规模经营主体来说，也会面临诸如线上交易平台（如电商平台）收取较高入驻费用等问题，导致农业福利严重流失，这对于农民增收与农村发展来说显然不利，因此，农业效益是否流向农业主体成为本文关心的重要问题。参考秦芳等（2022）学者的相关研究，本文选取农村居民可支配收入作为衡量农业收益是否流入农业主体的指标，原因在于虽然农民收入来源的渠道多种多样，但对于绝大多数农村地区而言，农民的主要收入还是来源于农业生产（许庆 等，2008）。另外，如果外来资本与农户争夺农业收益，那么农业规模化经营水平越高，农户增收效应就越不明显，因此，本文在农业规模化经营的样本中根据农业规模化水平的中位数区分了高规模化与低规模化，表 6 展示了相应的回归结果。

表 6　资本与农户效益分配回归结果（工具变量法回归）

变量	(1) 农村居民人均可支配收入	(2) （农业规模化水平低）农村居民人均可支配收入	(3) （农业规模化水平高）农村居民人均可支配收入	(4) 新型职业农民数	(5) 劳动力资源数	(6) 当年返乡创业人员数
数字乡村指数	0.056 5*** (0.013 7)	0.075 1*** (0.024 4)	0.102 6** (0.052 3)	1.071 7*** (0.284 8)	0.321 2*** (0.059 4)	0.103 0*** (0.018 7)
控制变量	是	是	是	是	是	是
常数项	0.872 8 (0.718 0)	1.076 7 (1.414 4)	-1.331 2 (3.346 9)	-25.260 3 (24.655 8)	-4.678 9 (3.442 7)	-3.656 2*** (1.112 8)
观测值	34 133	5 773	5 759	34 133	34 133	34 133
R^2	0.336 0	0.071 5	0.141 9	0.009 6	0.157 0	0.014 9
经验 P 值		0.019 0**				

注释：经验 P 值用于检验组间数字乡村指数系数差异的显著性，通过自体抽样（boot-strap）1 000次得到。

从表 6 可以看出，数字乡村建设在 1%的水平上显著提升了农村居民可支配收入，且农业规模化经营的水平越高，数字乡村建设对农村居民可支配收入的提升效应越明显，这说明相较于外来注入资本，农业规模效益主要流向了农业经营主体。那么，农业产业的发展与农业效益的增加是否提高了农业的吸引力？又是否引发乡村劳动力与人才回流从而带动乡村发展？这对于解决“未来谁在种地”与实现乡村全面振兴至关重要。因此，本文分别选取新型职业农民数、劳动力资源数、当年返乡创业人员数作为衡量农业吸引力与农村劳动力回流的指标，结果发现，在农业收益流向农业主体的过程中，数字乡村建设在 1%的水平上显著增加了新型职业农民数、农村劳动力资源数以及当年返乡创业人员数，带动了更多农户共同参与农业发展与农业效益分配。

此外，不同乡村之间数字化水平参差不齐，导致数字乡村建设过程中可能诱发数字鸿沟问题。对于发展较为落后的乡村来说，数字化技术的使用可能进一步拉大其与数字化水平较高乡村的差距，加剧乡村内部不平等，从而不利于共同富裕这一长期目标的实现（钟文晶 等，2021）。因此，本文以贫困村和非贫困村、边界村与非边界村①回归系数的差异来衡量农业收益在不同乡村内部

① 本文计算了每个行政村距离县域边界的距离，并按照县域边界距离的中位数区分了边界村与非边界村，即距离县域边界前 50%的样本为边界村，距离县域边界后 50%的样本为非边界村。

的分配格局。其中，边界村位于县域的边界位置，相较于非边界村而言其发展更加落后，数字化建设水平也相对更低，表 7 展示了相应的回归结果。

表 7　乡村内部效益分配回归结果（工具变量法回归）

变量	(1)（贫困村）农村居民人均可支配收入	(2)（非贫困村）农村居民人均可支配收入	(3)（边界村）农村居民人均可支配收入	(4)（非边界村）农村居民人均可支配收入
数字乡村指数	0.065 4*** (0.019 6)	0.056 8*** (0.014 8)	0.073 6*** (0.015 9)	0.047 8*** (0.014 0)
控制变量	是	是	是	是
常数项	1.088 0* (0.643 3)	0.770 3 (0.776 5)	-0.089 8 (0.927 4)	1.291 7* (0.712 9)
观测值	6 267	27 866	17 077	17 056
R^2	0.423 2	0.214 1	0.281 7	0.339 4
经验 *P* 值	0.023 0**	0.000 0***		

注释：经验 *P* 值用于检验组间数字乡村指数系数差异的显著性，通过自体抽样（boot-strap）1 000次得到。

从贫困村与非贫困村、边界村与非边界村的回归系数差异上看，数字乡村建设更多地提升了贫困村与边界村的农村居民可支配收入，缩小了贫困村与非贫困村、边界村与非边界村的收入差距，降低了乡村内部不平等，有利于实现共同富裕。对于数字乡村建设没有引发数字鸿沟的原因，本文认为，虽然数字技术的使用可能对数字化水平较低的乡村造成一定的挤出效应，但同时数字技术具备较高的包容性与普惠性特征，并通过完善农业产业体系为落后地区农业发展带来了更多机遇，从而数字乡村建设为落后地区赶超提供了可能。

（八）稳健性检验

为了说明回归结果的稳健性，本文首先采用替换核心解释变量的方法进行稳健性检验。根据北京大学新农村发展研究院数字乡村项目组公布的《县域数字乡村指数（2018）研究报告》可知，在构成数字乡村指数的四个一级子指标中，与本文研究最相关的是数字基础设施一级子指标，因此，本文将数字乡村指数替换为数字基础设施指数，并重新进行了回归，具体结果如表 8 所示。从表 8 的回归结果可以看出，数字基础设施建设在 5% 的水平上显著增加了规模经营的耕地面积与规模经营的耕地面积占比，并在 1% 的水平上显著增加了专业大户数量、农业企业数量与家庭农场数量，与基准回归结果保持一致。因此，这里有理由认为本文的回归结果是稳健的。

表 8　替换解释变量稳健性检验（工具变量法回归）

变量	(1) 规模经营的 耕地面积	(2) 规模经营的 耕地面积 占比	(3) 专业大户 数量	(4) 农业企业 数量	(5) 家庭农场 数量
数字基础设施指数	0.059 9** (0.025 4)	0.002 4** (0.001 1)	0.082 2*** (0.020 6)	0.013 1*** (0.002 3)	0.049 3*** (0.012 4)
控制变量	是	是	是	是	是
常数项	4.950 7* (2.981 9)	0.190 7* (0.113 3)	−3.356 5* (1.783 6)	−0.513 4*** (0.191 5)	−2.686 7*** (0.944 8)
观测值	34 133	34 133	34 133	34 133	34 133
R^2	0.211 6	0.162 9	0.037 5	0.023 2	0.003 3

其次，本文将被解释变量替换为 2019 年规模经营的耕地面积与规模经营的主体数量进行稳健性检验。但由于 2019 年四川省乡村振兴战略统计监测数据缺少专业大户数量这一指标，因此，本文利用 2019 年规模经营的耕地面积、规模经营的耕地面积占比、农业企业数量与家庭农场数量这四个指标进行回归分析，具体结果如表 9 所示。从表 9 的回归结果可以看出，数字乡村建设显著增加了规模经营的耕地面积与规模经营的主体数量，与基准回归结果保持高度一致。因此，本文的回归结果具有稳健性。

表 9　替换被解释变量稳健性检验（工具变量法回归）

变量	(1) 规模经营的 耕地面积 (2019)	(2) 规模经营的 耕地面积 占比（2019）	(3) 农业企业 数量（2019）	(4) 家庭农场 数量（2019）
数字乡村指数（2018）	0.141 8*** (0.052 0)	0.003 9** (0.001 9)	0.031 3*** (0.006 2)	0.098 8*** (0.023 5)
控制变量	是	是	是	是
常数项	4.638 6 (3.847 7)	0.232 8* (0.134 0)	−0.824 8* (0.465 3)	−3.852 0** (1.515 8)
观测值	30 333	30 333	30 333	30 333
R^2	0.180 2	0.139 6	0.052 6	0.003 5

四、结论与政策建议

本文利用四川省乡村振兴战略统计监测数据与北京大学新农村发展研究院公布的县域数字乡村指数对数字乡村建设与农业规模效益的关系进行了探究，结果发现：

（1）数字乡村建设在5%的水平上显著提升农业规模经营的耕地面积与规模经营的主体数量。具体来讲，如果样本中数字乡村指数最低的行政村能够将数字乡村建设水平提升至样本中数字乡村指数最高行政村的同等水平，其规模化经营的耕地面积将增加424.70亩，规模化经营的耕地面积占比将增加16.87%，专业大户将增加5.83个，农业企业将增加0.93个，家庭农场将增加3.50个，有力推动农业规模化经营进程。

（2）数字乡村建设在促进农业规模化经营的基础上，通过规模效益这一直接渠道与智慧农业、精准农业建设和高标准农田、设施农业建设这两大间接渠道在1%的水平上显著提升土地效率与劳动力效率；且数字乡村指数每增加一个单位，农业技术服务机构数量平均增加0.06个，农业技术服务机构从业人员数量平均增加0.40个；高标准农田建设面积平均增加21.24亩，设施农业占地面积平均增加8.81亩；劳动力效率平均增加589元/人，土地效率平均增加41.30千克/公顷，促进农业生产环节的效率提升。

（3）数字乡村建设在1%的水平上显著延伸了农业产业链，促进了三产融合新业态，并推动了当地特色产业建设。具体来讲，如果样本中数字乡村指数最低的行政村能够将数字乡村建设水平提升至样本中数字乡村指数最高行政村的同等水平，其农产品加工企业个数将增加0.59个，开展网上销售农产品的概率将增加67.01%，建立电子商务配送站点的概率将增加61.70%，开展休闲农业与乡村旅游的概率将增加35.67%，休闲农业与乡村旅游接待人次将增加0.66万人次，建成特色产业的概率将增加38.08%，促进农业产业化经营体系的构建。

（4）数字乡村建设在促进农业发挥规模效益的基础上显著提升农村居民可支配收入水平，且农业规模化经营水平越高，农户增收效应越明显。这说明数字乡村建设引导农业效益流向农业经营主体，并在该过程中带动更多农户参与收益分配，缩小了农村内部之间的不平等，有利于共同富裕这一长期目标的实现。

本文研究具有如下的政策启示：首先，国家应继续推进数字乡村建设，让数字乡村建设在农业农村现代化转型中继续发挥优势，以激发农村内部发展活力，促进乡村全面振兴。数字乡村发展战略是一项跨越32年的战略工作，《数字乡村发展战略纲要》中做出四个阶段划分：第一阶段为2019—2020年，数字乡村建设取得初步进展；第二阶段为2021—2025年，数字乡村建设取得重要发展；第三阶段为2026—2035年，数字乡村建设取得长足发展；第四阶段为2036—2050年，全面建成数字乡村。目前，我国正处于数字乡村建设第二阶段，是承上启下的关键时期，需要进一步加快数字乡村基础设施建设，加快数字乡村经济的新业态、新模式探索，加快完善数字化乡村治理和信息服务，为"第三阶段"的十年发展打下坚实基础。其次，数字农业是我国由农业大国迈向农业强国的必经之路。因此，数字乡村建设要进一步深化数字技术在农业领域的应用，通过大数据、云计算、物联网、区块链溯源等技术，提升农业生产环节的数字化程度，促进农产品提质增效。另外，加快经营端和生产端深入融合，驱动农业产业化经营与数字乡村经济新业态、新模式探索，形成"小农户"和"大市场"的连接，让农民切切实实感受到数字生产力的释放。当前，各类电商企业正在积极从交易环节切入，在品牌化销售、产业化经营的驱动下，不断向农业标准化生产、商品化处理、智能农机调度、数字农业管控等生产端环节渗透，形成经营端和生产端的良性互动和正反馈，并逐渐形成三产融合的发展模式。比如，阿里巴巴打造的"未来农场"管理系统和"盒马村"模式，京东正在探索的"京东农场"，拼多多培育的"多多农园"，带动了偏远地区农产品产业带建设，促进了农村居民可支配收入的增加从而实现农村繁荣发展。最后，不同乡村之间数字建设水平呈现较大差距，不利于农民农村共同富裕和区域协调发展，建议国家设立专项资金对农村偏远落后地区数字基础设施建设进行重点扶持，指导地方政府制定有针对性的发展规划，通过帮助落后地区利用好数字技术，为其实现赶超提供更多可能。

参考文献

吴佳璇，闵师，王晓兵，等，2022. 互联网使用与偏远地区农户家庭生产要素配置：基于西南山区农户面板数据［J］. 中国农村经济（8）：93-113.

可靖涵，2022. 产业兴旺的农民解读与现实困境［J］. 中国农业大学学报（社会科学版），39（4）：32-52.

秦芳，王剑程，胥芹，2022. 数字经济如何促进农户增收?：来自农村电商发展的证据［J］. 经济学（季刊），22（2）：591-612.

王奇，牛耕，赵国昌，2021. 电子商务发展与乡村振兴：中国经验［J］. 世界经济，44（12）：55-75.

曾亿武，宋逸香，林夏珍，等，2021. 中国数字乡村建设若干问题刍议［J］. 中国农村经济（4）：21-35.

钟文晶，罗必良，谢琳，2021. 数字农业发展的国际经验及其启示［J］. 改革（5）：64-75.

王胜，余娜，付锐，2021. 数字乡村建设：作用机理、现实挑战与实施策略［J］. 改革（4）：45-59.

刘子涵，辛贤，吕之望，2021. 互联网农业信息获取促进了农户土地流转吗［J］. 农业技术经济（2）：100-111.

韩鹏云，2020. 农业规模经营的实践逻辑及其反思［J］. 农村经济（4）：17-25.

张景娜，张雪凯，2020. 互联网使用对农地转出决策的影响及机制研究：来自CFPS的微观证据［J］. 中国农村经济（3）：57-77.

张露，罗必良，2020. 农业减量化：农户经营的规模逻辑及其证据［J］. 中国农村经济（2）：81-99.

夏显力，陈哲，张慧利，等，2019. 农业高质量发展：数字赋能与实现路径［J］. 中国农村经济（12）：2-15.

胡新艳，陈小知，米运生，2018. 农地整合确权政策对农业规模经营发展的影响评估：来自准自然实验的证据［J］. 中国农村经济（12）：83-102.

王敬尧，王承禹，2018. 农业规模经营：乡村振兴战略的着力点［J］. 中国行政管理（4）：91-97.

阮荣平，周佩，郑风田，2017. “互联网+”背景下的新型农业经营主体信息化发展状况及对策建议：基于全国1394个新型农业经营主体调查数据［J］. 管理世界（7）：50-64.

纪月清，顾天竹，陈奕山，2017. 从地块层面看农业规模经营：基于流转租金与地块规模关系的讨论［J］. 管理世界（7）：65-73.

何秀荣，2016. 关于我国农业经营规模的思考［J］. 农业经济问题，37（9）：4-15.

郭永田，2016. 充分利用信息技术推动现代农业发展：澳大利亚农业信息化及其对我国的启示［J］. 华中农业大学学报（社会科学版）（2）：1-8，134.

蔡海龙，2013. 农业产业化经营组织形式及其创新路径［J］. 中国农村经济（11）：4-11.

许庆，尹荣梁，章辉，2011. 规模经济、规模报酬与农业适度规模经营：基于我国粮食生产的实证研究［J］. 经济研究，46（3）：59-71，94.

薛亮，2008. 从农业规模经营看中国特色农业现代化道路［J］. 农业经济问题（6）：4-9，110.

许庆，田士超，徐志刚，等，2008. 农地制度、土地细碎化与农民收入不平等［J］. 经济研究（2）：83-92，105.

刘凤芹，2006. 农业土地规模经营的条件与效果研究：以东北农村为例［J］. 管理世界（9）：71-79，171-172.

韩朝华，2017. 个体农户和农业规模化经营：家庭农场理论评述［J］. 经济研究，52（7）：184-199.

田鸽，张勋，2022. 数字经济、非农就业与社会分工［J］. 管理世界，38（5）：72-84.

杨嵘均，操远芃，2021. 论乡村数字赋能与数字鸿沟间的张力及其消解［J］. 南京农业大学学报（社会科学版），21（5）：31-40.

沈费伟，叶温馨，2021. 数字乡村建设：实现高质量乡村振兴的策略选择［J］. 南京农业大学学报（社会科学版），21（5）：41-53.

刘子涵，辛贤，吕之望，2021. 互联网农业信息获取促进了农户土地流转吗［J］. 农业技术经济（2）：100-111.

陈斌开，马宁宁，王丹利，2020. 土地流转、农业生产率与农民收入［J］. 世界经济，43（10）：97-120.

张勋，万广华，张佳佳，等，2019. 数字经济、普惠金融与包容性增长［J］. 经济研究，54（8）：71-86.

韩朝华，2017. 个体农户和农业规模化经营：家庭农场理论评述［J］. 经济研究，52（7）：184-199.

蔡昉，王美艳，2016. 从穷人经济到规模经济：发展阶段变化对中国农业提出的挑战［J］. 经济研究，51（5）：14-26.

焦长权，周飞舟，2016. “资本下乡”与村庄的再造［J］. 中国社会科学（1）：100-116，205-206.

周飞舟，王绍琛，2015. 农民上楼与资本下乡：城镇化的社会学研究［J］. 中国社会科学（1）：66-83，203.

石晓平，郎海如，2013. 农地经营规模与农业生产率研究综述［J］. 南京农业大学学报（社会科学版），13（2）：76-84.

蔡荣，2011. “合作社+农户”模式：交易费用节约与农户增收效应：基于山东省苹果种植农户问卷调查的实证分析［J］. 中国农村经济（1）：58-65.

薛亮，2008. 从农业规模经营看中国特色农业现代化道路［J］. 农业经济问题

（6）：4-9，110.
胡初枝，黄贤金，2007. 农户土地经营规模对农业生产绩效的影响分析：基于江苏省铜山县的分析［J］. 农业技术经济（6）：81-84.
杨国玉，郝秀英，2005. 关于农业规模经营的理论思考［J］. 经济问题（12）：42-45.
郝朝晖，2004. 农业产业化龙头企业与农户的利益机制问题探析［J］. 农村经济（7）：45-47.
谭词，杨军，孙嘉泽，2022. 数字乡村背景下农村电子商务如何提高农业劳动生产率：基于电子商务进农村综合示范县的准自然实验［J］. 世界农业（8）：77-89.
杜建军，谢家平，刘博敏，2020. 中国农业产业集聚与农业劳动生产率：基于275个城市数据的经验研究［J］. 财经研究，46（6）：49-63.
许庆，田士超，徐志刚，等，2008. 农地制度、土地细碎化与农民收入不平等［J］. 经济研究（2）：83-92，105.

数字经济发展能促进居民消费“扩容提质”吗？

——基于省级面板数据和中国家庭追踪调查（CFPS）数据的实证分析

黎毅[1]　蒋青松[1]　罗剑朝[2]

（1. 重庆工商大学；2. 西北农林科技大学）

摘要： 消费是促进我国经济增长方式转换和形成国内大循环的决定性力量，作为主要经济形态的数字经济能否促进居民消费是亟须解答的问题。本文基于2013—2020年省级宏观数据和CFPS2016、CFPS2018两期微观家庭匹配数据，深入讨论数字经济发展对居民消费的影响及其内在作用机制。研究发现：第一，省级宏观层面数字经济能促进居民消费“扩容提质”，且这一作用在微观家庭匹配数据和数字经济不同维度下仍然显著，进一步发现数字经济对享受型、发展型消费支出的促进作用明显大于生存型消费，且对城镇居民消费结构升级的促进作用要大于农村居民。第二，动态叠加效应表明，数字经济在滞后期依然对居民消费存在促进作用，并且对居民消费“扩容”作用明显高于“提质”作用。第三，异质性分析表明数字经济对中西部地区与市场化程度较低的地区的影响更加显著。第四，机制分析表明，在消费能力和消费意愿中，居民人均可支配收入、收入差距、创新产出与产业结构升级在数字经济促进居民消费中均发挥着中介效应。因此，要继续发挥数字经济的包容性增长作用，大力推进科技创新，实现产业结构升级，推动消费型经济增长模式的实现。

关键词： 数字经济；居民消费；“扩容提质”；消费能力；消费意愿

一、引言

数字经济作为我国科技产业革命的战略选择，对经济发展至关重要。工业和信息化部发布的《全国数字经济发展指数（2021）》报告显示，我国数字经济规模从 2012 年 11 万亿元增长到 2021 年超 45 万亿元，占国内生产总值的比重也由 21.6%提升至 39.8%。习近平总书记在党的十九届五中全会上指出，构建以国内大循环为主体、国内国际双循环相互促进的新发展格局。双循环战略基点就是扩大消费、刺激经济发展。截至 2020 年年底，我国居民消费率为 39%，不仅远低于美国（68%）、英国（64%）等西方发达国家，甚至与亚洲同期水平的日本（55%）、韩国（46%）相比也存在不小差距，与之相对应的是 45.3%的储蓄率则高于上述国家①。较高的储蓄率和较低的消费率表明我国居民消费仍然有较大的提升空间。“十四五”时期，我国经济社会发展强调以高质量发展为主题，提升消费不仅是总量上的扩容，还要进行结构上的提质，数字经济作为继农业经济、工业经济之后的又一主要经济形态，如何利用数字经济实现居民消费“扩容提质”，进而实现“双循环”战略便是当下急需解决的问题。

居民消费“扩容提质”包括“扩容”与“提质”两个方面。其中，“扩容”指居民消费总量增加，“提质”则是指居民消费结构升级。消费作为推动国民经济健康发展的主要因素，现有研究成果较为丰富，影响消费的因素大体上可以从宏观和微观两个方面来展开。从宏观层面来看，影响消费的因素有人口结构（李胜旗 等，2022）、公共转移支付（刘雯，2022）、信贷约束（蔡栋梁 等，2020）、夜间经济（胡歆韵 等，2022）、城镇化（潘明清 等，2014）、收入差距（杭斌 等，2016）等；从微观层面来看，消费者偏好（林挺 等，2017）、收入（王德青 等，2021）、家庭资产（卢建新，2015）与金融素养（贾立 等，2021）等因素也会对消费产生影响。

任保平等（2022）认为以互联网技术、数字技术以及人工智能技术为核心生产力的数字经济逐渐渗透到我国社会各个领域，并引起经济环境和形态的重大变革（周慧 等，2022；韦施威 等，2022）。马香品（2020）认为当前数字经济能够促进生产方式与居民消费之间的循环升级，从而改变居民消费能力与消费意愿，这也促使相关学者开始探究数字经济与消费两者之间的关系。大部分学者仍然聚焦于数字经济对消费总量的研究，向国成等（2021）基于省级层面数据分析认为数字经济有助于居民消费支出，同时还能对相邻地区居民产生显著正向空间溢出效应（李浩 等，2022），并且在我国东、中西部城市存在显著差异（梁会君，2022）。刘导波等（2022）基于 CFPS 微观数据发现数字经济对居民消费特别是服务型消费增长作用更加明显。另外，相关学者还探

① 数据来源于司尔亚司数据信息有限公司（CEIC）。

讨了数字经济可以通过居民收入（钟若愚 等，2022）、产业创新（李军 等，2021）和消费需求（何宗樾 等，2020）等方面驱动居民消费。

以上关于数字经济和消费的研究具有重要的理论价值和政策意义，也为本文研究提供了借鉴基础，但仍然存在如下不足：首先，现有研究都是从单一宏观或者微观数据视角出发，较少同时将宏微观层面纳入统一整体进行分析。其次，在机制路径分析上，学者基本上是从居民收入、产业创新等角度进行分析，机制路径分析较为单一，缺乏整体性。最后，数字经济对居民消费影响主要聚焦于总量“扩容”层面，对数字经济与消费“提质”的研究较少。

鉴于此，本文运用 2013—2020 年省级宏观数据和 CFPS2016、CFPS2018 两期微观家庭匹配数据深入讨论数字经济对居民消费“扩容提质”的影响及其作用机制，可能的边际贡献在于：①综合运用宏微观数据，分别从数字经济及其三个子维度探究实现居民消费的内在根源；②基于有效消费定义，从消费能力和消费意愿两个方面综合构建数字经济对居民消费影响机制路径，弥补了以往单一路径分析的不足；③在探讨数字经济对消费“扩容”的基础上进一步研究数字经济对消费“提质”的影响。

二、理论分析与研究假说

（一）数字经济对居民消费“扩容提质”的影响

居民消费“扩容提质”包含“扩容”和“提质”两个方面，前面分析发现现有研究主要聚焦于消费“扩容”。随着我国“十四五”时期经济社会发展要“以推动高质量发展为主题”，学者开始探讨数字经济发展对居民消费“提质”的影响。事实上，数字经济作为继农业经济、工业经济之后的主要经济形态，对居民消费的影响主要体现在以下三个方面。

第一，加快形成数字经济引领下的现代产业体系。伴随互联网、大数据以及云计算等新兴技术兴起，我国逐渐形成兼具规模、范围和长尾效应，并通过新的生产要素投入和资源配置更好地进行市场供求匹配的经济环境（荆文君等，2019）。在此基础上，鲁玉秀等（2021）认为数字经济会催生如区块链、无人驾驶等智能化产业链新型业态，加上数字经济本身所具备的低排放、低能耗特征，更加有利于推动我国经济高质量发展，进而推动居民消费转型升级。

第二，数字经济作为虚拟经济，打破了传统人力、技术等生产要素的区域限制，保障生产要素较为充分利用，从而促进区域融合发展（马中东 等，2020）。同时，数字技术嵌入制造业生产过程，推动企业柔性制造和精益生产，使得企业商品更具有性价比。另外，人工智能科技的发展在一定程度上消除了经济系统内信息的不完全性，使生产和服务的供求信息更加精确化，这样既能提高地区企业生产效率，还刺激了居民消费水平（张昕蔚，2019）。

第三，数字经济改变了居民的消费理念和消费行为，使得商品需求趋于多元化和个性化。互联网金融、移动支付的出现让消费更加便利，在很大程度上刺激了居民消费（裴辉儒 等，2020）。基于上述分析，本文提出假设 1。

假设 1：数字经济的发展对居民消费存在“扩容提质”的作用，即数字经济既能够促进居民消费增长又能够推动居民消费结构升级。

（二）数字经济影响居民消费“扩容提质”的机制分析

在经济学中，有效消费是指消费者对商品同时具备消费能力和消费意愿。其中，消费能力是指居民具备购买某种商品的能力，消费意愿是指居民倾向于购买某种商品的动机。持久收入假说理论中认为消费主要依赖于收入，人均可支配收入在某种程度上能够衡量居民的消费能力，但不能体现出不同群体之间的收入差距。消费理论认为低收入群体的边际消费倾向要大于高收入群体，收入差距的变化也会对消费能力产生重要影响，因此用居民人均可支配收入与收入差距两个指标能更加全面衡量居民消费能力。当市场消费品不能引起消费者的兴趣，即使居民有消费能力，也不能最终实现消费行为。数字经济作为科技产业革命的战略选择，技术创新引致的产品创新能够改善产品外观和品质特质，从而推动产业结构升级。在创新与产业结构升级交互推动下，企业生产的产品能够满足消费者的多样化需求，进而能够刺激消费者对商品的购买意愿，因此用创新产出和产业结构升级两个指标能更加全面衡量居民消费意愿。

1. 数字经济—消费能力　消费“扩容提质”传导路径

数字经济的发展可以有效缓解交易主体之间的信息不对称性，通过降低整体社会经济活动成本，提高产出和增加可支配收入（闵路路 等，2022）。一方面，数字经济催生了新的社会就业岗位，同时让人们可以获得更多就业信息。随着生产环境不断优化，居民特别是农村居民的非农工作参与率提升，工资收入开始增长（胡拥军 等，2022）。同时，数字乡村建设所带来的信息红利和互联网机遇也使农村居民收入增加显著（李怡 等，2021；汪亚楠 等，2021）。另一方面，数字互联网的普及还可以提升居民人力资本水平，从而对高技能群体收入产生工资溢价效应（胡伦 等，2019；丁述磊 等，2022）。此外居民还可以通过数字普惠金融接触到更多的理财渠道，进而增加居民财产性收入。可支配收入作为居民消费能力的体现，是决定消费的核心因素。居民可支配收入的增长也往往伴随着消费的增长与消费结构的升级。

刘诚（2022）认为数字经济总体上改善了收入分配关系，能够使不同群体、地区和城乡的分配更加均衡。而陈鑫鑫等（2022）通过实证分析验证了数字经济对收入分配的改善作用，并进一步分析了市场一体化效应、模块化分工效应对城乡收入差距缩小的直接效应与劳动力再配置效应、集聚效应的间接效应。还有学者分析了“宽带中国”战略、互联网贸易发展及互联网使用对收入差距的缩小作用（陈阳 等，2022；蓝管秀锋 等，2020；张永丽 等，2022）。周慧等（2022）还进一步分析了数字经济对城乡多维差距的收敛作用。收入差距对于消费有着重要的影响，朱德云等（2021）发现收入不平等对家庭消费存在一定程度的负向影响，且这一负向影响主要存在于中低收入家庭中。收入差距的缩小对消费增长的促进作用可由 Duesenberry（1949）提出的消费示范效应和棘轮效应来进行解释。示范效应主要源于消费者对社会地位的心理渴望，因此他们更加侧重于享受型消费（胡歆韵 等，2022）。收入差距缩小会使得中低收入群体在经济社会发展中获得更多，这部分群体本身有着较高的边际消费倾向，因此会增加消费总量。同时，随着收入增长，他们对高品质生活的追求意愿也会更加强烈，在增加的消费总量中加大对高档品的消费，使得消费结构升级。棘轮效应表示消费行为主要受到以往消费习惯影响，而不完全受制于当期的收入水平。收入差距的缩小虽然会降低部分高收入人群的收入，但该群体由于以往支出习惯，因此其消费不会发生显著的变化，他们更多的是用以往的储蓄来维持自己原有的消费习惯，因而收入差距的缩小不会使得高收入群体消费明显下降，只会使得其储蓄率下降。收入差距的缩小有利于提升居民消费能力，从而影响消费的“扩容提质”。基于以上分析，本文提出假设 2。

假设 2：数字经济能够通过提升居民人均可支配收入与缩小收入差距来促进居民消费“扩容提质”。

2. 数字经济—消费意愿—消费“扩容提质”传导路径

企业创新需要大量的财力投入。传统金融部门存在金融门槛以及信息不对称性，使得企业创新普遍存在较大融资约束（Hall et al.，2010）。融资约束的存在会对企业的创新产生阻碍作用（李春涛 等，2020），但是在数字经济的影响下，信息不对称程度会下降，创新端和消费端信息分割的矛盾会得到缓解，市场的创新需求与企业的创新资源能实现直接对接（韩兆安 等，2022），有助于企业创新产品，赢得消费者喜爱，从而为创新活动的开展提供源源不断的内部资金支持。另外，信息不对称程度的下降也使得投资者能以快速且低成本的方式评估企业创新产品的风险与收益，从而有效缓解创新面临的外部融资约束，还有利于企业获得更高的商业信用和政府补贴（李永奎 等，2022）。创新的实现也离不开高素质人才的助力，数字经济下知识的快速传播及学习途径的增加，有利于加速人力资本的积累（李雪 等，2021）。创新最终的目的是为企业创造收益，如何使得创新变现就是一个很重要问题，只有创新产生收益，才能够维持创新活动的开展。数字经济促进产学研合作与提高专利回报率（胡山 等，2021），能够推动创新活动的持续健康发展。杜丹清（2017）认为现有研究忽视了技术创新引致的供给侧产品创新与需求侧居民消费内容和方式的变革对消费的影响。事实上，随着企业不断创新，技术进步逐渐渗透生产过程，能改善现有消费品质量，并且增加消费附加服务，提升消费意愿，进而对居民消费产生“扩容提质”影响。

蓬勃发展的数字经济已经成为我国产业结构持续升级的动力源泉（陈晓东 等，2021）。在这一大背景下，柳志娣等（2021）研究了互联网发展对产业结构转型升级的推动作用。唐红涛等（2021）验证了数字经济发展对产业结构升级的促进作用，并进一步探讨了资源配置效率、数字技术与传统产业融合、研发投入强度、人力资本和科技创新的中介效应（姚维瀚 等，2021；刘洋 等，2021）。李治国等（2021）认为数字经济发展具有提升企业生产效率和优化数据要素配置的双重效应，使得企业得以生产更多高端产品，数字经济在加快企业创新的同时能够进一步推动产业结构升级，减少无效和低端供给，增强对需求侧的适应性和灵活性，刺激居民消费意愿（张磊 等，2017），由此可知产业结构升级在数字经济推动消费的“扩容提质”过程中也发挥着重要作用。基于以上分析，本文提出如下假设3。

假设3：数字经济能够通过提升创新产出、促进产业结构升级来促进居民消费“扩容提质”。

数字经济对消费“扩容提质”的作用机理见图1。

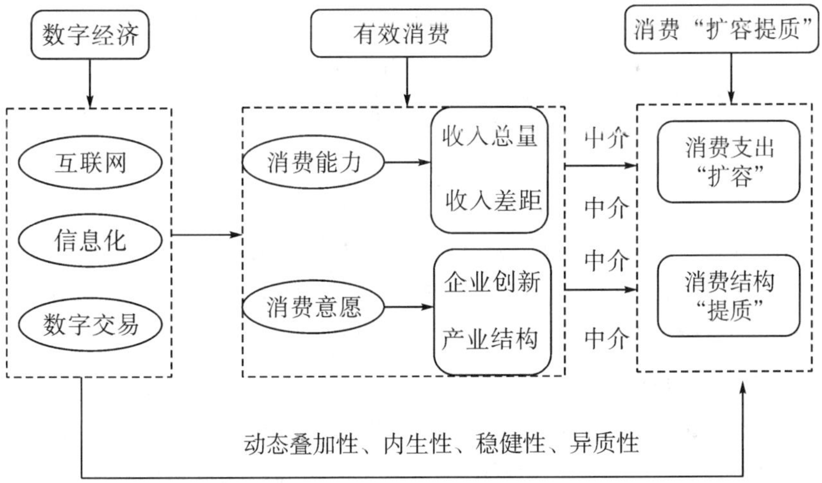

图1　数字经济对消费“扩容提质”的作用机理图

三、模型设定、数据说明与变量选择

（一）模型设定

1. 基准回归

$$\ln C_{i,t} / \ln Csc_{i,t} / \ln Cxs_{i,t} / \ln Cfz_{i,t}$$
$$= a_0 + a_1 \text{digeco}_{i,t} + a_2 \text{controls}_{i,t} + \delta_i + \varepsilon_{i,t} \quad (1)$$

公式（1）为数字经济对消费“扩容”影响的回归模型。ln$C$ 表示居民人均消费支出，lnCsc 表示居民生存型消费支出，lnCxs 表示居民享受型消费支出，lnCfz 表示居民发展型消费支出。为了减小异方差，本文对所有消费支出均进行了对数化处理。digeco 表示数字经济指数，controls 表示控制变量，δ 用以控制省级层面不可观测因素的影响。下标 i 和 t 分别代表省份与时间，$\varepsilon_{i,t}$ 表示残差。核心解释变量 $\text{digeco}_{i,t}$ 的系数 a_1 表示数字经济对消费“扩容”的影响，由假设 1 可知，系数 a_1 应显著为正。

$$\text{Cup}_{i,t} / \text{Cupurb}_{i,t} / \text{Cuprur}_{i,t}$$
$$= b_0 + b_1 \text{digeco}_{i,t} + b_2 \text{controls}_{i,t} + \delta_i + \varepsilon_{i,t} \quad (2)$$

公式（2）为数字经济对消费“提质”影响的回归模型。Cup 表示居民消费结构升级，Cupurb 表示城镇居民消费结构升级，Cuprur 表示农村居民消费结构升级，其余变量含义同上。核心解释变量 $\text{digeco}_{i,t}$ 的系数 b_1 表示数字经济对消费“提质”的影响，由假设 1 可知，系数 b_1 应显著为正。

2. 数字经济的不同维度对居民消费“扩容提质”的影响

$$\ln C_{i,t} = c_0 + c_1 \text{infor}_{i,t} / \text{internet}_{i,t} / \text{trade}_{i,t} + c_2 \text{controls}_{i,t} + \delta_i + \varepsilon_{i,t} \quad (3)$$

$$\text{Cup}_{i,t} = d_0 + d_1 \text{infor}_{i,t} / \text{internet}_{i,t} / \text{trade}_{i,t} + d_2 \text{controls}_{i,t} + \delta_i + \varepsilon_{i,t} \quad (4)$$

公式（3）与（4）为数字经济不同维度对居民消费“扩容提质”的回归模型。infor、internet、trade 为数字经济的三个子维度，分别表示信息化发展、互联网发展、数字交易发展，其余变量含义同上。

（二）数据说明

本文宏观层面的研究样本为 2013—2020 年中国内地（不包括港、澳、台）30 个省级行政单位。其中，西藏自治区由于数字经济构成指标的缺失而从研究样本中删除，样本数据主要来源于 2014—2021 年中国统计年鉴、2014—2021 年各省统计年鉴，以及 2013—2020 年北京大学数字普惠金融指数。微观层面的研究样本为来自与宏观层面研究样本的30个省份相匹配的共13 902个家庭微观样本。2014—2021年样本数据来源于中国统计年鉴和2016年、2018年中国家庭追踪调查（CFPS）数据库。

（三）控制变量

1. 被解释变量

居民人均消费支出（$\ln C$）：参考吕志科等（2020）的文章，用各省居民人均消费支出来衡量。为进一步探讨不同类型消费支出之间可能存在的区别，参考黄凯南（2021）的做法，本文计算AIDS中的支出弹性，将居民消费支出弹性小于1的列为生存型消费支出，将支出弹性大于1的列为享受型消费支出或发展型消费支出。在支出弹性大于1的各类消费支出里面，教育文化娱乐支出列为发展型消费支出，其他类支出列为享受型消费支出。居民生存型消费支出（lnCsc）：用食品烟酒、衣着、生活用品及服务、医疗保健支出之和来衡量。居民享受型消费支出（lnCxs）：用居住、交通通信和其他用品及服务支出之和来衡量。居民发展型消费支出（lnCfz）：用教育文化娱乐支出来表示。为了减小异方差，上述消费支出均进行了对数化处理，

居民消费结构升级（Cup）：参考刘斌等（2022）的做法，用居民享受和发展型消费支出在居民人均消费支出中所占的比重来衡量。城镇居民消费结构升级（Cupurb）：用城镇居民发展与享受型消费支出在城镇居民人均消费支出中所占的比重来衡量。农村居民消费结构升级（Cuprur）：用农村居民发展与享受型消费支出在农村居民人均消费支出中所占的比重来衡量。

2. 核心解释变量

数字经济发展水平（digeco）：参考刘军等（2020）的做法，从信息化发展（infor）、互联网发展（internet）、数字交易发展（trade）三个维度共14个指标来构建数字经济发展水平指数，为避免主观赋权带来的不利影响，本文运用熵权法对数字经济发展水平进行测度。数字经济指标构成如表1所示。

表 1 数字经济发展水平指标构成

一级指标	二级指标	指标说明	指标属性
信息化发展	光缆密度	各省份光缆线路长度与省域面积的比值	正向
	移动电话基站密度	各省移动电话基站数量与省域面积的比值	正向
	信息化从业人员占比	各省信息传输、软件和信息技术服务业从业人员占总就业人数的比值	正向
	电信业务总量	各省电信业务总量（单位：亿元）	正向
	软件业务收入	各省软件业务收入（单位：亿元）	正向
互联网发展	互联网接入端口密度	互联网接入端口数与省域面积的比值	正向
	移动电话普及率	每百人拥有的移动电话数量（单位：部）	正向
	宽带互联网用户人数占比	各省份固定宽带端与该省份总人口的比值	正向
	移动互联网用户人数占比	移动端互联网用户与该省份总人口的比值	正向
数字交易发展	每百家企业拥有网站数	每百家企业拥有网站数（单位：个）	正向
	企业使用计算机情况	企业使用计算机数与该省份企业个数的比值	正向
	电子商务企业占比	有电子商务交易活动的企业占总企业数的比值	正向
	电子商务销售额	各省电子商务销售额（单位：亿元）	正向
	网上零售额	各省网上零售额（单位：亿元）	正向

3. 控制变量

本文的控制变量包括：失业率（unemploy），用失业人数在总就业人数里所占的比重，即城镇登记失业率来表示；通货膨胀率（cpi），用居民消费价格指数的增长幅度来表示；财政支农（afe），用农林水事务支出占财政总支出的比重来表示；宏观债务负担水平（fin），用本外币贷款余额在 GDP 中所占的比重来表示；对外开放度（open），用进出口总额在 GDP 中所占的比重来表示；养老保险参保率（insurance），用基本养老保险参保人数在常住人口中的占比表示；财政支出（pay），用财政支出与 GDP 的比值来表示。描述性统计分析如表 2 所示。

表 2　描述性统计分析

分类	变量	样本数	均值	标准差	最小值	最大值
被解释变量	ln*C*	240	9.736	0.340	9.023	10.728
	lnCsc	240	9.079	0.284	8.481	9.818
	lnCxs	240	8.720	0.443	7.750	9.993
	lnCfz	240	7.524	0.343	6.739	8.612
	Cup	240	0.478	0.045	0.318	0.609
	Cupurb	240	0.481	0.047	0.318	0.614
	Cuprur	240	0.462	0.038	0.317	0.540
核心解释变量	dig	240	0.222	0.124	0.073	0.768
	infor	240	0.078	0.049	0.021	0.304
	internet	240	0.077	0.027	0.028	0.141
	trade	240	0.068	0.057	0.013	0.361
控制变量	unemploy	240	0.032	0.006	0.012	0.046
	cpi	240	0.021	0.006	0.006	0.040
	afe	240	0.116	0.034	0.041	0.204
	fin	240	1.473	0.431	0.731	2.759
	open	240	0.253	0.269	0.008	1.342
	insurance	240	0.346	0.135	0.031	0.575
	pay	240	0.255	0.103	0.119	0.643

注：根据数据整理得出。

四、实证分析

（一）数字经济对居民消费“扩容提质”的影响

1. 数字经济对居民消费基准影响

本文首先进行变量的多重共线性检验，结果显示各变量方差膨胀因子均小于 5，表明变量间不存在多重共线性。表 3 为数字经济对居民消费“扩容提质”的基准回归结果，（1）、（3）列为未加入控制变量时的回归结果，（2）、（4）列为加入控制变量后的回归结果。具体而言，（1）至（2）列表示数字经济对消费“扩容”的影响。由结果可知，数字经济对居民消费支出的回归系数在 1%的水平上显著为正，表明数字经济能够促进居民消费的“扩容”。（3）至（4）列表示数字经济对消费“提质”的影响，由结果可知，数字经济对居民消费结构升级的回归系数在 1%的水平上显著为正，表明数字经济能够促进居民消费的“提质”。另外，由表 3 的回归结果也可知，数字经济对于消费扩容的促进作用是大于消费提质的。数字经济的发展推动居民收入增加，进而提升居民的消费能力；同时，产业结构也实现了优化升级，使得高端商品与服务的供给增加，进一步刺激了居民的消费意愿，从而推动了居民消费的增长与消费结构的升级（姚维瀚 等，2021），表明数字经济对消费存在“扩容提质”作用，假设 1 得到证实。

表 3　基准回归结果

变量	消费扩容		消费提质	
	(1)	(2)	(3)	(4)
	ln$C$	ln$C$	Cup	Cup
digeco	1.917^{***} (0.237)	1.560^{***} (0.207)	0.251^{***} (0.029)	$0.215^{*\ **}$ (0.036)
unemploy		-7.474^{***} (2.623)		-0.975^{*} (0.501)
cpi		-1.453^{*} (0.717)		-1.797^{***} (0.258)
afe		0.211 (0.510)		-0.136 (0.149)
fin		0.179^{*} (0.099)		0.020^{*} (0.010)
open		0.182 (0.107)		-0.047 (0.034)
insurance		1.785^{***} (0.632)		0.050 (0.134)
pay		-0.632 (0.465)		-0.049 (0.083)
cons	9.310^{***} (0.053)	8.869^{***} (0.252)	0.422^{***} (0.007)	0.492^{***} (0.046)
省份固定	是	是	是	是
N	240	240	240	240
R^2	0.767	0.861	0.424	0.581

注：括号中为稳健标准误，$^{*}p<0.1$，$^{**}p<0.05$，$^{***}p<0.01$，下文同。

2. 数字经济对不同类型的消费支出与消费结构升级的影响

表 4 的（1）至（3）列为数字经济对不同类型的消费支出的回归结果，（4）至（5）列为数字经济对城乡居民消费结构升级的回归结果。由（1）至（3）列的回归结果可知，数字经济对生存型、享受型、发展型支出均在 1%的水平上为正，表明数字经济对不同类型的消费都存在显著的促进作用。其中，

数字经济对享受型、发展型消费支出的促进作用要大于生存型消费支出，也从另一个层面验证了数字经济对消费结构升级的促进作用。

（4）至（5）列表示数字经济对消费“提质”不同类型的影响。由此可知，数字经济对城镇居民消费结构升级及农村居民消费结构升级的系数均在1%的水平上显著为正，且数字经济对城镇居民消费结构升级的促进作用要远大于农村居民，表明数字经济推动居民消费结构升级的效应主要由城镇居民消费结构升级引起。

表 4　数字经济对不同类型的消费支出与消费结构升级的回归结果

变量	消费“扩容”分类			消费“提质”分类	
	（1）	（2）	（3）	（4）	（5）
	lnCsc 生存型支出	lnCxs 享受型支出	lnCfz 发展型支出	Cupurb 城镇消费升级	Cuprur 农村消费升级
digeco	1. 175***	2. 307***	1. 185***	0. 242***	0. 167***
	（0. 165）	（0. 315）	（0. 289）	（0. 038）	（0. 048）
unemploy	−6. 381***	−8. 839**	−18. 147***	−0. 876	−1. 233*
	（2. 036）	（3. 725）	（4. 170）	（0. 516）	（0. 668）
cpi	0. 712	−8. 278***	−2. 902*	−2. 087***	−1. 468***
	（0. 607）	（1. 237）	（1. 616）	（0. 223）	（0. 347）
afe	0. 589	−0. 207	1. 268	−0. 196	0. 078
	（0. 371）	（0. 768）	（1. 022）	（0. 146）	（0. 212）
fin	0. 164*	0. 230*	0. 335**	0. 016*	0. 020
	（0. 093）	（0. 128）	（0. 136）	（0. 009）	（0. 028）
open	0. 201**	−0. 023	0. 248	−0. 031	−0. 008
	（0. 091）	（0. 266）	（0. 175）	（0. 036）	（0. 043）
insurance	1. 706***	2. 249**	0. 646	0. 061	0. 006
	（0. 444）	（0. 947）	（0. 904）	（0. 136）	（0. 160）
pay	−0. 530	−0. 700	−0. 795	0. 048	−0. 196
	（0. 394）	（0. 633）	（0. 730）	（0. 073）	（0. 147）
cons	8. 192***	7. 756***	7. 181***	0. 473***	0. 507***
	（0. 195）	（0. 379）	（0. 361）	（0. 052）	（0. 056）
省份固定	是	是	是	是	是
N	240	240	240	240	240
R^2	0. 867	0. 812	0. 614	0. 583	0. 407

3. 数字经济不同维度对居民消费的影响

表5为数字经济三个子维度对居民消费“扩容提质”的结果。具体而言，(1)至(3)列表示数字经济对消费“扩容”的影响，从结果可以看出数字经济的三个子维度对居民人均消费支出的回归系数在1%的水平上显著为正，表明数字经济的三个子维度都能够促进居民消费支出的增加。(4)至(6)列表示数字经济对消费“提质”的影响，从结果可以看出数字经济的三个子维度对居民消费结构升级至少在5%的水平上显著为正，表明数字经济的三个子维度对于居民消费结构升级也存在显著的促进作用。另外，还可以发现在数字经济的三个子维度中，互联网发展对居民消费支出、消费结构升级的促进作用最大。互联网发展作用最大的可能原因是：一方面，它能够减少经济活动的交易成本和搜索成本，弱化预算约束和流动约束，改善居民消费环境（向玉冰，2018）；另一方面，互联网时代技术创新引致的供应侧产品创新与需求侧消费内容和方式的变革也有助于静态提升消费结构，提升消费质量（杜丹清，2017）。

表5　数字经济不同维度对消费“扩容提质”的回归结果

变量	消费扩容			消费提质		
	(1)	(2)	(3)	(4)	(5)	(6)
	lnC	lnC	lnC	Cup	Cup	Cup
infor	2.809*** (0.426)			0.365*** (0.075)		
internet		6.612*** (0.559)			0.940*** (0.095)	
trade			2.642*** (0.781)			0.380** (0.158)
unemploy	-10.017*** (2.832)	-4.872** (1.815)	-11.212*** (2.632)	-1.366** (0.501)	-0.572 (0.403)	-1.465*** (0.508)
cpi	-1.648* (0.814)	0.146 (0.451)	0.654 (0.741)	-1.791*** (0.283)	-1.586*** (0.222)	-1.518*** (0.241)
afe	0.105 (0.568)	-0.340 (0.401)	0.294 (0.602)	-0.152 (0.157)	-0.213 (0.133)	-0.122 (0.155)
fin	0.291*** (0.102)	0.086 (0.098)	0.409*** (0.111)	0.039*** (0.011)	0.005 (0.011)	0.051*** (0.015)
open	-0.122 (0.082)	-0.132 (0.081)	-0.096 (0.147)	-0.095*** (0.028)	-0.087*** (0.021)	-0.080** (0.031)
insurance	1.424** (0.610)	0.574 (0.374)	2.423*** (0.694)	0.001 (0.130)	-0.121 (0.104)	0.144 (0.139)

表5(续)

变量	消费扩容			消费提质		
	(1)	(2)	(3)	(4)	(5)	(6)
	lnC	lnC	lnC	Cup	Cup	Cup
pay	-0.916* (0.502)	-0.605 (0.459)	-1.369** (0.568)	-0.098 (0.089)	-0.039 (0.085)	-0.146 (0.105)
cons	9.204*** (0.250)	9.282*** (0.140)	8.802*** (0.300)	0.540*** (0.044)	0.548*** (0.031)	0.478*** (0.057)
省份固定	是	是	是	是	是	是
N	240	240	240	240	240	240
R^2	0.827	0.910	0.793	0.554	0.617	0.542

注：各列回归结果的模型选择由豪斯曼检验的 P 值确定。

4. 数字经济对居民消费动态叠加影响分析

为进一步考察数字经济对居民消费“扩容提质”是否存在动态叠加影响，本文参考唐松等（2020）的做法，分别讨论数字经济在滞后一至四期维度下对居民消费“扩容提质”的影响。表 6 为数字经济对居民消费“扩容提质”动态叠加影响回归结果。具体而言，（1）至（4）列分别表示数字经济在滞后一至四期的情况下，对消费“扩容”的影响。从结果可以看出数字经济在滞后一至四期的情况下仍然对人均消费支出产生显著正向影响，表明数字经济对人均消费支出具有持续影响；（5）至（8）列分别表示数字经济在滞后一至四期的情况下，对消费“提质”的影响，从结果可以看出，数字经济在滞后一至三期的情况下，对居民消费结构升级依然产生显著正向影响。由此可知，数字经济对于居民消费“扩容提质”的影响具有可持续性，且这一影响在居民消费的“扩容”方面更加显著。

表 6　数字经济对居民消费动态叠加影响的回归结果

变量	消费扩容			消费提质				
	(1)	(2)	(3)	(4)	(5)	(6)	(7)	(8)
	ln C	ln C	ln C	ln C	Cup	Cup	Cup	Cup
L. digeco	1. 334*** (0. 180)				0. 074*** (0. 024)			
L2. digeco		1. 236*** (0. 196)				0. 077*** (0. 025)		
L3. digeco			1. 363*** (0. 232)				0. 088*** (0. 026)	
L4. digeco				1. 134*** (0. 178)				−0. 019 (0. 029)
unemploy	−7. 136*** (2. 288)	−5. 262** (1. 950)	−4. 232** (1. 818)	−2. 453 (1. 610)	−0. 591 (0. 374)	−0. 442 (0. 371)	−0. 300 (0. 359)	−0. 286 (0. 349)
cpi	2. 588*** (0. 820)	5. 218*** (0. 826)	4. 279*** (0. 745)	5. 498*** (0. 598)	0. 051 (0. 205)	0. 282 (0. 202)	0. 129 (0. 206)	0. 499** (0. 202)
afe	0. 604 (0. 507)	−0. 162 (0. 441)	−0. 392 (0. 419)	0. 008 (0. 345)	−0. 023 (0. 092)	−0. 084 (0. 099)	−0. 078 (0. 099)	−0. 066 (0. 093)
fin	0. 130 (0. 085)	0. 039 (0. 067)	−0. 050 (0. 063)	−0. 075 (0. 048)	0. 009 (0. 009)	−0. 003 (0. 010)	−0. 016 (0. 011)	−0. 011 (0. 012)

表 6（续）

变量	消费扩容			消费提质				
	（1）	（2）	（3）	（4）	（5）	（6）	（7）	（8）
	ln *C*	ln *C*	ln *C*	ln *C*	Cup	Cup	Cup	Cup
open	0. 005 （0. 099）	0. 265 * （0. 142）	0. 473 *** （0. 162）	0. 422 *** （0. 135）	−0. 031 （0. 019）	0. 023 （0. 022）	0. 067 ** （0. 025）	0. 025 （0. 028）
insurance	1. 620 ** （0. 612）	1. 619 *** （0. 514）	1. 431 *** （0. 313）	0. 885 *** （0. 188）	−0. 012 （0. 096）	−0. 046 （0. 088）	−0. 109 * （0. 061）	−0. 169 *** （0. 055）
pay	−0. 436 （0. 447）	−0. 749 * （0. 377）	−0. 486 （0. 344）	−0. 216 （0. 313）	−0. 057 （0. 066）	−0. 071 （0. 064）	−0. 016 （0. 071）	−0. 006 （0. 075）
cons	8. 957 *** （0. 234）	9. 166 *** （0. 198）	9. 292 *** （0. 153）	9. 418 *** （0. 106）	0. 505 *** （0. 037）	0. 527 *** （0. 035）	0. 546 *** （0. 032）	0. 576 *** （0. 029）
省份固定	是	是	是	是	是	是	是	是
N	210	180	150	120	210	180	150	120
R^2	0. 841	0. 866	0. 870	0. 868	0. 323	0. 242	0. 165	0. 204

5. 内生性与稳健性检验

以上回归结果虽然表明回归结果较为显著，但是数字经济对居民消费“扩容提质”的影响仍然可能会存在内生性问题。一方面，数字经济与居民消费的“扩容提质”可能存在反向因果关系，因为居民消费的“扩容提质”会扩大经济内需，从而促进数字经济进一步发展；另一方面，受遗漏变量影响，虽然在回归分析中加入了影响居民消费的控制变量，但可能存在其他遗漏变量影响回归结果。为了克服内生性问题，本文运用工具变量法来进行回归分析，工具变量选择如下：

（1）参考 Bartik（2009）的做法，用数字经济指数的滞后一阶与其一阶差分的乘积来构建工具变量：$IV_1 = digeco_{i,\ t-1} \times \Delta digeco_{i,\ t}$。数字经济的滞后一阶、一阶差分与数字经济发展水平存在高度相关，而全国层面的数字经济发展又基本不会受到某个地区居民消费“扩容提质”的影响，因此全国层面的数字经济变化相对各地区而言是外生的，从而满足了工具变量的相关性与外生性条件。

（2）参考张宇等（2014）做法，用邻近省份的数字经济均值作为工具变量：$IV_2 = nearpro\_digeco_{i,\ t}$。邻近省份的数字经济会对本省的数字经济发展产生影响，但是邻近省份数字经济的发展程度又基本不会受到本省消费结构升级的影响。

表 7 为数字经济对居民消费“扩容提质”的内生性回归结果，（1）至（3）列为工具变量数字经济滞后一期与一阶差分的回归结果，（4）至（6）列为工具变量相邻省份数字经济均值的回归结果。

当工具变量为数字经济滞后一期与一阶差分时，由第（1）列可知工具变量对内生变量存在显著正向影响，满足了工具变量的相关性。由（2）、（3）列回归结果可知，数字经济对居民消费支出与消费结构升级的系数分别在 1%、10%的水平上为正。对于“工具变量识别不足”检验，Anderson canon. corr. LR 统计量为 305.501 1，p 值为 0，在 1% 的水平上拒绝原假设，满足了工具变量的相关性要求；对于“弱识别检验”，Cragg-Donald F 统计量为 659.982，10% 的临界值水平为 16.38，表明不存在弱工具变量问题。因此，工具变量的选取具有合理性，结果也有效。当工具变量为相邻省份数字经济均值，由第（4）列可知工具变量对内生变量存在显著正向影响，满足了工具变量的相关性，由（5）、（6）列回归结果可知，数字经济对居民消费支出与消费结构升级的系数分别在 1%的水平上均为正。于“工具变量识别不足”检验，Anderson canon. corr. LR 统计量为 27.349，p 值为 0，在 1% 的水平上拒绝原假设，满足了工具变量的相关性要求；

对于“弱识别检验”，Cragg-Donald F 统计量为 27.882，10% 的临界值水平为 16.38，表明不存在弱工具变量问题。因此，工具变量的选取具有合理性，结果也有效。上述工具变量回归结果均表明数字经济对于消费的“扩容提质”存在显著的促进作用，与前文结论一致。

表 7　内生性检验结果

变量	IV_1 = $L.$ digeco × $D.$ digeco			IV_2 = nearpro_digeco		
	(1)	(2)	(3)	(4)	(5)	(6)
	digeco	ln$C$	Cup	digeco	ln$C$	Cup
digeco		0.640*** (0.183)	0.056* (0.030)		2.594*** (0.211)	0.370*** (0.057)
$L.$ digeco×$D.$ digeco	7.015*** (0.523)					
nearpro_digeco				0.567*** (0.047)		
unemploy	−2.138*** (0.696)	−8.994*** (1.798)	−0.625** (0.298)	−2.303*** (0.774)	−2.303 (2.150)	−0.202 (0.583)
cpi	2.294*** (0.407)	5.045*** (1.179)	0.111 (0.195)	1.464*** (0.375)	−4.090*** (1.067)	−2.191*** (0.289)
afe	−0.038 (0.209)	0.428 (0.511)	−0.029 (0.085)	−0.017 (0.223)	0.457 (0.564)	−0.099 (0.153)
fin	0.184*** (0.016)	0.301*** (0.059)	0.014 (0.010)	0.131*** (0.021)	−0.128* (0.074)	−0.026 (0.020)
open	−0.297*** (0.050)	−0.412*** (0.159)	−0.041 (0.026)	−0.409*** (0.042)	0.888*** (0.169)	0.059 (0.046)
insurance	0.177 (0.163)	1.594*** (0.398)	−0.014 (0.066)	−0.525*** (0.177)	1.977*** (0.444)	0.079 (0.120)
pay	−0.547*** (0.116)	−1.025*** (0.320)	−0.072 (0.053)	−0.465*** (0.131)	0.385 (0.375)	0.103 (0.102)
cons	0.085 (0.059)	9.118*** (0.150)	0.508*** (0.025)	0.349*** (0.063)	8.448*** (0.181)	0.429*** (0.049)
Anderson canon.corr. LR 统计量 （工具变量识别不足检验）	305.501 1 (0.000)			27.349 (0.000)		
Cragg - Donald F 统计量 （弱工具变量识别检验）	659.982 (16.38)			27.882 (16.38)		
省份固定	是	是	是	是	是	是
N	210	210	210	240	240	240
R^2	0.873	0.817	0.329	0.855	0.806	0.541

注：Anderson canon. corr. LR 统计量为工具变量识别不足检验，括号中报告的是 p 值；Cragg-Donald F 统计量为弱工具变量识别检验，括号中为 10% 的临界值水平。

对于稳健性检验，本文采取以下三种方式进行：

(1) 替换被解释变量。用人均社会消费品零售额（lnRC）来表示居民人均消费支出，用恩格尔系数（Engel，用食品烟酒支出在总支出中的比重来表示）来表示居民消费结构升级。

(2) 替换核心解释变量。参考张勋等（2019）的做法，使用郭峰等（2020）编制的“北京大学数字普惠金融指数（2013—2020 年）”中的省级层面数据作为数字经济的替代变量，并对数字普惠金融指数（difi）除以 100 后再进行回归分析。

(3) 剔除特殊样本。鉴于北京、上海、江苏、浙江、广东的经济发展程度较高，数字经济发展程度也较高，可能会使得回归结果存在偏误，因此剔除北京、上海、江苏、浙江、广东的样本再进行回归分析。

稳健性检验回归结果如表 8 所示。(1) 至 (2) 列为替换了被解释变量后的回归结果，数字经济仍然能够显著促进人均社会消费品零售额的增加，推动恩格尔系数下降；(3) 至 (4) 列为替换核心解释变量后的回归结果，数字普惠金融也能够推动消费的“扩容提质”；(5) 至 (6) 列为剔除特殊样本后的回归结果，数字经济对消费“扩容提质”依然显著。

表 8　稳健性检验回归结果

变量	替换被解释变量		替换核心解释变量		剔除特殊样本	
	(1)	(2)	(3)	(4)	(5)	(6)
	lnRC	Engel	ln*C*	Cup	ln*C*	Cup
digeco	1.728***	-0.157***			2.434***	0.356***
	(0.380)	(0.031)			(0.226)	(0.040)
difi			0.249***	0.037***		
			(0.017)	(0.003)		
unemploy	-12.828***	1.581***	-3.320	-0.273	-4.061*	-0.550
	(3.708)	(0.460)	(2.004)	(0.476)	(2.136)	(0.448)
cpi	-2.331	1.405***	0.191	-1.595***	-1.335***	-1.858***
	(1.500)	(0.221)	(0.353)	(0.233)	(0.464)	(0.249)
afe	1.016	0.074	0.043	-0.157	0.060	-0.178
	(1.189)	(0.153)	(0.338)	(0.121)	(0.469)	(0.154)
fin	0.147	-0.032***	0.011	-0.010	0.058	0.008
	(0.248)	(0.010)	(0.066)	(0.008)	(0.096)	(0.011)

表8(续)

变量	替换被解释变量		替换核心解释变量		剔除特殊样本	
	(1)	(2)	(3)	(4)	(5)	(6)
	lnRC	Engel	ln*C*	Cup	ln*C*	Cup
open	0.112 (0.185)	0.041 (0.028)	0.072 (0.059)	-0.052** (0.024)	-0.315* (0.169)	-0.061 (0.039)
insurance	1.525 (0.959)	-0.072 (0.128)	0.594* (0.295)	-0.124 (0.095)	0.657 (0.421)	-0.142 (0.113)
pay	-1.848 (1.131)	0.156* (0.089)	-0.222 (0.317)	0.028 (0.068)	-0.384 (0.439)	-0.074 (0.061)
cons	9.598*** (0.321)	0.272*** (0.041)	9.018*** (0.159)	0.507*** (0.038)	9.163*** (0.199)	0.552*** (0.037)
省份固定	是	是	是	是	是	是
N	240	240	240	240	200	200
R^2	0.698	0.567	0.943	0.651	0.930	0.662

（二）进一步分析

1. 异质性分析

不同的地区的经济社会发展存在较大的差异，因此数字经济发展程度存在差异，进而对消费升级的影响也不尽相同。因此，本文将样本分为东部、中西部①来分析在不同区域中，数字经济对消费“扩容提质”是否存在异质性。另外，市场化程度的不同也会对于居民的消费产生影响，因此考虑在不同的市场化程度下，数字经济对消费“扩容提质”是否也存在不同的差异。根据王小鲁等（2018）编制的各省市场化指数的中位数将样本分为市场化程度低和市场化程度高的两个样本进行回归，为了减弱内生性对回归结果的干扰，参考王喆等（2021）的做法，本文采用2013年的指标数值进行分组②，回归结果如表9所示。

由表9可知数字经济对中西部地区消费“扩容提质”的促进作用要大于东部地区，对低市场化程度地区消费“扩容提质”的促进作用要大于高市场

① 东部包括北京、天津、河北、辽宁、上海、江苏、浙江、福建、山东、广东、海南11个省级行政单位，中西部包括山西、吉林、黑龙江、安徽、江西、河南、湖北、湖南、内蒙古、广西、重庆、四川、贵州、云南、山西、甘肃、青海、宁夏、新疆19个省级行政单位。

② 为了减弱内生性，后文的异质性分析如无特殊说明均以2013年的指标中位数进行分样本检验。

化地区。这表明数字经济具有益贫性的特点。可能的原因是数字经济发展程度较低的地区的经济水平较为落后，在这些地区数字经济的发展对于收入增长的作用更大，因而数字经济对消费“扩容提质”的作用也就更强。

表 9　地区与市场化程度异质性分析回归结果

变量	东部		中西部		高市场化程度		低市场化程度	
	(1)	(2)	(3)	(4)	(5)	(6)	(7)	(8)
	lnC	Cup	lnC	Cup	lnC	Cup	lnC	Cup
digeco	1.317*** (0.190)	0.141** (0.049)	2.337*** (0.231)	0.387*** (0.059)	1.424*** (0.247)	0.208*** (0.040)	2.807*** (0.343)	0.400*** (0.070)
unemploy	-5.954 (3.778)	-1.006 (0.971)	-4.561* (2.461)	-0.234 (0.564)	-9.166** (4.191)	-1.510* (0.771)	-2.786 (2.964)	0.055 (0.612)
cpi	-0.478 (1.396)	-1.435** (0.561)	-1.291** (0.528)	-1.951*** (0.261)	-1.920 (1.264)	-2.337*** (0.456)	-0.870* (0.471)	-1.604*** (0.286)
afe	-1.471 (1.724)	-0.213 (0.314)	-0.349 (0.405)	-0.257 (0.160)	-0.812 (1.206)	-0.353 (0.262)	-0.561 (0.381)	-0.195 (0.148)
fin	-0.024 (0.108)	0.001 (0.020)	0.191** (0.071)	0.012 (0.020)	0.128 (0.145)	0.012 (0.019)	0.088 (0.084)	0.008 (0.016)
open	0.102 (0.095)	-0.097** (0.033)	-0.234 (0.193)	-0.002 (0.045)	0.138 (0.140)	-0.047 (0.032)	-0.401 (0.247)	-0.031 (0.072)
insurance	2.753** (1.083)	0.076 (0.243)	0.371 (0.436)	-0.175 (0.128)	2.297** (0.984)	0.353 (0.230)	0.171 (0.433)	-0.234 (0.135)
pay	1.858** (0.622)	0.324 (0.195)	-0.939** (0.369)	-0.069 (0.089)	-0.678 (0.679)	-0.021 (0.182)	-0.589 (0.448)	-0.088 (0.085)
cons	8.872*** (0.325)	0.506*** (0.078)	9.283*** (0.217)	0.553*** (0.042)	9.136*** (0.278)	0.458*** (0.067)	9.306*** (0.228)	0.575*** (0.045)
省份固定	是	是	是	是	是	是	是	是
N	88	88	152	152	120	120	120	120
R^2	0.843	0.586	0.948	0.669	0.841	0.604	0.941	0.613

为进一步分析在不同的产品市场、要素市场下，数字经济对消费“扩容提质”的差异性影响，接下来以市场化指数的子指标——产品市场发育程度的中位数将样本分为产品市场发育程度高与产品市场发育程度低两组；以市场化指数的子指标——要素市场发育程度的中位数将样本分为要素市场发育程度高与要素市场发育程度低两组，从而分别进行分析。

表 10 为产品市场、要素市场异质性分析回归结果。由表 10 可知，数字经济对产品市场发育程度较低、要素市场发育程度较低地区的消费“扩容提质”

的促进作用更大，数字经济在这里也展现出显著的益贫性特点。在数字经济高速发展的今天，网络购物的盛行能够弥补传统产品市场发育程度较低地区的弱点，资源配置效率的提高也能够减少对传统要素市场的依赖，从而使产品市场发育程度较低、要素市场发育程度较低地区能够从中获益更多，进而更有利于促进这些地区的消费“扩容提质”。

表 10　产品市场、要素市场异质性分析回归结果

变量	产品市场				要素市场			
	发育程度高		发育程度低		发育程度高		发育程度低	
	(1)	(2)	(3)	(4)	(5)	(6)	(7)	(8)
	ln*C*	Cup	ln*C*	Cup	ln*C*	Cup	ln*C*	Cup
digeco	1.344***	0.207***	1.787***	0.238***	1.422***	0.200***	3.008***	0.499***
	(0.237)	(0.048)	(0.414)	(0.057)	(0.239)	(0.035)	(0.360)	(0.067)
unemploy	-10.644***	-1.466*	-5.874	-0.654	-9.653**	-1.720**	-1.852	0.516
	(3.007)	(0.751)	(4.069)	(0.830)	(4.036)	(0.723)	(2.857)	(0.579)
cpi	-2.965**	-2.283***	-0.450	-1.551***	-1.739	-2.328***	-0.980*	-1.609***
	(1.319)	(0.285)	(1.082)	(0.359)	(1.233)	(0.445)	(0.491)	(0.295)
afe	-0.300	-0.085	-0.036	-0.296	-0.253	-0.253	-0.550	-0.230
	(1.089)	(0.214)	(0.669)	(0.209)	(1.093)	(0.225)	(0.404)	(0.140)
fin	0.312***	0.043*	0.124	0.014	0.143	0.015	0.079	0.003
	(0.099)	(0.023)	(0.145)	(0.012)	(0.137)	(0.017)	(0.084)	(0.018)
open	0.313	0.024	0.210	-0.065**	0.142	-0.051	-0.237	0.027
	(0.209)	(0.059)	(0.128)	(0.029)	(0.147)	(0.030)	(0.278)	(0.067)
insurance	1.257*	-0.003	2.096**	0.097	1.735*	0.216	-0.093	-0.342**
	(0.665)	(0.168)	(0.880)	(0.218)	(0.860)	(0.183)	(0.435)	(0.116)
pay	-1.216*	-0.182	-0.117	-0.002	-0.768	-0.040	-0.660	-0.113
	(0.628)	(0.126)	(0.606)	(0.125)	(0.635)	(0.170)	(0.436)	(0.085)
cons	9.227***	0.512***	8.589***	0.478***	9.266***	0.499***	9.369***	0.604***
	(0.247)	(0.070)	(0.350)	(0.081)	(0.239)	(0.052)	(0.221)	(0.045)
省份固定	是	是	是	是	是	是	是	是
N	120	120	120	120	120	120	120	120
R^2	0.885	0.593	0.860	0.602	0.844	0.605	0.945	0.647

2. 中介效应分析

前文对数字经济与消费的“扩容提质”进行了多维度的回归分析。且理论部分也分析了消费能力与消费意愿在数字经济促进居民消费“扩容提质”中所起的传导路径。因此本文接下来在前文理论分析的基础上进行进一步的实证分析，以验证消费能力与消费意愿在数字经济促进消费“扩容提质”中的中介效应。

（1）中介效应模型设定及变量解释。

传统逐步法分析中介效应会导致统计检验功效降低，从而产生估计偏误（Judd et al.，1981）。江艇（2022）指出在进行中介效应分析时可以舍弃以往的逐步回归法，只要在理论上提出比较直观的中介变量对因变量的影响，再检验自变量和因变量、自变量和中介变量的影响，这样可以避免正式区分出在间接效应之外是否还有无法解释的直接效应。这在 Dell（2011）、宋弘等（2019）的机制分析中均得到有效证实。因此，本文参考已有学者成果，在对数字经济与消费的“扩容提质”进行回归分析后，只对数字经济与中介变量进行线性回归分析，而对中介变量与消费“扩容提质”的影响则采用理论文献予以证明，综合分析数字经济对居民消费“扩容提质”的机制。

$$\text{lninc}_{i,t} / \text{theil}_{i,t} = e_0 + e_1 \text{digeco}_{i,t} + e_2 \text{controls}_{i,t} + \delta_i + \varepsilon_{i,t} \tag{5}$$

$$\text{lninno}_{i,t} / \text{indusup}_{i,t} = f_0 + f_1 \text{digeco}_{i,t} + f_2 \text{controls}_{i,t} + \delta_i + \varepsilon_{i,t} \tag{6}$$

公式（5）为消费能力的中介效应回归模型，公式（6）为消费意愿的中介效应回归模型。lninc 与 theil 为用来衡量消费能力的两个中介变量，其中 lninc表示全体居民人均可支配收入，theil 为用来衡量收入差距的泰尔指数，泰尔指数越小，表明收入差距越小①。lninno 与 indusup 为衡量消费意愿的两个中介变量：lninno 表示创新产出，用专利授权总数衡量；indusup 则表示产业结构升级。参照孙伟增等（2022）的做法，对地区一、二、三产业占比分别赋权来进行计算，数值越大表明产业结构升级水平越高②。为减小异方差，本文对居民可支配收入及创新产出都进行了对数化处理，其余变量含义则同上。

（2）中介效应回归结果。

表 11 为数字经济促进居民消费“扩容提质”的机制分析。（1）至（2）列为消费能力的中介效应分析，数字经济对人均可支配收入在 1%的水平上为正，对收入差距在 1%的水平上为负，表明数字经济能够促进收入增长与收入差距的缩小。根据前面理论分析可知，收入作为消费的基础，收入的增加会使得人们对高端产品与服务的需求增加，而收入差距的缩小则可以推动收入分配的合理化，使中低收入群体获益更多，从而能够刺激居民消费潜力，进而推动居民消费“扩容提质”。（3）至（4）列为消费意愿的中介效应分析，数字经济对于创新产出、产业结构升级均在 1%的水平上为正，表明数字经济能够促进创新产出与产业结构升级。这是因为外部投资者和创新主体之间的信息不对

① 限于篇幅，此处未列出泰尔指数的具体测算方法，有需要请向作者索取。

② 限于篇幅，此处未列出产业结构升级的具体测算方法，有需要请向作者索取。

称使投资者难以对创新项目的价值做出准确判断，从而阻碍了创新主体从外部为创新项目获得融资（吴赢 等，2021），而数字经济能增加有效创新知识存量和提升创新知识传播效率（韩兆安 等，2022），使创新面临的约束条件得到缓解，从而促进创新产出。产业结构升级能从供给侧和需求侧两端发力，所带来的高质量产品和服务供给将创造引领居民新的消费需求，推动居民消费结构升级和生活方式改善（张红凤 等，2022）。

表 11　中介效应分析

变量	消费能力		消费意愿	
	(1)	(2)	(3)	(4)
	lninc	theil	lninno	indusup
digeco	1.889*** (0.178)	−0.117*** (0.030)	3.680*** (0.587)	0.402*** (0.065)
unemploy	−5.416*** (1.818)	0.099 (0.260)	5.388 (7.832)	−1.476* (0.836)
cpi	−1.969*** (0.674)	0.444*** (0.131)	−5.301** (2.505)	−0.882* (0.457)
afe	0.584 (0.435)	0.104 (0.120)	0.086 (2.026)	0.534** (0.238)
fin	0.186** (0.076)	−0.002 (0.014)	0.325 (0.268)	0.091*** (0.028)
open	0.190 (0.136)	−0.066*** (0.020)	0.576* (0.313)	0.085* (0.048)
insurance	1.764*** (0.635)	−0.293*** (0.052)	7.459*** (2.105)	0.114 (0.243)
pay	−0.573 (0.374)	0.036 (0.060)	0.378 (1.606)	−0.270 (0.306)
cons	9.010*** (0.229)	0.201*** (0.021)	6.079*** (0.814)	2.181*** (0.087)
省份固定	是	是	是	是
N	240	240	240	240
R^2	0.918	0.430	0.791	0.732

五、微观层面分析

由前面的分析可以看出在宏观上数字经济能够实现地区消费“扩容提质”，而微观家庭消费“扩容提质”则是实现地区消费“扩容提质”的前提与基础，因此本文选择进一步在微观家庭层面重新定义居民消费及消费结构升级，并将其与宏观数据进行匹配，以便进一步从微观层面分析数字经济对家庭消费“扩容提质”的影响，为前文的宏观分析结论提供坚实的微观基础支撑。

（一）模型设定、数据说明与变量选择

1. 模型设定

$$lnCf_{i,t} / lnCsc2_{i,t} / lnCxs2_{i,t} = g_0 + g_1 digeco_{i,t-1} + g_2 controls_{i,t} + \varepsilon_{i,t} \quad (7)$$

$$Cup2_{i,t} / Cupurb2_{i,t} / Cuprur2_{i,t} = h_0 + h_1 digeco_{i,t-1} + h_2 controls_{i,t} + \varepsilon_{i,t} \quad (8)$$

公式（7）至（8）为数字经济对消费“扩容提质”影响的回归模型。lnCf表示居民家庭总消费支出，lnCsc2 表示家庭生存型消费支出，lnCxs2 表示家庭发展与享受型消费支出。为了减小异方差，本文对所有消费支出均进行了对数化处理。Cup2 表示家庭消费结构升级，Cupurb2 表示城镇家庭消费结构升级，Cuprur2 表示农村家庭消费结构升级。digeco 表示与家庭所在省份相匹配的省级数字经济发展水平，为减小内生性问题，将数字经济发展水平滞后了一期，controls 表示控制变量。

2. 数据说明

本文运用 CFPS2016、CFPS2018 年这两期数据分别与 2015 年、2017 年的省级数字经济发展水平相匹配，同时对 CFPS 原始数据进行清洗，以获得所需变量。具体而言，在剔除收入、支出与资产为负的样本后，保留了户主年龄在 18~85 岁的完整样本，只保留各变量均不存在缺失的样本。经过上述清洗后，CFPS2016 年保留了 7 277 个样本，CFPS2018 年保留了 6 628 个样本，在对 2016 年与 2018 年微观数据进行合并后又剔除了生存型消费支出与发展型消费为 0 的样本，最终得到了样本量为 13 902 个的两期非平衡面板数据。

3. 变量选择

由于微观数据与宏观数据统计指标的统计口径存在一定差异，因此微观层面的消费升级与宏观层面的消费升级包括的消费支出种类存在一定的差异。

居民家庭总消费支出（lnCf）：用居民消费性总支出表示，并用居民人均消费支出（lnAC）来进行稳健性检验。生存型消费支出（lnCsc2）：用食品支出、衣服鞋帽支出、居住支出、家庭设备及日用品支出之和来表示。发展与享

受型支出（lnCxs2）：用文教娱乐支出、医疗保健支出、交通通信支出、其他消费性支出之和来表示。为了减小异方差，本文对所有消费支出均进行了对数化处理。

居民家庭消费结构升级（Cup2）：用享受型、发展型消费支出在居民家庭总消费支出中所占的比重来表示。家庭恩格尔系数（Engel）：用家庭食品支出占家庭总消费支出的比重来表示。城镇家庭消费结构升级（Cupurb2）：用城镇家庭享受型、发展型消费支出在城镇家庭总消费支出中所占的比重来衡量。农村家庭消费结构升级（Cuprur2）：用农村家庭享受型、发展型消费支出在农村家庭总消费支出中所占的比重来衡量。

控制变量包括家庭层面的控制变量与户主层面的控制变量两类。家庭层面的控制变量包括家庭过去12个月总收入、家庭总金融资产、家庭人情礼支出、家庭人口规模、城乡分类；户主层面的控制变量包括户主性别、年龄、是否是党员、已完成的受教育年限、有无配偶、健康状况①。为减小异方差，本文对涉及家庭收入、支出及资产的控制变量均进行了对数化处理。

（二）结果分析

表12为从微观层面分析数字经济对居民消费“扩容提质”影响的回归结果。具体而言，（1）至（4）列表示数字经济对居民消费“扩容”的回归结果。由第（1）至（4）列的回归结果可知，数字经济对居民家庭总消费支出、居民人均消费支出、生存型消费支出、发展与享受型消费支出都存在显著的促进作用，且数字经济对发展与享受型消费支出的促进作用要大于生存型消费支出。（5）至（8）列为数字经济对居民消费“提质”的回归结果，数字经济对居民家庭消费结构升级、城镇家庭消费结构升级、农村家庭消费结构升级均存在显著的推动作用，并推动恩格尔系数下降，且数字经济对城镇家庭消费结构升级的促进作用要大于农村家庭。上述结果表明，数字经济对居民消费“扩容提质”的促进作用在微观层面依然显著，与前文宏观层面的结论一致，结果具有稳健性。

---

① 限于篇幅，各控制变量的赋值处理未列出，有需要请向作者索取。

表 12　微观层面数字经济对居民消费影响的回归结果

变量	消费扩容				消费提质			
	(1)	(2)	(3)	(4)	(5)	(6)	(7)	(8)
	lnCf	lnAC	lnCsc2	lnCxs2	Cup2	Engel	Cupurb2	Cuprur2
digeco	1. 338***	1. 397***	1. 113***	2. 287***	0. 180***	-0. 139**	0. 180***	0. 148*
	(0. 194)	(0. 196)	(0. 208)	(0. 261)	(0. 052)	(0. 056)	(0. 069)	(0. 088)
controls	YES	YES	YES	YES	YES	YES	YES	YES
cons	7. 495***	7. 349***	7. 400***	5. 751***	0. 165***	0. 675***	0. 083	0. 245***
	(0. 254)	(0. 255)	(0. 271)	(0. 310)	(0. 062)	(0. 063)	(0. 083)	(0. 092)
省份固定	是	是	是	是	是	是	是	是
N	13 902	13 902	13 902	13 902	13 902	13 902	7 359	6 543
R^2	0. 111	0. 098	0. 076	0. 105	0. 012	0. 016	0. 024	0. 014

注：限于篇幅未列出控制变量回归结果。

六、研究结论与政策建议

本文基于 2013—2020 年省级行政单位的宏观数据和 CFPS2016、CFPS2018 两期微观家庭匹配数据，构建数字经济对居民消费影响分析框架，深入讨论数字经济发展对居民消费影响及其内在作用机制。主要结论如下：

第一，省级行政单位的宏观层面数字经济能促进居民消费“扩容提质”，且这一作用在微观家庭匹配数据和数字经济不同维度下仍然显著，进一步发现数字经济对享受型、发展型消费支出的促进作用明显高于生存型消费，且对城镇居民消费结构升级的促进作用要大于农村居民。第二，动态叠加效应表明，数字经济在滞后期依然对居民消费存在促进作用，并且对居民消费“扩容”作用明显大于“提质”作用。第三，异质性分析表明数字经济对中西部地区与市场化程度较低的地区的影响更加显著。第四，机制分析表明，在消费能力和消费意愿中，居民人均可支配收入、收入差距、创新产出与产业结构升级在数字经济促进居民消费中均发挥着中介效应。

基于上述研究结论，本文提出如下建议：

首先，要进一步完善数字基础设施特别是农村数字基础设施的建设，在保障现有对居民消费“扩容提质”基础上，弥补数字经济促进消费提质的短板领域，从而释放农村居民消费潜力，改善消费结构，实现城乡居民消费的双增长。其次，数字经济对不同地区和不同市场化程度地区的消费存在显著异质性，要加大对中西部地区以及市场化程度较低的地区的支持，要进一步完善该地区相应基础设施，营造良好的消费环境，从而为数字经济益贫性作用的长期实现奠定稳定的物质基础。最后，继续优化数字经济影响居民消费不同作用路径，在当前大力“稳经济、保就业”提高收入背景下，要灵活运用财政和货币政策作用缩小收入差距，从而增强居民消费能力。同时，坚持科技创新不动摇，为居民提供更多的优质产品与服务，进而刺激居民的消费意愿，为消费型经济增长模式奠定基础。

参考文献

李胜旗，徐玟龙，2022. 人口结构、生育政策与家庭消费［J］. 西北人口，43（4）：15-31.

刘雯，2021. 公共转移支付与农户消费［J］. 经济经纬，38（4）：23-32.

蔡栋梁，王聪，邱黎源，2020. 信贷约束对农户消费结构优化的影响研究：基于中国家庭金融调查数据的实证分析［J］. 农业技术经济（3）：84-96.

胡歆韵，杨继瑞，郭鹏飞，2022. 夜间经济对居民消费及其结构升级的影响研究［J］. 当代经济科学，44（3）：28-40.

潘明清，高文亮，2014. 我国城镇化对居民消费影响效应的检验与分析［J］. 宏观经济研究（1）：118-125.

杭斌，修磊，2016. 收入不平等、信贷约束与家庭消费［J］. 统计研究，33（8）：73-79.

林挺，张诗朦，2017. 互联网+视域下城镇居民家庭消费行为偏好演进规律研究［J］. 价格理论与实践（8）：156-159.

王德青，田思华，朱建平，等，2021. 中国城乡居民收入与消费的时空差异及其收敛性［J］. 数理统计与管理，40（3）：475-489.

卢建新，2015. 农村家庭资产与消费：来自微观调查数据的证据［J］. 农业技术经济（1）：84-92.

贾立，李铮，2021. 金融素养能改善农村家庭消费结构吗：基于农户参保行为的中介作用分析［J］. 农业技术经济（10）：64-78.

任保平，杜宇翔，裴昂，2022. 数字经济背景下中国消费新变化：态势、特征及路径［J］. 消费经济，38（1）：3-10.

周慧，孙革，周加来，2022. 数字经济能够缩小城乡多维差距吗?：资源错配视角［J］. 现代财经（天津财经大学学报），42（1）：50-65.

马香品，2020. 数字经济时代的居民消费变革：趋势、特征、机理与模式［J］.

财经科学（1）：120-132.
向国成，石校菲，邝劲松，2021. 数字经济发展提高了居民消费水平吗？［J］. 消费经济，37（5）：44-55.
李浩，黄繁华，2022. 数字经济能否促进服务消费？［J］. 现代经济探讨（3）：14-25，123.
刘导波，张思麒，2022. 数字经济赋能居民消费：理论机制与微观证据［J］. 消费经济，38（1）：72-82.
钟若愚，曾洁华，2022. 数字经济对居民消费的影响研究：基于空间杜宾模型的实证分析［J］. 经济问题探索（3）：31-43.
李军，李敬，2021. 数字赋能与老年消费：基于“宽带中国”战略的准自然实验［J］. 湘潭大学学报（哲学社会科学版），45（2）：83-90.
何宗樾，宋旭光，2020. 数字金融发展如何影响居民消费［J］. 财贸经济，41（8）：65-79.
荆文君，孙宝文，2019. 数字经济促进经济高质量发展：一个理论分析框架［J］. 经济学家（2）：66-73.
鲁玉秀，方行明，张安全，2021. 数字经济、空间溢出与城市经济高质量发展［J］. 经济经纬，38（6）：21-31.
马中东，宁朝山，2020. 数字经济、要素配置与制造业质量升级［J］. 经济体制改革（3）：24-30.
张昕蔚，2019. 数字经济条件下的创新模式演化研究［J］. 经济学家（7）：32-39.
裴辉儒，胡月，2020. 移动支付对我国居民消费影响的实证研究［J］. 西安财经大学学报，33（1）：37-44.
闵路路，许正中，2022. 数字经济、创新绩效与经济高质量发展：基于中国城市的经验证据［J］. 统计与决策，38（3）：11-15.
胡拥军，关乐宁，2022. 数字经济的就业创造效应与就业替代效应探究［J］. 改革（4）：42-54.
李怡，柯杰升，2021. 三级数字鸿沟：农村数字经济的收入增长和收入分配效应［J］. 农业技术经济（8）：119-132.
汪亚楠，王海成，2021. 数字乡村对农村居民网购的影响效应［J］. 中国流通经济，35（7）：9-18.
胡伦，陆迁，2019. 贫困地区农户互联网信息技术使用的增收效应［J］. 改革（2）：74-86.

刘诚，2022. 数字经济与共同富裕：基于收入分配的理论分析［J］. 财经问题研究（4）：25-35.
陈鑫鑫，段博，2022. 数字经济缩小了城乡差距吗?：基于中介效应模型的实证检验［J］. 世界地理研究，31（2）：280-291.
陈阳，王守峰，李勋来，2022. 网络基础设施建设对城乡收入差距的影响研究：基于“宽带中国”战略的准自然实验［J］. 技术经济，41（1）：123-135.
蓝管秀锋，吴亚婷，匡贤明，2020. 互联网贸易发展与收入分配差距［J］. 工业技术经济，39（10）：107-115.
张永丽，李青原，2022. 互联网使用对贫困地区农户收入的影响：基于甘肃省贫困村农户的调查数据［J］. 管理评论，34（1）：130-141，204.
周慧，孙革，周加来，2022. 数字经济能够缩小城乡多维差距吗?：资源错配视角［J］. 现代财经（天津财经大学学报），42（1）：50-65.
朱德云，王溪，宫锡强，2021. 收入不平等如何影响家庭消费：基于 CFPS 微观数据的分析［J］. 财政科学（5）：31-45.
DUESENBERRY J S，1949. Income，saving，and the theory of consumer behavior［J］. Review of Economics and Statistics，33（3）：255-257.
胡歆韵，杨继瑞，郭鹏飞，2022. 夜间经济对居民消费及其结构升级的影响研究［J］. 当代经济科学，44（3）：28-40.
HALL B H，LERNER J，2010. The Financing of R & D and innovation［J］. Handbook of the Economics of Innovation，1：610-635.
李春涛，闫续文，宋敏，等，2020. 金融科技与企业创新：新三板上市公司的证据［J］. 中国工业经济（1）：81-98.
李雪，吴福象，竺李乐，2021. 数字经济与区域创新绩效［J］. 山西财经大学学报，43（5）：17-30.
胡山，余泳泽，2022. 数字经济与企业创新：突破性创新还是渐进性创新?［J］. 财经问题研究（1）：42-51.
杜丹清，2017. 互联网助推消费升级的动力机制研究［J］. 经济学家（3）：48-54.
陈晓东，杨晓霞，2021. 数字经济发展对产业结构升级的影响：基于灰关联熵与耗散结构理论的研究［J］. 改革（3）：26-39.
柳志娣，张骁，2021. 互联网发展、市场化水平与中国产业结构转型升级［J］. 经济与管理研究，42（12）：22-34.

姚维瀚，姚战琪，2021. 数字经济、研发投入强度对产业结构升级的影响［J］. 西安交通大学学报（社会科学版），41（5）：11-21.

刘洋，陈晓东，2021. 中国数字经济发展对产业结构升级的影响［J］. 经济与管理研究，42（8）：15-29.

李治国，王杰，2021. 数字经济发展、数据要素配置与制造业生产率提升［J］. 经济学家（10）：41-50.

张磊，刘长庚，2017. 供给侧改革背景下服务业新业态与消费升级［J］. 经济学家（11）：37-46.

吕志科，曾馨，2020. 城乡收入不平等对消费结构的影响：基于有限理性决策视角［J］. 湘潭大学学报（哲学社会科学版），44（6）：74-79.

黄凯南，郝祥如，2021. 数字金融是否促进了居民消费升级？［J］. 山东社会科学（1）：117-125.

刘斌，李川川，李秋静，2022. 新发展格局下消费结构升级与国内价值链循环：理论逻辑和经验事实［J］. 财贸经济，43（3）：5-18.

刘军，杨渊鋆，张三峰，2020. 中国数字经济测度与驱动因素研究［J］. 上海经济研究（6）：81-96.

蒋团标，张亚萍，2021. 财政支农支出对农村居民消费升级的影响机理［J］. 华东经济管理，35（12）：1-9.

卢倩倩，许坤，许光建，2021. 宏观债务负担与消费扩容［J］. 财贸经济，42（1）：107-119.

李涛，胡菁芯，冉光和. 基础设施投资与居民消费的结构效应研究［J］. 经济学家，2020（11）：93-106.

康书隆，余海跃，王志强，2017. 基本养老保险与城镇家庭消费：基于借贷约束视角的分析［J］. 世界经济，40（12）：165-188.

姚维瀚，姚战琪，2021. 数字经济、研发投入强度对产业结构升级的影响［J］. 西安交通大学学报（社会科学版），41（5）：11-21.

向玉冰，2018. 互联网发展与居民消费结构升级［J］. 中南财经政法大学学报（4）：51-60.

唐松，伍旭川，祝佳，2020. 数字金融与企业技术创新：结构特征、机制识别与金融监管下的效应差异［J］. 管理世界，36（5）：52-66.

张宇，蒋殿春，2014. FDI、政府监管与中国水污染：基于产业结构与技术进步分解指标的实证检验［J］. 经济学（季刊），13（2）：491-514.

张勋，万广华，张佳佳，等，2019. 数字经济、普惠金融与包容性增长［J］.

经济研究，54（8）：71-86.
郭峰，王靖一，王芳，等，2020. 测度中国数字普惠金融发展：指数编制与空间特征［J］. 经济学（季刊），19（4）：1401-1418.
王小鲁，樊纲，胡鹏，2018. 中国分省份市场化指数报告（2018）［M］. 北京：社会科学文献出版社.
王喆，陈胤默，张明，2021. 传统金融供给与数字金融发展：补充还是替代?：基于地区制度差异视角［J］. 经济管理，43（5）：5-23.
JUDD C M，KENNY D A，1981. Process analysis：estimating mediation in treatment evaluations［J］. Evaluation Revew，5（5）：602-619.
江艇，2022. 因果推断经验研究中的中介效应与调节效应［J］. 中国工业经济（5）：100-120.
DELL M，2010. The presistent effects of peru's mining mita［J］. Econometrica，78（6）：1863-1903.
宋弘，孙雅洁，陈登科，2019. 政府空气污染治理效应评估：来自中国“低碳城市”建设的经验研究［J］. 管理世界，35（6）：95-108，195.
孙伟增，牛冬晓，万广华，2022. 交通基础设施建设与产业结构升级：以高铁建设为例的实证分析［J］. 管理世界，38（3）：19-34，58.
吴赢，张翼，2021. 数字经济与区域创新：基于融资和知识产权保护的角度［J］. 南方经济（9）：36-51.

乡村投融资创新实践

农业补贴抑制耕地“非粮化”了吗？

——基于2011—2017年CRHPS面板数据的实证分析

潘世磊[1]　狄晨辉[1]　屈志光[2]

（1. 四川农业大学；2. 中南财经政法大学）

摘要：本文利用中国农村家庭追踪调查的2011年、2013年、2015年和2017年四期面板数据，实证分析了农业补贴对耕地“非粮化”的影响关系和作用机制。研究发现，农业补贴对耕地“非粮化”有显著的抑制作用，农业补贴金额每增加1%，农户只种植粮食作物的概率会提高0.024 1%，部分种植粮食作物的概率会降低0.020 9%，不种植粮食作物的概率会降低0.003 24%。在非粮食主产区，农业补贴对耕地“非粮化”有更强的抑制效果。机制分析结果表明，农业补贴通过抑制农户非农就业从而提高了其对耕地“非粮化”利用的可能，非农就业在农业补贴的政策效应中表现出遮掩效应；农业补贴未通过影响农户农地转出来作用于耕地“非粮化”。异质性分析结果表明，对于户主身体状况较差和因农业生产不需要雇佣工人的家庭来说，农业补贴抑制耕地“非粮化”的作用更强，而在家庭生命周期各个阶段农业补贴对耕地“非粮化”的抑制作用不存在显著差异。此外，进一步分析结果表明，提高农业补贴政策精准性有助于进一步发挥农业补贴对耕地“非粮化”的抑制作用。

关键词：农业补贴；非粮化；种植结构；粮食安全

一、引言

粮食生产是耕地的基本功能之一，保证有限耕地的粮食生产功能是我国粮食安全的前提。作为国家经济社会稳定发展的压舱石，粮食安全问题历来为我国政府所重视，中央一号文件连续十九年聚焦“三农发展”，并把确保国家粮食安全作为重要的发展战略。自2004年以来，我国粮食生产取得十八连增的巨大成就，2005—2019年，我国三大主粮——稻谷、小麦、玉米的自给率常年维持在95%以上的高位，有力筑牢了国家粮食安全的防线。但值得注意的是，长期以来，我国粮食产需维持着紧平衡态势，大豆、玉米等粮食作物仍对国际市场保持着一定程度的依赖。近年来，随着工业化、城镇化进程的持续推进，我国部分地区出现耕地“非粮化”倾向，粮食生产空间受到严重挤压，中国农村统计年鉴显示，2016 年以来，我国粮食播种面积减少了 246.2 万公顷，并且有 1/3 左右的耕地未用于粮食作物的生产。在我国耕地资源开发空间有限的背景下，耕地“非粮化”的无序扩张必将对国家粮食安全造成威胁。为此，2020 年国务院印发《关于防止耕地“非粮化”稳定粮食生产的意见》，明确指出各地区必须将有限的耕地资源优先用于粮食生产，防止耕地“非粮化”，切实提高保障国家粮食安全和重要农产品有效供给水平。防止耕地“非粮化”成为保障国家粮食安全和重要农产品供给的重要抓手。

其实，我国的耕地“非粮化”问题由来已久。一方面，改革开放以来，随着工业化、城镇化的发展，种粮的比较收益不断下降，到 21 世纪初，大量农民选择从事利益回报更大的经济作物生产，有的农民甚至直接将耕地撂荒进城务工，耕地“非粮化”问题愈演愈烈，冲击了国家粮食安全防线。另一方面，工业化和城镇化的快速发展，也使得工业反哺农业的条件逐渐成熟。21 世纪之初，随着粮食价格的下降，我国粮食播种面积从 2000 年的 16.269 亿亩下降到 2003 年的 14.912 亿亩，粮食产量下降 3 148 万吨，直接威胁到国家的粮食安全。为此，中央政府开始探索建立财政支农的补贴机制，以抑制耕地“非粮化”、保障国家粮食安全。自 2004 年农业补贴政策在全国范围内实施以来，我国种粮面积和粮食产量逐年提高，农业补贴政策有效激发了我国粮食生产的活力。但随着农业补贴的政策效能逐渐降低，以及 2017 年以来新一轮种粮面积锐减问题的复现①，不禁引发人们的思考：实施了近二十年的农业补贴还能继续抑制耕地“非粮化”吗？其作用机制是什么？对上述问题的回答，事关我国的粮食安全问题以及农业补贴政策的改革方向，亟须学术界予以明确回应。

自农业补贴政策实施以来，学术界对其政策效应的探讨不曾间断，但鲜有文献涉及耕地的“非粮化”问题。耕地的“非粮化”问题归根结底为粮食安全问题，现有关于农业补贴的研究已经从农户粮食产量、种粮面积、种粮投入等视角对我国粮食安全问题进行了剖析，认为农业补贴为保障我国粮食安全发挥了重要作用，也有大量文献从自然、经济和社会等视角对耕地“非粮化”的成因进行了分析，但值得注意的是，现有文献关于农业补贴对耕地“非粮

---

①《中国农村统计年鉴》显示，2004 年以来，我国粮食总播种面积连年增加，直至 2017 年开始锐减，2017—2020 年，我国粮食播种面积减少了 246.2 万公顷。

化”的作用关系始终缺乏正面探讨。从现有文献来看，杨瑞珍等（2012）通过对耕地流转中“非粮化”产生原因进行了分析，认为与农地经营权脱钩的农业补贴制度加剧了农户对耕地的“非粮化”利用。孟菲等（2022）从宏观层面实证分析了我国耕地“非粮化”的影响因素，发现2004—2018年的农业补贴政策对耕地“非粮化”有显著的抑制作用。高晓燕和杜寒玉（2022）利用2016年中国劳动力动态调查数据实证分析得出，农户获得转移性收入的多少不会对其耕地“非粮化”行为产生影响，但农户是否获得农业补贴能够促进其“趋粮化”生产的倾向。此外，农户种植结构作为反映耕地“非粮化”水平的重要方面，还有部分文献涉及农业补贴对农户种植结构的影响。例如，许庆等（2020）利用2016年和2017年全国农村固定观察点的微观数据对农业支持保护补贴与规模农户种粮面积之间的关系进行了实证研究，发现农业支持保护补贴并不能通过影响规模农户的种植结构来激励农户进行粮食生产。孙博文（2020）分析了2006—2015年我国农业补贴政策的多维效应，发现农业补贴能够提高农户粮食作物的种植比例，从而加剧了污染。田晓晖等（2021）利用我国2001—2009年县域层面的数据，分析了农机购置补贴对农户污染性农业生产行为的作用关系，发现农机购置补贴能够通过提高粮食播种面积占比，从而对生态环境产生影响。上述研究表明，农业补贴对耕地“非粮化”的作用关系尚无定论，且现有研究中仍存在一些不足之处：第一，大多数研究讨论农业补贴对耕地“非粮化”的作用关系，只是为了辅证研究中的主要观点，不可避免地缺乏对研究结论的可靠性检验以及对内在机理的深入分析。第二，现有研究关于农业补贴对耕地“非粮化”影响的结论迥异，缺乏全面论证且存在争议的研究结论难以令人信服。第三，现有相关文献只对农业补贴与耕地“非粮化”之间的关系进行了定性描述和直观判断，不能反映二者之间的数量关系。

为克服已有研究的局限，本文拟使用中国农村家庭的追踪调查（CRHPS）2011—2017年四期面板数据，构建计量分析模型，以期厘清农业补贴对耕地“非粮化”的作用关系。文中运用变量替代、模型更换、样本调整等手段对研究结论的可靠性进行验证，通过中介效应检验和异质性分析对主要变量之间的作用机理进行明晰，并进一步讨论了农业补贴政策精准性对耕地“非粮化”的影响，以期为完善农业补贴政策提供理论依据。

二、理论分析与研究假说

学术界多将耕地“非粮化”认定为耕地上农作物种植结构的“非粮化”，即把原本种植粮食作物的耕地用来从事经济作物生产的一种过程或状态。由于耕地"非粮化"成因的复杂性以及农业补贴政策效应的多维性，农业补贴对耕地"非粮化"的作用路径并不单一。图 1 展示了农业补贴作用于耕地"非粮化"可能的路径。

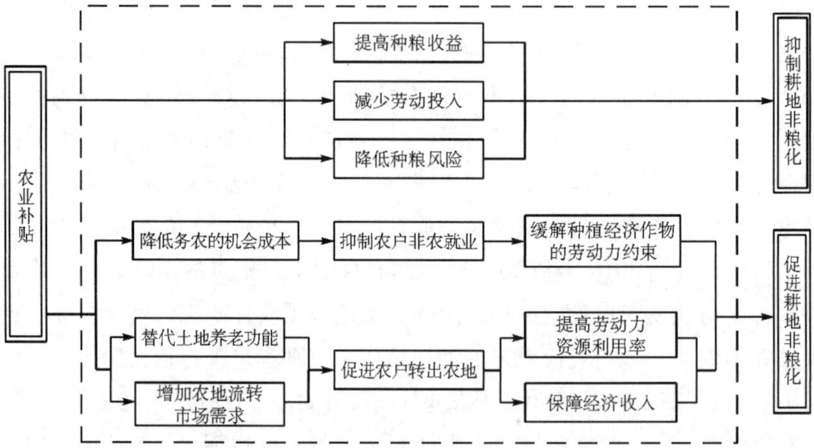

图 1　农业补贴影响耕地"非粮化"的机制

具体分析如下：

农业补贴的获取以及获取金额的多少会对农户家庭的生产决策行为产生重要影响。理论上看，农业补贴可以直接影响农户的种植决策行为从而抑制耕地"非粮化"。第一，根据舒尔茨在《改造传统农业》中的观点，他认为农民是贫穷而具有效率的，即农民会利用有限的资源追求农业生产利润最大化，具体地，粮食直补、良种补贴以及农资综合补贴等类型的补贴能够降低种粮成本、增加种粮收益，使得农户种粮的比较收益可能高于种植经济作物，这会诱导农户倾向于种植粮食作物。第二，相较于经济作物的生产，粮食作物更容易实现机械化生产，农机购置补贴、农机作业服务补贴等类型的补贴会大大提高粮食生产的机械化程度，减少农户种粮的劳动力投入。根据农户家庭劳动投入最小化理论，农户为了尽可能减少家庭劳动力投入会规避对耕地的"非粮化"利用。第三，农户收入直接补贴、农产品最低收购价格补贴等类型的补贴都为农户种粮收益的稳定性提供了保障，而种植经济作物较大的市场风险，使农户种植经济作物获得高收益的不确定性显著增加，根据农户的"风险厌恶"理论，农户出于风险最小化的目标会选择种植粮食作物，抑制耕地的"非粮化"。

另外，粮食主产区政策作为我国一项特殊的区域性粮食安全战略，农业补贴在不同粮食功能区之间是否会表现出对耕地"非粮化"的差异化影响？这一问题有待进一步探讨。从理论视角来看，自 2004 年以来，我国财政对粮食主产区在农田水利基础设施建设、优质粮食产业发展和产粮大县奖励以及粮食补偿专项转移支付资金投入等方面进行的补贴极大地改善了粮食主产区的种粮环境，并在一定程度上实现了粮食生产的规模化、专业化和集约化，粮食主产区待发掘的“趋粮化”潜力有限，而非粮食主产区（粮食主销区和产销平衡区）抑制耕地“非粮化”的开发空间仍然很大，非粮食主产区农业补贴抑制耕地“非粮化”的边际效应可能相对较大。基于此，本文提出如下研究假说：

H1：农业补贴会抑制耕地“非粮化”，并且相比于粮食主产区，对非粮食主产区的抑制效果更大。

上文从农户种植决策多目标视角分析了农业补贴对耕地“非粮化”的直接影响。随着我国农业现代化步伐的加快，非农就业和农地流转逐渐成为影响农户家庭资源配置的关键因素，二者会对农户种植决策产生直接影响。农业补贴政策效应的多维性特征，为本文从农户非农就业和农地流转视角出发，分析农业补贴作用于耕地“非粮化”的间接路径提供了可能。具体而言，首先，霍增辉等（2015）的研究表明，农户出于利润最大化与劳动投入最小化的考量，其获得的农业补贴金额增加时非农就业收入会相应减少。而张琛等（2022）的研究指出，非农就业程度的降低使农户倾向于种植农业机械化水平较低的农作物（如经济作物），促进了农户对耕地的“非粮化”利用。其次，我国农业补贴的发放对象主要是农村土地承包者，这种补贴方式促进了农户转出土地。一方面，这种补贴方式在一定程度上增强了农业补贴对土地养老的替代作用，提高了农户土地转出的意愿；另一方面，当农村土地承包者获得农业补贴时，自发流转的农地市场会降低农地租金，这增加了农户土地转出的可能性。农户转出土地后进行更小规模的农业生产，这会导致农户种植粮食作物的可能性显著下降。究其原因，从农户家庭劳动力配置的视角来看，每亩经济作物的用工量是粮食作物的数倍①，在农户家庭总劳动力不变的条件下，土地的转出使农户家庭劳动力出现闲置，农户有很大可能选择种植经济作物，使闲置的劳动力资源得到利用；从利益最大化的视角来看，种植经济作物的收入远高于粮食作物，农户将部分土地转出后，为维持或提高家庭的经济收入，也会倾向于对耕地的“非粮化”利用。

上述分析表明，农业补贴也可能表现出对耕地“非粮化”利用的促进作用，基于此，本文提出如下研究假说：

H2：农业补贴会通过抑制农户非农就业间接促进耕地“非粮化”。

---

① 《中国农村统计年鉴》（2021 年版）显示，在每亩耕地上，生产三大主粮的平均用工数量为 4.4 天，生产棉花、甜菜、苹果这几类经济作物的平均用工数量分别为 10.9 天、24.2 天、37.2 天，是生产粮食作物的 2~8 倍。

H3：农业补贴会通过促进农户土地转出间接促进耕地“非粮化”。

三、研究设计

1. 数据来源

本文使用的微观调研数据来自浙江大学“中国家庭大数据库”（CFD）和西南财经大学中国家庭金融调查与研究中心的“中国家庭金融调查”（CHFS）。此次研究的数据处理工作主要是在浙江大学的 CFD 数据平台完成，利用了其中 2011—2017 年的 4 轮中国农村家庭的追踪调查数据（CRHPS）。2011—2017 年的 CRHPS 数据与 CHFS 数据基于相同的追踪项目，但由于变量产权的问题，二者不完全一致。2011 年，CRHPS 数据涉及全国 25 个省（自治区、直辖市）的农村样本共 5 120 个家庭 17 276 人，城镇样本 3 318 个家庭 12 048 人，样本具有全国代表性。2013 年和 2015 年，CRHPS 数据在全国代表性的基础上强化了省级代表性，并将样本容量扩充至除西藏、新疆和港澳台地区外的22 535个农村家庭和 14 754 个城镇家庭。2017 年，CRHPS 数据的农村调查样本为 24 764 个家庭，城镇调查样本 15 247 个家庭，具有全国、省级城市代表性，并在农村层面、城镇层面均具有代表性。CRHPS 数据涉及中国农村家庭比较完整的信息，包括农户家庭的基本结构、就业、支出、财富、农业生产经营、土地利用和流转、社会保障等各个方面，为本文的研究提供了很好的数据支撑。通过变量筛选和数据清洗，本文最后得到由 20 081 个农户样本构成的四期非平衡面板数据，其中 2011 年的观测值有 1 911 个，2013 年有 5 792 个，2015 年有 4 407 个，2017 年有 7 891 个。

2. 变量选取与描述性统计

（1）被解释变量——耕地“非粮化”。界定耕地“非粮化”首先要对粮食作物的定义进行明晰。根据《中国农村统计年鉴》的统计口径，粮食作物包括谷物（稻谷、小麦、玉米及其他谷物）、豆类（大豆、绿豆、红小豆）和薯类（马铃薯）三种类型。囿于数据，本文对粮食作物的定义没有把大豆考虑在内。参考谢花林等（2022）的做法，本文以农户种植结构的“非粮化”程度来表征耕地“非粮化”水平，具体包括三种情况：只种粮食作物、既种粮食作物又种经济作物、只种经济作物。

（2）核心解释变量——农业补贴。CRHPS 问卷设计了农业补贴方面的问题，具体为“去年，您家从事农业生产经营是否获得了补贴?”。对于获得农业补贴的家庭，追问了获得补贴的类型——“补贴的类型是什么?”具体的补贴类型有现金和实物两种，如果农户以现金形式获得补贴，则继续追问具体的补贴金额——“货币补贴的金额是多少?”考虑到我国以农户承包面积发放的现金补贴在所有农业补贴项目中金额占比最多，政策效应更具代表性①，此外，Huang 等（2013）的研究又表明我国农户基本上能享受到农业补贴，鉴于此，分析农户实际获得的现金补贴对其农业生产决策行为的影响更具有现实意义，本文拟以农户家庭实际获得的农业现金补贴金额作为农业补贴的代理变量。

（3）中介变量——非农就业、农地转出。本文选取了两个中介变量：非农就业和农地转出。具体地，以农户家庭非农收入总金额来表征非农就业变量；以农户家庭是否出租耕地来表征农地转出变量。

（4）控制变量。根据已有文献，并考虑到模型可能产生的内生性问题，本文控制了户主个人特征、农户家庭特征、农业生产经营特征以及区域特征 4 类可能对耕地“非粮化”产生影响的变量。变量定义与描述性统计如表 1 所示。

表 1　变量定义与描述性统计

变量	定义	均值	标准差	最小值	最大值
因变量					
耕地“非粮化”	只种植粮食作物 = 1；既种植粮食作物又种植经济作物 = 2；只种植经济作物 = 3	1. 498	0. 673	1	3
核心解释变量					
农业补贴	农业补贴金额（元），取对数	3. 806	3. 730	−3. 817	8. 987
中介变量					
非农就业	非农收入总金额（元），极差标准化	0. 688	0. 292	0	0. 923
农地转出	是否转出农地：是 = 1；否 = 0	0. 070	0. 255	0	1
控制变量					
年龄	户主实际年龄（岁），取对数	3. 975	0. 216	1. 386	4. 615

① 我国的农业现金补贴主要包括良种补贴、农资综合补贴和粮食直补等，2016 年，“三项补贴”改革后，耕地地力保护补贴仍主要按农户承包面积发放。

表1(续)

变量	定义	均值	标准差	最小值	最大值
性别	户主性别：是=1；否=0	0.902	0.297	0	1
文化程度	户主文化程度：文盲=1；小学=2；初中=3；高中=4；大学及以上=5	2.540	0.873	1	5
党员身份	户主是否为党员：是=1；否=0	0.306	0.461	0	1
身体状况	户主身体状况：非常差=1；差=2；一般=3；好=4；非常好=5	2.964	1.129	1	5
家庭生命周期	农户家庭生命周期：起步期=1；抚养期=2；负担期=3；稳定期=4；赡养期=5；空巢期=6	3.171	1.526	1	6
土地征收	是否经历土地征收：是=1；否=0	0.063	0.243	0	1
家庭总收入	农户家庭当年可支配收入总额（元），取对数	0.497	0.269	0.106	0.869
雇佣工人	是否因农业生产需要雇佣工人：是=1，否=0	0.105	0.306	0	1
耕地面积	农户耕地总面积（亩），取对数	1.318	1.249	-4.605	4.443
农业劳动力	农户家庭当年参与农业生产的人数（人）	1.934	0.836	0	12
农业生产成本	农户农业生产总成本（元），取对数	7.655	1.391	-2.303	11.225
农业生产总值	农户农业生产总产值（元），取对数	8.600	1.673	-2.303	12.182
粮食主产区	是否为粮食主产区：是=1，否=0	0.585	0.493	0	1
样本量	20 081				

注：农户家庭生命周期具体定义解释，起步期为只有年轻夫妇的农户家庭，抚养期为年轻夫妇带有正在上学子女的农户家庭，负担期为年轻夫妇带有正在上学子女及需要赡养老人的农户家庭，稳定期为年轻夫妇带有已经工作子女的农户家庭，赡养期为年轻夫妇带有已经工作子女及需要赡养老人的农户家庭，空巢期为只有年迈老人的农户家庭。

2. 模型设定

（1）基准回归模型。本文被解释变量的取值分别为 1、2、3，属于有序分类因变量，如果采用传统的 OLS 估计会导致模型出现异方差。而 ordered Logit 模型适用于估计因变量是有序分类的情形，并且可以对面板数据进行估计，因此，本文采用面板 ordered Logit 模型进行基准回归分析。模型设定如下：

$$y_{it} = \alpha_{it} + \beta_1 \text{Subsidy}_{it} + \gamma_1 \text{Control}_{it} + \varepsilon_{it} \tag{1}$$

（1）式中，i 和 t 分别代表农户个体和时间，y_{it} 是被解释变量，表示第 i 个农户在 t 年的耕地“非粮化”程度；Subsidy_{it} 为核心解释变量，表示第 i 个农户在 t 年获得的农业补贴金额；Control_{it} 为控制变量，表示影响 t 年第 i 个农户耕地“非粮化”程度的其他变量；α_{it} 表示模型的截距项或常数项；β_1 和 γ_1 是待估参数；ε_{it} 为随个体与时间而改变的随机扰动项，一般满足独立同分布的假设。

（2）中介效应检验模型。为验证非农就业和农地转出在农业补贴对耕地“非粮化”影响中的作用，本文参考温忠麟和叶宝娟（2014）的中介效应分析步骤对其进行中介效应检验，并构建了如下检验模型：

$$\text{Emocr}_{it} = \alpha_{it} + \beta_2 \text{Subsidy}_{it} + \gamma_2 \text{Control}_{it} + \varepsilon_{it} \tag{2}$$

$$y_{it} = \alpha_{it} + \beta_3 \text{Subsidy}_{it} + \varphi \text{Emocr}_{it} + \gamma_3 \text{Control}_{it} + \varepsilon_{it} \tag{3}$$

（2）式和（3）式中，Emocr_{it} 为中介变量，表示第 i 个农户在 t 年的非农就业和农地转出情况；β_2、γ_2、β_3、γ_3、φ 为待估参数；其余变量和符号代表的含义与上文一致。

四、实证结果与分析

1. 基准回归分析

面板数据的估计策略有三种可以采用的模型，分别为混合回归模型、固定效应模型和随机效应模型。三种模型的主要区别在于不同模型对个体效应的假设不同，混合回归模型假设不存在个体效应，固定效应模型假设个体效应与某个解释变量相关，随机效应模型假设个体效应与所有解释变量均不相关。具体回归分析时采用哪种估计策略，可以通过模型检验来确定。混合回归模型和随机效应模型之间的选择问题可以通过似然比检验来解决，随机效应模型和固定效应模型之间的选择则通过 Hausman 检验来完成。表 2 为模型检验的结果，似然比检验结果在 1%显著水平上拒绝“不存在个体随机效应”的假设，即认为应该选择随机效应模型，Hausman 检验结果认为应该选择使用固定效应模型，放弃随机效应模型。但是，由于使用固定效应模型至少需要两期面板数据，并且不同时期因变量取值未发生变化的样本会被自动剔除，具体到本研究，进入固定效应模型的样本只有 6 274 个，2/3 以上的样本没有参与模型回归，大幅度的样本删除会显著降低模型的估计效率，因此，本文选择了随机效应模型进行基准回归分析。

表 2　似然比检验与 Hausman 检验结果

检验类型	χ^2值	p 值
似然比检验	1 156. 67	0. 00
Hausman 检验	984. 29	0. 00

本文运用 stata13 统计软件做回归分析，表 3 为基准回归结果。其中，(1) 列为采用随机效应模型估计农业补贴对耕地“非粮化”影响的结果，(2) ~ (4)列分别表示耕地“非粮化”程度取值为 1、2、3 时各解释变量的平均边际效应，由此可以清楚地看出农业补贴以及其他解释变量对耕地“非粮化”的作用方向以及影响程度。从估计结果来看，农业补贴在 1%显著水平上抑制耕地“非粮化”，农户获得的农业补贴金额每提高 1%，只种植粮食作物的概率会提高 0. 024 1%，既种植粮食作物又种植经济作物的概率会降低 0. 020 9%，只种植经济作物的概率会降低 0. 003 24%。与吉星和张红霄（2022）的研究相比，农业补贴对耕地“非粮化”的抑制效用远远大于对农户农机服务购买的促进效用。吉星和张红霄（2022）的研究表明，农业补贴每提高 100 元，农户全部购买农机服务代替人工的概率提高 0. 08%，部分购买的概率提高 0. 04%，不购买的概率降低 0. 12%。由于本文对农业补贴金额取对数，得到的边际效用以百分比的形式呈现，因此进一步考虑对农业补贴的边际效用形式进行替换。CRHPS 数据户均获得农业补贴 466. 66 元，农业补贴增加 100 元，相当于提高了 21. 43%，那么，农户只种植粮食作物的概率提高0. 516 5%，部分种植粮食作物的概率降低 0. 447 9%，不种植粮食作物的概率降低 0. 069 4%，总体上看，农业补贴对耕地“非粮化”的抑制效果是对农户农机服务购买促进效果的 4. 3 倍①，政策效果较好。同时，参考吉星和张红霄（2022）的观点，本文同样认为，在农业补贴对耕地“非粮化”边际效用有限的条件下，不代表农业补贴对耕地“非粮化”的抑制作用弱，原因只是农业补贴金额过小罢了。

① 该处的计算式：(0. 516 5%+0. 447 9%+0. 069 4%) ÷ (0. 08%+0. 04%+0. 12%) = 4. 307 5。

表 3　农业补贴对耕地“非粮化”的影响

变量	耕地“非粮化”	耕地“非粮化”	耕地“非粮化”	耕地“非粮化”
	(1)	(2)	(3)	(4)
农业补贴	-0. 107*** (0. 006)	0. 024*** (0. 001)	-0. 021*** (0. 001)	-0. 003*** (0. 000 2)
年龄	0. 454*** (0. 121)	-0. 102*** (0. 027)	0. 088*** (0. 024)	0. 014*** (0. 004)
性别	0. 013 (0. 079)	-0. 003 (0. 018)	0. 003 (0. 015)	0. 000 4 (0. 002)
文化程度	0. 133*** (0. 029)	-0. 030*** (0. 006)	0. 026 0*** (0. 006)	0. 004*** (0. 001)
党员身份	-0. 060 (0. 052)	0. 014 (0. 012)	-0. 012 (0. 010)	-0. 002 (0. 002)
身体状况	0. 114*** (0. 019)	-0. 026*** (0. 004)	0. 022*** (0. 004)	0. 003*** (0. 001)
家庭生命周期	0. 014 (0. 015)	-0. 003 (0. 003)	0. 003 (0. 003)	0. 000 4 (0. 000 5)
土地征收	0. 195** (0. 088)	-0. 044** (0. 020)	0. 038** (0. 017)	0. 006** (0. 003)
家庭总收入	0. 444*** (0. 070)	-0. 100*** (0. 016)	0. 086*** (0. 014)	0. 013*** (0. 002)
雇佣工人	0. 442*** (0. 066)	-0. 100*** (0. 015)	0. 086*** (0. 013)	0. 013*** (0. 002)
耕地面积	-0. 299*** (0. 021)	0. 067*** (0. 005)	-0. 058*** (0. 004)	-0. 009*** (0. 001)
农业劳动力	-0. 076*** (0. 026)	0. 017*** (0. 006)	-0. 015*** (0. 005)	-0. 002*** (0. 001)
农业生产成本	0. 287*** (0. 029)	-0. 065*** (0. 007)	0. 056*** (0. 006)	0. 009*** (0. 001)
农业生产总值	0. 183*** (0. 026)	-0. 041*** (0. 006)	0. 036*** (0. 005)	0. 006*** (0. 001)
粮食主产区	-0. 425*** (0. 052)	0. 096*** (0. 012)	-0. 083*** (0. 010)	-0. 013*** (0. 002)

表3（续）

变量	耕地“非粮化”	耕地“非粮化”	耕地“非粮化”	耕地“非粮化”
	(1)	(2)	(3)	(4)
常数项1	8.807*** (0.567)			
常数项2	3.300*** (0.198)			
Wald chi2	977.39***			
观测值	20 081			

注：括号内数字为聚类稳健标准误；*、**、*** 分别表示在10%、5%、1%的水平上显著，下同。

此外，本文对粮食主产区与非粮食主产区的区位异质性进行了分析，模型回归结果显示（见图2），在非粮食主产区，农业补贴对农户只种植粮食作物概率的提高效果、既种植粮食作物又种植经济作物概率的降低效果、只种植经济作物概率的降低效果分别是粮食主产区的1.11倍、1.04倍和1.43倍。可以看出，在非粮食主产区，农业补贴对耕地“非粮化”有较强的抑制效果，但这一结论尚有待下文进一步验证。

综上，假说H1被初步证实。

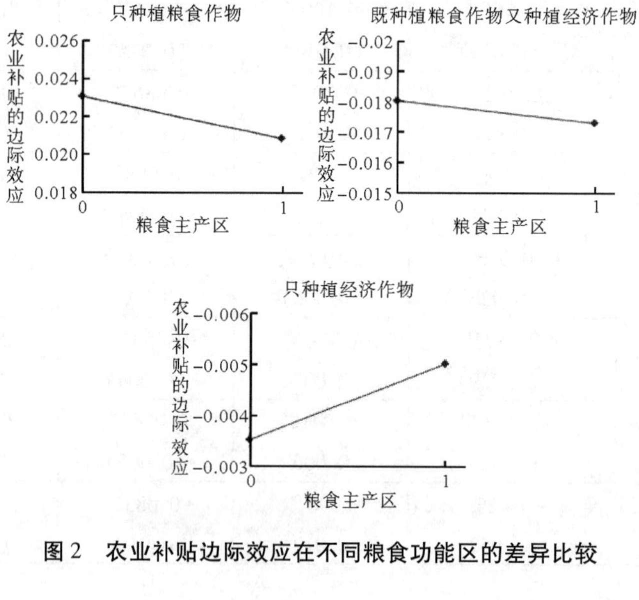

图2　农业补贴边际效应在不同粮食功能区的差异比较

2. 稳健性检验

（1）替换被解释变量并更换估计模型。上文基于农户种植结构生成的耕地“非粮化”指标，属于定性指标，为进一步检验农业补贴对耕地“非粮化”的作用关系，选取农户经济作物种植面积与总耕地面积的比值、农户种植经济作物产值与农业总产值的比值两个定量指标来表征耕地的“非粮化”程度，并选择合适的回归模型进行估计。由于 CRHPS 在 2011 年、2013 年未对农户种植粮食作物、经济作物面积和产值方面的情况进行询问，2015 年、2017 年对农户种植粮食作物面积的数据采集也只包括三大主粮——水稻、小麦和玉米，经济作物种植面积方面的数据更加缺乏，但 CRHPS 对农户家庭总耕地面积进行了调查，因此本文在计算农户经济作物种植面积占比时，把经济作物定义为除三大主粮以外的其他全部作物①，而计算农户种植经济作物产出比时，经济作物和粮食作物包括的内容与前文定性指标所指相同。另外，CRHPS 在 2015 年和 2017 年调查农户家庭总耕地面积时的统计口径不完全一致，2015 年的统计把农户拥有土地经营权的耕地面积计算在内，而 2017 年统计的家庭总耕地面积只包括农户拥有土地承包权的耕地面积，并且拥有承包权的土地可能已经流转出去，以此来直接估计农户总种植面积会产生较大偏差，因此本文在数据处理时删除了参与耕地流转的样本。另外，由于新选取的两个替代被解释变量都是连续变量，先前的面板 ordered Logit 模型已不再适用，而且两个被解释变量都是取值为 0~1 的双向归并变量，使用 OLS 估计这类含有截堵数据的模型参数时会产生偏差，且估计量不一致。鉴于此，本文利用 CRHPS 2015 年、2017 年两期面板数据构建面板 Tobit 模型，并通过最大似然法对模型参数进行估计。估计模型设定如下：

$$y_{it}^{*} = \alpha_{it} + \beta_4 \text{Subsidy}_{it} + \gamma_4 \text{Control}_{it} + \varepsilon_{it} \tag{4}$$

$$\varepsilon_{it} \sim N(0,\ \sigma^2) \tag{5}$$

$$y_{it} = \begin{cases} 0,\ y_{it}^{*} \leqslant 0 \\ y_{it}^{*},\ 0 < y_{it}^{*} < 1 \\ 1,\ y_{it}^{*} \geqslant 1 \end{cases} \tag{6}$$

其中，y_{it}^{*} 是 y_{it} 的潜变量，y_{it}^{*} 代表在 t 年第 i 个农户的经济作物种植面积占比、经济作物产出占比情况，其余变量含义与前文相同。

---

① 由于农户可能存在耕地撂荒行为，在此，农户种植经济作物的面积中其实也包括了撂荒耕地的面积，但严格来说撂荒也属于耕地“非粮化”的一种形式，如此测度不会影响耕地“非粮化”的本质内涵，得到的结论依然具有说服力。

模型估计结果如表5所示，（1）列、（3）列分别为以农户经济作物种植面积占比、农户种植经济作物产出占比为被解释变量进行回归的结果，农业补贴的系数均在1%水平上显著，表明农业补贴对耕地“非粮化”的抑制作用较为明显，支持上文结论。（2）列为在（1）列回归模型基础上加入农业补贴与粮食主产区交互项后的回归结果，交互项系数为负且在1%水平上显著，说明在非粮食主产区农业补贴对耕地“非粮化”的抑制作用强于粮食主产区；（4）列、（5）列分别为对（3）列回归模型以粮食主产区和非粮食主产区为子样本分组回归后的边际效应估计结果。可以看出（4）列、（5）列农业补贴的系数均为负，且（5）列的绝对值大于（4）列，表明农业补贴对非粮食主产区耕地“非粮化”的抑制效用更强，与前文估计结果一致，结论较为稳健。

表5　农业补贴对耕地“非粮化”的影响（替换被解释变量和更换估计模型）

变量	经济作物种植面积占比	经济作物种植面积占比	经济作物产出占比	经济作物产出占比	经济作物产出占比
	（1）	（2）	（3）	（4）	（5）
农业补贴	-0.032***	-0.024***	-0.027***	-0.025***	-0.031***
	（0.003）	（0.003）	（0.003）	（0.003）	（0.004）
农业补贴×粮食主产区		-0.018***			
		（0.005）			
控制变量	控制	控制	控制	控制	控制
常数项	-0.425*	-0.448*	-3.108***	-2.683***	-3.783***
	（0.230）	（0.230）	（0.241）	（0.321）	（0.358）
Wald chi2	697.42***	710.73***	1 357.96***	553.44***	827.61***
LR 检验	87.01***	84.98***	353.31***	246.38***	107.10***
观测值	4 685	4 685	9 705	5 852	3 853

注：括号内数字为普通标准误；（1）、（2）列模型中加入了租用农机变量，（3）~（5）列模型中加入了耕地确权、转入耕地、租用农机变量；（1）~（5）列回归采用Tobit随机效应模型进行估计。

（2）生成平衡面板数据。虽然使用随机效应模型来估计非平衡面板数据对模型的估计结果没有实质性影响，但非平衡面板中缺失的追踪样本可能是由于内生原因造成的，这会导致样本的代表性降低，从而导致估计量不一致。为此，本文从基准回归数据中提取了一个四期平衡面板数据，该数据集合有313个农户1 252个样本。表6中（1）列为平衡面板随机效应模型的回归结果，（2）~（4）列为农业补贴对耕地“非粮化”的影响效用情况，同时本文还在平衡面板模型中加入了农业补贴与粮食主产区的交互项，估计结果见（5）列。结果显示，生成平衡面板数据后，农业补贴仍在1%显著水平上抑制耕地“非粮化”，充分证实了农业补贴抑制耕地“非粮化”的假设；农业补贴的边际效用与基准回归模型相差不大，进一步验证了农业补贴对耕地“非粮化”抑制效用的稳健性。但是，（5）列回归结果的交互项显著为正，认为农业补贴在粮食主产区抑制耕地“非粮化”的作用更强，这与上文基准回归分析和稳健性检验得到的结论明显冲突，可能的原因是，生成平衡面板数据损失的样本量过大，导致了估计结果的偏误①。总体上看，前文基准回归分析得到的结论是稳健的。

由此，假说H1被进一步证实。

表6　农业补贴对耕地“非粮化”的影响（生成平衡面板）

变量	耕地“非粮化”	耕地“非粮化”	耕地“非粮化”	耕地“非粮化”	耕地“非粮化”
	(1)	(2)	(3)	(4)	(5)
农业补贴	-0.075**	0.017**	-0.016**	-0.001**	-0.142***
	(0.031)	(0.007)	(0.007)	(0.000 4)	(0.046)
农业补贴×粮食主产区					0.120**
					(0.060)
控制变量	控制	控制	控制	控制	控制
时间固定效应	控制	控制	控制	控制	控制
常数项1	-385.723***				-393.168***
	(92.800)				(93.086)
常数项2	-381.837***				-389.274***
	(92.786)				(93.071)
Wald chi2	48.68***				51.80***
观测值	1 252	1 252	1 252	1 252	1 252

注：括号内数字为聚类稳健标准误；（1）、（5）列回归采用ordered Logit随机效应模型进行估计。

① 本文也在回归模型中加入了农业补贴的二次项，对粮食主产区与非粮食主产区的样本进行分组回归。两组回归结果均表明，该处研究结论的冲突性并非农业补贴与耕地“非粮化”之间的非线性关系所致。

3. 机制验证

上文已经证实农业补贴能够抑制耕地“非粮化”，为进一步验证图 1 中农业补贴对于耕地“非粮化”的作用机理，本文利用上文构建的中介效应模型对两个中介变量进行中介效应检验，以揭示耕地“非粮化”的作用机理。检验结果如表 7 所示，（1）列、（3）列分别为农业补贴对非农就业、农地转出影响作用的回归结果，（2）列、（4）列分别为在控制了农业补贴对耕地“非粮化”的直接影响后，非农就业、农地转出对耕地“非粮化”影响作用的回归结果。结果显示，农业补贴在5%水平上显著抑制农户进行非农就业，在控制了农业补贴对耕地“非粮化”的影响后，农户进行非农就业在 1%水平上显著抑制耕地“非粮化”。这说明，农业补贴通过影响农户进行非农就业间接影响耕地“非粮化”的间接效应是显著的。（2）列中农业补贴的系数依然显著，说明农业补贴对耕地“非粮化”的直接效应也是显著的。进一步比较发现，农业补贴直接效应的系数（-0.140 51）与间接效应的系数乘积［（-0.010 25）×（-0.203 63）］符号相异，说明非农就业在农业补贴对耕地“非粮化”的影响中存在遮掩效应。这表明，农业补贴通过抑制农户进行非农就业进而促进了耕地“非粮化”，非农就业在该作用路径中表现出遮掩效应，假说 H2 被证实。

表 7 的（3）列结果显示，农业补贴对农户农地转出的促进作用不显著，而控制了农业补贴对耕地“非粮化”的影响后，农地转出对耕地“非粮化”的促进作用在 10%水平上显著。进一步，采用 Bootstrap 抽样法检验间接效应的显著性，结果显示（见表 8），把农地转出作为中介的间接效应不显著，表明农业补贴并未通过影响农户转出农地从而间接影响耕地“非粮化”。对此，可能的原因是农业补贴对农户转出农地的行为影响具有双重性，农业补贴既能提高农户的生计安全而促进农地转出，又能提高农户的务农热情而抑制农地转出，农业补贴对农户农地转出两种相向的作用效果致使农业补贴的总体效果不显著。因此，农地转出未在农业补贴对耕地“非粮化”的影响中表现出中介效应。假说 H3 被证伪。

表 7 农业补贴对耕地“非粮化”的作用机制验证

变量	非农就业	耕地“非粮化”	农地转出	耕地“非粮化”
	（1）	（2）	（3）	（4）
农业补贴	-0.010**	-0.141***	0.013	-0.107***
	（0.005）	（0.006）	（0.011）	（0.006）

表7(续)

变量	非农就业	耕地“非粮化”	农地转出	耕地“非粮化”
	(1)	(2)	(3)	(4)
非农就业		-0.204*** (0.044)		
农地转出				0.162* (0.084)
控制变量	控制	控制	控制	控制
常数项 1	5.564*** (0.468)	5.698*** (0.562)	-7.599*** (1.025)	6.016*** (0.559)
常数项 2		8.468*** (0.570)		8.798*** 0.567
Wald chi2	632.35***	781.70***	378.98***	977.54***
观测值	20 081			

注：括号内数字为聚类稳健标准误；(1)、(2) 列回归剔除了部分导致模型不稳健的控制变量；(1)、(3) 列回归采用 Logit 随机效应模型进行估计，(2)、(4) 列回归采用 ordered Logit 随机效应模型进行估计。

表 8　Bootstrap 法对农地转出间接效应的检验

效应	系数	$p > z$	置信上限	置信下限
间接效应	0.000 025 7	0.314	-0.000 024 3	0.000 075 8
直接效应	-0.031 063	0.000	-0.033 910 5	-0.028 215 5

4. 异质性分析

为进一步明晰农业补贴对耕地“非粮化”的抑制机理，本文生成农业补贴与户主身体状况、雇佣工人和家庭生命周期的交互项，并将得到的交互项分别引入基准回归模型，以此来考察农业补贴对耕地“非粮化”影响的异质性，模型回归结果如表 9 所示。其中，(1) 列为基准模型回归结果，(2) ~ (4) 列分别为引入农业补贴与户主身体状况、党员身份、雇佣工人、家庭生命周期交互项后的回归结果。(2) 列结果显示，户主身体状况越差，农业补贴对耕地“非粮化”的抑制作用越强。其原因可能是，户主较差的身体状况增加了农户对农业补贴的依赖。基于某些地区农业补贴的发放是由农户具体种粮情况而定以及农户获得农业补贴正当性的前提，户主身体状况较差的农户为了稳定正当地获得农业补贴，其进行耕地“非粮化”利用的决心要比其他农户弱，因此，农业补贴对其表现出较强的耕地“非粮化”抑制作用。(3) 列估计结果显示，对于因农业生产需要雇佣工人的家庭来说，农业补贴对其耕地“非粮化”表现出较弱的抑制作用，究其原因，随着我国农业机械化进程的快速推进以及农业生产的本质特征，因种植经济作物而需要雇佣工人的概率远大于粮食作物。基于此逻辑，需要雇佣工人的家庭很大概率是经济作物生产者，而且其种植经济作物的总产出理应保持较高水平，这导致农业补贴占雇工家庭农业总产出的比重远小于无雇工家庭，因此，农业补贴对雇工家庭种植决策的影响要小于无雇工家庭，表现出农业补贴对其耕地“非粮化”较弱的抑制效果。(4) 列估计结果中交互项的系数不显著，这表明在家庭生命周期各个阶段农业补贴对耕地“非粮化”的抑制作用不存在显著差异。

表 9　农业补贴对耕地“非粮化”的异质性作用检验

变量	耕地“非粮化”	耕地“非粮化”	耕地“非粮化”	耕地“非粮化”
	(1)	(2)	(3)	(4)
农业补贴	−0. 107 *** (0. 006)	−0. 054 *** (0. 016)	−0. 102 *** (0. 007)	−0. 117 *** (0. 014)
农业补贴×身体状况		−0. 018 *** (0. 005)		
农业补贴×雇佣工人			−0. 048 *** (0. 018)	
农业补贴×家庭生命周期				0. 003 (0. 004)
控制变量	控制	控制	控制	控制
常数项 1	8. 807 *** (0. 567)	6. 233 *** (0. 563)	6. 032 *** (0. 560)	6. 002 *** (0. 561)
常数项 2	3. 300 *** (0. 198)	9. 018 *** (0. 571)	8. 814 *** (0. 567)	8. 784 *** (0. 568)
Wald chi2	977. 39 ***	990. 81 ***	983. 40 ***	977. 81 ***
观测值	20 081			

注：括号内数字为聚类稳健标准误。

五、进一步分析：农业补贴政策精准性对耕地“非粮化”的影响

由上文分析可知，农业补贴能够抑制耕地“非粮化”，且这一结论较为稳健，但农业补贴的政策有效性不断下降、边际效用逐渐递减也是不争的事实，

如何提高农业补贴的政策效率已经成为当下不可回避的问题。农业补贴的发放金额只是影响其政策效应众多因素中的一个，精准性农业补贴由于具有较强的政策导向作用，其实施产生的政策效应远大于普惠性农业补贴，为此，本文进一步探讨农业补贴政策实施精准性对耕地“非粮化”的作用效果。根据CRHPS的数据现实，选取农地流转中与被流转土地相关的种粮补贴归属这一变量代理农业补贴政策精准性。鉴于我国种粮补贴的发放一般依附于农村土地承包权，因此，如果种粮补贴随耕地使用权的转移而转移，即谁种粮补贴谁，那么便可以认为补贴具有精准性，赋值为1，否则为0。由于样本中不可避免地存在未进行土地流转的农户，如果将该部分样本进行剔除，样本容量将大幅缩减，严重影响估计效率；并且未流转耕地样本的剔除，将会使分析背景锁定为土地流转视角，最后得出的研究结论不具有普遍代表性。鉴于此，本文通过数据处理，以村级农业补贴精准性的平均水平来代表未参与耕地流转农户获得农业补贴的精准性水平。这样选择有两方面原因：一方面，同一农村往往实施相同的农业补贴政策，这决定了在同一农村中不同农户享受农业补贴政策的同质性；另一方面，我国政策规定与种粮相关的农业补贴具体归属何方可以由耕地转出方与转入方自行磋商决定，由于我国农村社会中人际关系网络密集、社会互动频繁以及存在较强的同群效应，个别农户的农业补贴磋商决策必然会影响到其他农户，导致土地流转中村级农户的农业补贴权益归属趋向于同质化，因此，以村级农业补贴精准性的平均水平代表未参与耕地流转农户获得补贴的精准性水平具有一定的合理性。

表10为农业补贴政策精准性对耕地“非粮化”影响的估计结果。可以看出，农业补贴政策精准性在1%显著水平上抑制耕地“非粮化”，说明农业补贴政策精准性确实具有较强的农业生产导向作用。2016年，为提高农业补贴政策的指向性、精准性和实效性，全国全面推行农业“三项补贴”改革，改革的一项重要内容是将“三项补贴”中的部分资金用于支持种粮者适度规模经营，这项改革极大地提高了农业补贴政策实施的精准性。本文研究结论表明提高农业补贴政策的精准性，可以促进农户对粮食作物的生产。由于粮食作物的生产存在规模经济，农业补贴政策精准性的“趋粮化”效应是农户扩大种粮面积进行规模化生产的基础，因此，农业补贴政策精准性间接地促进了农户进行粮食作物规模化生产。由此可见，本文得出的结论可以间接佐证农业“三项补贴”改革政策实施的有效性。

表 10　农业补贴政策精准性对耕地“非粮化”的影响

变量	回归系数	聚类稳健标准误	z 值	显著性水平
农业补贴精准性	-0.311	0.105	-2.97	0.000
控制变量	控制	控制	控制	控制
常数项 1	9.920	1.008	9.84	0.000
常数项 2	13.488	1.058	12.74	0.000
Wald chi2	444.17***			
观测值	8 713			

六、结论与启示

近年来，随着粮食生产成本不断上涨，种粮的比较收益和绝对收益持续下降，导致农民的种粮积极性不高，耕地的“非粮化”倾向明显。加之，农业补贴的政策效应几乎释放殆尽，当初为抑制耕地“非粮化”而实施的农业补贴政策是否已经不再能够继续发挥效用？为此，本文从农业补贴视角出发，利用 CRHPS 2011—2017 年四期面板数据，实证分析了农业补贴对耕地“非粮化”的影响，并进一步探讨了其作用机制。研究结论如下：

首先，农业补贴能够抑制耕地“非粮化”，且对非粮食主产区的抑制效果强于粮食主产区，解决内生性后的回归结果和稳健性检验的结果均支持这一结论。具体而言，农业补贴金额每提高 1%，可使农户只种植粮食作物的概率提高 0.024 1%，可使农户既种植粮食作物又种植经济作物的概率降低 0.020 9%，可使农户只种植经济作物的概率降低 0.003 24%。其次，非农就业在农业补贴对耕地“非粮化”的影响中存在遮掩效应，即农业补贴可以通过抑制农户非农就业，从而促进农户对耕地的“非粮化”利用；此外，农地转出的中介效应不显著，表明农业补贴未通过农户农地转出来影响耕地“非粮化”。再次，农业补贴对耕地“非粮化”的影响在不同类型的农户中表现出显著的异质性，在户主身体状况较好和因农业生产需要雇佣工人的家庭，农业补贴表现出对耕地“非粮化”更强的抑制作用。最后，进一步分析结果表明，提高农业补贴政策精准性对于抑制耕地“非粮化”也能起到十分重要的作用。

基于上述结论，为充分发挥农业补贴对耕地“非粮化”的抑制作用，本文得出政策启示如下：

第一，进一步加大农业补贴力度。虽然，上述研究表明，农业补贴对耕地

"非粮化"的抑制效果是对农户农机服务购买促进效果的数倍，为本文的研究假说提供了有力的证据支撑。但是，我国农业补贴金额过小的现实毋庸置疑，加之种粮的比较收益较低，在这样的条件下，一味地通过引导、规制等手段来抑制耕地"非粮化"，最终只能是牺牲了农民的利益，不利于农民增收，从而降低了农民对美好生活的预期。为此，有必要进一步提高农业补贴标准，甚至可以考虑以种粮补贴等政策为抓手，将农民增收上升为国家战略，这样既能提高农民种粮的积极性，筑牢国家粮食安全的屏障，又能切实提高农民收入，改善农民生活。

第二，财政支农补贴适度向非粮食主产区倾斜。考虑到近年来非粮食主产区由于耕地"非粮化"所导致的粮食自给率明显下行的问题，文中对农业补贴在不同粮食功能区之间的政策效应差异进行了分析。结果表明，在非粮食主产区，农业补贴对耕地"非粮化"的抑制作用更强，这一结论给非粮食主产区降低耕地"非粮化"水平以提高粮食自给率提供了政策抓手。非粮食主产区较低的粮食生产率水平是引起农业补贴对该类地区耕地"非粮化"较强抑制作用的主要原因。对于我国西部非粮食主产区来说，农户农业生产面临着严重的融资约束，财政支农补贴向该类地区倾斜可以缓解农户进行农业生产面临的资金约束，从而提高农民的种粮积极性；对于我国东部沿海非粮食主产区来说，增加该类地区的财政支农补贴可以提高农户种粮的比较收益，并对该类地区农业生产环境的改善有一定帮助，从而促进农户的"趋粮化"生产，考虑到该类地区地方政府一般资金实力比较雄厚，该类地区农业补贴标准提高所带来的资金负担可由当地地方财政分担。

第三，农业补贴应向实际种粮者倾斜，以此提高农业补贴政策的精准性。根据本文得出的结论，"谁种粮补贴谁"能极大地提高农业补贴对耕地"非粮化"的抑制效率。具体来看，基于"谁种粮补贴谁"的前提，农户因不外出务工而从事经济作物生产的概率会大大降低，此时，为保证农业补贴的获得，该类农户有两种可选择的策略，一是增加非农就业的可能，同时从事粮食作物的生产；二是扩大耕地面积，从事粮食作物的规模化经营。可见，精准性的农业补贴提高了补贴对耕地"非粮化"的抑制效率，致使两种策略都引导农户种植结构的"趋粮化"。

参考文献

朱晶，臧星月，李天祥，2021. 新发展格局下中国粮食安全风险及其防范［J］. 中国农村经济（9）：2-21.

鲁礼新，2007. 1978 年以来我国农业补贴政策的阶段性变动及效果评价［J］. 改革与战略（11）：64-67，54.

许庆，杨青，章元，2021. 农业补贴改革对粮食适度规模经营的影响［J］. 经济研究，56（8）：192-208.

左喆瑜，付志虎，2021. 绿色农业补贴政策的环境效应和经济效应：基于世行贷款农业面源污染治理项目的断点回归设计［J］. 中国农村经济（2）：106-121.

CHEN Y H，WEN X W，WANG B，et al.，2017. Agricultural pollution and regulation：how to subsidize agriculture?［J］. Journal of Cleaner Production（164）：258-264.

GARRONE M，EMMERS D，LEE H，et al.，2019. Subsidies and agricultural productivity in the EU［J］. Agricultural Economics，50（6）：803-817.

YU J S，SMITH A，SUMNER D A，2018. Effects of crop insurance premium subsidies on crop acreage［J］. American Journal of Agricultural Economics，100（1）：91-114.

霍增辉，吴海涛，丁士军，2015. 中部地区粮食补贴政策效应及其机制研究：来自湖北农户面板数据的经验证据［J］. 农业经济问题，36（6）：20-29，110.

孙博文，2020. 我国农业补贴政策的多维效应剖析与机制检验［J］. 改革（8）：102-116.

YI F，SUN D，ZHOU Y，2015. Grain subsidy，liquidity constraints and food security-Impact of the grain subsidy program on the grain-sown areas in China［J］. Food Policy（50）：114-124.

罗千峰，赵奇锋，2022. 互联网使用对种植结构调整的影响及机制研究：来自 CRRS 的微观证据［J］. 经济问题（6）：103-112.

LI Y F，ZHAO B C，HUANG A，et al.，2021. Characteristics and driving forces of non-grain production of cultivated land from the perspective of food security［J］. Sustainability，13（24）：1-10.

杨瑞珍，陈印军，易小燕，等，2012. 耕地流转中过度“非粮化”倾向产生的原因与对策［J］. 中国农业资源与区划，33（3）：14-17.

孟菲，谭永忠，陈航，等，2022. 中国耕地“非粮化”的时空格局演变及其影响因素［J］. 中国土地科学，36（1）：97-106.

高晓燕，杜寒玉，2022. 农民收入结构对农户耕种“非粮化”的影响：基于工商资本下乡的视角［J］．江汉论坛（6）：12-20.
许庆，陆钰凤，张恒春，2020. 农业支持保护补贴促进规模农户种粮了吗?：基于全国农村固定观察点调查数据的分析［J］．中国农村经济（4）：15-33.
田晓晖，李薇，李戎，2021. 农业机械化的环境效应：来自农机购置补贴政策的证据［J］．中国农村经济（9）：95-109.
张颖诗，冯艳芬，王芳，等，2022. 广东省耕地非粮化的时空分异及其驱动机制［J］．资源科学，44（3）：480-493.
谢花林，欧阳振益，陈倩茹，2022. 耕地细碎化促进了耕地"非粮化"吗：基于福建丘陵山区农户的微观调查［J］．中国土地科学，36（1）：47-55.
杨青，彭超，许庆，2022. 农业"三项补贴"改革促进了农户土地流转吗?［J］．中国农村经济（5）：89-106.
杜锐，毛学峰，2017. 基于合成控制法的粮食主产区政策效果评估［J］．中国软科学（6）：31-38.
李自强，李晓云，孙倩，等，2021. 财政支农补贴能有效提升粮食全要素生产率吗?：兼顾农业技术环境的调节作用探讨［J］．中国农业大学学报，26（8）：236-252.
王玉斌，赵培芳，2022. 非农就业、农业生产性服务与农地流转：基于湘皖苏水稻种植户的调查数据［J］．中国农业资源与区划，43（2）：78-94.
张琛，彭超，毛学峰，2022. 非农就业、农业机械化与农业种植结构调整［J］．中国软科学（6）：62-71.
冷博峰，李谷成，冯中朝，2021. 从不种地农民也能领取农业补贴谈起：兼论农业"三项补贴"改革后的补贴发放方式［J］．农业经济问题（5）：54-65.
刘进，陆钰凤，许庆，2020. 农业补贴、养老保障与农地转出［J］．农业技术经济（12）：23-37.
吴学兵，尚旭东，何蒲明，2021. 有偿抑或无偿：政府补贴、农户分化与农地流转租金［J］．经济问题（12）：59-66.
张宗毅，杜志雄，2015. 土地流转一定会导致"非粮化"吗?：基于全国1740个种植业家庭农场监测数据的实证分析［J］．经济学动态（9）：63-69.
江光辉，胡浩，2021. 工商资本下乡会导致农户农地利用"非粮化"吗?：来自CLDS的经验证据［J］．财贸研究，32（3）：41-51.
HUANG J，WANG X，ROZELLE S，2013. The subsidization of farming households in China´s agriculture［J］. Food Policy（41）：124-132.

仇童伟，罗必良，2018. 种植结构“趋粮化”的动因何在?：基于农地产权与要素配置的作用机理及实证研究［J］. 中国农村经济（2）：65-80.

温忠麟，叶宝娟，2014. 中介效应分析：方法和模型发展［J］. 心理科学进展，22（5）：731-745.

吉星，张红霄，2022. 农业补贴与农户农机服务购买：理论线索和经验证据［J］. 经济经纬，39（1）：47-58.

侯石安，2012. 初始禀赋差异、农业补贴与农地流转选择：全国 8 省 30 村的微观实证分析［J］. 中国农业科学，45（21）：4508-4516.

徐峰，唐海波，陶琎，等，2019. 基于改进农机购置补贴分类分档方式促进“精准补贴”的思考［J］. 中国农机化学报，40（5）：201-205.

毕雪昊，周佳宁，邹伟，2020. 家庭劳动力约束下经营规模对农户种植结构选择的影响［J］. 中国土地科学，34（12）：68-77.

王亚芬，周诗星，高铁梅，2017. 我国农业补贴政策的影响效应分析与实证检验［J］. 吉林大学社会科学学报，57（1）：41-51，203.

川渝地区城镇化-经济增长-城乡均衡发展评价与耦合协同关系研究

涂超洋[1]　付勇[1]　毕圣昊[2]
(1. 四川农业大学；2. 辽宁工程技术大学)

摘要：本文通过构建城镇化-经济增长-城乡均衡发展评价指标体系，选取川渝地区2005—2019年19个城市面板数据，采用熵值法和耦合协调模型对城镇化-经济增长-城乡均衡发展指数及三系统之间的空间耦合协调状况进行测算。研究表明：首先，各个城市的城镇化-经济增长-城乡均衡发展指数呈现上升趋势，但区域内仍然存在发展差距且发展趋势有所不同。其次，城镇化-经济增长-城乡均衡发展的耦合协调水平持续增强，区域内整体耦合水平有所提高，且区域内出现较为明显的“极化均衡”现象。最后，从城镇化-经济增长-城乡均衡的耦合协调呈现显著的空间聚集及空间相关关系来看，重庆、成都及攀枝花三座城市形成显著的空间联动格局，尤其是重庆以及成都对周边城市表现出较强的虹吸效应。本文基于以上结论，从差异化推动地区城镇化-经济增长-城乡均衡发展建设出发，针对如何充分发挥川渝地区发达城市对于其他城市的辐射效应等方面提出相关政策建议。

关键词：城乡差距；耦合协调度模型；莫兰指数；区域协调

一、引言和文献综述

改革开放以来，我国的城镇化以及经济增长水平得到了较大的提高，但总体来看，目前我国仍然面临着发展不均衡、发展质量以及效益不高的实际问题。虽然居民收入总量得到了提高，但城乡收入差距却并未缩小，甚至有所扩大。统计数据显示，2019年我国城乡收入差距已经达到26 338元，城乡收入比为2.64，而农村居民的人均消费水平不及城镇居民的44%。在新时代背景下，如何推动区域城镇化、经济增长与城乡均衡同步发展成为区域高质量发展的关键。而成都以及重庆作为我国西南地区两大核心城市，以其为中心所的“成渝地区双城经济圈”建设已经成为我国西南地区主要的国家战略之一，区域的自然资源禀赋较好，且该区域发展健康与否将直接关系到我国整个西南地区乃至全国的发展。长期以来，川渝地区都是整个西南工业产业发展较早且底蕴较好的地区，而这也导致了我国对于川渝地区的研究多数是放在城市系统、工业系统以及生态系统上的。对于整个区域的城镇化-经济增长-城乡均衡发展关系的研究却相对较少，对于怎样帮助农民在发展中受益的研究也不够充分。基于此，本文在实证分析的基础上针对三者之间的现状以及关系进行研究，并根据其结果提高区域发展的可能路径，为川渝地区整体协调发展提供政策建议。

随着我国经济的快速发展，我国的城镇化也发生了剧烈的变迁，而城镇化也随之成为学者们研究的重点问题。从城镇化的发展情况来看，学者们更多的探讨聚焦在农村到城市的经济、产业以及人口的转变上。例如：左鹏飞就采用了 GMM 模型针对我国互联网发展、城镇化以及产业结构转型升级进行动态效应检验，从城镇化的角度针对我国互联网发展对产业结构转型的促进效应进行研究。颜咏华则是对人口流动对城市化进程的影响进行分析，并最终认为城市化建设是一套系统的工程，而在建设过程中不能去分割城市与农村之间的客观联系。还有丁守海着重于研究城镇发展过程中流动人口的就业问题，根据其对湖南、河南等几个省份的调查，城镇化的发展会提高农村劳动力的非农供给意愿，但没有很好地改善劳动需求，因而导致了众多就业结果的出现。而从城镇化的发展模式来看，就地城镇化、大城市吸收周边村镇以及易地搬迁等模式已经成为我国城镇化过程中的重要方式。此外，还有众多学者针对城镇化驱动机制进行研究，并认为社会、政策、制度等多重因素都能够一定程度上影响城镇化的发展。

目前，我国关于经济增长的研究目前多数集中经济增长的影响因素以及可能产生的推动作用上。从经济增长的影响因素来看，郭健全在碳中和的大背景下，研究了交通运输、旅游发展以及可再生能源对经济增长的作用。张杰针对我国科技创新对经济增长的支撑效应以及途径进行了研究，着重分析了创新投入对经济增长可能产生的复杂影响，并发现了我国可能存在的一系列制度性障碍。张伟亮则研究了财政与人才配置对经济增长的作用，并得出了政府可以采用财政激励的方式来推动区域人才配置的改善从而实现经济增长的结论。从经济增长可能产生的推动作用上来看，更多的研究认为经济增长的推动作用与其影响因素相辅相成，例如杨帆的研究表明，创新与高端服务业人才的聚集能够推动经济增长，同时区域经济增长水平的提高也能够直接提高地区对高端人才的吸引力从而提高人才聚集水平。

多数学者认为城乡均衡发展的本质就是，即使城镇居民与农村居民之间存在生活方式上的差异，但其所能享受到的生活水平却相对均衡。目前虽然我国的“三农”事业取得了较大的进步，农民的收入水平得到了显著的提高。但从整体来看，我国“小农经济”的生产模式并未发生转变，整体的农业生产效率依然偏低，也因此导致我国目前的城乡均衡发展依然是一个难题。而学界普遍把导致城乡均衡发展受阻的原因归纳为“二元结构说”“市场失灵说”以及“制度障碍说”。而关于实现城乡均衡发展的路径研究，李爱民主张通过制度手段来推进区域市场化改革，并同时制定完善的资本下乡规则，使得在保护农民受益的情况下，推动城乡之间的资源合理循环。而耿慧志则主张要进一步发挥市场的作用来推动要素资源合理配置，并将各类市场要素演变为城乡均衡发展的中间环节。

综上，目前学界对于城镇化-经济增长-城乡均衡发展之间的关系存在一些讨论，并产出了许多定性和定量的研究成果。虽然多数研究肯定了三者之间的正向关系，但很少有学者考虑这三大系统相互之间是否存在协调性以及其协调程度如何。特别是在 2016 年成渝地区双城经济圈确立之后，关于区域城镇化的发展是否会对经济增长和城乡均衡发展产生实际影响的研究更不多见。因此，本文基于对已有研究的梳理，并且结合现实情况，对川渝地区的城镇化-经济增长-城乡均衡发展水平的耦合协调程度及空间布局进行研究，根据结果对地区之间所存在的问题进行分析，进而为该区域提高城镇化-经济增长-城乡均衡发展水平以及区域间的协调发展提供一定的政策建议，对川渝地区城市协同发展具有重要的参考价值。

二、城镇化-经济增长-城乡均衡发展的耦合关系

耦合是指某几个相关系统通过相互作用而对事物所产生影响关系的具体反映，其存在的基本前提是各系统之间存在复杂的关系。

（一）城镇化与经济增长之间的相互关系

从新古典增长理论的视角出发，一般我们会认为资本、劳动力以及技术提高是推动经济增长的重要因素，而城镇化的发展往往可以通过增加区域资本密度提高、聚集劳动力以及推动技术水平的发展来推动经济增长。且随着经济社会的进步，城镇化的建设除了传统的人口城镇化以外，往往还会伴随众多经济、社会等具体含义，并且在这个过程中，也会有许多公共和非公共领域的巨额投资，并以此实现区域经济增长的目的。实践证明，区域的城镇化能够明显推动地区经济快速发展。与此同时，根据“回波扩散理论”，一个地区经济的

增长也会提高地区对于周边各类要素的吸引力，使得周边资本、技术、人才等生产要素在本地区聚集，并以此为基础推动城镇化的发展。因此，城镇化与经济增长之间存在明显的相互关系。

（二）城镇化、经济增长对城乡均衡发展的影响

从城镇化的视角来看，一般认为城镇化的发展可以提高居民的消费倾向以及区域收入水平，通过提高区域总体消费以及收入水平，从而对地区城乡差距产生影响。并且，多数研究证明了城镇化的发展对城乡均衡发展的影响可能存在倒U形以及U形规律，这些都证明了两者之间的相关性。此外，充分的资金、技术以及人才等生产要素是实现城乡均衡发展的关键要素，而经济增长往往能够在一定程度上为城乡均衡发展提供要素支撑。从对我国的研究来看，一般认为我国东部发达地区由于市场体制以及经济增长水平高，其对于农村发展投入总量大，因此这类地区的城乡均衡发展水平往往更高。并且，经济增长水平的提高是缓解区域经济社会矛盾的关键，同时也是合理协调城乡资源、优化整合城乡产业，并为城乡均衡发展提供动力的源泉。

（三）城乡均衡发展对城镇化以及经济增长的作用

城乡均衡发展也会对城镇化的发展产生直接影响，且城乡差距的扩大也可能会直接导致城镇化发展的受阻。并且，城乡均衡发展对城镇化的促进作用，往往是来自城镇化推动城乡收入差距缩小时所带来的良性反馈。而从城乡均衡发展对经济增长的作用视角来看，我们认为如何正确地处理城乡关系是影响经济社会发展的关键，通过解决城乡差距的缩小、产业关系的调整以及农村劳动力转移程度等问题都能够直接对经济增长产生实际影响。通过城乡均衡发展来实现城乡产业发展之间的互补，促进区域城乡产业结构合理布局，并以此来增加农民收入，提高农民消费水平，从而以多维度来推动经济增长。

综上，城镇化与经济增长的发展为城乡之间的发展关系提供更多的可能性以及更为广阔的发展空间，同时城乡均衡发展也会为城镇化以及经济增长提供有效动力。总的来说，三者相辅相成、紧密相连。因此，如何在新时代的发展情况下，实现区域城镇化-经济增长-城乡均衡发展的协同推进成为一项重要的研究。

三、指标选取与数据来源

（一）指标选取

为客观、全面、系统且科学地分析城镇化、经济增长与城乡均衡发展的耦合协调作用，本文在遵循以上原则的基础上尝试构建城镇化、经济增长与城乡

均衡发展的综合评价指标体系。

（1）城镇化指标体系的确定。现代城镇化体系的建设除了传统的城镇人口比重之外，也提出了众多全新的现代化要求。学者们普遍对城镇化指标体系进行了有效探索，大多从人口、经济、土地以及社会城镇化四个维度展开。对此本文参考了相关研究，编制出了一套由人口城镇化、经济城镇化、土地城镇化以及社会城镇化四个维度共10个具体指标的城镇化综合评价体系来对川渝地区城镇化指数进行衡量。

（2）经济增长指标体系的确定。一般来说，经济增长可以简单地通过地区生产总值以及生产总值增长情况来进行衡量，虽简单易行但也存在一定的不足，仅通过绝对值数量来进行比较容易忽略地区经济发展所能产生的实际效益以及经济结构情况，难以对地区真实的经济增长情况进行评判。因此本文参考了相关的研究，构建起了由经济规模、经济结构以及经济效益三个维度共5个具体指标的经济增长综合评价体系（见表1）。

表1　城镇化与经济增长指标评价体系

耦合子系统	一级指标	二级指标	权重
城镇化发展水平	人口城镇化	市辖区人口比重	0.044
		城镇就业人口	0.079
	经济城镇化	城镇家庭人均可支配收入	0.043
		人均地区生产总值	0.059
	土地城镇化	人均道路面积	0.022
		城市建成区面	0.096
		商品房销售面积	0.116
	社会城镇化	万人在校大学生数	0.082
		万人医卫人员数	0.022
		民用汽车拥有量	0.127
经济增长水平	经济规模	地区生产总值	0.128
	经济结构	第二产业比重	0.009
		第三产业比重	0.008
	经济效益	职工平均工资	0.038
		人均财政收入	0.128

城乡均衡发展水平的确定。目前我国多数地区的劳动生产率以及工作人员工资水平仍然存在较大差异。事实上，无论是自然禀赋还是主观原因最终都会导致城乡差距的产生，不管是城乡生活、基础设施以及资源上的差距还是各级政府的不平等发展战略都会在一定程度上导致城乡差距的扩大，使得城乡难以真正实现均衡发展。即使新时代背景下，城乡差距也在我国的社会生活各个层面中广泛存在。对此，本文参考了刘吕吉以及闫瑞增的研究来建立城乡居民收入差距和城乡居民消费差距指数来对城乡协调发展水平进行研究，并以此为负向指标采用郑强所改进的熵值法加权测度城乡均衡发展水平。

城乡居民收入差距=城镇居民收入支出/农村居民收入支出

城乡居民消费差距=城镇居民消费支出/农村居民消费支出

（二）数据来源

由于是针对成渝地区直接进行研究，因此本文选取四川以及重庆2005—2019的城市面板数据作为样本。为保持研究区间的空间连续性以及分析的连贯性，本文剔除了川西的甘孜藏族自治州等地区数据，因此，将川渝地区19个地级及以上城市纳入本文研究范围。数据来源包括中国区域经济统计年鉴、中国城市经济统计年鉴以及各省市统计年鉴，部分缺失数据根据以上内容进行插值法计算补齐。

四、研究方法与模型构建

（一）综合评价指数测算

1. 数据标准化

首先采用极值法对综合评价体系中的正负指标分表进行标准化处理，计算公式如下：

$$正向指标：Y_{lj} = \frac{X_{ij} - X_{i,\ \min}}{X_{i,\ \max} - X_{i,\ \min}},$$

$$正向指标：Y_{lj} = \frac{X_{i,\ \max} - X_{ij}}{X_{i,\ \max} - X_{i,\ \min}},$$

2. 权重确定——熵值法

计算第 i 个地区第 j 项指标的比重，m 为地区数量：

$$P_{ij} = \frac{Y_{ij}}{\sum_{i=1}^{m} Y_{ij}}$$

计算第 j 项指标的熵值：

$$E_j = -1 / \ln(m) \sum_{i=1}^{m} P_{ij} \ln(P_{ij})$$

计算第 j 项指标的差异系数：

$$H_j = 1 - E_j$$

计算第 j 项指标的权重：

$$W_j = H_j / \sum_{i=1}^{m} H_j$$

3. 综合指数——多目标线性加权函数法

计算第 i 个地区第 s 个准则层的指标得分，q 为该指标层所含指标总数：

$$Z_{is} = \sum_{i=1}^{q} W_j Y_{ij}$$

计算第 i 个地区的综合评价指数，n 为指标层数目：

$$F_i = \sum_{s=1}^{n} Z_{is}$$

（二）耦合协调度模型

耦合协调度模型能够直接对三个系统的协同效应以及协同程度进行表达，一般被用于研究不同系统以及其要素之间所能够产生的互动作用以及协调程度。本文构建城镇化（U_1）、经济增长（U_2）以及城乡均衡发展（U_3）协调度模型，基本公式如下：

$$C = \left\{ \frac{U_1 \times U_2 \times U_3}{[(U_1 + U_2 + U_3)/3]^3} \right\}^{1/3}$$

该公式中，C 的结果为耦合度，取值范围在［0，1］，当 C 值接近 1，证明三个子系统之间存在较为强烈的相互关系且耦合态势较强；反之，C 值接近 0，则证明两者之间的相互关系较弱，并且两者之间耦合性较差。

虽然耦合度模型能够在一定程度上表达城镇化-经济增长-城乡均衡发展水平之间的互动程度，但事实上该模型稳定性较差，并且在现实中可能存在三者之间水平均较低但协调水平却偏高的情况，并最终导致误判。因此，通过协调度模型对两者的协调性以及综合水平进行考量。

$$D = (C * T)^{1/2}$$

$$T = \alpha U_1 + \beta u_2 + \delta u_3$$

在式子中，D 表示耦合协调度，取值在 0~1，当 D 值接近 1 时，证明城镇化-经济增长-城乡均衡发展水平之间的关系越紧密，反之则证明两者关系不大，相互之间影响较小。在以上式子中，我们采用 T 来表示综合发展指数，并用 α、β 和 δ 分别表示三个子系统的待定系数，在此我们参考了罗小锋的研究，

假定 $\alpha=\beta=0.5$。

（三）协调等级划分标准

为了更加清晰地对城镇化-经济增长-城乡均衡发展之间的耦合协调状态进行分析，因此本文以罗小锋的研究为参考，将耦合协调度的等级区间进行划分，将协调度分为 0~1 的 10 个区间，具体标准参考表 2。

表 2　耦合协调度等级划分标准

耦合协调度 D 值区间	协调等级	耦合协调度
(0.0~0.1)	1	极度失调
(0.1~0.2)	2	严重失调
(0.2~0.3)	3	中度失调
(0.3~0.4)	4	轻度失调
(0.4~0.5)	5	濒临失调
(0.5~0.6)	6	勉强协调
(0.6~0.7)	7	初级协调
(0.7~0.8)	8	中级协调
(0.8~0.9)	9	良好协调
(0.9~1.0)	10	优质协调

（四）空间相关性分析

空间相关性在地理学中被用来研究某一具体现象的聚集或分散程度。而本文为了研究城镇化、经济增长与城乡均衡指数三系统之间耦合协调指数的空间相关性特征而引入莫兰指数，全局莫兰的表达式为

$$I=\frac{\Sigma_{i=1}^{n}\ \Sigma_{j=1}^{n}\ \omega_{ij}(\delta_i-\bar{\delta})\ (\delta_j-\bar{\delta})}{\Sigma_{1}^{n}\ (\delta_i-\bar{\delta})^{\ 2}}$$

在该式子中，我们使用 ω_{ij} 来表达经过标准化处理后的空间权重矩阵元素。当 $I>0$，则表示该数据存在空间正相关；$I<0$，则相反，证明该数据存在空间负相关；而 $I=0$ 则证明不存在空间关系。局部莫兰表达式为

$$I_1=\frac{(\delta_i-\bar{\delta})}{S^2}\Sigma_{j=1}^{n}\ \omega_{ij}(\delta_i-\bar{\delta})$$

该式子中，$S^2=\frac{\Sigma_{i=1}^{n}(\delta_i-\bar{\delta})}{n}$ 表示样本方差。局部莫兰指数与全局莫兰指数中所表达的含义相似。

五、结果与分析

根据构建的城镇化-经济增长-城乡均衡发展水平的指标体系，经计算得到综合测度结果，在对三个系统初步解析的基础上，分别对各个系统测度结果的特征趋势进行考察，并进一步对三者之间的耦合协调度进行分析。

（一）子系统综合水平测度及时空特征分析

根据表1所构建的城镇化-经济增长-城乡均衡发展体系，采用熵值法进行计算，进而得出2005—2019年的川渝地区城镇化-经济增长-城乡均衡发展指数（见表3），限于表格篇幅，在此仅展示部分年份的数据。使用ArcGIS软件空间可视化的川渝地区城镇化-经济增长-城乡均衡发展的空间格局总体上图像颜色由浅入深，证明川渝地区各个城市城镇化-经济增长-城乡均衡发展随着时间的增长处于正向发展的状况。而从表3来看，川渝地区三个系统综合指数的发展趋势较为一致，三系统均呈现出明显上升趋势，但发展水平不一，增幅情况不同。

表3　川渝地区城镇化-经济增长-城乡均衡发展指数表

地区	2005年			2011年			2016年			2019年		
	城镇化	经济增长	城乡均衡	城镇化	经济增长	城乡均衡	城镇化	经济增长	城乡均衡	城镇化	经济增长	城乡均衡
重庆	0.191	0.018	0.122	0.251	0.046	0.337	0.348	0.074	0.593	0.367	0.092	0.629
成都	0.160	0.019	0.418	0.216	0.042	0.561	0.316	0.065	0.770	0.335	0.084	0.788
自贡	0.048	0.009	0.831	0.056	0.017	0.554	0.071	0.024	0.714	0.086	0.028	0.743
攀枝花	0.066	0.014	0.505	0.074	0.024	0.547	0.090	0.031	0.676	0.098	0.036	0.676
泸州	0.041	0.009	0.567	0.049	0.017	0.476	0.071	0.025	0.665	0.093	0.032	0.671
德阳	0.040	0.011	0.513	0.050	0.020	0.524	0.067	0.028	0.699	0.089	0.034	0.750
绵阳	0.048	0.010	0.501	0.062	0.018	0.526	0.084	0.026	0.711	0.105	0.033	0.731
广元	0.029	0.008	0.365	0.036	0.015	0.468	0.050	0.022	0.590	0.061	0.027	0.617
遂宁	0.036	0.008	0.508	0.045	0.014	0.386	0.067	0.022	0.721	0.082	0.024	0.725
内江	0.035	0.009	0.625	0.043	0.015	0.530	0.058	0.020	0.702	0.073	0.024	0.728
乐山	0.044	0.010	0.560	0.054	0.018	0.474	0.068	0.025	0.697	0.083	0.032	0.712
南充	0.039	0.008	0.393	0.049	0.015	0.547	0.067	0.023	0.693	0.096	0.030	0.708
眉山	0.030	0.009	0.548	0.042	0.015	0.537	0.064	0.023	0.866	0.078	0.027	0.884
宜宾	0.031	0.010	0.570	0.043	0.018	0.557	0.059	0.026	0.702	0.095	0.035	0.714
广安	0.029	0.009	0.491	0.034	0.015	0.475	0.054	0.024	0.673	0.069	0.024	0.699
达州	0.021	0.008	0.595	0.028	0.015	0.495	0.049	0.022	0.652	0.073	0.026	0.687
雅安	0.040	0.009	0.526	0.048	0.015	0.553	0.067	0.022	0.666	0.083	0.026	0.689
巴中	0.031	0.006	0.401	0.034	0.012	0.494	0.048	0.020	0.564	0.064	0.023	0.586

表3（续）

地区	2005 年			2011 年			2016 年			2019 年		
	城镇化	经济增长	城乡均衡	城镇化	经济增长	城乡均衡	城镇化	经济增长	城乡均衡	城镇化	经济增长	城乡均衡
资阳	0.027	0.008	0.417	0.041	0.015	0.381	0.055	0.021	0.714	0.060	0.024	0.736
成渝地区	0.051	0.010	0.498	0.066	0.019	0.629	0.092	0.028	0.642	0.110	0.034	0.643

2005—2019 年川渝地区的城镇化系统综合评价呈现波动上升的趋势，整个区域均值从 2005 年的 0.051 上升到 2019 年的 0.110，增长了约 1.16 倍。地区人口、经济发展情况以及治理水平的不同导致了川渝地区各城市之间城镇化水平的差异显著。其中，重庆以及成都两座城市长期以来发展领先于其他城市，而广元以及资阳从平均值来看较为落后；从增长幅度来看，达州的增长幅度最高为 3.47 倍，宜宾紧随其后（3.06 倍），增长幅度最小的是攀枝花（1.48 倍）；而从具体的城市层面来看，多数城市的增长存在波动并在少数年份出现下降后再上升，少部分如眉山、绵阳、重庆以及成都等城市长期以来呈现稳定增长态势。

川渝地区经济增长系统综合评价值均值由 2005 年的 0.01 增长到了 2019 年的 0.034，增长了 2.4 倍，其中成都、重庆以及攀枝花位列前三，尤其是成都以及重庆两座城市，对于其他城市的领先幅度较大，而巴中以及资阳均值排名最后。从各个城市的增长幅度来看，重庆的增长幅度最高为 5.1 倍，而增幅最小的是攀枝花（2.57 倍）。从具体的城市层面来看，该子系统的增长态势较为稳定，各个城市也是呈现综合评价值稳定提高的现象：其中多数城市于 2016 年之后增长速度得到了明显的提高，可能是受到了成渝双城经济圈正式落地的影响。

而川渝地区的城乡均衡发展系统综合评价水平总体要高于其他两系统，并且长期以来呈现波动上升趋势。2005—2019 年川渝地区城乡均衡发展指数均值从 0.498 上升到了 0.643，提高了 0.29 倍。其中重庆提高幅度最大，从 2005 年的 0.122 提高到了 2019 年的 0.629，增长了约 4.2 倍：2019 年整个川渝地区除巴中的城乡均衡指数<0.6，眉山的城乡均衡指数>0.8 之外，其余城市的城乡均衡发展水平差距不大，区域整个处于一种较为和谐的协调状态。多数城市的发展趋势与川渝地区平均发展趋势一致，呈现波动上升的状态。

（二）城镇化-经济增长-城乡均衡发展水平耦合协调时空演变分析

通过构建耦合协调度模型对川渝地区城镇化-经济增长-城乡均衡发展水平的耦合协调度进行计算，得到 2005—2019 年城镇化-经济增长-城乡均衡发展的耦合协调度（见表 4），运用 ArcGIS 软件空间可视化得到城镇化-经济增长-城乡均衡发展水平的耦合协调度空间格局。

表 4 川渝地区城镇化-经济增长-城乡均衡发展耦合协调度

地区	2005 年	2006 年	2007 年	2008 年	2009 年	2010 年	2011 年	2012 年	2013 年	2014 年	2015 年	2016 年	2017 年	2018 年	2019 年
重庆	0.49	0.36	0.55	0.58	0.59	0.64	0.69	0.71	0.80	0.83	0.85	0.88	0.89	0.90	0.91
成都	0.64	0.66	0.69	0.69	0.73	0.74	0.76	0.78	0.79	0.86	0.89	0.91	0.93	0.94	0.94
自贡	0.51	0.46	0.47	0.47	0.49	0.50	0.51	0.52	0.55	0.58	0.58	0.60	0.61	0.64	0.64
攀枝花	0.52	0.52	0.53	0.54	0.56	0.55	0.57	0.59	0.63	0.63	0.62	0.64	0.65	0.66	0.66
泸州	0.44	0.43	0.44	0.44	0.45	0.46	0.47	0.49	0.54	0.56	0.57	0.59	0.61	0.61	0.64
德阳	0.44	0.44	0.46	0.46	0.51	0.48	0.50	0.50	0.53	0.57	0.58	0.59	0.62	0.63	0.66
绵阳	0.46	0.46	0.47	0.48	0.52	0.50	0.52	0.52	0.55	0.59	0.61	0.63	0.65	0.66	0.68
广元	0.33	0.34	0.36	0.37	0.40	0.41	0.42	0.44	0.51	0.49	0.51	0.52	0.53	0.54	0.56
遂宁	0.40	0.40	0.42	0.41	0.43	0.43	0.43	0.44	0.47	0.55	0.57	0.59	0.59	0.61	0.62
内江	0.42	0.42	0.43	0.44	0.44	0.45	0.47	0.48	0.50	0.53	0.55	0.56	0.57	0.58	0.61
乐山	0.45	0.44	0.45	0.47	0.46	0.48	0.49	0.49	0.53	0.56	0.58	0.59	0.61	0.62	0.64
南充	0.39	0.41	0.45	0.44	0.46	0.46	0.49	0.51	0.53	0.55	0.57	0.58	0.60	0.61	0.65
眉山	0.38	0.38	0.41	0.42	0.43	0.44	0.46	0.48	0.48	0.57	0.59	0.61	0.62	0.64	0.65
宜宾	0.40	0.40	0.42	0.43	0.43	0.45	0.48	0.50	0.55	0.53	0.55	0.57	0.59	0.64	0.66
广安	0.37	0.35	0.37	0.37	0.38	0.39	0.42	0.43	0.50	0.51	0.53	0.55	0.57	0.59	0.59
达州	0.28	0.31	0.33	0.35	0.38	0.36	0.40	0.40	0.46	0.50	0.51	0.52	0.54	0.57	0.60
雅安	0.43	0.43	0.44	0.45	0.47	0.45	0.48	0.53	0.52	0.56	0.57	0.57	0.58	0.59	0.62
巴中	0.34	0.34	0.34	0.36	0.37	0.38	0.41	0.42	0.49	0.47	0.48	0.50	0.51	0.52	0.55
资阳	0.33	0.34	0.34	0.36	0.35	0.33	0.42	0.43	0.48	0.53	0.54	0.56	0.56	0.58	0.58
成渝地区	0.42	0.41	0.43	0.44	0.46	0.46	0.49	0.50	0.54	0.57	0.59	0.60	0.62	0.63	0.65

结合耦合协调度划分标准采用 Gis 软件作图，可知成渝地区平均水平由濒临失调上升到初级协调水平，经历了濒临失调（2005—2011 年）—勉强协调（2012—2015 年）—初级协调（2016—2019 年）三个阶段，总体达到了初级协调水平。从具体的城市情况来看，区域内所有城市均实现了城镇化-经济增长-城乡均衡发展耦合协调水平的上升趋势，其中达州从 2005 年的中度失调（0.28）发展到了 2019 年的初级协调（0.6），增幅最大，增长了约 1.14 倍；而成都以及重庆于 2018 年之后均实现了优质协调，整体协调水平远远领先于川渝其他城市（其他城市于 2019 年最多仅实现了初级协调）。2019 年川渝地区仅有广元、资阳、巴中、广安处于濒临协调状况，其他城市均实现初级协调及以上水平。

2005—2019 年川渝地区城镇化-经济增长-城乡均衡发展耦合协调度也存在一定的空间差异。整体来看，川渝地区城镇化-经济增长-城乡均衡发展耦合协调度呈现出明显的“极化均衡”现象，即区域中存在少数城市实现了城镇化-经济增长-城乡均衡发展耦合协调度高级别协调发展局面，同时其他城市同这些极化地区保持一定差距，但多数城市处于同一梯队且趋向于均衡发展的局面。目前，川渝的协调度呈现川中>川南>川北且成都和重庆作为极化区域远远领先其他城市的特征。其他城市之间耦合协调水平之间的差异不大，且通过近些年的发展，均从不同水平的失调提高到了 2019 年的勉强及初级协调水平。总体而言，这类非极化城市间依然呈现出较为均衡的现象。而从川渝两座极化城市对周边的影响来看，成都周边城市的耦合协调水平总体要略高于重庆周边城市的发展情况。

（三）城镇化-经济增长-城乡均衡发展耦合协调度空间效应检验

为了判断城镇化-经济增长-城乡均衡发展在空间是否存在战略互动的可能性，本文对川渝地区整体的城镇化-经济增长-城乡均衡发展的耦合协调数据进行了莫兰指数检验。通过构建经济矩阵，根据公式计算 2005—2019 年川渝地区城镇化-经济增长-城乡均衡发展耦合协调度的莫兰指数以及其检验结果（见表 5）。

全局莫兰指数的结果显示，川渝地区观测年份内的莫兰 I 指数均为正值，且均通过了显著性水平的 Z 检验，证明川渝地区城镇化-经济增长-城乡均衡发展耦合协调度存在显著的空间正相关，城镇化-经济增长-城乡均衡发展协调度高的地区与相对较高的地区存在较为显著的空间集聚，而耦合协调度低的地区与相对低的地区趋于空间聚集。但需要说明的是，全局莫兰 I 指数在考察年份中处于逐渐波动下降的趋势，且 2014 年之后下降趋势更为明显，证明随着时间的推移，川渝地区城镇化-经济增长-城乡均衡发展的空间集聚分布呈现明显的减弱，且不稳定性提高，疑似出现问题。但全局莫兰指数只能从总体上表明川渝地区城镇化-经济增长-城乡均衡发展的空间正相关，并无法准确对地区城镇化-经济增长-城乡均衡发展耦合协调的空间聚集性以及局部空间自相关进行描述。城镇化-经济增长-城乡均衡发展的耦合协调发展不仅在观测年份中存在空间聚集性，也可能存在较强的空间正相关性，相邻城市之间存在邻居依赖效应。

表 5　2005—2019 年城镇化-经济增长-城乡均衡发展耦合协调度的全局莫兰指数

年份	I	Z	P
2005	0. 331 8	4. 003 4	0. 000 1（***）
2006	0. 223 5	3. 119 2	0. 001 8（***）
2007	0. 265 0	3. 483 6	0. 000 5（***）
2008	0. 293 4	3. 755 9	0. 000 2（***）
2009	0. 279 5	3. 653 7	0. 000 3（***）
2010	0. 253 5	3. 344 6	0. 000 8（***）
2011	0. 240 7	3. 253 7	0. 001 1（***）
2012	0. 237 6	3. 202 9	0. 001 4（***）
2013	0. 233 5	3. 186 2	0. 001 4（***）
2014	0. 190 1	2. 777 8	0. 005 5（***）
2015	0. 151 6	2. 371 6	0. 017 7（**）
2016	0. 150 4	2. 355 3	0. 018 5（**）
2017	0. 146 7	2. 310 5	0. 020 9（**）
2018	0. 137 8	2. 202 2	0. 027 7（**）
2019	0. 110 4	1. 888 6	0. 058 9（*）

为了进一步对川渝地区空间相关关系进行考察，本文使用 stata 软件对该区域的局部空间自相关模型进行检验并通过制图来刻画川渝地区内部空间格局差异的动态特征（见图 1）。可以明显发现川渝地区的高高聚集地区的数量随着时间的变化有着明显的不同，2005 年川渝地区共拥有重庆、成都、自贡、

攀枝花、德阳、绵阳以及乐山七个高高聚集区城市，而 2019 年仅剩重庆、成都、德阳以及攀枝花四个城市，且长期稳定占据高高聚集区的城市仅有重庆、成都以及攀枝花三个城市，自贡、绵阳、乐山等城市均随着时间发展逐渐退出了高高聚集区。

2005—2019 年多数城市如自贡、绵阳、德阳等地区均从高高聚集区发展为低高聚集区以及低低聚集区，雅安、泸州、内江等多数城市从高低聚集区转到了低低聚集区，多数城市的发展进程出现一些阻碍，但也有少数如眉山、南充等城市由原来的低低聚集区转到高低聚集区。整体来看，川渝地区城镇化-经济增长-城乡均衡耦合协调发展在重庆、成都以及攀枝花等少部分城市形成了较好的空间联动格局，但整个区内的发展资源有向要素资源较好的城市地区集中的倾向，尤其是成都以及重庆在整个川渝地区所表现出的虹吸效应较强，对区内其他城市发展的影响较大。

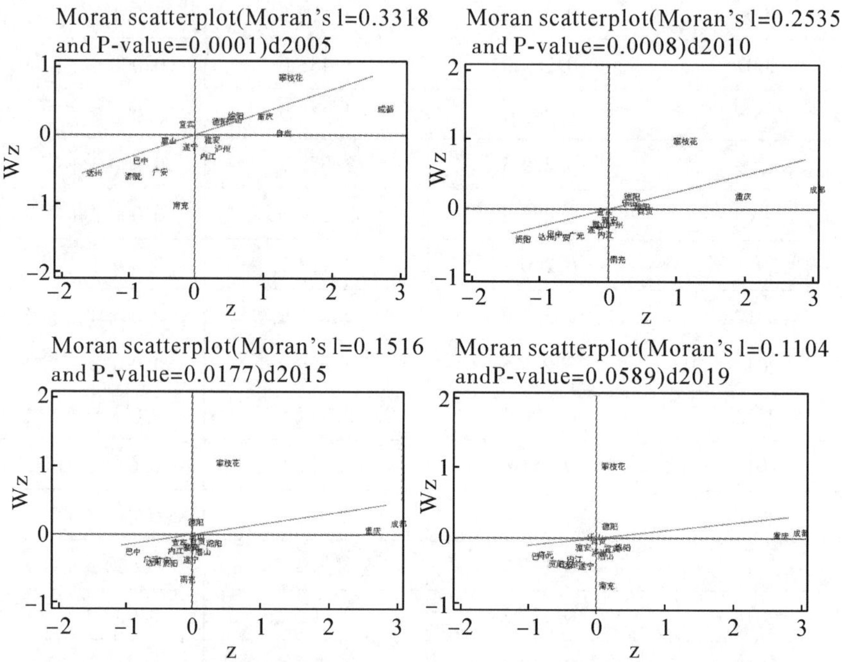

图 1　川渝地区城镇化-经济增长-城乡均衡发展耦合协调度局部莫兰指数（2005 年、2010 年、2010 年、2019 年）

六、研究结论以及政策建议

（一）研究结论

本文选取2005—2019年川渝地区城市面板数据对该区域城镇化-经济增长-城乡均衡发展耦合协调问题进行研究，分别构建了城镇化-经济增长-城乡均衡发展综合评价体系，并采用熵值法对三个系统进行评价，之后使用耦合协调度模型测算出了川渝地区城镇化-经济增长-城乡均衡发展水平之间的耦合协调度，并通过空间分析得到以下结论：

（1）川渝地区各城市之间的城镇化-经济增长-城乡均衡发展水平之间呈现显著的上升趋势，但各个城市之间存在明显的区域差异。城镇化与经济增长两个系统均出现了“成渝强”“剩余弱”的情况，而川渝地区城乡均衡发展水平却相对较为协调，整个区域内城市之间的差距不大，发展趋势也较为相近。

（2）川渝地区城镇化-经济增长-城乡均衡发展的耦合协调度呈现出明显的“极化均衡”现象，即成都以及重庆两座城市实现了城镇化-经济增长-城乡均衡发展的高级别协调发展，但川渝地区其他城市却与之保持着一定的距离，而其他城市之间的发展情况较为一致且同梯队相对均衡。

（3）川渝地区城镇化-经济增长-城乡均衡耦合协调发展表现出了较强的空间聚集性以及空间相关特征。但在此需要说明的是，整体来看，川渝地区的空间聚集性及空间相关性随着时间的推移而减弱：其主要表现在多数城市的空间联动格局出现减弱，整个区域的空间强聚集主要出现在成都以及重庆两大城市，而其余城市除了距离川渝地区核心区域较远的攀枝花以外，均缺乏城镇化-经济增长-城乡均衡耦合协调发展水平高的地区，整个区域尚未形成良性的空间联动格局，甚至有所减弱。

（二）政策建议

（1）差异化探索区域城镇化与经济增长发展方式，并根据实际情况提高城乡均衡发展水平。川渝地区除少数城市外，多数城市的城镇化与经济增长水平的综合发展水平依然较低，因此如何推动区域内城镇化与经济建设仍然是川渝地区发展的主旋律。可以适当考虑加快农业剩余人口的城镇化建设，配套相关政策。同时，也要在川渝地区优化城镇布局，在区内深入推进城市之间的协调发展，将“成渝经济圈”打造成现代化都市圈，以合理的手段推动大中小城市的协调发展，并以此为基础推动区内整体进步。此外，还要关注到，虽然川渝地区的城乡均衡发展水平相对较高且地区之间发展均衡、动态演进发展平稳，但在城镇化以及经济增长建设中，也要着重关注城乡要素的合理配置，防止“发展一头，忘一头”的现象出现，要在乡村振兴的大背景下，缩小城乡之间的差距，推动农村地区经济发展多元化，使得川渝能够真正实现城镇化-经济增长-城乡均衡的协调发展。

（2）要综合利用川渝地区各个城市的区域优势，增强区域内发展的协调效应。从川渝地区城镇化-经济增长-城乡均衡发展的耦合协调度的演进情况来看，区域内“极化均衡”的情况较为明显，并且从演进趋势来看，目前成都以及重庆并未很好地实现其作为区域内大城市的辐射作用，且川北地区缺少增长极。因此，川渝地区更应该考虑区内协同发展，鉴于各个城市之间发展程度不同，类似成都、重庆等协调水平较高的地区，更应该注重城镇化与经济增长的质量，同时也要更加注重城乡均衡水平的发展，防止城市内出现城乡差距扩大的问题，鼓励该类地区更多的在内生属性上解决发展问题，而其他发展水平较低的地区可能更需要考虑外在属性，提高可得性。此外，川渝地区可以考虑在广元、巴中、南充等川北城市中挑选出发展条件较好的城市来培育新增长极，从而强化区域的空间联动，补充川北地区经济增长极的空白，使得整个川渝地区空间协调水平得以提高。

（3）加强川渝地区发展的整体性和协同性，以“成渝”为中心带动整个区域共同进步。目前，川渝地区的经济增长水平、城镇化水平以及地区吸引能力仍然存在着较大差异，川渝地区的发展条件相对不平衡。从川渝地区城镇化-经济增长-城乡均衡发展的局部自相关分析来看，区域间的耦合协调度具有明显的空间正相关且空间聚集表现显著。因此，结合以上特点，川渝地区应该充分利用这种空间联动效应，充分发挥“成渝”两座高高聚集区的核心城市地位，加强其对于周边城市的辐射作用，并扩大辐射范围，从而带动周边更多城市实现城镇化-经济增长-城乡均衡水平的发展。同时，也要防止空间联动效应随着“成渝”两座城市的快速发展而减弱，对于川渝地区其他城市而言，应该加强对“成渝”以外其他城市的政策支持，在共同富裕的大背景下，围绕整个川渝地区发展“头部引领，协同发展”的健康格局。

参考文献

余航，周泽宇，吴比，2017. 城乡差距、农业生产率演进与农业补贴：基于新结构经济学视角的分析［J］. 中国农村经济（10）：40-59.

王卓，王璇，2021. 川渝城市群城市化对产业结构转型的影响研究：基于京津冀、长三角、珠三角三大城市群的比较［J］. 西北人口，42（3）：1-11.

蒋永穆，李想，2020. 川渝黔经济一体化助推成渝地区双城经济圈建设研究

[J]. 西部论坛，30（5）：43-56
左鹏飞，姜奇平，陈静，2020. 互联网发展、城镇化与我国产业结构转型升级[J]. 数量经济技术经济研究，37（7）：71-91.
颜咏华，2016. 人口流动对城市化进程的影响：理论分析与实证研究［D］. 兰州：兰州大学.
丁守海，2014. 中国城镇发展中的就业问题［J］. 中国社会科学（1）：30-46，204-205.
赵德昭，许家伟，2021. 河南省县域就地城镇化时空演变与影响机理研究［J］. 地理研究，37（7）：1978-1992.
蒋彬，王胡林，2018. 西南民族地区新型城镇化研究分析与展望［J］. 西南民族大学学报（人文社科版）（6）：41-47.
熊湘辉，徐璋勇，2018. 中国新型城镇化水平及动力因素测度研究［J］. 数量经济技术经济研究（2）：44-63.
杨传开，2016. 中国多尺度城镇化的人口聚集与动力机制［D］. 上海：华东师范大学.
郭健全，蔡信威，2022. 交通运输、旅游发展、可再生能源与经济增长：基于碳达峰、碳中和背景的研究［J］. 华东经济管理，36（6）：48-77.
张杰，陈容，2022. 我国科技创新对经济增长的支撑效应和途径研究［J］. 学术论坛，45（3）：36-47.
张伟亮，宋丽颖，2022. 财政激励政策、人才配置与经济增长：基于微观视角的研究［J］. 华东经济管理，（5）：79-88，145.
杨帆，杜云晗，2021. 创新与高端服务业人才集聚对经济增长影响的共轭效应研究：基于西部地区城市面板数据的分析［J］. 中国软科学（10）：82-91.
BIN LEI G. Agricultural reforms and production in China：changes in provincial production function and productivity in 1978—2015［J］. Journal of Development Economics（132）：18-31.
计晗，许佳伟，聂凤英，等，2021. 小农经济条件下农业农村现代化：历史探索与经验启示［J］. 南京农业大学学报（社会科学版），21（5）：20-30.
刘卫红，2015. 城乡一体化发展的主要障碍及实现路径［J］. 中国集体经济（22）：1-4.
谢方，徐志文，2018. “城乡界面”视角下城乡要素双向合理流动机制研究［J］. 内蒙古社会科学（汉文版），39（3）：94-99.
郭素芳，2018. 城乡要素双向流动框架下乡村振兴的内在逻辑与保障机制

[J]. 天津行政学院学报, 20 (3): 33-39.
李爱民, 2019. 我国城乡融合发展的进程、问题与路径 [J]. 宏观经济管理 (2): 35-42.
耿慧志, 刘子健, 张天宇, 等, 2020. 双循环体系下土地要素市场化改革对城乡发展的影响 [J]. 城市学刊, 41 (6): 45-52.
赵新宇, 苗鑫桐, 2022. 城镇化发展、资本投资与区域经济增长: 基于东北地区数据的实证分析 [J]. 河南师范大学学报 (哲学社会科学版), 49 (7): 76-83.
赵娜, 2022. 新型城镇化发展的经济增长效应检验 [J]. 统计与决策, 38 (12): 126-129.
赵永平, 徐盈之, 2016. 新型城镇化、技术进步与产业结构升级: 基于分位数回归的实证研究 [J]. 大连理工大学学报 (社会科学版), 37 (2): 56-64.
杨飞虎, 王爱爱, 2022. 新型城镇化建设中公共投资对私人投资的经济效应: 基于新型城镇化中介作用的再检验 [J]. 经济问题探索 (4): 92-102.
张杨, 庄道元, 2022. 城镇化水平、产业结构与经济增长: 基于长三角城市群的实证研究 [J]. 长春师范大学学报, 41 (7): 40-46.
李林杰, 申波, 李扬, 2007. 借助人口城市化促进国内消费需求的思路与对策 [J]. 中国软科学 (7): 30-40.
王子敏, 2011. 我国城市化与城乡收入差距关系再检验 [J]. 经济地理 (8): 1289-1293.
王森, 2018. 城镇化对城乡收入差距影响的实证研究 [J]. 统计与决策 (23): 110-113.
杨森平, 唐芬芬, 吴栩, 2015. 我国城乡收入差距与城镇化率的倒 U 关系研究 [J]. 管理评论 (11): 3-10.
陈斌开, 林毅夫, 2013. 发展战略、城市化与中国城乡收入差距 [J]. 中国社会科学 (4): 81-102, 206.
吴宣恭, 2016. 从经济规律和社会矛盾的视角认识新常态争取新发展 [J]. 毛泽东邓小平理论研究 (4): 1-7, 92.
陈乙萍, 刘洋, 2016. 动态特征、现实境况与城乡协调发展的关联度 [J]. 改革 (2): 80-86.
杨志海, 刘雪芬, 王雅鹏, 2013. 县域城镇化能缩小城乡收入差距吗?: 基于 1 523个县 (市) 面板数据的实证检验 [J]. 华中农业大学学报 (社会科学版) (4): 42-48.

张耀军，柴多多，2018. 人口城镇化与城乡收入差距耦合关系研究［J］. 人口研究（6）：61-73.
曾昭法，左杰，2013. 中国省域城镇化的空间集聚与驱动机制研究：基于空间面板数据模型［J］. 中国管理科学（11）：580-586.
钟阳，王志勇，2016. 人口城镇化进程中的驱动因素研究：基于地级市的时空计量模型分析［J］. 软科学（1）：26-30.
郑世林，周黎安，何维达，2014. 电信基础设施与中国经济增长［J］. 经济评论，49（5）：77-90.
高波，孔令池，2019. 中国城乡融合发展的经济增长效应分析［J］. 农业技术经济（8）：4-16.
缪小林，高跃光，2016. 城乡公共服务：从均等化到一体化：兼论落后地区如何破除经济赶超下的城乡“二元”困局［J］. 财经研究（7）：75-86.
刘吕吉，申经宇，2017. 福利性财政支出对城乡居民消费差距的影响［J］. 首都经济贸易大学学报（3）：13-20.
闫瑞增，王雄，邹玲，等，2018. 城乡金融非均衡发展对居民收入差距影响研究：基于中国 1991—2015 年的数据分析［J］. 财经理论与实践（1）：33-38.
郑强，2017. 科技创新对新型城镇化的影响：基于面板门槛模型的实证分析［J］. 城市问题（6）：25-35.
罗小锋，袁青，2017. 新型城镇化与农业技术进步的时空耦合关系［J］. 华南农业大学学报（社会科学版），16（2）：19-27.

农业政策如何影响农户生产性废弃物资源化利用决策?

——基于安徽省 1 227 个农户调查数据的实证

扶桑　张标

（阜阳师范大学）

摘要： 农业生产性废弃物资源化利用对推进农业生产绿色转型和实现乡村生态振兴具有重要作用。本文利用安徽省 1 227 个农户调查数据，通过理论分析与实证研究，从政策认知、政策监管和政策激励三个角度探究农业政策对农户生产性废弃物资源化利用决策的影响机制。结果表明：农业政策是影响农户生产性废弃物资源化利用决策的重要因素，政策认知、政策监管和政策激励均对农户生产性废弃物资源化利用决策有正向影响；农业政策对农户生产性废弃物资源化利用决策的影响存在明显的年龄差异；政策认知在政策监管和政策激励对农户生产性废弃物资源化决策中起到了显著的正向调节效应。为此，提出加大政策宣传力度、建立政策监管长效机制、实行精准化政策激励措施等政策建议。

关键词： 农业政策；生产性废弃物；资源化利用决策；农户

一、引言

当前，农膜、农药瓶、化肥包装物、作物秸秆等农业生产性废弃物产量持续增加，这不仅直接导致了农业面源污染，而且会对人类健康造成负面影响，在推进农业高质量发展过程中迫切需要解决农业生产性废弃物处理问题。传统的农业生产性废弃物丢弃式处理会对生态环境造成严重破坏，而采用农业资源化、工业资源化、能源资源化和生态资源化等处理方式则可以将废弃物“变废为宝”，取得一定的环境效益和经济效益。因此，推进农业生产性废弃物的资源化利用既是学界研究的重点，也是政府工作实践的目标。

农户作为农业生产的主要参与者，是农业生产技术采纳推广的关键决策者和最终实施者，其生产决策行为直接决定了是否对农业废弃物进行资源化处理。具有典型环境外部性特征的农业废弃物处理行为会导致农户面临个体边际收益与社会边际收益失衡的困境，这就需要政府对农业废弃物的资源化利用决策进行干预。农业政策是政府干预农业产业的主要手段，其对农业微观生产主体决策具有重要影响。例如：Hisali 等研究发现政策支持能够促进农户使用农业绿色生产技术。农业政策对农户生产决策行为的影响不仅仅是政策支持激励，还包括政策约束机制。例如：李乾和王玉斌研究发现，在农户决策行为方面，政府同时实施惩罚与补贴双项农业政策的效果会好于单一政策实施的效果。针对农户废弃物资源化利用决策，黄炜虹等研究发现农户对农业废弃物资源化利用的行为是基于成本收益分析基础上做出的理性选择结果，政府需要为农户提供保障措施。基于环境心理学和计划行为理，较多文献重点研究农户废弃物资源化利用意愿或行为受到认知态度、个体特征、宣传推广、情境因素、政府推动措施等因素的影响机理。

已有文献对本文研究具有重要的借鉴意义和参考价值，但仍存在一定的拓展空间。首先，通过对已有文献的梳理发现，目前学界主要侧重从宏观视角凸显政府主体研究政府规制对农户废弃物资源化利用决策，而疏于从微观农户认知视角关注农业政策影响，更缺少同时从农户政策认知视角和政府规制视角探讨农户生产性废弃物资源化利用决策的影响机制；其次，已有文献在实证研究中更多关注农业政策整体对农户生产决策的影响，而对不同农业政策的差异性影响分析较少。此外，已有文献缺乏专门探讨农业政策对农户生产性废弃物利用的影响及其作用机制的研究。鉴于此，本文以我国粮食主产区安徽省的农户为研究对象，将政策认知、政策监管和政策激励同时纳入农业政策分析框架，探究农业政策对农户生产性废弃物资源化利用决策的影响。本文研究结论对农业废弃物资源化利用政策的制定、调整与优化具有重要参考价值，有利于通过政策干预促进农户参与农业生产性废弃物资源化利用，对推进农业绿色转型发展和乡村生态振兴具有重要意义。

二、理论分析与研究假说

根据农户行为理论，农户生产行为是以利润最大化为目标的系统化过程，是自身资源禀赋与外部因素共同作用的结果，不仅受个体内在认知的影响，同时也受其所处政策环境的影响。政策认知是农户主要通过了解政策、政策关注度、信息获取等方式影响其政策认知程度，其对农户农业生产决策行为具有显著影响。

农户的农业生产性废弃物资源化利用决策通过政策认知来了解和预测，往往政策了解程度越高，其对生产性废弃物进行资源化处理的意向越强，越有可能对农业生产性废弃物进行资源化处理。基于以上分析，提出本文的研究假说 1：

H1：政策认知对农户生产性废弃物资源化利用决策具有正向影响。

农户对农业生产性废弃物进行资源化处理具有显著的正外部性，会使他人获得保护环境带来的收益，政府介入将会使农户决策行为的外部性向内部转化。政府处理这种外部性的主要政策措施分为命令控制型政府措施和市场手段，政策监管就属于命令控制型政府措施。严格的法律法规体系和标准制度能够有效地约束农户生产行为，同样农业废弃物监督制度和惩罚措施也会对农户废弃物资源化利用行为产生重要影响。一方面，政策监管对农户具有警示效果，实质性的惩罚措施可以提高农户废弃物资源化利用意愿；另一方面，政府严格监管措施会规范农户的生产行为，促进农户对农业生产性废弃物进行资源化处理。根据以上理论分析，提出研究假说 2：

H2：政策监管对农户生产性废弃物资源化利用决策具有正向影响。

农户在进行农业生产性废弃物资源化利用时需要额外投入时间和精力成本，外在的经济激励是有效促进农户废弃物资源化处理的重要措施。经济激励是农业激励政策的一项重要措施，往往是以政策补贴为主，不仅可以降低农户处理农业废弃物的成本，而且还对精神激励具有显著作用。农户在获得政策性补贴后，会提高农户参与农业废弃物资源化利用的积极性，从而更加愿意对农业生产性废弃物进行资源化处理。根据上述分析，提出研究假说 3：

H3：激励政策对农户生产性废弃物资源化利用决策具有正向影响。

根据计划行为理论，农户的认知和态度决定决策动机，进而影响其决策行为。理论分析认为，政策认知不仅对农户生产性废弃物资源化利用决策有重要影响，而且还在政策监管和政策激励影响农户生产性废弃物资源化利用决策过程中有调节效应。农户对农业政策的认知程度在一定程度上影响政策执行效果，进而通过理解政策内容和理解偏差等影响政策监管和政策激励的实施效果。一般来说，农户的政策认知程度越高，政策监管和政策激励对农户生产性废弃物资源化利用决策的影响就越大。由此，本文提出研究假说 4 和假说 5：

H4：政策认知对政策监管影响农户生产性废弃物资源化利用决策过程具有调节效应。

H5：政策认知对政策激励影响农户生产性废弃物资源化利用决策过程具有调节效应。

此外，不同年龄阶段的农户在个人认知、生产过程、行为逻辑等方面存在较大差异，因而会对农业生产性废弃物资源化利用决策产生影响，表现为农业政策对农户生产性废弃物资源化利用决策影响的年龄异质性特征。综合以上理论分析，兼顾农户主体性和政府主体性，本文试图将政策认知、政策监管和政策激励纳入同一逻辑分析框架，检验农业政策对农户生产性废弃物资源化利用决策的影响效应，同时，探讨政策认知对政策监管和政策激励影响农户生产性废弃物资源化利用决策的调节作用，以期为引导和激励农户生产性废弃物资源化利用决策提供经验依据。本文研究的逻辑关系与分析框架如图 1 所示。

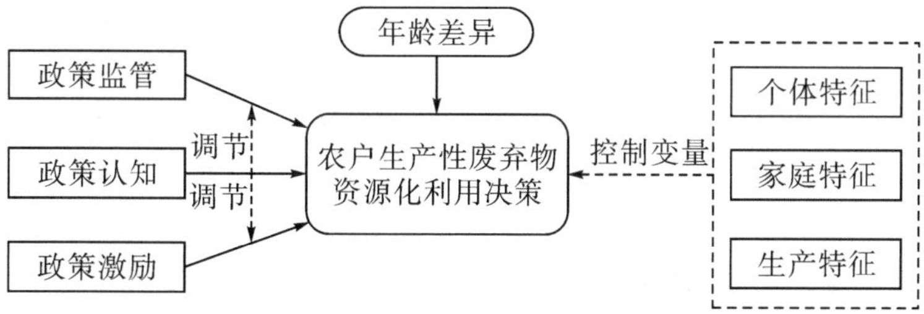

图 1　本研究的逻辑关系与分析框架

三、数据来源、模型构建及变量选取

（一）数据来源

本研究所用的数据来自课题组 2021 年在安徽省开展的大规模农户调查。该调查覆盖了安徽省所有地级市，重点对阜阳、亳州、宿州等皖北地区进行调查。皖北地区以平原为主，地势平坦，适合农业生产，被称为“江淮粮仓”，是我国重要粮食主产区，也是长三角地区的绿色优质农产品供应基地。农业生产性废弃物的处理与资源化利用尤为重要，因而样本区域选择具有较强的示范性和代表性。

样本选取采用典型抽样和随机抽样相结合的方法。首先在安徽省内选择粮食主产县，然后根据当地情况在典型区县随机抽取村庄，最后在这些村庄随机对农户进行调查。调查方式采用问卷调查与实地调查相结合的方式进行。在多轮预调研的基础上，问卷设计遵循通俗易懂原则，以确保调查过程顺利进行。此次调研利用大学生寒假暑假返乡及社会实践期间进行，调查人员为阜阳师范大学经济学院在读本科生，经挑选后统一进行培训。考虑到农户文化水平问题，实地调查是以面对面访谈为主，由调查人员与农户以聊天形式获取数据信息，保证数据的真实有效性。

本次调查共收集农户问卷 1 500 份，逐个进行问卷检查与筛选，剔除问卷信息缺失过多、存在异常值等无效问卷，最终获得有效问卷 1 227 份。样本覆盖安徽全省 16 个地级市，71 个区县，样本总体分布广泛均匀，具有很好的代表性。问卷总体的 Cronbach's α 信度系数为 0. 82，KMO 值为 0. 79，均大于 0. 7，说明问卷的信度和效度比较好，能够很好地支持本研究的实证分析。

（二）模型构建

为检验本文提出的研究假说，分析政策认知、政策监管和政策激励对农户生产性废弃物资源化利用决策的影响，本文设定的基准回归计量模型形式如下：

$$FD_i = \alpha + \beta AP_i + \lambda CV_i + \varepsilon_i \tag{1}$$

式（1）中，FD_i为第 i 个农户生产性废弃物资源化利用决策；FD_i为农业政策，包括政策认知、政策监管和政策激励；CV_i为控制变量矩阵，ε_i为随机扰动项，α、β 和 γ 为待估参数。

本文主要探讨农业政策对农户生产性废弃物资源化利用决策的影响，上述模型中的被解释变量为“农户生产性废弃物资源化利用决策”，属于 0~1 非连续的二分类变量。同时，为避免模型估计中的影像问题，采用基于个人层面的 Logit 模型进行回归。假定农户实施农业生产性废弃物资源化利用决策定义为 1，则农户未实施农业生产性废弃物资源化利用决策定义为 0，构建农户生产性废弃物资源化利用决策的 Logistics 模型表达式如下：

$$Y_i = \ln\left(\frac{p_i}{1 - p_i}\right) = \alpha + \sum_{n=1}^{n} \beta_n x_{ni} \tag{2}$$

式（2）中，Y_i表示第 i 个农户生产性废弃物资源化利用决策；x 表示影响农户生产性废弃物资源化利用决策的各种因素，包括政策认知、政策监管、政策激励、个体特征、家庭特征、生产特征等；p_i表示农户生产性废弃物资源化利用决策的概率，α为常数项，β_1，β_2，β_3，…，β_n为待估参数。

其次，为检验政策认知对政策监管和政策激励影响农户生产性废弃物资源化利用决策的调节效应，本文也在式（1）中引入交互项“政策认知×政策监管”和“政策认知×政策激励”，模型的基本表达式如下：

$$FD_i = \alpha + \beta AP_i + \delta APC_i * APR_i + \omega APC_i * APE_i + \lambda CV_i + \varepsilon_i \tag{3}$$

式（3）中，APC 为政策认知，APR 为政策监管，APE 为政策激励，δ 和 ω 为待估参数，其他参数含义均与式（1）相同。

（三）变量选取

1. 被解释变量

调查问卷中设置了“是否对农业生产性废弃物进行资源化处理?”这一问

题来反映农户生产性废弃物资源化利用决策行为，受访者选择“是”或“否”。如果农户进行农业生产性废弃物资源化利用，则对被解释变量赋值为1；否则赋值为0。

2. 核心解释变量

（1）政策认知。基于理论分析和数据的可得性，本文设置“您对农业废弃物资源化利用政策的了解程度”这一问题来测量政策认知程度，备选项采用5分量表，依次为非常不了解、比较不了解、一般、比较了解、非常了解。

（2）政策监管。本文设置“您认为政府对农业生产性废弃物处理监管程度”这一问题来测量政策监管，备选项采用5分量表，依次为非常不严格、不太严格、一般、比较严格、非常严格。

（3）政策激励。本文设置“当地对农业废弃物资源化处理是否有政策补贴?”这一问题来政策激励因素。如果有政策补贴，则赋值为1；否则赋值为0。

3. 控制变量

已有研究发现，个人特征、家庭特征、生产特征等能够影响农户生产决策行为。本文在个人特征方面选择性别、健康状况、教育程度和环保意识，在家庭特征方面选择农业收入占比和村经济状况，在生产特征方面选择参加合作社、了解信息、技术培训、听取意见和粮食生产。

表1　变量定义与赋值

类型	变量	定义和赋值	均值	标准差	预期方向
被解释变量	农户生产性废弃物资源化利用行为	是否对农业生产性废弃物进行资源化处理？是=1，否=0	0.786	0.410	
核心解释变量	政策认知	您对农业废弃物资源化利用政策的了解程度：非常不了解=1，比较不了解=2，一般=3，比较了解=4，非常了解=5	2.676	0.812	+
	政策监管	您认为政府对农业废弃物处理监管程度：非常不严格=1，不太严格=2，一般=3，比较严格=4，非常严格=5	3.554	0.845	+
	政策激励	当地对农业废弃物资源化处理是否有政策补贴？是=1，否=0	0.328	0.470	+

表1(续)

类型	变量	定义和赋值	均值	标准差	预期方向
控制变量	性别	受访者性别：女=0，男=1	0.808	0.394	不确定
	健康状况	不好=1，较差=2，一般=3，良好=4，健康=5	4.390	0.846	+
	教育程度	小学及以下=1，初中=2，高中（中专）=3，大专及以上=4	1.926	0.946	+
	环保意识	你的保护意识：非常弱=1，比较弱=2，一般=3，比较强=4，非常强=5	3.484	0.824	+
	农业收入占比	农业收入占家庭总收入比重：20%以下=1，20%~40%=2，40%~60%=3，60%~80%=4，80%以上=5	1.940	1.110	不确定
	村经济状况	村庄集体经济状况：非常弱=1，比较弱=2，一般=3，比较强=4，非常强=5	2.989	0.675	+
	参加合作社	是否加入农业专业合作社？是=1，否=0	0.190	0.392	+
	了解信息	是否能够及时了解新技术和政策信息？是=1，否=0	0.595	0.491	+
	技术培训	是否经常接受农业技术培训：从不=1，极少=2，偶尔=3，经常=4，总是=5	2.241	0.959	+
	听取意见	是否经常采纳邻居或亲戚朋友的意见：肯定不采纳=1，经常不采纳=2，一般=3，比较经常=4，总是采纳=5	3.307	0.692	+
	粮食生产	是否以粮食生产为主？是=1，否=0	0.612	0.487	不确定

4. 描述性统计分析

根据调查结果，有78.6%的农户会对农业生产性废弃物进行资源化处理，53.1%的农户认为政府对农业生产性废弃物处理监管严格，但是只有32.8%的农户认为当地政府对农业废弃物资源化利用提供资金补贴和10.4%农户比较了解农业废弃物资源化利用政策。从表2可以看出，政策认知、政策监管和政策激励与农户生产性废弃物资源化利用决策的交叉分析结果均在1%统计水平上显著，这表明政策认知、政策监管和政策激励单一因素对农户生产性废弃物资源化利用决策都有影响。但是不能判断这些因素是促进农户生产性废弃物资源化利用决策还是抑制农户生产性废弃物资源化利用决策，并且政策认知、政策监管和政策激励因素之间存在相互交叉影响，需要进一步通过回归分析探究农业政策对农户生产性废弃物资源化利用决策的影响机制。

表 2　农业政策与农户生产性废弃物资源化利用决策交叉分析

项目		农户废弃物资源化利用行为		Pearson 卡方
		是	否	
政策认知	非常不了解	58	32	61.150***
	比较不了解	258	119	
	一般	522	98	
	比较了解	112	8	
	非常了解	15	5	
政策监管	非常不严格	8	6	19.789***
	不太严格	61	33	
	一般	362	105	
	比较严格	407	95	
	非常严格	127	23	
政策激励	有政策补贴	618	207	20.952***
	没有政策补贴	347	55	

注：*** 表示在 1%统计水平上显著。

四、实证结果分析

（一）农业政策对农户生产性废弃物资源化利用决策的影响

本文运用 SPSS 20.0 软件分析了核心解释变量政策认知、政策监管和政策激励对农户生产性废弃物资源化利用决策的影响，回归结果如表 3 所示。

表 3　农户生产性废弃物资源化利用决策影响因素的估计结果

项目	回归 1	回归 2	回归 3	回归 4
政策认知	0.615*** (0.091)	0.585*** (0.092)	0.499*** (0.097)	0.371*** (0.107)

表3(续)

项目	回归 1	回归 2	回归 3	回归 4
政策监管	–	0. 267*** (0. 084)	0. 289*** (0. 085)	0. 202** (0. 092)
政策激励	–	–	0. 498*** (0. 176)	0. 289* (0. 192)
性别	–	–	–	0. 402** (0. 186)
健康状况	–	–	–	-0. 243* (0. 097)
教育程度	–	–	–	-0. 005 (0. 091)
环保意识	–	–	–	0. 619*** (0. 104)
农业收入占比	–	–	–	-0. 093 (0. 072)
村经济状况	–	–	–	0. 184 (0. 125)
参考合作社	–	–	–	-0. 254 (0. 229)
了解信息	–	–	–	0. 503*** (0. 162)
技术培训	–	–	–	0. 368*** (0. 094)
听取意见	–	–	–	0. 086 (0. 116)
粮食生产	–	–	–	0. 280* (0. 167)
常数项	-0. 273 (0. 235)	-0. 126*** (0. 358)	-1. 122*** (0. 360)	-3. 553*** (0. 78)
-2 对数似然值	1 222. 268	1 214. 105	1 205. 797	1 105. 416
Cox & Snell R^2	0. 039	0. 047	0. 053	0. 127
Nagelkerke R^2	0. 06	0. 072	0. 082	0. 197

注：***、**、*分别表示在1%、5%、10%的统计水平上显著。

（1）核心解释变量的影响。表 3 中回归 4 的结果显示，政策认知变量的回归系数为 0. 371，且在 1%的统计水平上显著，表明政策认知对农户生产性废弃物资源化利用具有正向促进作用，研究假说 H1 得到验证。农户对农业废弃物资源化处理的政策认知程度越高，越能够充分意识到处理农业废弃物的重要性，而且还会得到关于农业废弃物资源化利用的技术措施和政策优势，从而增加其利用行为。政策监管变量的回归系数为 0. 202，且在 5%统计水平上显著，表明政策监管在农户生产性废弃物资源化利用方面具有正向促进作用，研究假说 H2 得到验证。政府对农业生产性废弃物处理方面监管越严格，农户越倾向于进行资源化处理，这与实际情况相符。可能的原因是农户以追逐利润最大化为目标，其对农业生产性废弃物处理需要额外增加成本，这会产生废弃物处理的负外部性与农户理性决策之间矛盾，而严格政策监管体系与措施能够有效约束农户生产性废弃物资源化利用决策。政策激励变量的回归系数为 0. 289，且在 10%的统计水平上显著，表明政策激励对农户生产性废弃物资源化利用决策行为具有正向促进作用，研究假说 H3 得到验证。政策补贴属于引导型农业政策，如果当地对农业废弃物资源化处理有政策补贴，则农户认识到政府对农业生产性废弃物资源化利用的支持力度，这会提高农户对农业生产性废弃物进行资源化处理的信心。此外 ，农户得到资金补贴可以降低成本，从而促使其对农业废弃物进行资源化处理。

（2）控制变量的影响。在个体特征方面，性别变量在 5%的水平上统计显著，且回归系数为正，表明性别差异能够显著影响农户生产性废弃物资源化利用决策，且男性比女性更倾向于对农业生产性废弃物进行资源化处理。对此可能的解释就是，男性更愿意冒险去尝试新鲜事物，而农业生产性废弃物资源化利用就属于农业技术创新与生产转型。健康状况变量在 10%的统计水平上显著，且回归系数为负，表明农户的个人健康水平对农业生产性废弃物资源化利用决策具有抑制作用。农户个人健康状况越差，越能意识到健康的重要性，就越注重废弃物资源化利用，减少环境污染。环保意识变量在 1%水平上显著，且回归系数为正，表明环保意识对农户生产性废弃物资源化利用行为具有正向影响，这与王火根等的研究结果一致。根据计划行为理论，农户的主观意识对行为具有重要影响，农户个人的环境保护意识越强，越倾向于对农业废弃物进行资源化利用。家庭特征中的农业收入占比和村经济状况 2 个变量均为通过显著性检验，表明家庭特征对农户生产性废弃物资源化利用决策没有显著影响。在生产特征方面，了解信息变量在 1%的统计水平上显著，且回归系数为正，表明及时了解新技术和政策信息对农户生产性废弃物资源化利用决策具有正向影响。可能原因是农户及时了解废弃物资源化利用相关的技术和政策信息，能够充分掌握新技术信息和优势，有助于全面深入了解新技术。技术培训变量在1%的统计水平上显著，且回归系数为正，表明农业技术培训能够促进农户对农业生产性废弃物进行资源化利用，这是因为农业技术培训是提升农户生产能力的重要手段，也是农业新技术推广的重要措施。粮食生产变量在10%的统计水平上显著，且回归系数为正，表明以粮食生产为主的农户更加倾向于对农业生产性废弃物进行资源化处理。

（二）农业政策对农户生产性废弃物资源化利用决策影响的年龄异质性分析

近年来，随着城镇化和工业化的快速发展、人类寿命的延长，农业劳动力结构也发生较大变化，农业劳动力呈现一定的老龄化现象。老龄化趋势对农业生产行为与生产方式变革能够产生重要影响，表现为不同年龄农户群体对农业生产认知、意愿和行为之间表现出一定的差异。因此，有必要按照不同年龄阶段分组，观测农户在政策认知、政策监管和政策激励方面可能存在的差异，并且这种差异可能会影响农户生产性废弃物资源化利用决策。按照国际公认的年龄人口划分标准，以及参考杨志海、唐林等的文献，本研究将60岁及以上的农户划分为“老龄组农户”，60岁以下的农户划分为“年轻组农户”（见表4）。

表4　农业政策对农户生产性废弃物资源化利用决策影响回归结果的年龄差异

变量	年轻组农户		老龄组农户	
	均值	回归5	均值	回归6
废弃物资源化利用决策	0.794	–	0.760	–
政策认知	2.713	0.529*** (0.114)	2.549	0.446** (0.194)
政策监管	3.546	0.290*** (0.097)	3.582	0.319* (0.177)
政策激励	0.331	0.638*** (0.204)	0.316	0.060 (0.365)
常数项	–	-1.208*** (0.422)	–	-1.082 (0.716)
控制变量	已控制	已控制	已控制	已控制
-2对数似然值	–	911.921	–	290.674b
Cox & Snell R^2	–	0.057	–	0.044
Nagelkerke R^2	–	0.090	–	0.066
N	–	952	–	275

注：***、**、*分别表示在1%、5%、10%的统计水平上显著。

从表4可以看出，年轻组农户对农业生产性废弃物进行资源化处理的比率要高于老龄组农户，并且年轻组农户比老龄组农户对相关政策的认知程度更高，这一规律同样体现在政策激励方面。相反地，在政策监管方面，老龄组农户认为当前政策监管措施更严格。进一步分析（回归5和回归6）发现，农业政策对农户生产性废弃物资源化利用决策影响呈现出显著差异。具体来说，政策认知和政策监管对年轻组农户和老龄组农户的影响均显著，且回归系数都为正，表明政策认知和政策监管对不同年龄阶段的农户生产性废弃物资源化利用决策均有着正向影响，这也与全样本分析结果一致。但是，政策激励对年轻组农户生产性废弃物资源化利用决策有正向影响，而对老龄组农户生产性废弃物资源化利用决策的影响并不显著。

（三）政策认知对政策监管和政策激励的调节效应分析

为检验政策认知在“政策监管—农户生产性废弃物资源化利用决策”和“政策激励—农户生产性废弃物资源化利用决策”过程中的调节效应，在基准回归模型中加入交互项“政策认知×政策监管”和“政策认知×政策激励”，并进行回归分析。另外，考虑到农村人口老龄化，本文还开展了政策认知对“政策监管—农户生产性废弃物资源化利用决策”和“政策激励—农户生产性废弃物资源化利用决策”调节效应的异质性分析（见表5）。年轻组和老龄组农户的划分标准与上面一致。

表5　政策认知对政策监管和政策激励的调节效应检验结果

变量	全样本（回归7）	年轻组（回归8）	老龄组（回归9）
政策认知×政策监管	0.132*** （0.022）	0.162*** （0.026）	0.053 （0.042）
政策认知×政策激励	0.174*** （0.060）	0.120* （0.069）	0.269* （0.126）
常数项	−0.020*** （0.192）	−0.320*** （0.222）	−0.884** （0.406）
控制变量	已控制	已控制	已控制
N	1 227	952	275

注：***、**、*分别表示在1%、5%、10%的统计水平上显著。

从表5可以看出（回归6），交互项“政策认知×政策监管”和“政策认知×政策激励”均在1%的统计水平上显著，且回归系数为正，说明政策认知在政策监管和政策激励对农户生产性废弃物资源化决策中起到了显著的正向调节效应。从年龄异质性角度进一步分析发现，在年轻组中，交互项“政策认知×政策监管”和“政策认知×政策激励”分别在1%和10%的统计水平上显著，且回归系数为正，说明政策认知在政策监管和政策激励对年轻组农户生产性废弃物资源化决策中起到了显著的正向调节效应。但在老龄组中，只有交互项“政策认知×政策激励”分别在10%的统计水平上显著，且回归系数为正，说明政策认知在政策激励对老龄组农户生产性废弃物资源化决策中起到了显著的正向调节效应。综述分析结果表明，相对于老龄组而言，政策认知在“政策监管—农户生产性废弃物资源化利用决策”和“政策激励—农户生产性废弃物资源化利用决策”过程中对年轻组的调节效应更强。

（四）稳健性检验

为防止某些不可控因素导致的估计结果与结论缺乏说服力，本文在基准回归1~4中，通过逐步加入核心解释变量的方法检验估计结果的稳健性。回归1中仅包括政策认知1个变量，模型的-2倍对数似然值为1 222.268，Nagelkerke R^2为0.06；回归2在回归1基础上引入了政策监管变量，模型的-2倍对数似然值下降到1 214.105，Nagelkerke R^2提高到0.072；回归3在回归2基础上进一步引入政策激励变量，模型的-2倍对数似然值进一步下降到1 205.797，Nagelkerke R^2进一步上升到0.082；回归4在回归3基础上引入了所有控制变量，模型的-2倍对数似然值下降到1 105.416，Nagelkerke R^2显著上升到0.197。从回归1到回归4，模型的-2倍对数似然值持续下降，Nagelkerke R^2值一直提高，且核心解释变量的显著性和系数正负号均没有发生变化，说明估计结果是稳健的。

此外，本文还采用OLS估计和Probit模型同时对上述回归模型进行稳健性检验，检验结果如表6所示。政策认知、政策监管和政策激励对农户生产性废弃物资源化利用决策影响的显著性与回归系数符号均一致，表明实证数据结果较为稳健，研究结论可靠。

表6 模型稳健性检验结果

变量	OLS估计	Probit估计
政策认知	0.077*** (0.015)	0.283*** (0.055)
政策监管	0.048*** (0.014)	0.168*** (0.049)
政策激励	0.073*** (0.026)	0.279*** (0.098)

表6(续)

变量	OLS 估计	Probit 估计
个体特征	已控制	已控制
家庭特征	已控制	已控制
生产特征	已控制	已控制
N	1 227	1 227

注：*** 表示在 1%的统计水平上显著。

五、结论与政策建议

农业生产性废弃物丢弃式处理会对生态环境造成严重破坏，而对其进行资源化利用可实现环境效益和经济效益双重目标。农户作为农业生产的主要参与者，其农业生产性废弃物资源化利用决策对推进农业生产绿色转型和实现乡村生态振兴具有重要作用。农业政策是政府干预农业产业的主要手段，对农户生产主体决策具有重要影响。虽然已有学者验证了农业政策可以有效促进农户绿色生产行为，但是农业政策对农户生产性废弃物资源化利用决策的影响机制尚不明确。基于 2021 年对安徽省 1 227 个农户的实地调查数据，本文从政策认知、政策监管和政策激励三个角度探究了农业政策对农户生产性废弃物资源化利用决策的影响机制，同时检验了政策认知在“政策监管—农户生产性废弃物资源化利用决策”和“政策激励—农户生产性废弃物资源化利用决策”过程中的调节效应，探讨了农业政策对农户生产性废弃物资源化利用决策影响的年龄异质性特征。

（一）基本结论

（1）农业政策是影响农户生产性废弃物资源化利用决策的重要因素。政策认知、政策监管和政策激励分别在 1%、5%、10%的统计水平上显著，且对农户生产性废弃物资源化利用决策都有正向影响。

（2）政策认知在政策监管和政策激励对农户生产性废弃物资源化决策中起到了显著的正向调节效应，其中政策认知在“政策监管—农户生产性废弃物资源化利用决策”和“政策激励—农户生产性废弃物资源化利用决策”过程中对年轻组的调节效应更强。

（3）农业政策对农户生产性废弃物资源化利用决策的影响存在明显的年龄异质性特征。其中，年轻组农户生产性废弃物资源化利用决策受到政策认知、政策监管和政策激励的正向影响，而老龄组农户生产性废弃物资源化利用决策只受到政策认知和政策监管的正向影响。

（二）政策建议

为了减少农业生产性废弃物丢弃现象，减轻农业面源污染，需要引导农户积极参与农业生产性废弃物资源化利用决策，从源头上解决现实问题。基于以上研究结论和我国实际情况，本文可得到以下政策启示和建议来引导和激励农户生产性废弃物资源化利用决策：

第一，加大农业废弃物资源化利用的政策宣传力度，提高农户对相关政策了解程度。在政策宣传普及方面，既可以借助手机网络等新型信息传播渠道以图片、视频等新媒体形式及时宣传相关农业政策，也要考虑年龄较大且不会使用手机网络的农户，还可以通过村干部或农技推广员点对点进行宣传。在政策宣传深度方面，可以在田间地头对政策进行深度讲解宣传，或者举办开放式的农业废弃物资源化利用政策培训班，提升农户对相关政策了解，同时也可以提高农户对农业生产性废弃物进行资源化处理的技术水平和行为能力。

第二，建立政策监管长效机制。不仅要建立完善的农业废弃物处理监管体系和惩罚制度，而且要重视监管政策的落地实施效果。此外，农户行为的改变是一个长期持续的过程，要促进农户从传统废弃物丢弃处理行为转变为资源化利用行为，需要建立常态化监管机制，持续规制农户废弃物处理行为。这种严格监管的长效机制能够强化农户农业绿色生产的责任价值导向，实现将外部政策规制内化为农户内心的理性自觉行为的目标。但是在政府进行严厉处罚过程中，要注意以警告教育等引导农户为主，不能简单地进行严格处罚，这样可能会适得其反，还会造成农户对农业政策的抵触心理。

第三，实行精准化政策激励措施。农业政策制定与实施要充分考虑生产者差异性，充分发挥政策精准补贴对农户生产性废弃物资源化利用决策的激励引导作用。政府需要建立农业废弃物资源化利用激励政策长效机制，保证农业政策的连贯性和稳定性，这么做有利于强化农户行为。考虑到农户个体的差异性，在农业生产性废弃物资源化利用推进初始阶段可以采用政策资金补贴方式来激励其生产行为，这样既弥补了农户的技术采纳成本，也给农户传递出积极的信号，使农户更加坚定地对生产性废弃物资源化进行利用。但是资金补贴激励方式不能长期执行，可以将技术培训、声誉塑造、农业服务等纳入政策激励体系，实现农业政策的实时调整、优化和精准化实施，从而促进农户对农业生产性废弃物资源化持续利用。

参考文献

陈智远，石东伟，王恩学，等，2010. 农业废弃物资源化利用技术的应用进展

[J]. 中国人口·资源与环境（12）：32-33.
卢黎霞，杨樱，2011. 循环经济视角下的农业废弃物资源化 [J]. 农村经济（10）：89-91.
王建华，钭露露，王缘，2022. 环境规制政策情境下农业市场化对畜禽养殖废弃物资源化处理行为的影响分析 [J]. 中国农村经济（1）：93-111.
全世文，刘媛媛，2017. 农业废弃物资源化利用：补偿方式会影响补偿标准吗？[J]. 中国农村经济（4）：13-29.
盖豪，颜廷武，张俊飚，2020. 感知价值、政府规制与农户秸秆机械化持续还田行为：基于冀、皖、鄂三省1288份农户调查数据的实证分析 [J]. 中国农村经济（8）：106-123.
王常伟，顾海英，2013. 市场VS政府，什么力量影响了我国菜农农药用量的选择？[J]. 管理世界（1）：50-66.
和丽芬，赵建欣，2010. 政府规制对安全农产品生产影响的实证分析：以蔬菜种植户为例 [J]. 农业技术经济（7）：91-97.
李乾，王玉斌，2018. 畜禽养殖废弃物资源化利用中政府行为选择：激励抑或惩罚 [J]. 农村经济（9）：55-61.
黄炜虹，齐振宏，邬兰娅，等，2017. 农户从事生态循环农业意愿与行为的决定：市场收益还是政策激励？[J]. 中国人口·资源与环境（8）：69-77.
刘妙玲，杨炳成，文晓巍，2014. 农药废弃物处理行为的影响因素分析：基于对广东省农户的调查 [J]. 农村经济（9）：108-112.
赵艺华，周宏，2021. 社会信任、奖惩政策能促进农户参与农药包装废弃物回收吗？[J]. 干旱区资源与环境（4）：17-23.
尚光引，杨欣，2021. 政策认知对农户低碳农业技术采纳决策的影响 [J]. 应用生态学报（4）：1373-1382.
王灿，蔡闻佳，2020. 气候变化经济学 [M]. 北京：清华大学出版社.
尚燕，颜廷武，张童朝，张俊飚，2018. 政府行为对农民秸秆资源化利用意愿的影响：基于"激励"与"约束"双重视角 [J]. 农业现代化研究（1）：130-138.
李成龙，张倩，周宏，2021. 社会规范、经济激励与农户农药包装废弃物回收行为 [J]. 南京农业大学学报（社会科学版）（1）：133-142.
AJZEN I，1991. The theory of planned behavior [J]. Organizational behavior and human decision processes，50：179-211.
王火根，肖丽香，黄弋华，2020. 农户生态环保意识对农业废弃物资源化利用的影响机制研究［J］. 农林经济管理学报（6）：699-706.

杨进，陈志钢，2016. 劳动力价格上涨和老龄化对农村土地租赁的影响［J］. 中国农村经济（5）：71-83.

杨志海，2018. 老龄化、社会网络与农户绿色生产技术采纳行为：来自长江流域六省农户数据的验证［J］. 中国农村观察（4）：44-58.

唐林，罗小锋，张俊飚，2019. 社会监督、群体认同与农户生活垃圾集中处理行为：基于面子观念的中介和调节作用［J］. 中国农村观察（2）：18-33.

供需视角下西藏民营小微企业融资指数研究

宋爽　白文沛

（西藏民族大学）

摘要：本文基于融资供给和需求的视角，采用了问卷调查的方式，使用西藏自治区 2019 年二季度至 2021 年一季度小微企业融资调查问卷数据，通过 CRITIC 构建融资环境指标体系的方法来综合评价西藏民营小微企业的融资问题，并分析了新冠病毒感染疫情冲击的影响。研究发现西藏民营小微企业融资受疫情冲击较明显，融资环境整体上变差；融资需求端萎缩是造成融资环境变差的主要原因，企业融资资质和经营状况亟待改善；融资供给端整体变好，金融机构对西藏民营小微企业提供了足够的融资供给。本文据此进一步提出了提高企业管理水平、改善经营状况、提升企业资质，拓宽融资渠道，构建小微企业信用体系等政策建议。

关键词：新冠病毒感染疫情；小微企业；融资环境；指数分析

一、引言

2020 年新冠病毒感染疫情冲击全球经济，民营小微企业对于稳定社会经济大局的贡献已得到实践证明。近年来各类不稳定因素对于经济的冲击频率不断加大，党中央、国务院对于民营小微企业的金融服务状况高度重视，亟须准确衡量民营小微企业融资状况，从而精准施策，帮助民营小微企业尽快完成高质量发展的转变。

目前我国对民营小微企业的大力扶持，使得针对民营小微企业的研究热度依然未减，世界各国由于发展状态的不同对民营小微企业的研究的深度也不同，并根据经济发展及研究需要提出了各自对于民营小微企业的界定概念。20 世纪 40 年代日本就小微企业提出明确的界定标准，美国于 20 世纪 50 年代颁布《小企业法》并于 21 世纪初通过《微型企业发展法》逐渐确立小微型企业的规模标准。中华人民共和国成立以来多次对企业规模进行调整，但都未将微型企业做单独划分，直到1999年7月《人民日报》在一篇关于抚顺市组织下岗职工创业的报道中，首次提出“微型企业”一词。2011年颁布的《中小企业划型标准规定》正式将小微企业纳入企业类型之一。目前依据《中华人民共和国中小企业促进法》及《国务院关于进一步促进中小企业发展的若干意见》（国发〔2019〕36号），根据从业人员、营业收入、资产总额等指标并结合行业特点将中小企业分为中型、小型和微型三种类型。

民营小微企业融资难是长期存在的制约我国民营小微企业发展的重要问题，尤其是在城镇化水平整体偏低、民营小微企业广泛存在的西藏自治区。西藏曾经是我国唯一的省级集中连片特困地区，是全国贫困发生率最高、脱贫难度最大的深度贫困地区。2019年底，西藏74个贫困县全部摘帽，62.8万建档立卡贫困人口全部脱贫，区域性整体贫困得到解决，历史性消除了绝对贫困，最终与全国一道全面建成了小康社会。民营小微企业是西藏经济活动中非常活跃和重要的组成部分。截至2021年上半年，全区民营经济市场主体达到37.48万户，同比增长12%，占全区市场主体总量的97.2%；注册资本（金）达到1.07亿元，同比增长15.49%；民间投资增长18.8%。2021年1—5月全区民营经济税收130.44亿元，占全部税收的82.3%。西藏民营小微企业不仅起到了吸纳社会就业、维持社会稳定的作用，更是巩固脱贫攻坚基础、扎实推进共同富裕的组织保障。但是西藏民营小微企业融资环境仍然亟待改善，融资环境已经成为制约西藏经济高质量发展的一大阻碍。在此背景下，构建西藏地区民营小微企业融资环境指标体系，综合评价西藏民营小微企业融资环境的现状并发现问题，据此提出相应对策建议，对于提高西藏地区金融服务水平，强化西藏地区特殊金融优惠政策支撑效应，以及促进西藏“十四五”时期高质量发展，进而实现2035远景目标具有重要意义。

本文将采用西藏自治区2019年二季度至2021年一季度小微企业融资调查问卷数据，通过构建西藏民营小微企业融资环境指数，综合评价西藏民营小微企业的融资环境现状，分析新冠病毒感染疫情给其带来的影响，发现存在的问题，并从融资供给端和需求端的角度来分析并解释西藏民营小微企业融资存在的问题，最后根据以上分析提出对策建议，进而改善西藏民营小微企业的融资环境，保持西藏地区的高质量发展和确保2035远景目标的实现。本文余下部分结构安排如下：第二部分是关于融资指标体系与小微企业融资的文献综述；第三部分构建西藏民营小微企业的融资指数；第四部分从供给端和需求端进行分析，同时考虑新冠病毒感染疫情冲击的影响；第五部分简要总结全文并提出对策建议。

二、文献综述

对于企业融资的过程，一般来说，认为融资需求端是企业，融资供给端是金融机构。对于小微企业融资环境问题，其形成原因比较复杂，既有需求端的原因，也有供给端的原因，学术界从需求端和供给端分别进行了研究。

从需求端出发的研究更多强调企业自身资质问题导致了融资困境，并提出了相应的对策建议。融资需求是企业融资行为的起点，融资需求会受到企业特征、宏观经济环境和管理者行为等因素的影响，经济状况、经济政策和不确定性影响融资供给，我国特殊的制度背景导致融资供给与融资需求出现不匹配（张栋 等，2022）。小微企业受制于自身规模，当需要扩大生产规模时具有较大的融资需求，但又因自身规模小、资产有限等因素，往往存在融资困难的问题。有学者指出小微企业普遍有着强烈的融资需求，但难以获得所需的发展资金，不同特征的企业主的融资需求和融资可获得性也存在差异（罗荷花 等，2016）。小企业受到严重的信息不对称问题影响而不得不遵循先内源融资后外源融资和外源融资中先债务后权益的融资次序，即企业在不同发展阶段根据对信息要求的由低到高顺序选择不同的融资渠道，个人决策因素对于小企业融资需求会造成更大的影响（田晓霞，2004）。信息不对称是造成小微企业融资困境的重要原因，但不是唯一原因。有研究指出中小企业的融资困境可以解释为企业作为融资的需求方，因其自身资质存在差异、融资风险难以识别、缓释风险的资产缺失而无法满足金融机构的融资条件，广泛存在的微观风险（韩凤芹 等，2020）。近年来，中小微企业的信贷获得情况改善很快，超八成的“小微”经营者认为贷款获取比 3 年前相比更加容易、便捷。但在规模扩张较快的同时，融资需求端存在缺乏信用数据和抵押担保物，融资需求难以形成规模效应等问题，融资供给服务模式落后，有效金融供给不足（蒋亮 等，2021）。小微企业因其自身资质与金融机构融资要求不匹配导致存在融资需求而难以得到满足，由此可见，小微企业的融资环境问题是一个系统性、结构性问题。为了改善小微企业融资环境，国内研究针对融资需求端提出了相应的对策建议。有研究从需求端入手，提出了缓解中小企业融资难的建议，提出通过建立中小企业征信系统，弥补市场信息不完全的缺陷，以甄别出守信和失信企业（徐洪水，2001）。现行金融供给侧结构、政策导向与这一群体的金融属性特征相互错位，造成了融资困境。民营企业可以通过加强企业管理、培养创新能力、保持合理流动性、提升数字化程度和市场适应能力等措施来提升自身发展质量，进而提高自身的融资资质，使得自身的融资需求更容易得到满足（陆岷峰，

2020）。

有研究对比融资供给端和需求端指出中小企业融资水平主要由供给端水平决定，但提升中小企业信贷融资水平还需多方发力（幸泽林，2017）。中小企业通过银行、资本市场等整个金融渠道难以完全满足自身融资需求，由于正规金融系统的资金难以进入中小企业，民间闲置资金难以通过正规金融渠道投资，中小企业面临结构性资金供给不足的困境（李建军 等，2013）。有早期研究着眼于供给方，认为中小金融机构相对于大型金融机构而言，在服务中小企业的时候具有信息优势，因而发展和完善中小金融机构是解决中小企业融资难的根本出路（林毅夫 等，2001）。融资供给端存在的问题主要是融资渠道缺乏创新、融资方式单一，大型金融机构提供的融资产品与小微企业的需要不相适应，即融资供给与融资需求不匹配等。针对这一问题，国内相关研究提出了相应的建议。有研究指出非正规融资凭借其灵活性高、交易成本低、审批速度快等优势，为中小民营企业提供了更多的融资选择（罗丹阳 等，2006）。有学者认为在面对金融中介的规模效应失效时，仅依靠大型商业银行为主的正规融资渠道难以满足中小企业的融资需求，应该在融资供给端提供更多规模更小、更灵活的融资主体和形式（胡乃武 等，2006）。通过将金融科技技术与小微企业金融场景相结合，构建智能风控体系、创新融资模式、拓宽融资渠道等方式，可以更好地满足小微企业融资需求，改善小微企业融资环境（周雷 等，2020）。小微企业融资难问题的根本出路在供给侧结构性改革，通过加快建设信息共享平台、大数据信息分析系统等小微企业融资基础设施，在供给侧结构性改革方面力求尽快取得突破，推动大数据、云计算、区块链等信息技术更好运用于小微企业的融资领域，从供给端更好地解决小微企业融资难问题（胡美军，2018）。有研究指出可以以政策支持增加小微企业融资供给，商业银行在融资方式、融资产品等方面进行创新，进而改善小微企业的融资环境（魏国雄，2010）。有学者认为资本市场上严格的信息披露机制造成了中小企业融资难，应该正视民间资本市场的作用，可以通过建立地区性资本市场、中小型金融机构来缓解（李伟 等，2006）。通过将“区块链 + 供应链金融”技术融合到融资供给渠道中，可以从供给端改善小微企业的融资环境（孙新宪 等，2021）。

自 2018 年以来，民营小微企业融资难问题不断突出，综合以上研究成果，结合当前经济下行压力加大、市场预期不稳定、金融风险偏好下降和民营小微企业融资渠道不断收窄的现状，亟须建立符合西藏区域发展特色的民营小微企业融资情况评价指标体系。就目前已发布的有关民营小微企业融资情况指标评价体系的研究成果而言，国内外皆有不同程度的研究结果。当下学术界关于小微企业融资指数的相关研究主要围绕两条路径展开：一条是大型金融机构凭借自身经营中积累掌握的客户资源，既可以直接获取内部金融数据，也可以很方便地对大量的客户进行问卷调查，来构建小微企业融资指数，这条路径更偏向结合实际业务进行研究。另一条是学术界通过使用公开数据和构建相关模型来构建小微企业融资指数，这一条路径更偏向进行学术研究和探讨。现有小微企业相关指数编制过程的指标赋权法可分为主观法和客观法。赋权方法目前主要有主观和客观两大类方法。

现阶段国内外对于金融机构金融服务考核评价体系的研究已经比较成熟，2018 年在各项针对支持民营小微企业金融服务的政策导向下，针对民营小微企业融资情况评价指标体系应运而生。早期国内学者们对小微企业信贷获得性也进行了深入探讨，金融发展水平、信贷政策、企业资质等因素均被纳入研究范围。如姚耀军和董钢锋（2014）认为金融发展水平决定民营小微企业信贷发展水平。边文龙、沈艳（2017）等从银行内部激励、不良贷款容忍度、提升利率弹性及贷款市场准入开放等方面，建议金融机构对于小微企业的金融服务需由“被动审查式放贷”转向“主动对接式放贷”，充分发挥金融机构资金融通，服务实体经济的功能。陈瑞和汪三琴（2016）从融资获得性和融资成本两方面来研究 2013 年以来广东省小微企业融资情况，选取了两个一级指标五个二级指标七个基础指标来构建指标体系。独军利和范念龙（2016）从数量、价格、风险三个方面，筛选出 6 个基础指标构建指数。赵彩、刘晓东和关健（2017）从外部融资环境、生产经营需求、资金流动性状况三个维度出发，筛选 15 个基础指标编制企业融资需求综合指数。有学者综合现有研究的编制方法，选择了融资获得指数和融资约束指数两个一级子指标，构建了小微企业融资条件指数，为相关研究提供了参考（付秋虹，2020）。

综上所述，相关文献对于小微企业融资环境从需求端和供给端展开了探讨，分别分析了需求端和供给端如何造成融资困境，并提出了相应的对策建议。对于融资指数指标体系的构建也取得了一定的成果。本文采用 2019 年二季度至 2021 年一季度西藏民营小微企业问卷调查数据，通过融资需求端和供给端来构建西藏民营小微企业融资环境指标体系，并结合新冠病毒感染疫情的影响分析西藏民营小微企业的融资现状和问题，据此提出对策建议。本文的贡献主要有以下几点：结合近几年的调查数据，构建了更符合西藏具体实际的民营小微企业融资环境指标体系，对于评价西藏民营小微企业融资情况具有一定的参考意义；采用客观赋权法从融资需求端和供给端构建指数并进行分析，且考虑了新冠病毒感染疫情的影响，为改善西藏民营小微企业融资环境提供了参考。

三、西藏民营小微企业融资环境指数的构建

（一）指标筛选

一是代表性原则。选择同类指标中最具代表性的指标，减少指标间重复信息，提高指标评价体系的科学性、合理性，减少信息冗余。二是可得性原则。构建指标所选取的数据原则上应有相应的获得途径，获取难度不能过高，并且在后续可以稳定地获得，同时优先选取时间序列较长、口径稳定的数据，剔除可得性稳定性较差的数据。三是前瞻性原则。指标体系所选取的数据和指标是可以变化的，通常会根据社会经济金融等相关领域的发展情况进而发生变动，不过变动一般需要在保证指标体系稳定有效的前提下进行。本文结合当下西藏民营小微企业的发展现状和西藏民营小微企业的问卷调查数据来进行指标体系构建，虽然存在时序基础不强、调查样本数较少等缺陷，但对保证指标体系的科学性和前瞻性具有重要意义。指标建立根据西藏自治区民营小微企业融资情况调查问卷开展情况选取 2019 年二季度至 2021 年一季度的数据进行计算，以企业资产总额、营业收入、员工人数、所在行业四项指标为基础，根据《中小企业划型标准规定》对发行债券及股票融资的企业进行划型，从现有公开数据中提取小微企业融资数据。考虑不同指标计量单位、数据区间、正负向的差异，用归一化的方式对指标进行无量纲化处理，降低数据本身差异对指数结果造成的影响。基于以上考虑，本文选择共 2 个一级指标、5 个二级指标和 20 个基础指标来构建西藏民营小微企业融资指数。

（二）指数框架设计

在编制方法选择上，主观赋权法依据大量专业知识和实践经验通过主观分析后确定各指标权重的方法，需综合多位专家、学者的意见进行综合评判，执行难度较大且主观性较强。客观分析方法中主成分分析方法对于原始数据中各类信息进行压缩，不符合指标体系建设原则，而变异系数法及熵值法过度依赖样本数据，忽视指标本身的差异性及指标的经济含义。CRITIC 法能较好兼顾指标本身的差异性及指标的经济含义，赋权结果更具代表性。综上，本文所建立的民营小微融资指数拟选择 CRITIC 法进行指数编制，指数值处于 0~100，数据值越大代表融资情况越好。

民营小微企业融资供给指数从融资供给端来评价企业的融资情况，分为贷款融资指数和其他融资指数 2 个二级子指数，涵盖了贷款融资和其他融资占

比、户数、规模、利率、成本等方面。

民营小微企业融资需求指数：从企业本身出发反映民营小微企业融资情况，分为融资资质和融资满意2个二级子指数。其中，融资风险指数重在反映企业债务偿付能力及风险水平，需求指数重在反映企业经营现状及生产需求，满意指数重在反映企业对融资服务的满意程度，最终选取了20项基础指标。西藏民营小微企业融资环境指数构建框架如表1所示。

本文的数据共涉及8个季度，每期调查的企业数量均在200个以上，调查的企业涉及多个地区和各个行业，调查企业描述性统计表如表2所示。调查企业行业分布表如表3所示。

表1　西藏民营小微企业融资环境指数表

<table>
<tr><th>总指数</th><th>一级
子指数</th><th>二级
子指数</th><th>基础指标</th><th>指标类型</th></tr>
<tr><td rowspan="8">民营小微企业融资条件指数</td><td rowspan="8">民营小微企业融资供给指数</td><td rowspan="4">贷款融资指数</td><td>民营小微企业贷款规模占比</td><td rowspan="4">贷款及授信数据取自人民银行金融统计信息监测系统、货币信贷利率监测</td></tr>
<tr><td>民营小微企业授信户数</td></tr>
<tr><td>民营小微企业贷款规模</td></tr>
<tr><td>民营小微企业贷款利率</td></tr>
<tr><td rowspan="4">其他融资指数</td><td>民营小微企业其他融资规模占比</td><td rowspan="4">其他融资渠道包括债券发行、股票融资、票据融资及小额贷款融资。债券发行、股票融资数据取自WIND数据库，票据数据取自金融统计监测系统，小额贷款数据由人工统计获得。其中：融资规模为当季募集额口径；股票及债券发行利率均为融资额为权重的加权平均利率</td></tr>
<tr><td>民营小微企业其他融资户数</td></tr>
<tr><td>民营小微企业其他融资规模</td></tr>
<tr><td>民营小微企业其他融资成本</td></tr>
</table>

表1(续)

<table>
<tr><th>总指数</th><th>一级
子指数</th><th>二级
子指数</th><th>基础指标</th><th>指标类型</th></tr>
<tr><td rowspan="12">民营
小微
企业
融资
条件
指数</td><td rowspan="12">民营小微
企业融资
需求指数</td><td rowspan="4">企业经营
指数</td><td>企业贷款需求率</td><td rowspan="12">数据拟取自西藏民营小微企业融资情况调查</td></tr>
<tr><td>企业经营景气指数</td></tr>
<tr><td>企业家信心指数</td></tr>
<tr><td>订单指数</td></tr>
<tr><td rowspan="4">融资资质
指数</td><td>民营小微企业
不良贷款率</td></tr>
<tr><td>资产负债率</td></tr>
<tr><td>利息保障倍数</td></tr>
<tr><td>企业贷款资质</td></tr>
<tr><td rowspan="4">融资满意
指数</td><td>贷款需求满足率</td></tr>
<tr><td>贷款服务满意率</td></tr>
<tr><td>优惠政策享受率</td></tr>
<tr><td>综合贷款成本</td></tr>
</table>

表 2　调查企业描述性统计表

<table>
<tr><th rowspan="2">时间</th><th rowspan="2">调查企业
数量</th><th colspan="2">所在地区</th><th rowspan="2">第一次参加调查
企业数量</th></tr>
<tr><th>拉萨市</th><th>其他区市</th></tr>
<tr><td>2019 年 6 月</td><td>249</td><td>147</td><td>102</td><td>249</td></tr>
<tr><td>2019 年 9 月</td><td>251</td><td>147</td><td>104</td><td>28</td></tr>
<tr><td>2019 年 12 月</td><td>249</td><td>146</td><td>103</td><td>48</td></tr>
<tr><td>2020 年 3 月</td><td>210</td><td>117</td><td>93</td><td>0</td></tr>
<tr><td>2020 年 6 月</td><td>210</td><td>117</td><td>93</td><td>0</td></tr>
<tr><td>2020 年 9 月</td><td>250</td><td>149</td><td>101</td><td>66</td></tr>
<tr><td>2020 年 12 月</td><td>250</td><td>150</td><td>100</td><td>11</td></tr>
<tr><td>2021 年 3 月</td><td>250</td><td>143</td><td>107</td><td>24</td></tr>
</table>

表 3　调查企业行业分布表

时间	农林牧渔业	采矿业	制造业	电热燃水生产和供应业	建筑业	批发零售业	交通运输、仓储、邮政业	住宿和餐饮业	信息传输、软件和信息技术服务业	房地产业	租赁和商务服务业	科学研究和技术服务业	水利、环境和公共设施管理业	居民服务、修理和其他服务业	卫生和社会工作	文化、体育和娱乐业
2019 年 6 月	10	6	32	5	36	66	4	17	14	3	19	5	4	16	1	11
2019 年 9 月	11	5	33	6	34	67	5	15	14	4	21	6	2	18	1	9
2019 年 12 月	9	5	27	6	36	68	3	11	18	4	22	6	3	22	1	8
2020 年 3 月	8	5	20	2	32	57	3	11	13	3	20	5	3	17	2	9
2020 年 6 月	8	5	20	2	32	57	3	11	13	3	20	5	3	17	2	9
2020 年 9 月	13	6	25	4	35	69	3	12	15	4	24	5	3	17	5	10
2020 年 12 月	15	6	26	4	34	67	2	14	13	5	23	5	2	20	4	10
2021 年 3 月	15	6	25	4	33	65	2	15	15	4	21	5	2	23	5	10

四、指数编制结果与分析

（一）指数编制结果

由表 4 的西藏民营小微企业融资环境指数权重计算结果可知，从指数结构上看，西藏民营小微企业融资资质有待提升，其他融资端对民营小微企业融资环境尚存在提升空间。融资需求指数权重为 60. 99%，融资供给指数权重为 39. 01%，说明融资需求端对融资环境指数的影响大于融资供给端，考虑到融资需求基础指标比融资供给基础指标个数多 50%，需求与供给的权重比例基本合理。融资供给指数的二级指标中其他融资指数权重最低，仅为 18. 39%，对融资环境指数影响偏小，这主要是西藏地区其他融资渠道发展水平较低，数据信息饱和度较差，导致其他融资指数所赋权值较低，说明应该拓展其他融资渠道，给民营小微企业更多融资选择；贷款融资指数权重大于其他融资指数权重，贷款融资指数是民营小微企业目前主要、稳定的资金供给渠道。在特殊优惠政策及党中央国务院支持民营小微企业金融服务的政策引导下，民营小微企业对于贷款融资历来使用率较高，贷款融资目前是民营小微企业最主要、最稳定的资金供给渠道。融资需求指数的二级指标中融资资质指数权重为 18. 65%，偏低，其中资产负债率的权重仅为 1. 49%，表明企业自身资产负债率对于整体融资环境的影响较小。调查数据显示西藏民营小微企业的资产负债率整体偏低，因自身资产负债率过高而影响融资资质的情况并不明显，这导致了西藏民营小微企业资产负债率权重较低。融资满意指数权重最高为 22. 86%，其中贷款服务满意率和综合贷款成本占比分别高达 6. 37%和 6. 36%，表明民营小微企业融资满意程度对于整体融资情况的影响力较大，应该着力提升民营小微企业融资满意，其中应重点提高民营小微企业贷款服务满意率，降低企业综合贷款成本。

表 4 西藏民营小微企业融资环境指数权重表 单位:%

总指数	一级子指数	二级子指数	基础指标	指标类型	权重值
民营小微企业融资环境指数权重	民营小微企业金融供给指数权重（39.01）	贷款融资指数权重（20.62）	民营小微企业贷款规模占比	正向	4.22
			民营小微企业授信户数	正向	5.48
			民营小微企业贷款规模	正向	4.72
			民营小微企业贷款利率	负向	6.19
		其他融资指数权重（18.39）	民营小微企业其他融资规模占比	正向	3.72
			民营小微企业其他融资户数	正向	3.96
			民营小微企业其他融资规模	正向	4.5
			民营小微企业其他融资成本	负向	6.2
	民营小微企业金融需求指数权重（60.99）	企业经营指数权重（19.48）	企业贷款需求率	正向	4.03
			企业经营景气指数	正向	5.19
			企业家信心指数	正向	4.72
			订单指数	正向	5.55
		融资资质指数权重（18.65）	民营小微企业不良贷款率	负向	5.22
			资产负债率	适度	1.49
			利息保障倍数	正向	6.77
			企业贷款资质	负向	5.17
		融资满意指数权重（22.86）	贷款需求满足率	正向	5.27
			贷款服务满意率	正向	6.37
			优惠政策享受率	正向	4.86
			综合贷款成本	负向	6.36

根据表 5 和图 1，西藏民营小微企业 2019 年二季度至 2021 年一季度融资环境指数结果分析如下：

表 5　融资指数序时排名表

时间	供给指数	需求指数	融资环境总指数	供给指数排名	需求指数排名	环境指数排名
2019 年 6 月	13. 86	40. 69	54. 56	7	1	1
2019 年 9 月	21. 30	32. 44	53. 74	3	4	2
2019 年 12 月	12. 20	37. 20	49. 40	8	2	5
2020 年 3 月	20. 10	21. 51	41. 61	4	7	7
2020 年 6 月	23. 86	20. 73	44. 60	1	8	6
2020 年 9 月	15. 04	24. 41	39. 44	6	6	8
2020 年 12 月	21. 86	29. 21	51. 06	2	5	4
2021 年 3 月	19. 22	32. 92	52. 14	5	3	3

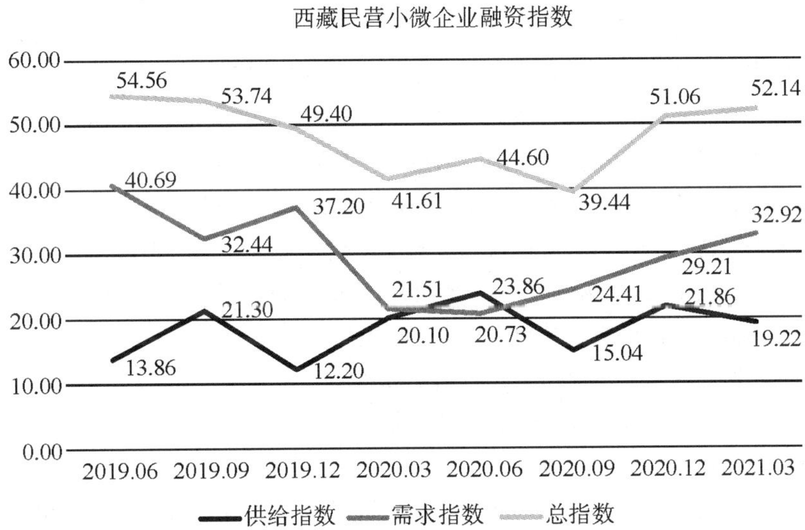

图 1　西藏民营小微企业融资指数图

融资环境指数小幅下降，西藏民营小微企业融资环境总体上变差。融资环境指数期初为 54. 56，期末为 52. 14，期末比期初下降了 4. 44%。这说明总体上看，西藏民营小微企业的融资环境一定程度上受到了新冠病毒感染疫情的冲击，融资环境变差。融资环境指数整体变化趋势为先降后升，从 2019 年二季度的 54. 56 下降到 2020 年三季度的 39. 44，下降幅度达较大的 27. 71%，之后又上升至 2021 年一季度的 52. 14，上升 32. 2%，指数明显好转。这说明新冠病毒感染疫情的出现短期内对西藏民营小微企业的融资环境造成了较大的冲击。企业经营受挫、需求下行是2020年融资环境指数走低的主要原因。2020年以来，新冠病毒感染疫情席卷全球，国内经济受到较大影响。由于国内经济短期停摆，物流停运、上下游复工进度不一、复工复产受阻，部分小微企业正常经营受阻，业务量骤减。调查企业中批发零售业、建筑业、租赁和商务服务业占比最大。新冠病毒感染疫情造成西藏旅游人数骤减，消费萎靡，对批发零售业、租赁和商务服务业造成了较大冲击。工人停工对建筑业也造成了较大影响。之后融资环境指数触底回升，直到期末的52.14，基本恢复到新冠病毒感染疫情前的水平。这是因为国内新冠病毒感染疫情基本得到控制，大部分企业已实现复产复工，国民消费开始回暖，加之金融纾困政策开始落地，西藏民营小微企业融资环境得到整体性改善。

融资需求指数总体上变差，导致了融资环境指数的下降。融资需求指数期初为40.69，期末为32.92，下降了19.1%，下降幅度较大。这说明总体上看，受新冠病毒感染疫情的影响，西藏民营小微企业的融资需求出现较大的萎缩。融资需求指数整体上呈现先降后升的趋势，从2019年二季度的40.69下降到2020年二季度的20.73，下降了49.05%。因为融资需求指数的权重较高，其下降导致了融资环境指数的下降；之后又恢复到2021年一季度的32.92，上升了58.8%，但距离期初的40.69还有一定差距，未能恢复到新冠病毒感染疫情前的水平。这说明新冠疫情对西藏民营小微企业融资需求端造成了较大冲击，企业经营受到了较大的影响。由表6可知，融资需求指数的基础指标中，企业经营景气指数和订单指数受新冠病毒感染疫情冲击明显，出现大幅下降，后逐渐恢复，但仍低于疫情前水平；企业贷款资质则由期初的5.17下降到期末的0.76，下降幅度较大。进而可以得出融资需求指数下降的具体原因：一方面企业自身经营状况变差导致融资资质下降，企业因不满足金融机构融资门槛而造成融资需求萎靡；另一方面，社会消费下降导致企业业务量下降，订单减少，企业经营不景气，进而使得企业缺乏融资动机。调查期间融资需求指数波动较大，且其变化趋势与融资环境指数基本一致，考虑到其权重占比达60.99%，可以认为西藏民营小微企业融资需求端的萎缩是造成融资环境负面影响的主要原因。

融资供给指数总体上变好，一定程度上抵消了融资端的负面冲击。融资供给指数期初为13.86，期末为19.22，上升了38.67%，上升幅度较大。从总体上看，融资供给端受新冠病毒感染疫情的冲击不明显，且对西藏民营小微企业的融资供给情况变好。融资供给指数整体上呈现波动上升的趋势，最高为

2020 年二季度的 23.86，最低为 2019 年四季度的 12.2。融资供给指数的上升抵消了部分融资需求指数的负面影响，使得融资环境指数波动较小。由表 6 可知，融资供给指数的基础指标中，民营小微企业授信户数和民营小微企业贷款利率两项指标均出现明显上升，期初均为 0，期末分别达到 5.48 和 4.14，这说明金融机构和政府出台的金融优惠政策对于西藏民营小微企业的融资供给提高了充分的支持，金融机构并没有因为新冠病毒感染疫情冲击而提供融资门槛或减少融资供给，西藏民营小微企业融资难度较低。融资供给指数波动相对较小，所占权重也相对较小，其波动上升的变化趋势与融资环境先降后升的变化趋势不一致，故融资供给端并没有造成西藏民营小微企业融资环境恶化；相反，融资供给端为西藏民营小微企业融资提供了相对优良的环境。

表 6　部分基础指数序时表

时间	民营小微企业授信户数	民营小微企业贷款利率	企业经营景气指数	订单指数	企业贷款资质
2019 年 6 月	0.00	0.00	5.14	5.55	5.17
2019 年 9 月	0.83	0.23	4.93	5.54	1.21
2019 年 12 月	1.85	2.12	5.19	5.32	4.43
2020 年 3 月	1.95	5.29	0.00	0.00	0.30
2020 年 6 月	3.03	6.19	0.00	0.00	0.30
2020 年 9 月	4.36	2.80	3.71	5.54	0.55
2020 年 12 月	4.39	4.50	4.33	4.10	0.00
2021 年 3 月	5.48	4.14	4.82	4.85	0.76

五、研究结论与对策建议

本文基于西藏自治区 2019 年二季度至 2021 年一季度的小微企业融资调查问卷数据，从融资供给和需求的角度出发，通过构建指标体系的方法，得出以下研究结论：

第一，本次新冠病毒感染疫情对西藏民营小微企业造成了冲击，民营小微企业融资环境受到负面影响。融资环境先变差后好转，但仍未恢复到疫情前水平。由于病毒的潜伏期长、传染性强，新冠病毒感染疫情持续时间不确定，新冠病毒感染疫情防控措施对企业供应链、企业员工返岗等造成约束，导致企业复工复产难度大，民营小微企业在疫情期间维持和恢复经营的现金流压力更大。在政府减免和延期缴纳税费后，还需要金融支持来渡过生存难关和恢复经营。

第二，融资需求端受新冠病毒感染疫情冲击明显，是造成融资环境恶化的主要原因。融资指数整体上先降后升，较新冠病毒感染疫情前水平还有差距。新冠病毒感染疫情期间西藏民营小微企业一方面融资资质出现下降，另一方面经营不景气，订单数量下降，这些都造成了融资需求的萎缩。

第三，融资供给端受新冠病毒感染疫情冲击不明显，出现好转，一定程度上抵消了需求端的负面影响。融资供给指数波动上升，金融机构对西藏民营小微企业提供了充分的金融支持。

为进一步深化西藏民营小微企业金融服务工作，着力解决融资难问题，缓解新冠病毒感染疫情对西藏民营小微企业造成的冲击，提高西藏地区金融服务水平，强化西藏地区特殊金融优惠政策支撑效应，以及促进西藏"十四五"时期高质量发展，进而实现2035远景目标，本文提出以下政策建议：

第一，提高企业管理水平，不断提升内在动力，建立现代企业制度，改善企业融资资质。目前西藏地区民营小微企业经营情况及企业融资资质情况均需要企业在经营、资金周转和负债端下功夫。一是西藏地区民营小微企业应学习区内外优质公司的经营规律，深耕主业，增强企业经营实力，不断向高质量经营转变。二是狠抓经营管理、财务制度。不断通过自我改进、自我完善，使自身经营状况及财务制度最大限度地满足间接融资要求，在此基础之上谋求符合直接融资要求的现代企业发展规划，从而不断提高资金获得规模及渠道。三是加强企业经营风险管理。建立企业风险监测机制，对生产经营、投融资活动中的资金链实行动态监测，并优化信贷资金使用，控制企业杠杆率，健康经营。

第二，保持融资供给端现有优惠力度，提供更多融资渠道，帮助企业走出疫情影响。金融机构根据西藏民营小微企业的现状开发更多符合其需求的金融产品，优化审批流程，给予西藏民营小微企业优惠的融资条件。加快落实"放管服"，加大信息化服务力度，普及负面清单管理，推动审批—扶持流程改造。在新冠病毒感染疫情发生期内，积极减免中小企业税收、社保、交通、水电等费用，增加流动性贷款保证小微企业生存。

第三，积极建设小微企业信用体系。小微企业难以获得商业银行贷款的原因在于自身信用体系较弱，风险较高。因此要想缓解小微企业融资困境，首先应该完善小微企业信用体系。对于小微企业来说，信用可以成为一种无形的资产，加强小微企业自身的信用体系建设，从长远来看，有利于小微企业获取商业银行的信任，进而缓解与商业银行之间的信息不对称问题，最终实现企业从商业银行顺利获得贷款。

第四，为居民普及金融知识。提高小微企业金融素养，引导企业关注相关金融政策。普及金融知识、提高小微企业金融素养有利于增加小微企业参与融资行为，使其关注与自身利益切实相关的金融政策，促进企业金融决策优化。

第五，完善融资配套机制措施，提升银企对接效率，抓好信息服务平台建设，减少银企信息不对称问题。相关职能部门帮助和指导企业打好发展和管理基础，完善企业管理制度。

参考文献

张栋，李婷，2022. 基于供给与需求视角的资本结构决策逻辑：一个理论框架［J］. 财会通讯（10）：24-30.

罗荷花，李明贤，2016. 小微企业融资需求及其融资可获得性的影响因素分析［J］. 经济与管理研究，37（2）：52-60.

田晓霞，2004. 小企业融资理论及实证研究综述［J］. 经济研究（5）：107-116.

韩凤芹，赵伟，2020. 中小企业融资困境：基于风险治理的解释与应对［J］. 宏观经济研究（8）：15-23.

蒋亮，郭晓蓓，邓金堂，等，2021. 普惠金融视角下的小额信贷问题、原因与对策建议［J］. 西南金融（1）：38-49.

徐洪水，2001. 金融缺口和交易成本最小化：中小企业融资难题的成因研究与政策路径：理论分析与宁波个案实证研究［J］. 金融研究（11）：47-53.

陆岷峰，2020. 深化金融供给侧结构性改革与纾困民营企业融资难问题研究［J］. 南方金融（4）：27-35.

幸泽林，2017. 中小企业融资水平：供给端重要还是需求端重要?：基于银行家问卷调查数据的非均衡分析［J］. 金融与经济（10）：20-28.

李建军，胡凤云，2013. 中国中小企业融资结构、融资成本与影子信贷市场发展［J］. 宏观经济研究（5）：7-11.

林毅夫，李永军，2001. 中小金融机构发展与中小企业融资［J］. 经济研究（1）：10-18.

罗丹阳，殷兴山，2006. 民营中小企业非正规融资研究［J］. 金融研究（4）：142-150.

胡乃武，罗丹阳，2006. 对中小企业融资约束的重新解释［J］. 经济与管理研究（10）：41-47.

周雷，邱勋，刘婧，等，2020. 金融科技创新服务小微企业融资研究：基于金融科技试点地区 840 家小微企业的调查［J］. 西南金融（10）：24-35.
胡美军，2018. 小微企业融资供给侧结构性改革研究［J］. 金融监管研究（1）：38-54.
魏国雄，2010. 增加融资供给缓解小微企业融资难［J］. 中国金融（3）：39-41.
李伟，成金华，2006. 中小企业外源融资过程中的资金需求和供给［J］. 经济评论（1）：47-51.
孙新宪，王鹏，2021. 小微型企业融资模式优化研究：基于“区块链+供应链金融”视角［J］. 财会通讯（14）：135-140.
姚耀军，董钢锋，2014. 中小银行发展与中小企业融资约束：新结构经济学最优金融结构理论视角下的经验研究［J］. 财经研究，40（1）：105-115.
边文龙，沈艳，沈明高，2017. 银行业竞争度、政策激励与中小企业贷款：来自 14 省 90 县金融机构的证据［J］. 金融研究（1）：114-129.
陈瑞，汪三琴，2016. 小微企业融资状况综合指数研究：广东视角［J］. 区域金融研究（5）：11-16.
独军利，范念龙，2016. 小微企业融资状况综合监测指数构建与应用［J］. 西部金融（5）：71-75.
赵杉，刘晓东，关健，2017. 山东省企业融资需求综合指数研究与应用［J］. 金融发展研究（11）：54-60.
付秋虹，2020. 小微企业融资条件指数研究［J］. 金融经济（11）：65-74.